Kunst und Moral

Kunst und Moral

Eine Debatte über die Grenzen des Erlaubten

Herausgegeben von
Hauke Behrendt und Jakob Steinbrenner

DE GRUYTER

ISBN 978-3-11-135679-2
e-ISBN (PDF) 978-3-11-073135-4
e-ISBN (EPUB) 978-3-11-073141-5

Library of Congress Control Number: 2021951246

Bibliografische Information der Deutschen Nationalbibliothek
Die Deutsche Nationalbibliothek verzeichnet diese Publikation in der Deutschen Nationalbibliografie; detaillierte bibliografische Daten sind im Internet über http://dnb.dnb.de abrufbar.

Dieser Band ist text- und seitenidentisch mit der 2022 erschienenen gebundenen Ausgabe.
Einbandabbildung: Artemisia Gentileschi, *Giuditta e Oloferne*, Galleria delle Statue e delle Pitture degli Uffizi, Inv. 1890 n. 1567. Gedruckt mit freundlicher Genehmigung des italienischen Kulturministeriums (Ministero della Cultura). Jegliche Reproduktion oder Vervielfältigung dieses Bildes ist strengstens untersagt.
Druck und Bindung: CPI books GmbH, Leck

www.degruyter.com

Inhalt

Hauke Behrendt und Jakob Steinbrenner

Einleitung: Kunst und Moral. Eine Debatte über die Grenzen des Erlaubten

1 Systematische Einordnung

Moral findet sich in jeder funktionierenden Gesellschaft. Neben ihrem Beitrag zur kollektiven Identitätsbildung nach innen wie außen, werden moralische Werte und Normen vor allem benötigt, um Rivalitäten um knappe Güter willkürfrei zu schlichten und konfligierende Handlungsziele friedlich zu koordinieren. Moralische Probleme dieser Art müssen von jeder sozialen Gruppe gelöst werden. Normative Grundsätze des moralisch Guten und Richtigen geben an, wer worauf einen Anspruch hat. Sie treten als Willkürverbote auf und regeln, die Anerkennung welcher (Grund-)Rechte und Pflichten, Güter und Lasten die Mitglieder einer Gesellschaft einander nicht vorenthalten dürfen sowie nach welchen Richtlinien und Verfahren das gemeinsame Zusammenleben politisch zu organisieren und gestalten ist. Schon vorstaatliche Gemeinschaften wie clan- oder sippenartige Verbände besitzen eine Moral, insoweit gemeinsame Überlebensstrategien erwogen und dafür allgemeine Regeln (z. B. Verbote von Inzest, Tötung und Diebstahl) festgesetzt werden (Höffe 1989).

Ob dagegen auch die künstlerische Praxis eine existenzielle Funktion für die menschliche Koexistenz erfüllt, kann bestritten werden. Doch obwohl sie im Gegensatz zur Moral wohl nicht im strengen Sinne unverzichtbar ist, stellen die eigentümlichen symbolischen Formen künstlerischer Tätigkeit doch zumindest faktisch eine anthropologische Konstante dar, die in allen uns bekannten Kulturen anzutreffen sind (Cassirer 2010). Hier gilt es jedoch, keinen kulturchauvinistischen oder postkolonialen Vorurteilen anzuhängen. Dies wird insbesondere bei Fragen nach dem Status außereuropäischer Kunst und des Kunstbegriffs selbst deutlich. Der moralische Vorwurf lautet, dass ein abendländisches Kunstverständnis nicht-westliche Kunst vielmals abwertet und Sichtweisen anderer Kulturkreise systematisch übergeht (Steinbrenner 2021). Um idiosynkratrische oder gar kulturimperialistische Tendenzen zu vermeiden, wird daher nach einem globalen Kunstbegriff gesucht, der sich für trans- und suprakulturelle Kontexte öffnet (Higgins 2017). In diesen Zusammenhang gehört auch die Frage, ob Kunst ein reflexives Kunstverständnis voraussetzt, oder ob Kunstwerke in kulturellen Gemeinschaften auch unerkannt existieren können, ohne von den Angehörigen als solche wahrgenommen zu werden (Lopes 2007). Die angedeuteten Schwie-

https://doi.org/10.1515/9783110731354-001

rigkeiten betreffen dabei nicht ausschließlich nicht-westliche Kunst, sondern ebenso solche vergangener abendländischer Kulturen.

Ein enger Zusammenhang zwischen Kunst und Moral findet sich philosophiegeschichtlich zumindest in der westlichen Welt spätestens seit Platon. Schauen wir uns diese Verbindung näher an, zeigt sich ein ganzes Bündel von verflochtenen Verweisen, Fragestellungen und Problemen, das sich nur schwer entwirren lässt. Dabei bewegt sich die Debatte idealtypisch zwischen zwei Polen: Auf der einen Seite stehen Vertreter der sogenannten *Autonomiethese*, die besagt, dass Kunst von moralischen Überlegungen völlig unabhängig ist bzw. sein soll. Auf der anderen Seite steht eine *moralistische Position* (Ethizismus), wonach zwischen guter Kunst und dem moralisch Guten eine enge Beziehung besteht (Schellekens 2007; Schmalzried 2017).

Empirisch lässt sich festhalten, dass Kunst seit jeher in den Dienst der Moral (im Sinne herrschender Sitte) gestellt wurde: Schon in der Antike eng mit religiösen und politischen Funktionen verknüpft, diente sie noch bis in den Feudalismus hinein vornehmlich Adel und Klerus der Ausschmückung und Legitimation ihrer dominanten gesellschaftlichen Stellung und Machtausübung. In der Neuzeit avancierte sie dann immer stärker zu einer subversiven Kraft des aufstrebenden Bürgertums und öffnete sich im Verlauf des 19. Jahrhunderts schließlich auch für nicht- oder gar anti-bürgerliche Kreise einer avantgardistischen Bohème. In einer doppelten Abgrenzungsbewegung zur traditionellen höfischen und modernen bürgerlichen Gesellschaft entwickelte sich vor diesem Hintergrund ein progressives Kunstverständnis, dass den Künstler als Teil einer kritischen Gegenöffentlichkeit begreift, dessen primäre Aufgabe es sei, gesellschaftliche Fehlentwicklungen im Medium der Kunst zu reflektieren. Kunst soll nach dieser Sichtweise vor allem eins leisten, nämlich ungerechte Macht- und Herrschaftsverhältnisse anklagen und für alternative Lebensformen werben. Kunstfreiheit und -autonomie stellen demzufolge bürgerrechtliche Errungenschaften dar, die Schutz vor staatlicher Zensur und Repression gewähren, um das emanzipatorische Potenzial der Kunst zu schützen.

Diese Sichtweise wird heute von verschiedener Seite herausgefordert. Ein aktuelles Problem betrifft die Frage, wie weit die künstlerische Freiheit gehen darf. Dies zeigt sich etwa an den Diskussionen über die Aktionen des Zentrums für politische Schönheit oder die Arbeiten von Jonathan Meese. Eng verwoben mit dieser Frage sind aktuelle Diskurse, die darum kreisen, ob und inwieweit Artefakte fremder Kulturen angeeignet werden dürfen – erinnert sei an das Gemälde *Open Casket* von Dana Schutz. Diese Diskussionen weisen darauf hin, dass der Kanon der maßgeblichen Werke der verschieden Kunstgattungen aktuell auf Grund von moralischen und politischen Überzeugungen – rechts wie links – neu geschrieben wird. Eine sich verselbstständigende Dynamik, in der auf der einen

Seite mithilfe der Kunst außer ihr liegende moralische Zwecke verfolgt und umgekehrt Kunstwerke aus politischem Kalkül zum Ziel moralischer (oder moralistischer) Kritik werden.

Gerade die neuere und neuste Kunst ist ihrem eigenen Selbstverständnis nach *politisch*. Die Politik bzw. das Politische lässt sich in diesem Sinne von Bereichen etwa der (individuellen) guten Lebensführung, der Ethik, ebenso unterscheiden, wie denen des Rechts oder der Ökonomie – auch wenn kaum betont werden muss, dass diese Abgrenzung keine Dichotomie einander ausschließender Sphären beschreibt. Aus anderer Perspektive ist hier vor der Tendenz zu warnen, Politik auf eine einzelne Kategorie – beispielsweise Macht, Herrschaft oder Kampf – verengen zu wollen, die als Aspekte zweifelsohne berücksichtigt werden müssen. Das Politische ist sehr viel umfassender zu verstehen als öffentlicher Gegenstand der kollektiven Organisation und Gestaltung einer als gemeinsame begriffenen Lebenswelt. Politische Überlegungen antworten demnach auf Fragen, wie das gemeinsame Zusammenleben zu gestalten ist und das kollektive Handeln ausgerichtet werden soll. Ihr Geltungsanspruch umfasst im Normalfall eine Gesellschaft als Ganze und damit alle Betroffenen als ihre Teile. Dies widerspricht nicht der Feststellung, dass sich Politik auf verschiedenen Ebenen realisieren kann und dies oftmals auch tut. So finden sich lokale, regionale, nationale und globale politische Kontexte, die in einem mehr oder weniger engen Zusammenhang stehen (können). Entscheidend ist hier, dass Politik nichts Exklusives ist, das einer privilegierten Elite vorbehalten wäre. Als öffentlicher Gegenstand muss sie (im Prinzip) von allen Betroffenen verstanden und nachvollzogen werden können. Damit wird besonders dem Aspekt kollektiver Selbstbestimmung und allgemeiner Partizipation Rechnung getragen. Überall dort, wo eine öffentliche, allen als gemeinsame bewusste Sache (res publica) verhandelt wird, haben wir es mit Politik in diesem weiten Sinne zu tun (Gerhardt 2007).

Politik ist aus zwei Gründen auf Moral festgelegt: *Erstens* ist sie kein Naturereignis, kein unabänderliches Faktum, keine „höhere Macht", die wir zwar beklagen oder begrüßen, nicht aber beeinflussen könnten. Politik ist eine Praxis *par excellence*; sie wird von Menschen gemacht und muss sich *eo ipso* auch gegenüber jedem Einzelnen (den sie betrifft) rechtfertigen lassen. Im Fokus der Kritik steht dabei die von Menschen ausgeübte Macht über ihresgleichen. Sie zu legitimieren und normieren ist Aufgabe der Moral (Höffe 1989). *Zweitens* müssen politische Maßnahmen und Beschlüsse von allen (oder zumindest den meisten) Gesellschaftsmitgliedern gemeinsam getragen werden. Jede Institution erfordert ihre Loyalität und Unterstützung und so auch das politische System als Ganzes. Es scheint für den dauerhaften Erhalt eines sozialen Gemeinwesens unverzichtbar, das gesellschaftliche Zusammenleben an geteilten „evaluativen Standards und normativen Orientierungsmustern" (Emcke 2000, S. 212) auszurichten.

Die politisch-moralische Rolle der Kunst ist dabei umstritten: Auf der einen Seite soll sie moralische Gesichtspunkte verkörpern und so moralische Sensibilität vermitteln. Hier stechen zahlreiche Verbindungen zur Kunst-Erziehung ins Auge, unter anderem der in der abendländischen Tradition festverankerte Topos, wonach Kunst einen wesentlichen Beitrag zur Bildung eines moralisch integreren Menschen liefert. Eine Überbetonung dieser stabilisierenden Funktion läuft Gefahr, eine rein affirmative, staatstragende Kunst hervorzubringen, die den Status quo unkritisch reproduziert oder gar autoritäre Tendenzen befördert. Erinnert sei stellvertretend an die Idee der erziehenden Architektur (siehe den Beitrag von Daniela Bohde in diesem Band). Dem steht auf der anderen Seite die subversive Kraft künstlerischer Kritik entgegen, die das Bestehende herausfordert. Hierzu gehört auch eine unabhängige Kunstinterpretation, die dem Publikum nicht nur den künstlerischen, sondern eben auch den moralisch-kritischen Stellenwert der Kunst zu vermitteln vermag. Dieser Aufgabe entspricht gerade in neuerer Zeit häufig das Selbstverständnis von Kuratorinnen und anderen kunstvermittelnden Berufsgruppen.

Aus philosophischer Perspektive stellt sich allerdings die Frage, ob diese geschichtliche Konstellation auch theoretisch begründet ist. Ist der ästhetische Wert eines Kunstwerks nicht bloß historisch zufällig, sondern systematisch zwingend von seinem moralischen Wert abhängig? Und inwiefern kann von einem Kunstwerk überhaupt sinnvoll gesagt werden, dass es moralisch gut oder schlecht ist? Eine weitere wichtige Frage lautet, inwiefern es mit Werken der unterschiedlichen Kunstgattungen prinzipiell möglich ist, explizitere moralische Standpunkte zu vertreten. Naheliegend scheint dies erst einmal nur narrativen Werken möglich zu sein (Nussbaum 1990, S. 5). Gleichwohl können auch Nonkognitivisten behaupten, dass uns Kunst zumindest motiviert, Gutes zu tun oder uns zeigen kann, was es heißt, ein guter Mensch zu sein oder ein gelungenes Leben zu führen (Schellekens 2007, S. 62; Steinbrenner 2022).

Dass diese Fragen von größter Brisanz sind, zeigt nicht zuletzt das Beispiel Handke. Hier steht das Problem im Mittelpunkt, ob sich Künstler und Werk sinnvoll voneinander trennen lassen, oder ob Kunst nicht immer im Licht der konkreten Absichten oder gar des gesamten Charakters des Künstlers interpretiert werden muss. Erinnert sei in diesem Zusammenhang auch an die Debatte, inwiefern es heute noch moralisch erlaubt ist, Filme von Harvey Weinstein, Roman Polanski oder Woody Allen zu zeigen oder zur Musik von Michael Jackson zu feiern. All diese Fälle kreisen letztlich um die Frage, ob es gute Gründe gibt, bestimmte Kunstwerke nicht nur moralisch abzulehnen, sondern sie sogar gänzlich aus der Öffentlichkeit zu verbannen. Oder – so die Gegenposition – kann Kunst prinzipiell überhaupt nicht zu weit gehen?

Um sinnvolle Antworten zu entwickeln, wo heute für Kunst und Künstler die Grenzen des moralisch Erlaubten verlaufen, steht man vor dem Problem, die Felder der Kunst und der Moral genauer zu bestimmen. Eine erste theoretische Annäherung bieten *ontologische* Überlegungen. Ihnen zufolge sind das ästhetisch und das moralisch Gute abstrakte Werte, die unabhängig von konkreten Handlungen, Artefakten etc. existieren. Strittig ist, ob die beiden Wertsphären interagieren, ob sie völlig getrennt nebeneinander bestehen, oder ob einer der Werte auf den anderen reduzierbar ist. Denkbar wäre außerdem, dass sich beide Werte naturalistisch eliminieren lassen. Unabhängig von diesen ontologischen Grundbestimmungen muss außerdem geklärt werden, wer oder was dann die jeweiligen Träger der abstrakten Werte sind bzw. wie oder wodurch diese konkret instanziiert werden. Schließlich muss man auch zu der Frage Stellung beziehen, welche Aspekte guter Kunst genau wertvoll sind. Liegt der künstlerische Wert im Schaffensakt, also einer Tätigkeit; dem Werk selbst, also den Eigenschaften eines Objekts oder Ereignisses; oder ist die Rezeption entscheidend, also das Verhältnis zwischen Kunstwerk und Kunstwelt?

Erkenntnistheoretische Fragestellungen bilden einen weiteren Problemhorizont. Wie erkennen wir moralische und künstlerische Werte? Bedarf es hierzu besonderer kognitiver Fähigkeiten oder gibt es so etwas wie einen moralischen oder künstlerischen Sinn, mit dessen Hilfe wir das moralisch Gute und das künstlerisch oder ästhetisch Schöne wahrnehmen? Für stark an der Wahrnehmung orientierte ästhetische Theorien ergibt sich ein Problem, sofern komplexere kognitive Qualitäten, die zum Ausdruck von detaillierten moralischen Positionen nötig sind, von Kunstwerken nur bedingt erfasst werden. Andererseits bieten gerade Überlegungen zum Naturschönen (gegenüber dem artifizielleren Kunstschönen) engere Verbindungen zum lebensweltlichen moralisch Guten. Beide scheinen im Gegensatz zum Kunstschönen untrennbar mit unserem alltäglichen Leben verbunden zu sein. Gleichwohl bietet sich die Möglichkeit an, den künstlerischen Wert als Verbindung des ästhetischen und moralischen zu sehen, die in einem Kunstwerk zum Ausdruck kommen (Schellekens 2007, S. 41). An Überlegungen dieser Art schließen sich Fragen nach der Form der Urteile an. Dabei gilt es u. a. danach zu fragen, inwiefern moralische und künstlerische Urteile verallgemeinerbar sind; wie sie sich begründen lassen; ob sie objektiv, subjektiv oder kulturell bestimmt sind usf. Von besonderem Interesse ist dabei die Frage, wie der Zusammenhang zwischen diesen Urteilen beschaffen ist, d.h. zu fragen, ob künstlerische Urteile unabhängig von moralischen sind, oder künstlerische Erkenntnisse gegebenenfalls auch moralische Implikationen besitzen und umgekehrt.

Zeitgenössische analytische Arbeiten kategorisieren und bewerten diese unterschiedlichen Positionen hinsichtlich ihrer Überzeugungskraft. Hierbei gilt die

Kritik u.a. formalistischen Theorien (u.a. Bell 1914), die in der Tradition vom Symbolismus einer *l'art pour l'art*-Auffassung stehen und einen *radikalen Autonomismus* vertreten. Für diesen spricht zunächst der Gedanke, dass Kunstwerke qua Kunstwerk prinzipiell keine moralischen Werte besitzen können, da diese ausschließlich von Handlungen, Personen etc., nicht aber von Artefakten instanziiert werden könnten. Mit anderen Worten: Da sich das moralisch Gute und das künstlerisch Gute auf unterschiedliche Objekte beziehe, könne es zwischen Kunst und Moral keine Überscheidungen geben. Die Probleme mit diesem „Einwand des Kategorienfehlers" verdeutlicht u.a. Schmalzried (2017, § 4.1).

Vertreter eines *moderaten Autonomismus* wie etwa Beardsley (1958) sind der Auffassung, dass Kunstwerke zwar moralischer Bewertungen zugänglich sind, ihr moralischer Status jedoch nicht oder bestenfalls indirekt ihren künstlerischen Wert beeinflussen würde (Schellekens 2007, S. 65). Demgegenüber steht ein *gemäßigter Ethizismus* wie ihn u.a. Noel Carroll (2002; 2004) vertritt, der davon ausgeht, dass wir durch Imagination, wie sie beispielsweise von narrativen Kunstwerken (Film, Literatur etc.) angeregt wird, die Empfindungen anderer besser verstehen lernen, weshalb gute Kunst durchaus einen wesentlichen Beitrag zur moralischen Erziehung leisten könne (Schellekens 2007, S. 68). Der dieser Auffassung zugrundeliegende Gedanke über einen konstitutiven Zusammenhang von Empathie und Moral wurde bereits von David Hume in seinen Überlegungen über die Ursprünge der Moral (1751) ausformuliert (Dadlez 2002).

Eine weitere Spielart dieser moderaten Positionen ist der sogenannte *Immoralismus*, demzufolge moralische Werte je nach Kontext mal verbessernde mal verschlechternde Auswirkungen auf den ästhetischen Wert eines Kunstwerks haben können. So würde bestimmte Kunst (z.B. de Sade) gerade aufgrund ihrer moralischen Fragwürdigkeit exponierten künstlerischen Wert besitzen (Schellekens 2007, S. 84).

Am moralistischen Ende des Spektrums liegt der *Ethizismus*, wonach ein moralisches Defizit eines Kunstwerks immer auch ein ästhetisches Manko darstellt und vice versa (Schmalzried 2017, S. 683). Eine noch gesteigerte Form stellt der sogenannte *radikale Moralismus* dar, dessen Vertreter sich auf Tolstoi berufen. Für sie beruht der künstlerische Wert alleine auf dem moralischen (ebd.).

Die in diesem Band versammelten Beiträge beziehen aus der Sicht unterschiedlicher Disziplinen Stellung zu den hier skizzierten Gesichtspunkten. Der erste Teil des Bands widmet sich dem ästhetischen und moralischen Wert von Kunst. Der zweite Teil thematisiert das Kunstwerk als moralische Ausdrucksform.

2 Zu den Beiträgen

Daniel Martin Feige vertritt in seinem Beitrag eine moderate Autonomiethese. Moralische Kritik, die gesellschaftlich institutionalisierten Erwartungssystemen entspringt, könne dem Wert eines Kunstwerks nichts anhaben. Im Gegenteil: Kunst höre auf Kunst zu sein, wenn sie sich nach gesellschaftlichen Konventionen richte. Die Autonomie der Kunst gelte jedoch nicht absolut. Vielmehr bestehe der ethische Wert eines Kunstwerks, so Feige, in seinem Beitrag für ein gutes, gelingendes Leben. So müsse gute Kunst immer eine Gegen-Moral zur herrschenden Sitte beinhalten, die neue Möglichkeitsräume öffnet und „in ihrem negativen Charakter auch einseitige Verständnisse von bestehenden Institutionalisierungen und praktischen Verkörperungen der Moral zurück[weist]."

Tim Henning wendet sich in seinem Beitrag gegen die Autonomiethese, wonach ästhetischer und moralischer Wert eines Kunstwerks immer unabhängig voneinander seien. Er argumentiert demgegenüber für die immoralistische These, dass Böses unter Umständen sogar positiv zum Wert eines Kunstwerks beitragen kann. Dies gelte in denjenigen Kontexten, in denen wir es mit etwas Teuflischem zu tun hätten. Darunter versteht Henning Böses, das als Böses zum Gegenstand eines Wohlgefallens wird. Der besondere Wert teuflischer Kunst besteht, so seine These, in ihrer Ambivalenz, die zum einen die Stärke des moralischen Bewusstseins verdeutlicht, uns dabei aber zugleich seine grundsätzliche Verletzlichkeit vor Augen führt.

Lisa Schmalzried hinterfragt in ihrem Beitrag, ob sich Kunst und Kitsch auf moralischer Ebene unterscheiden lassen und inwiefern Kitsch als Kitsch berechtigter Gegenstand moralischer Kritik ist. Dafür untersucht sie drei Lesarten des sogenannten Immoralismus-Vorwurfs – den Vorwurf der Täuschung, den der Manipulation und den der Sentimentalität – und weist diese zurück. Schmalzried verteidigt dabei die These, Kitsch nicht als minderwertige Kunst anzusehen, sondern ihn als eine eigenständige ästhetische Kategorie anzuerkennen. Ihr Fazit: „Am Ende ist nicht der Kitsch selbst moralisch gefährlich, sondern der maßlose oder unkritische Umgang mit ihm."

Stephan Trüby entfaltet in seinem Beitrag eine kurze Architekturgeschichte moralischer und ethischer Erwägungen, die methodisch der Niklas Luhmanns Systemtheorie entlehnten Historiografie einer universellen Abfolge von zunächst segmentär, stratifikatorisch und funktional differenzierter Gesellschaften folgt. Trüby vertritt dabei gegen Luhmann die These, dass gesellschaftliche Fortschritte ohne eine moralische Kommunikation niemals möglich gewesen wären. Dafür untersucht er, inwieweit ausgewählte gesellschaftliche Fortschritte von einem architektonischen Fortschrittsdiskurs begleitet wurden.

Andreas Luckner geht in seinem Beitrag der Frage nach, ob Musik ein adäquater Gegenstand der Moralphilosophie ist. Dabei spielt er anschaulich verschiedene Möglichkeiten durch, was es heißen könnte, dass Musik als Musik moralisch fragwürdig oder gar verwerflich ist. Luckner argumentiert dafür, dass hier nur ein Fall denkbar ist, nämlich der, dass ein Musikstück aus seiner inneren Logik heraus eine qualvolle Wirkung auf das Publikum hat. Hier hätten wir es also mit Musikstücken zu tun, „welche die hörende Person in nicht hinzunehmender Weise schädigen, angreifen oder verletzen".

Judith Sigmund kritisiert in ihrem Beitrag die verbreitete Entgegensetzung von Kunst und Moral, wie sie im Anschluss an Kant bis heute vielfach vertreten wird. Mit Rancière sieht Sigmund den Befund einer spezifischen Moralität der Künste als gesichert an. Dabei geht sie allerdings über Rancières Formalismus hinaus, indem sie neue künstlerische Handlungsmodelle fordert, „die sich selbst in ihren Abhängigkeiten von gesellschaftlichen Bedingungen und in ihrer Verstricktheit mit Privilegien und kulturellen Herrschaftskontexten begreifen und dennoch nicht darauf verzichten, Ziele anzustreben, ja Zwecke zu setzen."

Philipp Hübl vertritt in seinem Beitrag die These, dass (gute) Kunst von zwei Faktoren abhängt: erstens könne zwar im Prinzip alles ein Kunstwerk sein, sofern die „Kunstwelt" es dazu erklärt. Zweitens jedoch verleihe die Kunstwelt diesen Status nicht willkürlich, sondern typischerweise lägen dem besondere Merkmale zugrunde. Diese Merkmale, so Hübl, stehen in einem engen Zusammenhang mit der emotionsbasierten moralischen Identität des Publikums. Kunst sei demnach im Wesentlichen ein moralisches Statussymbol.

Jakob Steinbrenner stellt sich in seinem Beitrag der Aufgabe, die politische Rolle der Kunst unter die Lupe zu nehmen. Dabei geht er der Frage nach, ob sich gute Kunst dadurch auszeichnet, für einen moralisch lobenswerten Standpunkt zu stehen und welche moralischen Qualitäten dies ggf. von Werk und Künstler verlangen würde. Nachdem verschiedene Probleme behandelt wurden, zeigt Steinbrenner anhand ausgewählter historischer Beispiele, wie es möglich ist, mit Werken der Bildenden Kunst tatsächlich einen politischen Standpunkt zu vertreten.

Kerstin Thomas untersucht in ihrem Beitrag die Beziehung von Kunst und Moral aus der Sicht der Kunst der Moderne und reflektiert ihre historische Perspektive. Dabei betrachtet sie insbesondere das Ringen um den für die Kunst so zentralen Autonomiegedanken anhand ausgewählter theoretischer und praktischer Positionen näher und diskutiert, welche Auswirkungen diese für das Verständnis der moralischen Position der Kunst hat. Die Pointe ihrer Überlegungen lautet, „dass trotz strikter Zuständigkeitsbereiche Kunst und Moral doch irgendwie immer aneinanderhängen und dass es das Streiten um die Abgrenzungen und Überlappungen ist, was den künstlerischen Diskurs am Leben hält".

Nicola Mößner diskutiert in ihrem Beitrag Susan Sontags Thesen zur Frage, inwiefern Fotografien einen Beitrag zum moralischen Diskurs leisten können. Sie verweist darauf, dass diese einerseits in moralisch aufgeladenen Kommunikationskontexten wie Berichterstattungen über Kriege verwendet würden, andererseits jedoch von Natur aus mehrdeutig seien und daher als Mittel zur Vermittlung gezielter moralischer Urteile eher nutzlos erschienen. Mößner nutzt diese Diskussion um zu verdeutlichen, dass die Fotografie verschiedenen Zwecken dienen kann, von denen die Darstellung nur eine Möglichkeit ist.

Daniela Bohde untersucht in ihrem Beitrag das Verhältnis von Architektur und Moral und verdeutlicht eindrücklich, „dass dem moralischen Anspruch so regelmäßig Gewalt inhärent ist". Ihre These lautet, dass Architektur nach dem ersten Weltkrieg zum autoritären Mittel der Volkserziehung wurde und damit die Integration in die nationalsozialistische Kulturpolitik und die Verschmelzung mit eugenischen Phantasmen ermöglichte. „Heute ist es – angesichts von Ressourcenknappheit, komplexen demographischen Veränderungen und dem Klimawandel – erneut dringend geboten, die soziale und ethische Dimension von Bauen und Wohnen zu adressieren", so Bohde. „Es könnte hilfreich sein, sich hierbei an die unheimlichen Nachbarn Gropius, Pinder, Pevsner und Schultze-Naumburg zu erinnern, die, als sie Moral proklamierten, mit Architektur erziehen und führen wollten, die, wenn sie eine neue Form suchten, Identität verordneten."

Literaturverzeichnis

Beardsley, Monroe (1958): *Aesthetics. Problems in the Philosophy of Criticism*, New York: Hackett Publishing.

Bell, Clive (1914): *Art*, London: Stokes.

Carroll, Noël (2002): The Wheel of Virtue: Art, Literature, and the Moral Knowledge, in: *Journal of Aesthetics and Art Criticism*, Jg. 60, Nr. 1, S. 3–26.

Carroll, Noël (2004): Art and Globalization, in: *Journal of Aesthetics and Art Criticism*, Jg. 65, Nr. 1, S. 131–143.

Cassirer, Ernst (2010): *Versuch über den Menschen: Einführung in eine Philosophie der Kultur*, Hamburg: Meiner.

Dadlez, Eva M. (2002): The Vicious Habits of Entirely Fictitious People: Hume on the Moral Evaluation of Art, in: *Philosophy and Literature*, Jg. 26, Nr. 1, S. 143–156.

Emcke, Carolin (2000): *Kollektive Identitäten. Sozialphilosophische Grundlagen*, Frankfurt: Campus.

Gerhardt, Volker (2007): Partizipation. Das Prinzip der Politik, München: C. H. Beck.

Higgins, Kathleen Marie (2017): Global Aesthetics – What Can We Do?, in: *Journal of Aesthetics and Art Criticism*, Jg. 75, Nr. 4, S. 339–349.

Höffe, Otfried (1989): *Politische Gerechtigkeit. Grundlegung einer kritischen Philosophie von Recht und Staat*, Frankfurt a. M: Suhrkamp.

Hume, David (1751): An Enquiry Concerning the Principles of Morals. London.
Lopes, Dominic McIver (2007): Art Without ‚Art', in: *British Journal of Aesthetics*, Jg. 47, Nr. 1, S. 1–15.
Nussbaum, Martha (1990): *Love's Knowledge: Essays on Philosophy and Literature*, Oxford: Oxford University Press.
Schellekens, Elisabeth (2007): *Aesthetics and Morality*, London: Continuum.
Schmalzried, Lisa (2017): Verantwortung in der Kunst, in: Ludger Heidbrink/Claus Langbehn/Janina Loh (Hrsg.): *Handbuch Verantwortung*, Wiesbaden: Springer, S. 682–696.
Steinbrenner, Jakob (2021): 'Kunst', Design und die Sehnsucht nach einem globalen Kunstbegriff, in: *Zeitschrift für Ästhetik und allgemeine Kunstwissenschaft*, Jg. 65, Nr. 1, S. 95–108.
Steinbrenner, Jakob (2022): Kunst und Moral, in: Judith Siegmund (Hrsg.): *Handbuch Kunstphilosophie*, Bielefeld: UTB (im Erscheinen).

Erster Teil: **Zum moralischen und ästhetischen Wert eines Kunstwerks**

Daniel M. Feige

Kunst als Gegen-Moral. Zum Verhältnis von Ethik und Ästhetik

Am 10. Oktober 2019 erhielt der österreichische Schriftsteller Peter Handke den Nobelpreis für Literatur. Das hat neben Zustimmung auch für moralische Entrüstung gesorgt. Handke gilt in der Öffentlichkeit spätestens seit seinem 1996 erschienenen Buch *Eine winterliche Reise zu den Flüssen Donau, Save, Morawa und Drina oder Gerechtigkeit für Serbien* als Autor, der die Kriegsverbrechen Serbiens relativiert hat. Der Baseler Philosoph Markus Wild ging im Online-Magazin „Geschichte der Gegenwart" so weit zu sagen: „Handke hat sich mit den Kriegstexten als Literaturnobelpreisträger diskreditiert – und ich fürchte, dem Literaturnobelpreis widerfährt nun dasselbe mit dieser Wahl." (Wild 2019, Abs. 24) In der insgesamt durchaus undurchsichtigen Gemengelage der öffentlichen Diskussionen – undurchsichtig, weil in der Debatte Argumente durcheinandergehen, von denen unklar ist, auf welchen Gegenstand (etwa Autor, das Werk, einzelne Werke, Teile eines Werks, die politische Dimension von Preisverleihungen) die jeweilige Kritik abzielt – steht nicht zuletzt die Frage der kategorialen Zuordnung der Texte, die Handke schreibt, zur Disposition.

Besonders markant und problematisch ist in diesem Zusammenhang meines Erachtens Margarete Stokowskis Beitrag auf Spiegel-Online gewesen; ich zitiere sie hier etwas ausführlicher:

> Wenn ein Künstler Verbrechen begeht, gutheißt oder leugnet, wenn er Täter zu Opfern macht, dann ist Kunst und Künstler zu trennen ein Luxus, den man sich leisten können muss. Es ist eine perfide Form der Mülltrennung, die da stattfindet, wo solche Künstler verteidigt werden: Ja, sie haben schon mal dies oder das gesagt oder getan, sich „verlaufen", „verrannt", „verzettelt", aber man müsse abseits davon doch die Literatur als solche betrachten und sozusagen den Restmüll vom ästhetisch Brauchbaren trennen. Was aber, wenn man das nicht kann? Und zwar nicht, weil man keine Ahnung von Literatur hat, sondern gerade weil man bestimmte Ansprüche an sie hat? (Stokowski 2019, Abs. 9)

Einem solchen Statement ist allerdings durchaus Ahnungslosigkeit vorzuwerfen: Die Autorin sagt all das, ohne auch nur einen einzigen Satz von Handke zu zitieren und auch ohne den Anschein zu erwecken, überhaupt etwas von ihm gelesen zu haben. Man muss sich hier scheinbar die Mühe nicht machen, weil man ja im Vorhinein schon weiß, was Handkes Texte gewesen sein werden. Über literarische Werke zu urteilen, ohne sich überhaupt mit ihnen beschäftigt zu haben bzw. ohne, dass diese Gegenstände in irgendeiner Weise in das Urteil selbst eingehen, erfüllt gut den Tatbestand, ein Schreiben zu etablieren, das von Literatur nichts versteht

https://doi.org/10.1515/9783110731354-002

(in dieser Hinsicht scheint mir auch Markus Wilds These fragwürdig, die da lautet: „Auch poetische Mittel können genau und angemessen sein, auch literarische Wahrheitsfindung soll Wahrheitsfindung sein." (Wild 2019, Abs. 3)). Es ist dann auch symptomatisch, dass sich unter dem Beitrag von Stokowski folgende kursive Erläuterung seitens der Redaktion findet: „Anmerkung der Redaktion: In einer früheren Version des Textes stand, Handkes Erzähler würde Verbrechen leugnen. Wir haben diese Stelle präzisiert" (Stokowski 2019, Abs. 17). Ob nun Handke, seine Erzähler, Teile einer Figur oder Beschreibung oder wer auch immer: Das ist Stokowski ziemlich egal, weil bei ihr alle Unterscheidungen über Bord gehen.

Ich beginne mit dieser Polemik gegenüber Stokowskis Polemik nicht allein deshalb, weil sich in ihr eine ebenso verbreitete wie irreführende Auffassung des Verhältnisses von Moral und Kunst ausdrückt. Ich habe vielmehr auch deshalb damit begonnen, um zwei widerstreitenden Intuitionen Ausdruck zu verleihen. *Einerseits* verschwindet in der vorgestellten Kritik in bestimmter Weise das Kunstwerk selbst; die Kritik ist keine Kritik des Kunstwerks, sondern eine moralische Verurteilung des *Künstlers*, dessen Werke dabei als Symptome und Exemplifikationen für die Sichtweisen der Person gesehen werden. Dabei wird jede Unterscheidung zwischen literarischem Text und Person ins Reich der Ideologie verwiesen. Literarisches Schreiben wird als bruchloser Ausdruck der Subjektivität des Künstlers verstanden, so dass eine Kritik des Werks zu einer Kritik des Künstlers wird. Dabei handelt es sich um einen Kategorienfehler: Eine Beurteilung eines Kunstwerkes ist etwas anderes als eine Beurteilung einer Person. Mehr noch: Der Gedanke, dass man nur Werke wertschätzen kann, deren Schöpfer*innen einem auch sympathisch sind oder integre Personen zu sein scheinen, gehört in die Yellow Press und nicht in die Kunstkritik. Damit müssten wir zudem wohl weite Teile der Kunst aus Museen und Literaturlisten werfen, was einige Kritiker*innen tatsächlich derzeit fordern. Eine solche Kritik schafft das Kunstwerk vorgängig begrifflich schon ab, es aus dem Museum zu werfen macht nur für uns, was es an sich schon ist. *Andererseits* teile ich (um eine minimale Dialektik meiner Kritik zu entwickeln) mit Stokowski die Überzeugung, dass man bestimmte „Ansprüche an [Literatur]" (Stokowski 2019, Abs. 9) stellen kann und dass diese Ansprüche *durchaus* etwas mit ethischen Fragen zu tun haben.

Einige zugespitzte Erläuterungen: Wenn es so wäre, dass Peter Handkes literarisches Werk *nichts anderes* als eine Verteidigung eines Völkermordes wäre und zwar eine Verteidigung, die in einer je nach Deutung grotesken oder zündenden Sprache statthat, spräche viel dagegen, es *überhaupt* als literarisches Werk zu qualifizieren. Um mit einem Beispiel in der Logik von Stokowskis Kurzschlüssen zu bleiben: Dass Leni Riefenstahls Filme auch ästhetisch markante Eigenschaften haben, macht sie keineswegs zur Kunst; das haben sehr viele Dinge auf der Welt – Naturgegenstände, Designgegenstände, Personen, mathematische

Beweise usf. (vgl. Sibley 1959). Würden wir sagen, dass Handkes literarisches Werk nichts anderes als eine Verteidigung des Völkermordes ist, wäre das Problem folgendes: Wir würden es als *transparenten Ausdruck eines Inhalts* verstehen. Die ästhetischen Eigenarten würden dann so konzipiert, dass sie dem, was das Werk sagt, äußerlich wären – und *zwar genau deshalb*, weil das literarische Werk selbst als etwas verstanden wird, was etwas Eindeutiges sagt; was etwas sagt, das sich in eine These, eine Weltsicht usf. ummünzen lässt. Behandeln wir seine Werke aber als *literarische* Werke (und nicht als Sachtexte, journalistische Beiträge usf. – wobei literarische Werke natürlich auch mit Sachtexten und/oder journalistischem Schreiben als Element oder Verfahren operieren können), so können wir so etwas nicht länger sagen.[1] Denn Kunstwerke lassen sich nicht auf einen propositionalen Gehalt reduzieren und sie sind auch nicht bruchloser Ausdruck einer Weltsicht wie das vielleicht Beiträge in privaten Konversationen oder öffentliche Statements von Personen sein mögen. Im Verstehen eines Kunstwerks kommt jeder Interpretation, die es unverblümt auf eine These reduziert, die Form des Werks in die Quere.

Dies lässt sich gut anhand der abwegigen Deutung ausweisen, die Monroe C. Beardsley (vgl. Beardsley 1962) von Gemälden vorgeschlagen hat, die Kreuzigungen zeigen: Er hat behauptet, dass das Gemälde einer Kreuzigung nur dann ein schönes Gemälde sein kann, wenn es das Gemälde einer schönen Kreuzigung sei (oder andere Partien als die Kreuzigung schön seien). Zu einer solchen These kommt man, wenn man ein Gemälde als eine transparente Repräsentation eines Inhalts begreift. Lassen wir einmal den speziellen Fall außen vor, dass es religiöse Menschen geben könnte, die Kreuzigungen oder zumindest die Kreuzigung Christi tatsächlich für etwas Schönes halten: Arthur C. Danto hat Beardsleys Äußerung ebenso lapidar wie zutreffend entgegnet (Danto 1981, S. 234–236), dass Kreuzigungen üblicherweise ausgesprochen ungeheuerliche Ereignisse sind. Wenn wir hier überhaupt von einem *schönen Gemälde* verstanden als einem Kunstwerk sprechen, so sprechen wir niemals nur über das Motiv, das im Gemälde dargestellt wird. Selbst bei darstellenden Gemälden als Kunstwerken ist es so, dass sie niemals bloß etwas zeigen, sondern ihre eigenen Strukturen und Verfahrensweisen ebenfalls zur Darstellung bringen, so dass einer solchen repräsentationalen Lektüre des Gemäldes seine Form notwendigerweise in die Quere kommt. Peter Handkes Texte als literarische Kunstwerke zu betrachten, heißt, sie als Art von Texten zu begreifen, bei denen Inhalt und Form dialektisch miteinander vermittelt sind. Das wiederum heißt, dass das, was sie sagen, nicht in anderer Weise gesagt werden kann als in der Weise, *auf die sie es* sagen – und dass es *keinen* höher-

1 Vgl. zu solch mereologischen Fragen auch Danto (1981, Kap. 5).

stufigen Kommentar gibt, der diese Dialektik, d.i. hier: Spannung zwischen Form und Inhalt, aufheben kann, weil auch das die Spezifik künstlerischen Ausdrucks und der Kunst insgesamt abschafft. Anders gesagt: Gemessen an dem, was üblicherweise Inhalt oder Aussage heißt, haben Kunstwerke schlichtweg keinen Inhalt und keine Aussage.

Kunstwerke, so möchte ich diese Vorüberlegungen zusammenfassen, sind aufgrund ihrer Form gegenüber einer unverblümten moralischen Kritik taub. Daraus folgt allerdings nicht, dass sie keine ethische Valenz in einem anderen und weitergehenden Sinn haben. Gegenüber moralischer Kritik sind sie vor allem dann taub, wenn unter Moral allein die herrschende Sitte, das, was die Öffentlichkeit für angemessen oder unangemessen im Verhalten empfindet, versteht. Dies gilt mit anderen Worten dann, wenn man Moral als bloß äußere wie äußerliche Spielregel gesellschaftlicher Art versteht und man damit einen verkürzten Begriff der Moral hat. Wenn wir an provokante Arbeiten wie Chris Burdens *Shoot*, Andres Serranos *Piss Christ* denken, so gilt: Zu *diesem* Verständnis von Moral hat Kunst ein rein negatives Verhältnis. Kunstwerke, die bloß gegebene gesellschaftliche Erwartungen erfüllen, sind wahrscheinlich weniger Kunstwerke, als ideologische Verlängerungen einer Gesellschaft, die sich in ihnen allein selbst affirmiert. Meinem Verständnis nach besteht damit kein kategorialer Unterschied zwischen offen schockierender und/oder abstoßender Kunst wie Abject Art, Body Art auf der einen Seite und den Musikdramen Wagners und der modernen Prosa James Joyces auf der anderen Seite: Auch letzteren eignet ein Moment, dass sich gegenüber unserem Verstehen sperrt (das natürlich verloren geht, wenn man sich nur noch kulinarisch auf sie bezieht). Eine richtig verstandene ethische Signifikanz der Kunst meint etwas anderes als ihr Zuträglichsein zur herrschenden Sitte: Sie drückt den Gedanken aus, dass Kunstwerke einen Sitz im menschlichen Leben haben und dass sie gerade aufgrund ihres hermetischen und rätselhaften Charakters eine besondere Kraft entwickeln.[2] Diese Kraft möchte ich mit Blick auf den eben angedeuteten verkürzten Moralbegriff wie folgt fassen: Kunst ist niemals bruchloser Ausdruck herrschender Praktiken der Moral, sondern artikuliert als Kunst immer eine Gegen-Moral in dieser Moral. Sie ist nicht bloßer Ausdruck unseres selbstbewussten Handelns und Denkens, sondern drückt immer einen Gegensinn in unserem Handeln und Denken und einen Gegensinn im Sinn selbst aus. Darin gerade besteht meines Erachtens ihr genuines ethisches Potential verstanden als Potential zur Frage, was es heißt, ein gutes menschliches Leben zu

---

2 Ich beziehe mich hier, wie unzweideutig klar sein sollte, auf Überlegungen Adornos und auf entsprechende Weiterentwicklungen derselben durch Christoph Menke (vgl. Adorno 1973; Menke 2008).

führen: Sie stößt uns durch die besondere Art und Weise, auf die sie etwas artikuliert, in der Erfahrung auf das, was gerade nicht positiv artikulierbar ist – und weist zugleich in ihrem negativen Charakter auch einseitige Verständnisse von bestehenden Institutionalisierungen und praktischen Verkörperungen der Moral zurück. In ihren Konstellationen und Konfigurationen gibt sie uns etwas zu denken, was sich praktischen wie theoretischen Instrumentalisierungen sperrt.

Diesen Gedanken möchte ich im Folgenden im Rahmen dreier Überlegungen genauer entwickeln. Die erste Überlegung gilt zunächst noch einmal der Konkordanz von Ethik und Ästhetik und nimmt ihren Ausgangspunkt bei der Feststellung, dass auch eine richtig verstandene Moraltheorie nicht einfach subsumptiv auf die in Frage stehenden Phänomene zugreift, sondern ihre Allgemeinheit im Lichte der Besonderungen artikuliert. Obwohl das selbst wie eine Bestimmung des Ästhetischen klingt (dass das Allgemeine nur im Lichte seiner Besonderungen da ist), werde ich zeigen, dass auch eine solche (im Kontrast zu den kurzen Bemerkungen zur „Moral") nicht länger polemische Lesart ethischer Fragen das Problem nicht entschärft. Im Rahmen der zweiten Überlegung werde ich dem Gedanken der Autonomie der Kunst gegenüber praktischen wie theoretischen Zwecken genauere Kontur verleihen: Kunstwerke sind eigenlogisch verfasste Gegenstände, so dass die Erfahrung von Kunstwerken als Erfahrung von Kunstwerken nicht in theoretischen oder praktischen Zwecken aufgeht. Dabei werde ich diese Eigenlogik im Sinne der spezifischen Organisationsweise des jeweiligen Werks fassen und zugleich den Einwand kontern, dass mit jüngeren Kunstentwicklungen sich ihre Autonomie erledigt hätte. Im Rahmen der dritten und letzten Überlegung werde ich schließlich der ethischen Signifikanz der Kunst nachgehen. Denn die Erfahrung solcher gewissermaßen nutzlosen Gegenstände hat für diejenigen, die sie machen, dennoch einen Sinn. Dieser Sinn lässt sich so erläutern, dass Kunstwerke das Unverfügen in allem Verfügen, den Gegen-Sinn in allem Sinn und die Unselbstständigkeit in aller Selbstständigkeit erfahrbar machen. Diesen Gedanken nicht als einen Gedanken zu erläutern, der subsumptiv oder definitorisch extensional auf alle Kunstwerke zutrifft, sondern als einen Gedanken, der in jedem Werk eine andere Konkretion gewinnt, wird die Herausforderung sein, der ich mich abschließend stellen werde.

1 Allgemeines und Besonderes in Ethik und Ästhetik

Dieser erste Teil meiner Überlegung ist durch folgende Beobachtung motiviert: In bestimmten Bereichen der Ethik, nämlich im Kontext *tugend*ethischer Positionen im Anschluss an Aristoteles, gibt es Überlegungen zum Verhältnis von Allgemeinem und Besonderem, die eine gewisse Nähe zu entsprechenden Überlegungen im Kontext der Ästhetik aufweisen. Ich gehe dabei von der Überlegung aus, dass eine ästhetische Beurteilung eine Beurteilung ist, die einen Gegenstand *in seiner jeweiligen Spezifizität* beurteilt. Diese Lektion lässt sich mit Kant ziehen: Das Ästhetische meint eine besondere Form der Beurteilung und damit eine besondere Ausübung unserer begrifflichen Vermögen, die uns zu der Art von Lebewesen machen, die wir sind.[3] Kant geht bekanntermaßen davon aus, dass wir Lebewesen sind, deren Vernunft von ihrer Sinnlichkeit geprägt ist (anders als bei hypothetischen Engeln etwa, die bloß vernünftig wären) und deren Sinnlichkeit von ihrer Vernunft geprägt ist (anders als bei nicht-menschlichen Tieren). Eine ästhetische Beurteilung steht nur solchen Lebewesen offen, die gleichermaßen vernünftige wie sinnliche Lebewesen sind (vgl. Kant 1974, §5). Wenn Kant sagt, dass die Besonderheit des ästhetischen Urteils (gegenüber dem Urteil des Guten und dem Urteil über das Angenehme, die ebenfalls einen Bezug zu unserem „Begehrungsvermögen" haben) darin besteht, dass wir den Gegenstand nicht daraufhin befragen, was er ist, wozu er gut ist und ob seine Wahrnehmung angenehm ist, sondern wir ihn daraufhin befragen, ob seine bloße Betrachtung unter Absehung subjektiver Vorlieben als lustvoll erfahren wird, so lässt sich dieser Gedanke meines Erachtens wie folgt paraphrasieren: Die Besonderheit des ästhetischen Urteils besteht darin, dass wir in einem solchen Urteil den Gegenstand nicht subsumptiv unter Allgemeinbegriffe bringen, sondern uns hier reflexiv auf etwas Besonderes *als* Besonderes beziehen (und nicht als bloßen Fall eines Allgemeinen). Das Ästhetische beginnt dort, wo wir Gegenstände, Situationen, Personen, Ereignisse und so fort nicht länger summarisch behandeln, sondern wo wir sie in ihrer Besonderheit vernehmen. Das kann in vielen Fällen etwas mit sinnlich vernehmbaren Aspekten zu tun haben, in einigen Fällen aber nicht – die Eleganz eines mathematischen Beweises betrifft seine Spezifik als die Art und Weise, wie er durchgeführt ist im Zusammenhang mit dem, was hier durchgeführt ist, aber sicher nur in sehr exotischen Kontexten sinnliche Qualitäten etwa seiner Typografie. Der Begriff des Besonderen setzt allerdings den Begriff des Allgemeinen voraus (und damit Begriffe, denn sie sind das Allgemeine). Vom Ästhetischen als einer Form des Urteilens zu sprechen, meint deshalb, dass die Aufmerksamkeit für das Besondere *als* Besonderes selbst eine *besondere Form* des Begrifflichen ist – eine Ausübung begrifflicher Vermögen, die just die Besonderheit dessen, an dem sie zum Tragen kommt, in den Blick nimmt. Der Gedanke, dass das Ästhetische im Überschreiten oder Aussteigen aus be-

3 Vgl. ausführlich dazu Feige (2018, Kapitel 4).

grifflichen Bestimmungen zu erläutern wäre, muss damit zurückgewiesen werden: Wie in unserem erkennenden Umgang mit der Welt sind auch im lustvollen Vernehmen von ästhetischen Aspekten der Welt unsere begrifflichen Vermögen im Spiel – aber sie sind eben nicht derart im Spiel, dass es uns um einen bestimmenden und damit subsumptiven Zugriff auf das, was wir hier wahrnehmen, gehen würde.[4]

Mit einer solchen minimalen Bestimmung des Ästhetischen ist allerdings weder etwas zur Spezifik der Kunst gesagt (Kants Ästhetik ist in seiner Analyse des ästhetischen Urteils keine Kunstästhetik, sondern die Analyse einer allgemeinen Urteilsform, die uns als Lebewesen der Art von Lebensform offenstehen, die wir sind). Noch ist damit etwas zu einer Abgrenzung zu einer ethischen Beurteilung gesagt. Denn auch Teile der tugendethischen Positionen der Gegenwart betonen, dass das Allgemeine unserer moralischen Orientierungen eben nicht subsumptiv in der Beurteilung auf das Besondere bezogen ist.

Ich möchte hier als paradigmatische Position John McDowells Position anführen (vgl. McDowell 1996). Sie ist meines Achtens in entscheidenden Hinsichten den Positionen etwa Martha Nussbaums (vgl. Nussbaum 1992), Rosalind Hursthouses (vgl. Hursthouse 1999) und – mit Einschränkungen – auch Philippa Foots (vgl. Foot 2014, S. 74–106) überlegen. Für McDowells Projekt ist charakteristisch, dass er geltend macht, dass aus der Tatsache, dass Menschen im Rahmen einer bestimmten Erfahrungsperspektive auf die Welt bezogen sind, nicht folgt, dass eine solche Erfahrungsperspektive epistemisch beschränkend anstatt erschließend wäre: In unserem Wahrnehmen, Denken und Handeln drehen wir uns nicht um uns selbst, sondern sind gegenüber der Welt in unproblematischer Weise geöffnet – und zur Welt gehören nicht allein naturwissenschaftlich beschreibbare Tatsachen, sondern auch Kunstwerke, sowie ästhetische und ethische Werte (vgl. neben McDowell 1996 auch McDowell 2009a; 2009b). Die moralische Wahrnehmung wird von ihm dabei als Frage der richtigen Erziehung im Sinn einer Bildung dazu verstanden, entsprechende moralische Tatsachen sehen zu lernen: Moral ist für McDowell eine Sache der Kultivierung einer besonderen Art von Wahrnehmungsfähigkeit, die responsiv hinsichtlich der moralischen Valenz bestimmter Situationen ist. Der bzw. die Tugendhafte hat gelernt, Situationen auf eine Weise wahrzunehmen, dass sie unmittelbare Gründe für sein bzw. ihr Handeln sein können. Wenn die Ansprechbarkeit für moralische Gründe vor allem eine Sache der Wahrnehmung von Situationen ist, ist klar, *dass es hier keine allgemeinen Prinzipien geben kann, solange diese in abstrakter, kontextinsensitiver Weise ver-*

4 Kant erläutert das bekanntermaßen in Begriffen der reflektierten Urteilskraft (vgl. Kant 1974, S. 87–89).

standen werden. Was es gibt, sind vielmehr die Anforderungen der jeweiligen Situationen und ihre entsprechende Signifikanz mit Blick auf unsere moralische Ansprechbarkeit, die uns zum Handeln bewegt. Dass der bzw. die Tugendhafte eine Situation grundsätzlich anders wahrnimmt als Nicht-Tugendhafte und dass moralische Gründe sich nicht gegen andere Gründe kompetitiv durchsetzen müssen, sondern alle anderen möglichen Gründe zum *Schweigen* bringen, ist Konsequenz dieser Auffassung: Die Tugendhaftigkeit der Tugendhaften zeigt sich gerade dadurch, dass sie nicht hadert, räsoniert, nachgrübelt oder abwägt, sondern dass sie unmittelbar sieht, was die Situation von ihr erfordert (vgl. McDowell 1996).

An dieser Überlegung interessiert mich, dass ethische Maßstäbe dieser Auffassung gemäß als etwas verstanden werden, dass gerade nicht die einzelnen Situationen subsumptiv unter eine allgemeine Regel bringt, sondern dass das Allgemeine als *Kultivierung und Sensibilisierung für die Anforderungen jeweils besonderer Situationen begreift.* Darin sind mindestens zwei Einsichten artikuliert (die, um es deutlich zu sagen, keineswegs exklusiv für tugendethische Positionen sind): Erstens müssen Fragen der Moral als solche verstanden werden, die nicht ein äußerer wie äußerlicher Gesichtspunkt der handelnden Personen sind, sondern etwas, dass aus der Perspektive der jeweiligen Person selbst qua Person, die sie ist, eine Rolle spielen (und vielleicht sogar ein Aspekt dessen sein könnten, was eine Person zu einer Person macht).[5] Zweitens müssen Maßstäbe und Regeln moralischer Art als solche verstanden werden, die nicht abstrakt sind, sondern konkret im Lichte der jeweiligen Situation zur Geltung gebracht werden. Die Allgemeinheit des Moralischen muss gewissermaßen in die Besonderheit der Situation übersetzt werden und das geht nicht ohne Urteilskraft, d. h. die Fähigkeit, für bestimmte Aspekte der Situationen sensitiv zu sein, die sich nicht durch ein vorgängiges Verfahren, einen Mechanismus oder Algorithmus bestimmen lassen.

Trotz des nicht-subsumptiven Bezugs auf das Besondere, ist es dennoch nicht so, dass das Ästhetische ein besonderer Fall des Ethischen wäre (oder umgekehrt). Denn in der moralischen Beurteilung geht es darum, das Richtige zu tun, und die Interpretation der Situation steht im Dienste dieses Anspruchs. Die eben kurz skizzierten tugendethischen Überlegungen helfen dabei zu sehen, dass das, was zu tun ist, nicht das Befolgen einer abstrakten Regel ist, sondern das, was die Situation erfordert und zwar meist ohne eigens reflexive Akte. Im Anschluss an die epochemachenden handlungstheoretischen Überlegungen Anscombes könnte man sagen: Wenn ich darüber nachdenken muss, ob aus der allgemeinen

5 Vgl. Gadamer (1990, v. a. S. 312–314), dessen Positionen in anderer Weise ebenfalls stark an Aristoteles orientiert ist.

Regel, dass menschliches Leben schützenswert ist, folgt, ob ich das ertrinkende Kind hier retten soll, habe ich bereits einen Gedanken zu viel und ich bin in Wahrheit wohl keine tugendhafte Person (vgl. Anscombe 2000). Auch wenn das Gute sich in einer angemessenen Reaktion auf jeweils besondere Situationen verwirklicht, so geht es hier doch darum, den Ansprüchen der Situation im Lichte dessen, was ich tun sollte, Rechnung zu tragen – und nicht die Situation als Situation in ihrer Singularität zu würdigen; moralische Ansprüche sind auch in tugendethischen Positionen in bestimmter Weise situationstranszendent. In der ästhetischen Beurteilung hingegen geht es nicht darum, eine Situation daraufhin zu beurteilen, was in ihr zu tun ist, sondern darum, den Gegenstand unter Absehung theoretischer wie praktischer Zwecke daraufhin zu befragen, ob er uns in der bloßen Betrachtung gefällt (wozu natürlich auch gehört, dass man bestimmte Dinge tut, wie richtig hinschauen, sich Zeit nehmen usf.). Die Situation ist hier gewissermaßen schon die ganze Wahrheit und jedes weitergehende Wissen – jetzt kunstästhetisch gewendet – dient primär einer Intensivierung und richtigen Kontextualisierung der Erfahrung der Situation bzw. des Gegenstandes selbst. Von Kant lässt sich in diesem Sinne lernen: Das „Gute“ des Ästhetischen ist ein formal anderes „Gutes“ als das „Gute“ des Moralischen.

Reden wir nun nicht länger vom Ästhetischen in einem unqualifizierten Sinne, sondern von *kunst*ästhetischen Beurteilungen, so gewinnt die Redeweise, dass hier etwas je Besonderes in seiner Besonderheit beurteilt wird, einen spezifischen Sinn. Denn in diesem Fall haben wir es mit Gegenständen zu tun, in denen wir nicht nur von praktischen und theoretischen Zwecken absehen, sondern bei denen sich die Form der entsprechenden Gegenstände selbst in den Vordergrund drängt und die einzige Art und Weise, sie als diejenigen, die sie sind, zu verstehen, darin besteht, sie mimetisch nachzubuchstabieren und das heißt auch: an dem zu messen, was sie aus sich selbst heraus etablieren.

2 Die Autonomie der Kunst

Mit diesen Bemerkungen lege ich mich in der Kunstphilosophie auf eine im weitesten Sinne autonomietheoretische Bestimmung der Kunst fest. Autonomie der Kunst meint dabei nicht allein ihre Freiheit gegenüber unmittelbaren theoretischen wie praktischen Zwecken, sondern auch, dass ihre Gegenstände eigenlogisch verfasst sind. Beide Explikationen sind zwei Seiten einer Medaille: Kunstwerke sind gegenüber theoretischen und praktischen Zwecken frei, *weil* sie eigenlogisch verfasste Gegenstände sind.

Was aber heißt es, dass sie eigenlogisch verfasste Gegenstände sind? Hier lässt sich erneut ein Anfang mit Kant machen und zwar genauer in seinen Überlegungen in den Paragraphen zum Genie. Er schreibt:

> An einem Produkte der schönen Kunst muss man sich bewusst werden, dass es Kunst sei, und nicht Natur; aber doch muss die Zweckmäßigkeit in der Form desselben von allem Zwange willkürlicher Regeln so frei scheinen, als ob es ein Produkt der bloßen Natur sei. (Kant 1974, S.240)

Das Genie bringt Gegenstände hervor, von denen es in bestimmter Weise nicht weiß, was sie sind – denn sie sind nicht das selbstbewusste Produkt seiner theoretischen oder praktischen Vernunft. Was das Genie hervorbringt, sind vielmehr Gegenstände, die in ihrer Zweckmäßigkeit (sie sollen von „willkürlichen" Regeln frei sein, d.i. Regeln, die nicht für sie wesentlich sind, sondern der Logik der entsprechenden Gegenstände heterogen bleiben) dennoch keinen bestimmten Zwecken gehorchen. Zweckmäßig sind ästhetische Gegenstände, weil in ihnen alles an seinem Platz zu sein scheint, so dass es scheinbar nicht anders als es ist sein kann; dass sie eine (wie immer gebrochene und dispersive) interne Logik aufweisen. Und dennoch sind sie zu nichts da und es lässt sich auch kein Zweck angeben, dem sie dienen und dessen Begriff die Zweckmäßigkeit verständlich machen würde. Wir haben es damit im Ästhetischen mit einer Form des Urteilens zu tun, die die interne zweckmäßige Organisation ihrer Gegenstände nachvollzieht, diesen aber, da es keinen Zweck gibt, zugleich ein Moment der Unbestimmtheit integriert. Das Genie bestimmt Kant als „das Talent (Naturgabe), welches der Kunst die Regeln gibt." (Kant 1974, S.241) Dabei geht er von folgendem Argument aus (es geht mir hier um den Begriff der Regel): Kein Kunstwerk als Produkt von Handlungen ist regellos – gleichgültig, wie sehr auch immer es Elemente des Zufalls, der raumzeitlichen Kontingenz usf. integriert. Das ist es schon deshalb nicht, weil es eben ein *bestimmtes* Kunstwerk ist und kein anderes und dabei durch menschliches Tätigsein in die Welt kommt. Dennoch gilt für die Kunst: Jedes gelungene Kunstwerk ist dahingehend „exemplarisch", dass es aus sich heraus Regeln entwickelt und zugleich verkörpert. Es ist nicht einfach eine weitere Instanz dessen, was schon in anderen Kunstwerken geleistet worden ist – ein Werk, das das wäre, wäre durch „Peinlichkeit" (Kant 1974, S.241) im Sinne des Auswendigen und Formelhaften, aber nicht durch „Pünktlichkeit" (Kant 1974, S.241) im Sinne der Übereinstimmung mit den selbstgesetzten Regeln charakterisiert und damit ein Kunstwerk, das seinem eigenen Begriff nicht gerecht wird. Dabei leugnet Kants Argument keineswegs, dass auch jedes gelungene Kunstwerk in einer Tradition zu vorangehenden Werken steht. Aber es steht zu ihr in einem Verhältnis eines dialektisch verstandenen Bruchs: Es gibt sich in seinem Gelingen neue Regeln und ist so nicht monotoner oder redundanter Ausdruck einer solchen Tradition. Die Tradition der Kunst ist eine Tradition, die in einer Abfolge dialektisch verstandener Brüche besteht, die die Werke selbst sind.

Kants Begriff des Genies stellt weder in Abrede, dass es zur Entfaltung einer solchen Handlung vielfältiger Übungen bedarf, noch, dass solche Handlungen in vielfältiger Weise voraussetzungsvoll sind. Worum es ihm meines Erachtens vielmehr geht, ist ein Handeln zu denken, das von paradoxen, weil *nur im jeweiligen Handeln selbst* verkörperten Regeln ausgeht. Mit jedem neuen Werk ist es durch neue, nicht aus vorangehenden und nicht durch zukünftig kopierbare Regeln konstituiert – denn eine regelpoetische Formulierung der Regeln des Kunstwerks übersieht, dass die Kraft des Werks eben nur für dieses und nicht für zukünftige Werke gilt. Das exemplarische Werk setzt einen neuen Standard, der prinzipiell *als* Standard nicht kopiert werden kann, da ein Standard nur durch einen neuen Standard aufgehoben werden kann. Die je singulären Regeln des Werks büßen ihre ganze Kraft und ihren ganzen Witz ein, wenn sie aus dem Kontext des Werks, das durch sie konstituiert worden ist und das sie allererst hervorgebracht hat, als Algorithmus missdeutet werden, der eine potentiell beliebig große Anzahl von kraftvollen Werken hervorbringen kann.

Auf diesen Spuren kann man in Anknüpfung an Adornos Weiterentwicklung dieses kantischen Motivs folgendes festhalten (Adorno 1973, v. a. S. 205–207): Kunstwerke etablieren Konstellationen von Elementen, die in einem Verhältnis der wechselseitigen Sinnkonstitution stehen, so dass sie zu verstehen heißt, sich nachvollziehend in die Struktur des Werks zu begeben. Jedes Element des Kunstwerks – Gesten, Bewegungen, Geräusche, Schnitte, Schritte, Töne, Pixel, Worte, Kapitel, Passagen, Melodien, Sequenzen, Farben, Klänge oder was auch immer sich jeweils als Element eines Kunstwerks aus dem entsprechenden Werk heraus qualifiziert – ist holistisch konstituiert.[6] Das Kunstwerk ist keine Kombination aus in ihrem Sinn *gegebenen* Elementen. Kunstwerke sind nicht aus gegebenen Atomen konstituiert. Vielmehr *etablieren* sie einen Sinnzusammenhang, so dass jedes Element nur aus dem Werk selbst heraus zu begreifen ist und zwar so, dass es im Lichte seiner vielfältigen Relationen zu anderen Elementen des Werks seinen Sinn erhält. Kunstwerke stehen natürlich in Serien von Kunstwerken und positionieren sich damit explizit oder implizit zu vorangehenden Werken. Noch in dem Fall, in dem sie etwas aus einem anderen Werk übernehmen, ist es aber nicht mehr dasselbe Element.

Daraus folgt zweierlei: Erstens, dass man Kunstwerke als Kunstwerke nur an den von ihnen selbst etablierten Maßstäben messen kann und zweitens, dass

---

6 Vgl. in diesem Sinne auch Bertram 2014, Kapitel 3.

noch höherstufige kategoriale Bestimmungen (wie etwa „Klang" als Bestimmung der Musik) in ihrem Sinn nicht einfach sozusagen über den Kopf der Werke hinweg bestimmt werden können. Zum ersten Punkt: Etabliert jedes Werk eine singuläre Konstellation von Materialien, kann das einzelne Werk auch nur an dem gemessen werden, was es *aus sich heraus* etabliert. Es ist albern, die Aufnahme von Coltranes *Resolution* an dem zu messen, was es heißt, dass Brahms *Requiem* ein gelungenes musikalisches Werk sein mag (und das nicht allein deshalb, weil ersteres eine Improvisation und letzteres eine Komposition ist). Genauso ist es albern, die entsprechende Aufnahme an dem zu messen, was an Mondrians *Broadway Boogie Woogie* gelingen mag (und das wiederum nicht etwa allein deshalb, weil sich letztere Arbeit nur auf einen dem Jazz bloß verwandten Musikstil beziehen mag). Coltrane und Brahms sind nicht etwa deshalb besser vergleichbar, weil es sich in beiden Fällen um Musik handeln würde – genauso gut könnte man Coltranes Aufnahme in eine Reihe mit Arbeiten wie derjenigen Mondrians stellen, die im Medium der Malerei die strukturelle Dimension bestimmter Musik aufgreift, oder auch in eine Reihe mit Arbeiten der Performancekunst, weil das, was auf der Aufnahme aufgezeichnet ist, ein konkretes und unwiederholbares raumzeitliches Ereignis ist, dessen Verlauf in weiten Teilen unkalkuliert und unkalkulierbar ist. Man muss sich in die Konstellation des jeweiligen Werks begeben und in ihrem Nachvollzug ein Verständnis dessen entwickeln, was es für eine Logik seiner Elemente prägt (ob etwa wie bei Olivier Messiaen die Klangfarben zentraler Aspekt des musikalischen Materials sind oder wie bei Wagner eine leitmotivische Arbeit, die ebenfalls herkömmliche harmonische Progressionen an ihre Grenzen treibt), um es in seinem Gelingen wie Scheitern zu verstehen.

Zum zweiten Punkt: Was Klang als Bestimmung des Materials der Musik heißt, wandelt sich von Wagner zu Messiaen, insofern jedes gelungene Werk seine Materialien in seinem Sinn neu erfinden muss. Der Gedanke der holistischen Konstitution des Werks (gegenüber einer atomistisch-additiven Konzeption) besagt dabei nicht, dass Kunstwerke nicht in einem Verhältnis von Nachfolge und Vorgänger stehen – und auch nicht, dass sie nicht auf außerkünstlerische Gebrauchsweisen von Materialien Bezug nehmen. Operiert Literatur im Medium der Sprache, so ist klar, dass sich ihre Verwendungsweisen von Sprache auch in Abgrenzung wie Kontinuität zu außerliterarischen Verwendungsweisen verhalten. Er besagt allein, dass sie sich auf Vorgänger und außerkünstlerische Verwendungsweisen im Verhältnis des je spezifischen Bruchs beziehen: Die Worte der Literatur sind kein transparentes Medium, wie es im alltäglichen Sprechen üblicherweise der Fall ist, sondern werden in der Literatur qua ihrer je spezifischen Konstitution (was in seltenen Fällen mit typographischen Fragen, häufig mit Fragen des Stils des Schreibens, der Art und Weise des Beschreibens, aber auch, was beschrieben wird, usf. zusammenhängt) auffällig. In dieser Weise kann man sagen, dass Kunstwerke immer auch das, was es heißt, dass sie ein Kunstwerk sind, immanent reflektieren – und sich gebrochen zur außerästhetischen Realität verhalten. Die Worte unseres alltäglichen Sprechens kehren in der Literatur in verfremdeter und gemessen an ihrem problemlosen alltäglichen Funktionieren dysfunktionaler Weise wieder: Das wir sprechende Wesen sind, wird in jedem Werk der Literatur in je spezifischer Weise anders thematisiert.

Der hier entwickelte Begriff der Autonomie des Kunstwerks mag auf den ersten Blick heute obsolet erscheinen. Eine selbstgenügsame Kunstpraxis ist nicht nur eine, die einige angesichts der drängenden sozialen und politischen Fragen auffordern, aus ihrem Elfenbeinturm (oder dem Kunstmarkt) herauszukommen und die Ärmel hochzukrempeln. Vielmehr scheint sie angesichts jüngerer Entwicklungen wie der Performancekunst, der partizipativen Dimension vieler Künste oder dem Umgang mit Formen und Medien des Dokumentarischen widerlegt worden zu sein. Ich möchte gleichwohl festhalten, dass mir dieser Schluss vorschnell zu sein scheint. Wenn man Autonomie so versteht, dass sie nicht allein die eigenlogische Verfasstheit der Gegenstände meint, sondern sie zugleich so denkt, dass sie dialektisch auf ihr anderes, die außerästhetische gesellschaftliche Realität, bezogen ist, so kann man (mit Adorno) sagen: In sich reflektiert kehrt diese in der Autonomie des Werkes wieder. Dies lässt sich wie folgt exemplarisch erläutern: Wenn man in der Arbeit der Performancegruppe Signa *Die Erscheinungen der Martha Rubin* 2008 beim Berliner Theatertreffen am Eingang zum Gelände beim Vorzeigen der Theaterkarte und für einen Fingerabdruck ein 12-stündiges Visum bekam, um in eine von einer Vielzahl von Darsteller*innen bevölkerten Modellstadt Eingang zu erhalten, so handelt es sich hier um eine Arbeit, bei der schon die Zuordnung zur Kunstform des Theaters schwierig ist, wie in ihr selbst die Grenzen zwischen Realität und Inszenierung zu verschwimmen scheinen, wenn die Visumsbesitzer*innen dort beim Friseur die Haare schneiden lassen konnten, oder einen Schnaps trinken konnten in einer ärmlichen Bar. Wenn aber die Partizipation zur Ununterscheidbarkeit mit der außerästhetischen Realität gesteigert wird, so wird sie das eben nur in vermittelter Form und im Rahmen der von einer solchen Performance selbst implizit gestellten Frage, was es heißt, Aspekte der zeitgenössischen Arbeitswelt und Subjektivierung in und durch das Medium partizipativer Performances zu thematisieren.[7] Und wenn in den Arbeiten der Atlas-Group so mit Fotografien und Verfahrensweisen des Dokumentarischen gearbeitet wird, dass ihr eigener Status als Kunstwerk nicht länger an den ein-

---

7 Ich orientiere mich hier an der Analyse von Benjamin Wihstutz; (vgl. weitergehend zu der Arbeit Wihstutz 2013).

zelnen Gegenständen thematisch wird, so reflektieren sie dennoch nicht allein in sich den Unterschied zwischen Dokumentation und Kunst, sondern arbeiten praktisch auch an der Frage mit, auf welche Weise Kunstwerke überhaupt existieren (vgl. dazu auch Osborne 2013). Um einen dritten und vielleicht nochmals kontroverseren Gegenstand aufscheinen zu lassen: Wenn man die Aktionen des Zentrums für politische Schönheit tatsächlich im Register der Kunst und nicht bloß des Politischen diskutiert, so ist etwa ihr Projekt, das Holocaust-Mahnmal im Vorgarten von Höckes Wohnhaus aufzubauen, nicht einfach eine politische Botschaft, sondern stellt eher die Frage, wie mit bestimmten gesellschaftlichen Entwicklungen umzugehen ist und was es heißt, Protest gegen solche Entwicklungen zu artikulieren (dazu passt der sehr unklare Charakter der von ihnen behaupteten Beobachtung von Höckes Wohnhaus; sie haben ein Video veröffentlicht, in dem sie mit Kameras und billigen Discounter-Camouflage Anzügen die entsprechende Beobachtung scheinbar dokumentieren; man weiß eigentlich nicht, ob und was hier stattgefunden hat). Verabschiedet man den Gedanken der Autonomie schlechthin, so lässt man Kunst in Politik, Erkenntnis oder Moral diffundieren. Wir hätten es dann nicht mehr mit Kunst, sondern vielmehr mit Politik, die sich herkömmlichen oder nicht so herkömmlichen Formen der Kunst bedient, zu tun.

Diese letzten Überlegungen widersprechen nicht dem Gedanken, dass entsprechende jüngere Entwicklungen in den Künsten als Aufforderung gesehen werden müssen, die Autonomie der Kunst neu herauszuarbeiten. Aber das ist eine Situation, die sich mit Blick auf die Kunst von jeher stellt, da sie sich immer dialektisch an ihrem anderen, der gesellschaftlichen Realität abarbeitet und von jeher immanent mit der Frage konfrontiert ist, was sie überhaupt ist. Anders gesagt: Entsprechende Entwicklungen in den Künsten verabschieden nicht die Autonomie der Kunst, sondern entfalten (bewusst oder unbewusst) ihre immanente Dialektik.[8] Zu sagen, Kunst sei autonom, heißt also weder zu sagen, sie sei nicht gesellschaftlich bedingt, noch heißt es zu sagen, dass sie nicht auf theoretische oder praktische Zwecke bezogen sein kann. Kunst ist aber niemals Ausdruck theoretischer oder praktische Zwecke, sondern wenn überhaupt vermittels ihrer Form eine *Reflexion* theoretischer oder praktische Zwecke. Als Partizipierende der Performance handeln wir nicht einfach, sondern in den in ihrem Status ungesicherten Dingen, die wir dort tun, setzen wir uns zugleich damit auseinander, was es heißt (und auch, was es heute heißt) zu Handeln. Kurz gesagt: Die Grenzen zwischen dem, was Kunst ist und was nicht, sind nie gesichert und sie

---

8 Vgl. Rebentisch (2017). Ihre Überlegungen verstehe ich so, dass sie genau einem solchen Projekt verpflichtet sind.

verschieben sich beständig – aber Kunst in Moral, Politik und Erkenntnis diffundieren zu lassen, hieße sie am Ende weg zu erklären.

3 Die ethische Signifikanz der Kunst

In den letzten Bemerkungen finden sich bereits Überlegungen, die die ethische Signifikanz der Kunst betreffen und die sie gegenüber dem Gedanken verteidigen, sie sei nur mit sich selbst beschäftigt. Denn im Medium der scheinbar sinnfernen Konstellationen von Elementen treten wir uns in der Kunst selbst gegenüber. Kurz gesagt: Kunst ist ein Reflexionsgeschehen und damit eine Praxis der Selbstverständigung.[9] Ein solches Reflexionsgeschehen entzündet sich in der Kunst an der jeweiligen Form des Gegenstandes. Kunstwerke kann man nicht übersetzen und paraphrasieren, sondern allein mimetisch nachvollziehen. Von einem Reflexionsgeschehen als Bestimmung von Kunst zu sprechen, meint dabei keinen zusätzlichen oder weiteren Aspekt gegenüber dem Nachvollziehen eines Werks: Der Nachvollzug der Form des Kunstwerks *ist* dieses Geschehen selbst. Mit Reflexion meine ich also nichts, was zusätzlich oder äußerlich noch zur Kunsterfahrung hinzutritt (so dass wir etwa irgendwie noch über die Struktur des Werks in einem Schritt zu Seite aus der Erfahrung nachdenken).

Eine solche Reflexion muss gerade aufgrund ihres eigensinnigen Charakters als Bildungsprozess verstanden werden.[10] Ihr Witz besteht in nichts anderem als der offenen Thematisierung unserer selbst. Um eine Form der Bildung und Selbstbildung handelt es sich, weil entsprechende Erfahrungen das Subjekt formen. Anders kann man sagen: Das Reflexionsgeschehen der Kunst hat einen praktischen wie performativen Charakter: Es bedarf eines Nachvollzugs der Konstellation der Elemente des Kunstwerks, um den Punkt des Werks zu verstehen. Alva Noë hat deshalb darauf hingewiesen, dass das Verstehen von Kunstwerken eher dem Verstehen der Pointe eines Witzes gleicht als dem Verstehen des propositionalen Gehaltes eines Aussagesatzes (Noë 2015, S. 73–75). Und insofern es sich hier um einen Prozess handelt, dessen Sinn darin besteht, dass wir uns im Nachvollzug in unseren Orientierungen thematisieren, so geht die Erfahrung des Werks ein in das, was wir sind. In ihrem unnützen Charakter ist die Kunst Ausdruck eines Bildungsgeschehens, in dem wir uns immer an etwas abarbeiten, was wir nicht positiv bestimmen und in den Griff bekommen können.

9 Dazu ausführlicher Feige (2015, Kapitel 4) und Bertram (2014).

10 Vgl. dazu insgesamt Feige (2021, i.E).

Darin besteht meines Erachtens die ethische Signifikanz der Kunst: Sie ist ein Beitrag zu einem guten Leben, insofern wir in Kunsterfahrung Erfahrungen machen, die gerade nicht, wie in Teilen der angloamerikanischen Ästhetik behauptet, bloß „pleasurable" sind, sondern ebenso ernst und schmerzhaft sein können, insofern Kunstwerke, wenn wir sie an uns heranlassen, tief in uns greifen können. Kunsterfahrungen artikulieren gegenüber einer gesellschaftlichen Realität, in der Rationalität in weiten Teilen mit instrumenteller Rationalität kurzgeschlossen wird, eine andere Rationalität, insofern sie ein Anderes unserer Rationalität hervortreten lassen. Mit Blick auf unsere moralischen Orientierungen zeigen solche Werke, von denen wir sagen können, dass sie politische, praktische und moralische Aspekte verhandeln (ich habe oben Arbeiten genannt), das, was in unserer gegenwärtigen Praxis gerade noch nicht aufgeht und nicht positiv auf den Begriff zu bringen ist. Das tun sie aber eben nicht in Form des Arguments (dass etwa Recht und Gerechtigkeit nicht eins sind oder dass die Idee einer richtig verstandenen Moral nie aufgeht in unseren bestehenden Praktiken), sondern indem sie solche Themen in medialen und materialen Konstellationen von Elementen anklingen lassen. Um die Klammer des Anfangs zu schließen: Mit Blick auf die Debatte zu Handke besteht also wesentlich die Herausforderung darin, zu fragen, was es heißen könnte, dass seine Texte literarische Texte und entsprechend nicht einfach eine These sind – und auch die Frage zu stellen, ob sie denn überhaupt literarische Texte sind. Insofern sie literarische Texte sind kann man nicht das sagen, was die Autor*innen, die ich eingangs zitiert habe, gesagt haben. Dann muss man ihnen darin nachspüren, wie in ihnen Form und Inhalt sich aneinander abarbeiten und aneinander zerbrechen. Wenn sie eine solche Dynamik nicht entwickeln, spricht aber dann durchaus viel dafür, dass sie nicht primär im Kontext der Kunst diskutiert werden sollten.

Kunst ist nicht moralisch, sondern eine Verhandlung der Frage, was es heißt, dass wir Lebewesen sind, für die wesentlich ist, dass sie für moralische Gesichtspunkte ansprechbar sind. Anders gesagt: Kunst hat mit Moral verstanden als herrschende Sitte nur insofern etwas zu tun, als sie an dieser kritisch thematisiert, was ihr gerade entgeht. Kunst hat mit Ethik etwas zu tun, als Kunsterfahrungen uns in einer offenen und ungesicherten Weise bilden und damit ein Aspekt eines guten menschlichen Lebens darstellen.

Literaturverzeichnis

Adorno, Theodor W. (1973): *Ästhetische Theorie*. Frankfurt am Main: Suhrkamp.
Anscombe, G.E.M. (2000): *Intention*, Cambridge/Mass.: Harvard University Press.
Beardsley, Monroe C. (1962): „Beauty and aesthetic Value". In: *The Journal of Philosophy* 59, Nr. 21, S. 617 – 628.
Bertram, Georg W. (2014): *Kunst als menschliche Praxis. Eine Ästhetik*. Berlin: Suhrkamp.
Danto, Arthur C. (1981): *Die Verklärung des Gewöhnlichen. Eine Philosophie der Kunst*. Frankfurt am Main: Suhrkamp.
Feige, Daniel M. (2015): *Computerspiele. Eine Ästhetik*. Berlin: Suhrkamp.
Feige, Daniel M. (2018): *Design. Eine philosophische Analyse*. Berlin: Suhrkamp.
Feige, Daniel M. (2021): *Die Natur des Menschen. Eine dialektische Anthropologie*. Berlin: Suhrkamp (im Erscheinen).
Foot, Philippa (2014): *Die Natur des Guten*. Berlin: Suhrkamp.
Gadamer, Hans-Georg (1990): *Wahrheit und Methode. Grundzüge einer philosophischen Hermeneutik*. Tübingen: Mohr Siebeck.
Hursthouse, Rosalind (1999): *On Virtue Ethics*. Oxford: Oxford University Press.
Kant, Immanuel (1974): *Kritik der Urteilskraft*. Frankfurt am Main: Suhrkamp.
McDowell, John (1996): *Mind and World*. Cambridge/Mass.: Harvard University Press.
McDowell, John (2009a): „Ästhetischer Wert, Objektivität und das Gefüge der Welt". In: Ders., *Wert und Wirklichkeit*. Frankfurt am Main: Suhrkamp, S. 179 – 203.
McDowell, John (2009b): „Tugend und Vernunft". In: Ders., *Wert und Wirklichkeit*. Frankfurt am Main: Suhrkamp, S. 74 – 106.
Menke, Christoph (2008): *Kraft. Ein Grundbegriff ästhetischer Anthropologie*. Frankfurt am Main: Suhrkamp.
Noë, Alva (2015): *Strange Tools. Art and Human Nature*. New York: Hill and Wang.
Nussbaum, Martha (1992): „Human Functioning and Social Justice: In Defense of Aristotelian Essentialism". In: *Political Theory* 20, Nr. 2, S. 202 – 246.
Osborne, Peter (2013): *Anywhere or not at all. Philosophy of Contemporary Art*. London: Verso.
Rebentisch, Juliane (2017): *Theorien der Gegenwartskunst zur Einführung*. Hamburg: Junius.
Sibley, Frank (1959): „Aesthetic Concepts". In: *The Philosophical Review* 68, Nr. 4, S. 421 – 450.
Stokowski, Margarete (2019): „Perfide Mülltrennung" https://www.spiegel.de/kultur/gesellschaft/peter-handke-und-der-nobelpreis-perfide-muelltrennung-a-1291617.html, besucht am 25.02.2021.
Wihstutz, Benjamin (2013): „Ästhetische Relevanz und soziale Kontingenz: Zur Zuschauerpartizipation bei SIGNA und LIGNA". In: Frédéric Döhl u.a. (Hrsg.): *Konturen des Kunstwerks. Zur Frage von Relevanz und Kontingenz*. München: Fink, S. 75 – 92.
Wild, Markus (2019): „Krampfhaftes Kontrastsehen. Handke, Srebrenica und der Nobelpreis" https://geschichtedergegenwart.ch/krampfhaftes-kontrastsehen-handke-srebrenica-und-der-nobelpreis/, besucht am 25.02.2021.

Tim Henning

Teuflische Kunst – ein Kantianisches Plädoyer

Kann ein moralisches Defizit eines Kunstwerks als solches auch ein ästhetisches Defizit sein? Kann ein Kunstwerk also deswegen weniger gelungen sein, weil es moralisch falsche Aspekte hat? In der Ästhetik hat man diese Fragen lange Zeit verneint, und noch immer ist dies vermutlich die vorherrschende Ansicht. Mir scheint aber, dass moralische Mängel als solche durchaus ästhetische Mängel sein können. In diesem Punkt liegt die sogenannte *ethizistische* Auffassung (s.u.) also richtig.

Dennoch soll in diesem Aufsatz dafür argumentiert werden, dass Böses unter Umständen auch positiv zum ästhetischen Wert beitragen kann. Und dies gilt nicht nur dann, wenn dieses Böse z.B. ein Mittel in einem narrativen Kontext ist, in dem es schließlich zur Vergeltung, Läuterung oder zu *katharsis* führt etc. Nein, auch das nicht „aufgehobene" Böse kann selbst ästhetisch gelungen sein. Und das, so meine These, gilt gerade dort, wo es eine prägnante Form annimmt – nämlich als *Teuflisches*. Mit Teuflischem in der Kunst haben wir es zu tun, wo Böses *als* Böses zum Gegenstand eines Wohlgefallens wird. Kunst ist also teuflisch, wenn sie uns Böses als schön empfinden macht, nicht *obwohl* sondern *weil* es böse ist. Ich plädiere hier für den ästhetischen Wert teuflischer Kunst.

1 Ästhetischer und moralischer Wert: Der Ethizismus

Spätestens seit Kant und der Romantik und bis in die Gegenwart hinein lautet eine vorherrschende Ansicht zum Verhältnis von Ästhetik und Moral wie folgt:

> *Autonomiethese:*
> Ästhetische und moralische Bewertungen von Kunstwerken sind unabhängig.

Dieser These zufolge können wir Kunst gleichzeitig aus moralischen Gründen ablehnen und dennoch für ästhetisch vollständig gelungen halten. Mehr noch: Ein moralischer Makel ist generell nie ein Grund, den ästhetischen Wert eines Kunstwerks in Frage zu stellen. So können z.B. angesichts der Filme Leni Riefenstahls moralischer Abscheu und ästhetisches Gefallen reibungslos koexistieren.

https://doi.org/10.1515/9783110731354-003

Dem vorherrschenden Konsens zum Trotz erfreut sich allerdings in der neueren analytischen Ästhetik eine andere These zunehmender Beliebtheit.[1] Ich formuliere sie wie folgt:

> *Ethizismus:*
> Moralische Mängel an einem Kunstwerk können als solche ästhetische Mängel sein.

Diese These ist gleich in mehreren Hinsichten moderat. Sie ist erstens nur auf negativen moralischen Wert bezogen. Sie impliziert also nicht, dass besondere moralische Vorzüge als solche auch positiv zum ästhetischen Wert eines Werks beitragen können. Zweitens ist sie keine generelle These des Inhalts, dass moralische Mängel unweigerlich und in jedem Falle ästhetischen Wert beeinträchtigen. Und drittens enthält sie keine Implikation bezüglich des ästhetischen Wertes eines Werks, *alles in allem* betrachtet. Sie lässt also zu, dass ästhetische Mängel in einem Werk, die moralisch bedingt sind, insgesamt durch größere ästhetische Vorzüge überwogen werden können, so dass das Werk insgesamt noch immer von großem Wert, wenngleich nicht makellos, sein kann.

Den Kern der These gilt es jedoch im Auge zu behalten. Es geht nicht nur um die Behauptung, dass mitunter ein und derselbe Aspekt eines Werkes moralisch und ästhetisch defizitär ist. Sondern es geht darum, dass mitunter der moralische Mangel *als solcher* ein ästhetischer Mangel ist – dass also das Werk ästhetisch mangelhaft ist, *weil* und *insofern* es moralisch mangelhaft ist. Wir können eine spezifischere These darüber formulieren, unter welchen Umständen zu erwarten ist, dass ein moralischer Mangel auch ein ästhetischer Defekt ist:

> *Spezifische Version des Ethizismus:*
> Wenn ein Kunstwerk auf intrinsisches Wohlgefallen an etwas abzielt, das *de facto* unmoralisch ist, so stellt dies einen ästhetischen Mangel dar.

Mitunter gehört es zur Form eines Werks, dass es auf bestimmte Reaktionen abzielt, diese also hervorrufen und angemessen machen soll. Ein Thriller unterscheidet sich z. B. von einer Thriller-Persiflage dadurch, dass er auf Spannung abzielt. Eine romantische Komödie zielt auf das Mitfühlen mit der erfüllten oder unerfüllten Liebe der Protagonist*innen ab. Wenn es sich so verhält, liegt in dieser ausgezeichneten Reaktion ein wichtiges Gelingenskriterium. Was einen guten Thriller von einem schlechten Thriller unterscheidet, ist u. a. die Frage, ob sich Spannung einstellt.

---

1 Carrol (1996) nennt diese These *Moderate Moralism*, Gaut (1998) nennt sie *Ethicism*. Subtile Differenzen in der Formulierung sind für den Kontext dieses Aufsatzes zu vernachlässigen.

Mit Hilfe dieser Überlegungen lässt sich folgendermaßen für den Ethizismus argumentieren:

Argument für den Ethizismus (vgl. Carrol 1996, Gaut 1998):
(1) Wenn ein Kunstwerk auf eine bestimmte Reaktion abzielt, so ist es ein zentrales Kriterium für ästhetisches Gelingen, dass das Werk diese Reaktion insgesamt angemessen macht.
(2) Wenn nun ein Werk auf Wohlgefallen an etwas abzielt, das moralischen Abscheu verdient, wird Wohlgefallen dadurch insgesamt weniger angemessen.

Ergo: Wenn ein Werk auf Wohlgefallen an etwas abzielt, das moralischen Abscheu verdient, so gefährdet dies die Erfüllung eines zentralen Kriteriums für ästhetisches Gelingen.

Diesem Argument zufolge kann unmoralische Kunst als solche ästhetisch defizitär sein, weil die intendierte Reaktion eine ist, die dem Werk nicht insgesamt angemessen ist. Wir reagieren dann bestenfalls mit dem intendierten Lachen, Bewunderung, Erregung etc., *obwohl* wir finden, dass das Gezeigte eigentlich *nicht* lustig, bewundernswert, attraktiv etc. ist. Die Unmoral *stört* das Erlebnis.

2 Böses und Teuflisches

Mir erscheint dieser Ethizismus als attraktiv. Aber ich behaupte: Die spezifische ethizistische These bedarf einer Einschränkung. Böses kann ein angemessener Gegenstand eines intrinsischen Wohlgefallens sein. Dies gilt dort, wo der Gegenstand nicht „nur“ böse, sondern *teuflisch* ist.

Der Begriff des Teuflischen stammt aus der Moralphilosophie. Er lässt sich so erläutern: Es gibt unstrittiger Weise Handlungen, mit denen etwas bezweckt wird, das *de facto* böse oder unmoralisch ist. Diese Handlungen sind zunächst einmal moralisch falsch in einem vertrauten, unproblematischen Sinne. Aber unter diesen Handlungen könnte es einige geben, die eine noch intimere Beziehung zum bösen Zweck haben. Mit solchen Handlungen würde etwas bezweckt, das böse ist, und zwar deshalb, *weil* es böse ist. In diesen Fällen erstrebt eine Person also nicht nur wissentlich Böses, sondern sie erstrebt Böses *um des Bösen willen.* In philosophischer Terminologie: Die Person handelt *sub specie mali.* Oder: Es wird Böses nicht nur *de re*, sondern *de dicto* bezweckt.

Über Möglichkeit und Existenz solcher teuflischen Handlungen wird in der Philosophie seit langem gestritten. Ein Autor, der teuflisches Handeln für möglich hält, ist Augustinus, in dessen *Confessiones* sich ein vielzitiertes Beispiel findet. Berichtet wird davon, wie der Erzähler als Kind mit Gefährten Birnen von einem Baum stiehlt, und zwar ganz ausdrücklich nicht aus Hunger, oder weil die Birnen wohlschmeckend gewesen wären – sondern aus Freude daran, Falsches zu tun.

Das Fazit des Erzählers: „Schändliche Seele! [N]icht ein Etwas begehrte sie, ob auch schändlicherweise, sondern das Schändliche selbst [*non dedecore aliquid, sed dedecus appetens*]" (1987, S. 79).

Ich werde an späterer Stelle erläutern, warum andere Philosophen die Möglichkeit teuflischen Handelns in diesem Sinne bestreiten. Hier geht es lediglich darum die Kategorie des Teuflischen vorzustellen. Mein Vorschlag ist es, diese Kategorie auch in der Ästhetik zur Anwendung zu bringen. Genauer gesagt, lassen sich auch in der Ästhetik die folgenden Falltypen unterscheiden:

a) Kunstwerke zielen auf ein ästhetisches Wohlgefallen an etwas ab, das *de facto* böse ist.
b) Kunstwerke zielen auf ein ästhetisches Wohlgefallen am Bösen *qua* Böses ab.

In den Fällen, in denen nicht nur a), sondern auch b) gilt, möchte ich von *teuflischer* Kunst sprechen.

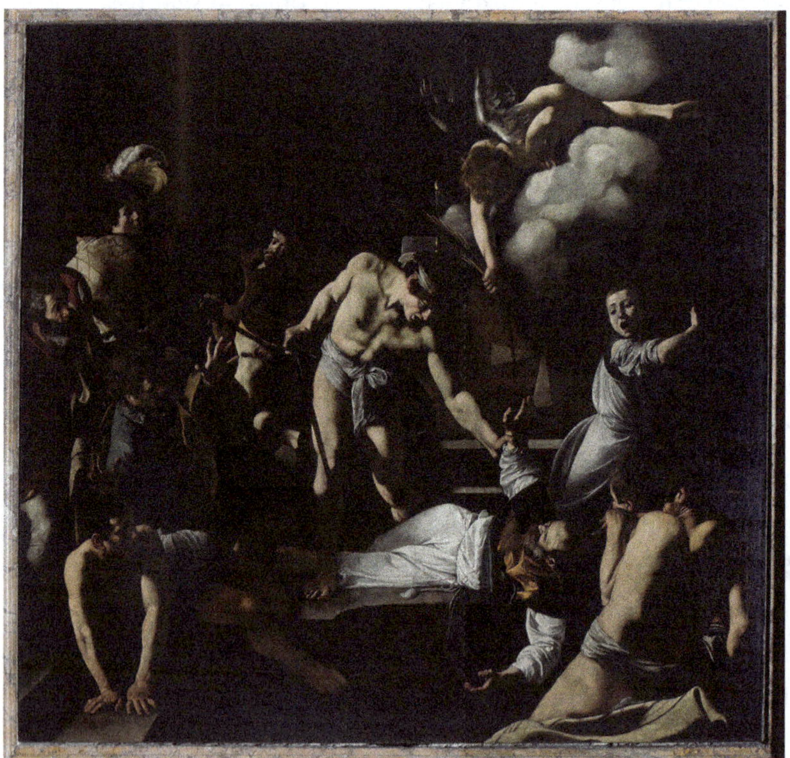

Abb. 1: Michelangelo Merisi da Caravaggio (1599), „Martyrium des Hl. Matthäus"; Foto: Mauro Coen.

Ein glänzendes Beispiel teuflischer Kunst ist Caravaggios *Martyrium des hl. Matthäus* (1599) – (siehe Abb. 1). Die zentrale Figur des Attentäters ist dramatisch beleuchtet, kaum bekleidet und von großer körperlicher Attraktivität. In einer Haltung äußerster Anspannung, das Schwert in der Hand, beugt sie sich zum heiligen Matthäus herab. Dieser ist bereits getroffen und blutet, und der Attentäter sieht seinem Sterben zu, die Gesichtszüge voller Mordlust und Verachtung. Der Täter greift den Evangelisten dabei an der Hand – und zwar an der Hand, die soeben von einem Engel einen Palmzweig als Ehrung erhalten soll. Mit anderen Worten: Der Attentäter erwählt nicht nur zufällig einen Heiligen als Opfer, sondern greift ihn gerade unter dem Aspekt seiner Heiligkeit heraus. Hier geht es mit anderen Worten *gerade* darum, das, was gut und heilig ist, nieder zu machen.

Doch zugleich, wie gesagt, ist diese Mörderfigur (in einer für Caravaggio typischen Weise) sinnlich und anziehend. Das spiegelt sich nicht zuletzt im Gesichtsausdruck des Ministranten auf der rechten Seite, der zwar vor der gewalttätigen Szene flieht, aber gleichzeitig seinen Blick nicht abwenden kann. Dabei scheint es nicht nur (nicht einmal überwiegend) Angst zu sein, die aus seinem Blick spricht. Die Augen und der geöffnete Mund verraten eher Faszination und Schaulust. Kurzum: In diesem Gemälde wird Böses dargestellt, das für Betrachter Objekt eines ästhetischen Wohlgefallens ist – und sogar als Objekt eines solchen Wohlgefallens inszeniert wird. Und es handelt sich dabei nicht nur um eine Koinzidenz von Schönheit und Bosheit. Die Figur des Attentäters ist ein Sinnbild schierer Aggression, und gerade darin liegt ihre Anziehungskraft.

Meine These lautet: In einer solchen teuflischen Inszenierung wird zwar auf intrinsisches Wohlgefallen an einem unmoralischen Gegenstand abgezielt. Aber dennoch handelt es sich nicht um einen Fall, der vom obigen Argument für den Ethizismus betroffen wäre. Das liegt daran, dass ein solches teuflisches Werk auf eine Reaktion abzielt, die nicht eindeutig und ungetrübt sein *soll.* Intendiert ist eine komplexe Reaktion, in der Wohlgefallen und moralische Verurteilung nicht nur konkurrieren. Wir sollen Wohlgefallen an etwas haben, nicht *obwohl* sondern *sofern* wir es zugleich aufrichtig als böse verurteilen. In einer solchen komplexen Erfahrung ist eben die Verurteilung und der Abscheu gegenüber dem Bösen nichts, was das intendierte Wohlgefallen stören oder mit ihm interferieren würde. Es ist ein *integraler Teil* der Reaktion, auf die abgezielt wird. Was hat es mit dieser Reaktion auf sich, die moralische Ablehnung und Wohlgefallen in dieser engen Weise vereint? Um das zu erläutern, beschreibe ich die Idee des Teuflischen näher.

3 Die philosophische Schwierigkeit mit dem Teuflischen

Auf den ersten Blick mag man die Idee des Teuflischen, sowohl im Handeln wie in der ästhetischen Erfahrung, für vollkommen unproblematisch halten. Gibt es nicht oft, und in der Kunst zumal, ein Aufbegehren gegenüber herrschenden moralischen Vorstellungen? Und nimmt diese Rebellion nicht bevorzugt die Form an, speziell das von der Moral Verdammte zu bejahen und zu feiern?

In der Tat, diese Form einer Wendung gegen die Moral ist keine Seltenheit. Aber sie ist nicht das, was hier mit dem Teuflischen gemeint ist. Solche vertrauteren Formen der Rebellion gegen moralische Vorstellungen richten sich nämlich gegen Prinzipien, die andere akzeptieren mögen, die aber im Akt der Rebellion *in Zweifel* gezogen werden sollen. Sie richten sich, wie R. M. Hare (in einem verwandten Kontext) bemerkt, gegen das moralisch Gute *in distanzierenden Anführungszeichen* (*inverted commas*) (vgl. Hare 1952). Aufbegehrt wird nicht gegen das Gute, sondern gegen das ‚Gute'.

Das Teuflische hingegen enthält eine Orientierung an etwas, das nicht nur ‚böse' ist – also *nur* der herrschenden Auffassung zufolge falsch ist. Sondern Teuflisches enthält eine Orientierung an etwas, das das Subjekt selbst *in aufrichtiger Weise* als böse beurteilt. Und genau darin liegt die Schwierigkeit. Jemand, der*die teuflisch handelt, würde etwas bezwecken, das er*sie in einem Sinne für verabscheuungswürdig hält, der nicht lediglich ein Zitat ist. Teuflische Kunst würde demnach auf Wohlgefallen an etwas zielen, dass der*die Rezipient*in zugleich *aufrichtig* moralisch verurteilt.

Und daraus ergibt sich eine Schwierigkeit. Denn einer herrschenden Auffassung zufolge ist eine moralische Verurteilung nicht nur ein interesseloser, rein kognitiver und quasi-deskriptiver Akt. Etwas aufrichtig als böse oder falsch zu beurteilen ist zumindest auch eine praktische und motivationale Stellungnahme – etwas, das von emotionaler und motivationaler *Aversion* nicht nur zufällig begleitet wird. Diese Auffassung wird in aktueller Terminologie oft wie folgt ausgedrückt:

> *Motivationaler Internalismus bzgl. moralischer Urteile:*
> Wenn ein Subjekt einen Gegenstand aufrichtig als moralisch gut/böse beurteilt, wird dieses Urteil begleitet von positiven/negativen Emotionen und Motiven bzgl. des Gegenstandes.

Diese Auffassung ist gegenwärtig, wie mir scheint, eine Mehrheitsmeinung in der Metaethik. Und auch ich neige ihr zu. Ein vollwertiges moralisches Urteil ist nicht nur eine Kenntnisnahme eines äußeren Sachverhalts, sondern so etwas wie eine kognitiv-emotionale Ganzkörpererfahrung. Das macht aber deutlicher, worin die Schwierigkeit mit der Idee des Teuflischen besteht. Sie verlangt die Möglichkeit, dass jemand zugleich von dem Urteil, eine Sache sei böse, aufrichtig *durchdrungen* sein und sie *dennoch* wollen oder ästhetisch anziehend finden könne. Wie kann das sein?

Tatsächlich herrscht in der Philosophie vielerorts die Auffassung, dass es *nicht* sein kann. Immanuel Kant z. B. hält teuflisches Handeln für unmöglich. Ihm zufolge beruht die Fähigkeit zu moralischen Urteilen eben nicht nur auf einer zufälligen psychischen Orientierung, die im Prinzip reversibel ist. Sondern laut Kant ist die Perspektive der Moral einfach die Perspektive der Vernunft. Zur Erläuterung: Wenn wir vor einer Entscheidung stehen, so betätigt sich unsere Vernunft gerade darin, dass sie keine unserer gegebenen Neigungen automatisch als hinreichenden Grund gelten lässt. Zu jeder Neigung fragt die Vernunft: „Ist das ein guter Grund, so zu handeln?" Nun ist diese Frage dadurch, dass wir jene Neigung haben, natürlich nicht zu beantworten. Sie muss also unabhängige Kriterien heranziehen. So kommt die Vernunft zu der Frage: „Ist das eine Handlung, die auch unabhängig von unserer zufälligen motivationalen Verfassung vernünftig ist?" Genau das aber, so Kant, ist letztlich das Kriterium der Moral – das, was er das Sittengesetz nennt.

Das bedeutet aber: Die Orientierung an der Moral ist nicht kontingent, so wenig wie die Orientierung an Gründen im Entscheiden allgemein. Unsere Vernunft beruht eben gerade darauf, nicht beliebig nach unserem Gutdünken etwas für einen Grund zu erklären, was eigentlich keiner ist. Und unsere moralische Orientierung ist eben nichts anderes als die Orientierung an Gründen. Deshalb gilt Kant zufolge: Es kann uns zwar passieren, dass unsere Vernunft sich von unvernünftigen Beweggründen überstimmen lässt – dass wir die Frage, was ein wirklich guter Grund ist, übergehen oder zum Schweigen bringen und stattdessen „Neigungen" nachgeben. Was hingegen unmöglich ist, ist dass wir uns moralisch orientieren und dies uns dann zum Bösen führt. (Das ist ähnlich unmöglich wie zu rechnen und dabei bewusst und willentlich das falsche Resultat zu akzeptieren. Was immer willentlich zum falschen Resultat führt wäre alles, aber kein Rechnen.)

Daher behauptet Kant, dass es in vernünftigen Wesen nur zwei generelle Orientierungen geben kann – Moralität oder Selbstliebe. Beide sind gewissermaßen Maximen zweiter Ordnung – sie sind also Kriterien, die wir in Bezug auf mögliche Entscheidungen und Gründe anwenden. Wir können eine Handlung aus bestimmten Gründen entweder deshalb gutheißen, weil wir darin eine allgemeingültige, vernünftige Kombination erkennen (Moralität), oder, weil dies unseren Neigungen am ehesten entspricht (Selbstliebe). Wie die Selbstliebe mit der Moralität kollidieren kann, ist nicht schwer zu sehen. Aber teuflisches Handeln würde eben darin bestehen, dass unser moralisches Orientierungsvermögen plötzlich von selbst beginnt, uns diametral zu motivieren. Diese Möglichkeit, so Kants Punkt, ergibt moralpsychologisch gesprochen keinen Sinn (vgl. VI:35).

Es gibt also, so Kant, zwei grundsätzliche Orientierungen im Menschen: Entweder die Moralität beschränkt die Selbstliebe, oder umgekehrt. Letzteres ist im Falle bösen Handelns gegeben. Auch böses Handeln beinhaltet im Vergleich zum sittlich wertvollen Handeln keine ganz neuen Kräfte, Prinzipien oder Orientierungen. Es beinhaltet vielmehr nur umgekehrte Prioritäten. Böses, so Kant, ist eine Art Unordnung, eine „Verkehrtheit im menschlichen Herzen" (VI:37). Wie also kann eine Orientierung am Bösen um des Bösen willen möglich sein?

4 Proust über „l'artiste du mal"

Wie oft, wenn es um die Komplexität unserer Psychologie geht, hilft der Griff zu Prousts *Récherche*. Im ersten Band wird beschrieben, wie der Erzähler Marcel in jungen Jahren Zeuge einer erotischen Begegnung der Mademoiselle Vinteuil und ihrer Geliebten wird. Mlle. Vinteuil ist Tochter des Komponisten Vinteuil (dessen „kleines Thema" in Prousts Roman häufiger eine Rolle spielt). Als Leser*in hat man bereits erfahren, dass sich der Vater als Witwer aufopfernd um seine Tochter gekümmert hat, unter ihrer homosexuellen Orientierung jedoch gelitten und sich wegen dieser Orientierung – so wird angedeutet – schließlich zu Tode gegrämt hat. Die Szene, um die es hier geht, findet zu einem Zeitpunkt nach dem Tod des Vaters statt. Der Erzähler Marcel schläft eines Tages bei einem Streifzug nahe des Hauses Vinteuil ein und erwacht zu einem Zeitpunkt, an dem er durch ein Fenster die Vorbereitung der Tochter für ein Treffen mit ihrer Geliebten beobachten kann. Speziell sieht er, wie Mlle. Vinteuil ein Bild ihres Vaters aufstellt, und zwar erkennbar mit dem Zweck, es bei der Ankunft ihrer Geliebten ostentativ umzudrehen mit dem Hinweis, sie könne doch immerhin kein Stelldichein vor den Augen ihres verehrten, verstorbenen Vaters haben. Die Geliebte, so Marcels Beobachtung weiter, versteht diesen Wink und ermuntert Mlle. Vinteuil (deren unausgesprochenem Wunsch gemäß), das Bild gerade lieber nicht umzudrehen, so dass ihr Vater gleichsam Zeuge werden *müsse*. Schließlich treibt die Geliebte das Spiel so weit, dass sie den Plan äußert, das Bild des Vaters während des Treffens zu bespucken. An diesem Punkt schließt eine freudig erregte Mlle. Vinteil das Fenster, durch das Marcel beobachtet.

Mlle. Vinteuil inszeniert das Treffen mit ihrer Geliebten also gerade *als* etwas, das ihren Vater verletzt hätte. Proust lässt keinen Zweifel daran: Mlle. Vinteuil „sprang ihrer Freundin auf die Knie und bot keusch ihre Stirn ihren Küssen dar, wie sie es als ihre Tochter hätte tun können, und war sich mit Entzücken bewußt, daß sie beide die Grausamkeit bis zum Äußersten trieben, indem sie Herrn Vinteuil noch bis ins Grab hinein seine Vatereigenschaft streitig machten“ (Proust 1953, S. 209).

Hier haben wir es zunächst mit einem Falle zu tun, der eine wichtige Eigenschaft teuflischen Handelns teilt. Nicht, dass ein homosexueller Akt *de facto* irgendetwas moralisch Fragwürdiges an sich hätte. Aber es ist deutlich – und Proust erklärt es selbst (s. u.) – dass Mlle. Vinteuil und ihre Geliebte selbst in ihrem Tun etwas moralisch Anstößiges sehen, und dass sie aber gerade diesen Aspekt nicht etwa zu überspielen versuchen, sondern ihn zum eigenen Genuss vielmehr betonen. In eben diesem Zusammenhang finden sich meisterhafte Reflexionen über diese Verfassung:

> Aber entgegen dem Augenschein bestand das Böse in Fräulein Vinteuils Herzen wenigstens zu Anfang zweifellos nicht ungemischt. Eine Sadistin wie sie ist eine Künstlerin des Bösen [*l'artiste du mal*], was eine von Grund auf schlechte Natur gar nicht sein könnte, denn das Böse wäre für sie in diesem Falle nichts Äußerliches, es läge in ihr selbst und wäre untrennbar von ihr; die Tugend aber, das Gedächtnis der Toten, die kindliche Pietät wären für sie, da sie ihr niemals heilig gewesen, in ihrer Profanation keine Quelle einer blasphemischen Lust. (ibid., S. 218).

Prousts Erzähler findet hier etwas für unseren Zusammenhang Wichtiges: Im Liebesspiel der zwei Protagonistinnen kann das Bewusstsein des (vermeintlich) Verwerflichen nicht ganz unaufrichtig sein. Die Freude daran, etwas Falsches zu tun, scheint hier in der Tat darauf zu beruhen, dass es ein genuines Bewusstsein dafür gibt, dass die Schmähungen des Vaters falsch sind. Es ist eine Form der moralischen Aufrichtigkeit im Spiel, die als Ressource für dieses Spiel unentbehrlich ist.

Mlle Vinteuil behandelt also das, was sie für Forderungen der Moral hält, hier gerade *nicht* nur als belanglose, äußerliche und kontingente Regelwerke. Täte sie dies, könnte sie gar keine echte „blasphemische“ Lust an der Übertretung verspüren. Vielmehr ist es gerade ein Teil ihrer tugendhaften Natur, der ihre Empfindlichkeit und Empfänglichkeit für solche Profanation bedingt.

Nun klingt die zitierte Passage noch so, als könnte das Vergnügen der Mlle Vinteuil gewissermaßen von einer früheren, weitgehend abgelegten Tugendhaftigkeit zehren. Aber direkt im Anschluss verändert sich die Beurteilung der Szene und der Protagonistin noch einmal klar:

> Sadisten vom Schlage der Mademoiselle Vinteuil sind [...] Wesen, die, von Natur tugendhaft, in der Sinnenlust etwas Schlechtes sehen, eine Art Vorrecht des Bösen. Wenn sie sich selbst dann erlauben, einen Augenblick sich darin zu verlieren, so versuchen sie, eine Bösewichtsnatur anzulegen, und erwarten das Gleiche auch von ihren Gefährten im Genuß, so

daß sie kurze Zeit hindurch die Illusion haben können, sie wären ihrer gewissenhaften, zärtlichen Seele in die unmenschliche Welt der der bösen Lüste entronnen. Ich verstand sehr gut, wie sehr sie es sich wünschte, als ich sah, wie wenig es ihr gelang. [...] Nicht das Böse gab ihr die Vorstellung von der Lust, die sie freute; die Lust vielmehr kam ihr böse vor. Und da sie ihr jedesmal, wenn sie sich ihr hingab, von schlechten Gedanken begleitet erschien, die ihrer tugendhaften Seele sonst fremd waren, so fand sie schließlich an der Lust etwas Teuflisches [*diabolique*], indem sie sie mit dem Bösen identifizierte. (ibid., S. 210)

Hier deutet Prousts Erzähler an, dass Tugendhaftigkeit nicht nur ein Relikt zu sein scheint, das als Ressource für die sinnliche Lust dient, die ihrerseits die klar dominante Kraft wäre. Vielmehr, so wird die Szene gedeutet, ist in gewissem Sinne vielleicht noch immer die Tugendhaftigkeit die dominante Kraft. Es wäre dann gerade ein *Ausdruck* der Tugend der Mlle. Vinteuil, dass sie die wahrgenommene Unmoral ihres Tuns nicht zu verdrängen oder zu vergessen vermag, sondern in einem Akt höchster Aufrichtigkeit herausstellt und zum Gegenstand der Lust zu machen versucht. Das Teuflische ist gewissermaßen ein Ausweg aus einem Konflikt zwischen Moral und Lust. Da sich weder die moralische Verurteilung des eigenen Tuns noch die Leidenschaft zur Ruhe bringen lässt, flieht sich Mlle. Vinteuil quasi in eine Quadratur des Kreises: die Lust *an* der Unmoral. Gleichwohl streicht auch Proust heraus, dass diese teuflische Lust fundamental uneindeutig bleibt. Sie ist keine stabile innere Verfassung, sondern benötigt eine gespielte, inszenierte Form:

Ihr von Skrupeln geplagtes, empfindliches Herz wußte nicht, welche Worte jetzt genau zu der Szene gepaßt hätten, die ihre Sinne sich wünschten. Sie suchte möglichst weit entfernt von ihrer wahren seelischen Natur den angemessenen Ton für das lasterhafte Geschöpf zu finden, das sie so gern vorstellen wollte, aber die Worte, von denen sie glaubte, daß jenes sie gebraucht haben würde, klangen ihr falsch in ihrem eigenen Mund. (ibid., S. 206)

Wir können hier zur Idee R. M. Hares zurückkehren. Ihm zufolge ja kann eine positive Orientierung auf das Böse, wie gesagt, nur die Form einer Orientierung auf das ‚Böse' annehmen. Bei Proust finden wir eine komplementäre Beobachtung: In einer Orientierung auf das, was man als böse beurteilt, muss die Orientierung eine ‚Orientierung' bleiben – ein Zitat, eine Inszenierung.

Letztlich scheint Prousts Diagnose zu lauten, dass beides ein stückweit stimmt. Das Tun und die Motive der Mlle. Vinteuil lassen beides in der Schwebe: ob die Profanation des Andenkens ihres Vaters wirklich *böse* ist, und ob sie wirklich als solche *gewollt* ist. Darin liegt aber, wie mir scheint, nicht die Behauptung, dass so eine teuflische Orientierung in jedem Falle in mindestens einer dieser beiden Hinsichten unecht oder gespielt sein muss. Es heißt nur, dass diese Orientierung eine Form der Uneindeutigkeit beinhaltet. Wer Böses als solches will,

will das ‚Böse', oder ‚will' das Böse, oder beides. Nichts davon muss reines Spiel sein, aber ohne Inszenierung geht es auch nicht.

Eine solche Verfassung ist keine simple Lossagung von der Moral, oder eine bloße Rebellion gegen sie. Mlle. Vinteuil bezieht ihre Freude ja gerade daraus, dass sie das, was sie tut, zugleich mit Nachdruck als *wirklich verwerflich* kennzeichnet. Ich möchte behaupten, dass gerade eine solche Verfassung ein legitimes Ziel für Kunstwerke sein kann. Kunstwerke können auf eine solche komplexe Reaktion abzielen und in der Tat im Lichte dieses Kriteriums gelingen. Wenn es so ist, dann ist Böses Objekt eines intrinsischen Wohlgefallens. Diese These möchte ich – vermutlich unerwarteter Weise – gerade mit den Mitteln der Ästhetik und Moralpsychologie Kants begründen.

5 Kant über das „radical Böse"

Nach dem, was bislang gesagt wurde, mag Kant als ein wenig aussichtsreicher Anknüpfungspunkt für diese These erscheinen. Denn, wie oben dargestellt, hält Kant Teuflisches ja mindestens im Handeln für unmöglich. Darüber hinaus vertritt er in der Ästhetik bekanntlich die Autonomiethese. In beiden Punkten bieten uns Kants Überlegungen jedoch mehr Ressourcen, als Kant selbst vielleicht erkannt hat.

In diesem Abschnitt komme ich zunächst noch einmal auf Kants These der Unmöglichkeit des Teuflischen im Handeln und Wollen zurück. Hier seine These im Wortlaut:

> Sich als ein frei handelndes Wesen und doch von dem einem solchen angemessenen Gesetze (dem moralischen) entbunden denken, wäre so viel, als eine ohne alle Gesetze wirkende Ursache denken (denn die Bestimmung nach Naturgesetzen fällt der Freiheit halber weg): welches sich widerspricht. [...] [E]ine vom moralischen Gesetze [...] freisprechende, gleichsam boshafte Vernunft (ein schlechthin böser Wille) enthält dagegen zuviel, weil dadurch der Widerstreit zur Triebfeder gegen das Gesetz selbst zur Triebfeder [...] erhoben und so das Subject zu einem teuflischen Wesen gemacht würde. (VI:35)

Kants Grundgedanke wurde bereits weiter oben erläutert: Das „Gesetz", d. h. das Sittengesetz, ist bereits in der Perspektive eines jeden frei entscheidenden Wesens implizit enthalten, und kann deswegen ebensowenig bewusst und frei in ihr Gegenteil verkehrt werden wie die Kausalität von Naturgesetzen.

Die Optionen, die uns bleiben, so Kant, sind entweder dieser vernünftigen Orientierung Geltung zu verschaffen oder aber sie unserer Triebnatur unterzuordnen. Im ersten Falle betrachten wir alle Entscheidungsprobleme unter der allgemeineren Maxime der Moralität, im zweiten Falle betrachten wir alle Entscheidungsprobleme unter der Maxime der Selbstliebe. Beide Prinzipien lassen sich, wie gesagt, als „Maximen höherer Ordnung" auffassen: Sie formulieren Kriterien, nach denen wir in einzelnen Entscheidungen Gründe (i. e., Maximen) formulieren und gewichten.

Beide Maximen höherer Ordnung sind in der Natur des Menschen angelegt, da sie sowohl vernünftige als auch sinnliche Wesen sind. Im guten Handeln hat die Moralität Priorität, und wir folgen der Selbstliebe nur dort, wo auch die Moralität es zulässt. Im bösen Handeln sind diese Prioritäten umgekehrt: die Selbstliebe erhält Vorrang. Wir folgen der Maxime der Moralität nur, wenn wir sichergestellt haben, dass es auch zur Selbstliebe passt; in allen anderen Fällen folgen wir der Selbstliebe auf Kosten der Moralität. Es ist nun wichtig zu beachten, dass im bösen Handeln keine genuin neue und andere Motivationskraft im Spiel ist als bei Menschen, die gut handeln. Es geht lediglich um eine Veränderung von Prioritäten zwischen Prinzipien, die in uns allen wirken. Böses, so Kant, ist eine Art Unordnung, eine „Verkehrtheit im menschlichen Herzen" (VI:37).

Teuflisches Handeln hingegen, verstanden als bewusstes Handeln wider moralische Forderungen, steht im Widerspruch dazu, dass man diese Forderungen eben notwendig akzeptiert. Nun muss Kants Theorie des Bösen aber eine Annahme machen, die problematisch ist. Denn auch die „verkehrte" Priorisierung im Falle des Bösen muss auf unsere Freiheit zurückgehen. Sonst wären wir für böse Handlungen nicht voll verantwortlich – und sie wären dann letztlich auch nicht wirklich *böse*. Mithin muss eine freie Wahl im Spiel sein. Aber *diese* freie Wahl lässt sich nicht nach dem Muster anderer Entscheidungen verstehen. Immerhin, so Kant, geht es ja um eine Wahl zwischen zwei Maximen höherer Ordnung, die überhaupt unsere obersten Entscheidungskriterien formulieren. Welcher noch höheren Maxime könnte denn diese Entscheidung gefolgt sein? Selbst wenn uns eine einfiele, liegt in dieser Richtung eindeutig das logische Übel eines infiniten Regresses.

Das Problem ist also folgendes: Es gibt laut Kant eine Orientierung in Richtung des Bösen (Priorität der Maxime der Selbstliebe) oder Guten (Priorität der Maxime der Moralität), die wir nicht als bewusste und regelgeleitete Entscheidung rekonstruieren können, die wir aber doch als frei verstehen müssen. Es muss sich um eine freie Wahl handeln, die sich unserer Rekonstruktion entzieht und sich in diesem Sinne eben doch wie eine basale Anlage oder als „radical" präsentiert. Dieser Gedanke kann Zweifel wecken: Gibt es an der „Wurzel" des Bösen oder Guten in uns wirklich eine freie Wahl? Wenn nicht (das sieht Kant selbst), wäre weder gutes noch böses Handeln zurechenbar, und also nicht wirklich gut oder böse. Aber wenn wir diese Entscheidung nicht bewusst machen oder rational rekonstruieren können, wie können wir derlei postulieren?

Meine Idee: Vielleicht löst es diese Schwierigkeit, wenn wir die Rolle des Teuflischen überdenken. Vielleicht kann sich uns die „radikal" freie Wahl nicht wie ein Vernunftentschluss präsentieren. Aber vielleicht präsentiert sie sich uns in einer Verfassung wie der von Mlle Vinteuil? Im Falle von Mlle Vinteuil ist Teuflisches gerade keine einfache „Lossagung" von der Moral. Etwas wird aus der moralischen Perspektive aufrichtig als moralisch falsch beurteilt – und zugleich gerade in dieser Hinsicht Gegenstand einer Neigung. Eine solche Haltung muss nicht die Inkonsistenz begehen, die Kant kritisiert, und die darin besteht, moralische Kriterien als irrelevant oder unverbindlich zurückzuweisen. Im Gegenteil: Moralische Kriterien werden verwendet und in ihrer Gültigkeit bekräftigt. Die „blasphemische" Lust resultiert ja gerade aus dem Wissen, wirklich etwas Falsches zu tun. Hier existieren Orientierung an der Moral und widerspenstige Neigung gleichberechtigt. Es wäre ein Zustand vor der Priorisierung – ein Zustand der „radicalen" Freiheit.

Der Zustand der Mlle Vinteuil kann dabei keinen eindeutigen Ausdruck im Handeln finden. Es gelingt nicht eindeutig, das Falsche zu tun – es bleibt bei aller Anstrengung eine Inszenierung. Damit wird auch der Genuss am Bösen nur partiell oder symbolisch befriedigt: „Ich verstand sehr gut, wie sehr sie es sich wünschte, als ich sah, wie wenig es ihr gelang." (s.o.) In solchen Spielen, oder einer solchen Inszenierung, könnte aber eine andere Form der Lust oder des Genusses liegen. Wir können an diesem Zustand eine ästhetische Freude haben, als an einem Symbol der Freiheit.

6 Kant über ästhetische Urteile und das freie Spiel unserer Vermögen

Kants Ästhetik kann uns, seiner eigenen Parteigängerschaft für die Autonomiethese zum Trotz, helfen, diesen letzteren Gedanken zu verstehen. Kants Theorie kontrastiert zunächst bekanntlich ästhetische Urteile mit Erkenntnisurteilen. Erkenntnisurteile kommen wie folgt zustande: Wir versuchen, etwas Angeschautes auf Begriffe zu bringen. Dafür befragt unsere reflektierende Urteilskraft unsere Einbildungskraft. Diese verfügt über Schemata, mit denen Formen des Angeschauten extrahiert und systematisiert werden. Die Urteilskraft findet dann, dass eine Anschauung mit einem Schema und dieses mit einem Begriff korrespondiert. Im erfolgten Urteil wird ein Verstandesbedürfnis (das unseren Versuch motiviert) befriedigt, und dies erzeugt Lust.

Ästhetische Urteile kommen hingegen so zustande: Ein Gegenstand ist so beschaffen, dass unsere Einbildungskraft automatisch und ohne ein vorgängiges

Bedürfnis anfängt, seine Form in Schemata nachzuvollziehen. Diese Form ist dabei so vielschichtig, dass kein einzelner Begriff sich besonders anbietet. Da nun von vornherein kein Erkenntnisinteresse im Spiel war, führt dies nicht zu intellektueller Frustration. Die Urteilskraft kann einfach die Vielfalt der Deutungsangebote zur Kenntnis nehmen. Die Lust resultiert daraus, dass die Urteilskraft eine stimmige Kooperation von Einbildungskraft und Verstand in immer neuen Ideen und Deutungen erfährt – ein freies Spiel.

Nicht nur die erfolgreiche Anwendung in der Befriedigung eines intellektuellen Bedürfnisses, sondern auch das freie Tätigsein unserer Erkenntnisvermögen ohne weiteren Zweck ist lustvoll. Genau diese Bestimmung des Schönen führt aber dazu, dass moralische Kriterien Kant zufolge in der ästhetischen Bewertung nichts verloren haben. Kant meint: Sobald wir etwas als gut oder böse bestimmt haben, haben wir es auf einen bestimmten Begriff gebracht, der dann zugleich ein praktisches Interesse diktiert. Von da an muss ästhetische Kontemplation als frivol erscheinen. Ich möchte hingegen vorschlagen: Teuflisches eröffnet uns eine andere Möglichkeit. Auch die Erfahrung des Teuflischen eröffnet einen Zustand, in dem sich ein Gegenstand in einer Weise präsentiert, die unsere Vermögen ohne ein *telos* tätig sein lässt. Wir sind, um einen quasi-Kantianischen Ausdruck zu prägen, in einem Zustand *eines freien Spiels unserer Begehrungsvermögen.*

Wie ist das zu verstehen? Auch unsere praktische Vernunft operiert mit Begriffen, und diese praktischen Begriffe setzen Gegenstände in Beziehung zu unserem Begehrungsvermögen. Wenn wir einen Gegenstand als gut oder böse begreifen, verstehen wir ihn als Gegenstand eines Willens, der von der Moral geleitet ist (so die *Kritik der praktischen Vernunft*). Wenn wir einen Gegenstand als attraktiv oder angenehm begreifen, verstehen wir ihn als Gegenstand unserer Neigungen. Wenn wir also etwas als böse *und* zugleich als attraktiv begreifen, dann resultiert ein Konflikt, der eine Auflösung nach der einen oder anderen Seite verlangt. Im Falle des *Teuflischen* ergibt sich aber ein *robustes Gleichgewicht:* Je stärker unsere moralische Verurteilung, desto attraktiver wird uns zugleich der Gegenstand. Und er wird uns nur attraktiver, indem wir ihn noch nachdrücklicher verurteilen.

Hier präsentiert sich uns der Gegenstand in verschiedenen Hinsichten als adäquat für bestimmte Begriffe, ohne dass eine abschließende begriffliche Bestimmung sich durchsetzt. Dieser Zustand ist dabei nicht interesselos. Aber er ist insofern *nicht interessiert*, als jedes eindeutige Interesse in einer Richtung notwendig ein konträres Interesse nach sich zieht. Und auch in diesem Zustand eines robusten Konflikts, so meine Idee, „spielt" ein basales Vermögen – unsere Freiheit.

Wir werden in dieser Erfahrung unserer eigenen Natur gewahr, und zwar in einer Weise, die uns sonst – wie Kant in seiner Theorie des „radical" Bösen betont (s.o.) – verschlossen ist. Wir erfahren eine Form der Freiheit, die nicht in bewussten Entscheidungen, sondern nur in einem Spiel mit dem Bösen zutage tritt. Nur dort, wo es gelingt, wie bei Caravaggio etwas Böses *in* seiner Bosheit zugleich attraktiv zu machen, werden wir in einen Zustand versetzt, der alle festen Priorisierungen zwischen Moralität und Selbstliebe aufhebt und uns die basale Freiheit vorführt.

Das erklärt, warum Teuflisches ein ästhetisch reizvoller Gegenstand sein kann. Aber ist Teuflisches nicht moralisch verwerflich? Gewiss, sofern dort Böses als attraktiv dargestellt wird. Aber: Indem zugleich unsere „radicale" Freiheit sich ausdrückt, findet doch das Ausdruck, was letztlich unserer moralischen Natur zugrunde liegt. Damit ist Teuflisches moralisch nicht eindeutig. So sieht es auch Proust:

> Vielleicht hätte [Mlle Vinteuil] das Böse nicht für einen so außergewöhnlichen, seltenen, aus allen Gewohnheiten herausführenden und dadurch erholenden Zustand gehalten, wenn sie in sich selbst die auch in allen anderen Menschen vorhandene Gleichgültigkeit gegen Leiden, die man schafft, erkannt hätte; jene Indifferenz, die, welche Namen man ihr auch geben mag, einfach die fürchterliche Gestalt ist, in der die Grausamkeit in Permanenz erscheint. (Proust 1953, S. 211)

7 Fazit

In gewöhnlichen Fällen kann uns Böses nur dadurch zum Gegenstand eines Wohlgefallens werden, dass unsere moralische Verurteilung durch andere Quellen des Gefallens überstimmt oder zum Schweigen gebracht wird. Auch moralisch fragwürdige Kunst kann daher zwar noch gelingen – aber sie tut es gegen Widerstände, und sie tut es, indem sie an Teile unserer Natur appelliert, die nur einen Teil unserer Identität als Vernunftwesen ausmachen. Das erkennt der *Ethizismus* korrekt.

Nur dort, wo Kunst es schafft, Böses in seiner Bosheit als attraktiv erscheinen zu lassen, gelingt etwas anderes. Sie lässt uns einerseits erfahren, wie stark unser moralisches Bewusstsein ist (ähnlich wie im Falle Mlle Vinteuils), und andererseits, dass dieses Bewusstsein keine gegebene und unveränderliche Disposition ist, sondern etwas, das wir uns im Angesicht anderer Triebe wieder erkämpfen müssen. Der Zustand, in den uns diese Kunst versetzt, ist einer der Uneindeutigkeit, in dem sowohl unsere Lust als auch unsere Verurteilung (noch) etwas Vorläufiges, Inszeniertes ist. Wir machen vielleicht gerade mit teuflischer Kunst eine der wichtigsten moralischen Erfahrungen.

Abbildungsverzeichnis

Literaturverzeichnis

Augustinus (1987): *Confessiones/Bekenntnisse*, lat.-deutsch, übers. von J. Bernhart, Frankfurt a. M.: Insel.

Carroll, Noël (1996): „Moderate Moralism," in: *British Journal of Aesthetics*, Jg. 36, Nr. 3, S. 223–238.

Gaut, Berys (1998): „The Ethical Criticism of Art," in: Jerrold Levinson (Hrsg.): *Aesthetics and Ethics*, Cambridge: CUP, S. 182–203.

Hare, R. M. (1952), *The Language of Morals*, Oxford: Clarendon Press.

Kant, Immanuel (1903 ff.): *Kants Gesammelte Werke*, hrsg. von der Preußischen Akademie der Wissenschaften, Berlin. (Zitiert im Text mit Bandangabe in römischen und Seitenzahlen in arabischen Ziffern).

Proust, Marcel (1953): *In Swanns Welt*, übers. v. Eva Rechel-Mertens, Frankfurt a. M.: Suhrkamp.

Lisa Schmalzried

Täuschung, Manipulation und Sentimentalität

Die moralische Kritik an Kitsch im Vergleich zur Kunst

Ende Januar 2021 war *Bridgerton* die bis dato erfolgreichste Netflixserie. Über 82 Millionen Haushalte hatten sie im ersten Monat seit ihrem Erscheinen angesehen (Hildebrand 2021). Viele Rezensent*innen der Serie sind sich zugleich einig: *Bridgerton* ist Kitsch (z. B. Gerhardt et al. 2021; Richard 2021). *Bridgertons* Erfolg ist dennoch nicht verwunderlich. Kitsch ist in unserer Gesellschaft omnipräsent. Man sieht ihn in Filmen und Serien, findet ihn in Buchhandlungen und Postkartenläden, hört ihn in Ansprachen oder trinkt aus ihm Kaffee. Kitsch mischt sich unter Kunstwerke, Designobjekte und Alltagsgegenstände. Und Kitsch übt auf viele Menschen eine besondere Anziehungskraft aus (Calinescu 1987, S. 229; Kulka 1988), was seinen Erfolg (mit-)erklärt.

Soweit, so unproblematisch, könnte man meinen. Ist doch schön, wenn wir uns während einer weltweiten Pandemie die Zeit mit *Bridgerton* vertreiben können, indem wir in die knallbunte Welt einer fiktionalisierten englischen Gesellschaft des frühen 19. Jahrhunderts eintauchen und attraktiven Menschen beim Flirten, sich Verlieben und Sex haben zuschauen. Jedoch wird Kitsch, seitdem die Debatte um ihn Anfang des 20. Jahrhunderts begann, sowohl in ästhetischer als auch in ethischer Hinsicht immer wieder kritisch gesehen. Kitsch wird in Abhängigkeit von und im Gegensatz zu (guter) Kunst verstanden und unter moralischen Generalverdacht gestellt.

So schreibt Pazaurek in einer der ersten Abhandlungen über Kitsch:

> Der äußerste Gegenpol der künstlerisch durchgeistigten Qualitätsarbeit ist geschmackloser Massenschund oder Kitsch, der sich um irgendwelche ethischen, logischen oder ästhetischen Forderungen nicht kümmert, dem alle Verbrechen und Vergehen gegen das Material, gegen die Technik, gegen die Zweck- wie Kunstform vollständig gleichgültig sind, der nur eines verlangt: das Objekt muß billig sein und dabei doch wenigstens möglichst den Anschein eines höheren Wertes erwecken. (Pazaurek 1912, S. 349)

Pazaurek gibt hier den Ton vor, wie in den Folgejahren über Kitsch geschrieben wird: Kitsch gilt als minderwertige Anti- bzw. Pseudokunst (Calinescu 1987, S. 224; Crick 1983; Deschner 1980, S. 23; Dorfles 1969; Greenberg 1939; Harries 1968, S. 74; Macdonald 1952, S. 4; May 2019, S. 165). Dennoch kann Kitsch gewisse künstlerische, insbesondere handwerkliche Qualitätsmerkmale aufweisen (Giesz 1971, S. 21; Harries 1968, S. 76). Und außerdem sind nur bestimmte künstlerische De-

https://doi.org/10.1515/9783110731354-004

fizite kitschspezifisch (Kulka 1988, S. 18). Kitsch ist somit nicht einfach schlechte Kunst, sondern gilt als besonderes künstlerisches Versagen.

Hiergegen mag man einwenden, dass sich die Einstellung gegenüber Kitsch seit den 1960er Jahren verändert hat. Die Ablehnung hat abgenommen und Kitsch hat seinen Weg sogar in die Kunstwelt gefunden (Fuller 1992). Bezeichnenderweise ist einer der bekanntesten zeitgenössischen Künstler, Jeff Koons, ein Vertreter der sog. Kitsch-Kunst. So kann Liessmann (2002, S. 17) auch behaupten, dass der schlechte Geschmack heute der eigentlich gute geworden sei. Jedoch ist umstritten, ob Kitsch-Kunst wirklich Kitsch ist oder ob sie Kitsch nicht nur zitiert oder ironisiert. Abgesehen hiervon, wird Kitsch immer noch häufig negativ bewertet und im Gegensatz zu (guter) Kunst verstanden, wie die Kitsch-Definition des Duden (2021) exemplarisch veranschaulicht.

Die Abwertung von Kitsch zeigt sich auch in der moralischen Kritik, die beständig an Kitsch geäußert wird. Kitsch kümmere sich nicht um ethische Forderungen, schreibt Pauzarek (1912, S. 349). Kitsch sei trügerisch, meint Greenberg (1939, S. 40). Und Calinescu (1987, S. 228) wirft Kitsch vor, eine besondere Form der Lüge zu sein. Broch (2007, S. 223) sieht Kitsch sogar als das Böse im Wertsystem der Kunst an, Egenter (2007, S. 232–233) bezeichnet ihn als Folge der Erbsünde und für Deschner ist Kitsch „hochgradig gefährlich, infektiös, epidemisch, die mörderischste Droge der Welt" (Deschner 1980; S. 24). Doch auch wenn Kitsch von jeher als unmoralisch angesehen wurde, wie Harries (1968, S. 77) es zusammenfasst, ist unklar, worin genau das moralische Problem besteht.

So ist es das erste Ziel dieses Artikels, den Immoralismus-Vorwurf besser zu verstehen und ihn zugleich zu hinterfragen. Das zweite Ziel ist es, die Verbindung zwischen den kunstbasierten Kitschdefinitionen und dem Immoralismus-Vorwurf zu beleuchten. Kann man Kitsch auf moralischer Ebene von Kunst unterscheiden? Kann man Kitsch einen moralischen Vorwurf machen, den man gegenüber Kunst nicht formulieren kann?

Hierzu unterteilt sich dieser Artikel in drei Abschnitte: Abschnitt 1 untersucht, ob und in welcher Hinsicht man Kitsch vorwerfen kann, eine Täuschung zu sein bzw. sein Publikum zu täuschen. Abschnitt 2 überprüft, ob Kitsch per se unmoralische Haltungen ausdrückt und sein Publikum emotional manipuliert, diese zu akzeptieren. Abschnitt 3 hinterfragt, ob und inwieweit Kitsch sentimental ist und ob dies ein moralisches Problem darstellt.

Bevor ich beginne, diese einzelnen Interpretationen des Immoralismus-Vorwurfs zu besprechen, sind vier Vorbemerkungen von Nöten: (1) Der Fokus dieses Artikels liegt auf „Kitsch" als der Bezeichnung einer ästhetischen Kategorie. „Kitsch" bezeichnet somit bestimmte Objekte und Praktiken (Botz-Bornstein 2015, S. 306; Higgins 2009, S. 393). Es geht mir nicht um „Kitsch" als einer ästhetischen Eigenschaft („kitschig") oder Betrachtungs- bzw. Lebensweise („Kitschmensch").

(2) Auch wenn ich im Folgenden unterschiedliche stilistisch-inhaltliche und erfahrungsbasierte Kitschmerkmale anspreche, will ich in diesem Artikel keine Definition der ästhetischen Kategorie des Kitsches ausarbeiten oder formulieren. Ich verlasse mich primär auf ein intuitives Verständnis von Kitsch. (3) Da ich denke, dass diese Konnotation in unserem alltäglichen Kitschverständnis sehr präsent ist, konzentriere ich mir primär auf „süßen" Kitsch (Glaser 2007; Solomon 1991, S. 1). (4) Ich werde mich im Folgenden auch nicht auf eine Kunstdefinition festlegen (wenn es denn überhaupt eine solche gibt). Auch in Bezug auf Kunst verlasse ich mich auf ein intuitives Verständnis, das jedoch zweifelsohne normativ aufgeladen ist, wie in der Kitschdebatte üblich.

1 Vorwurf der Täuschung

Laut Calinescu dreht sich der gesamte Begriff des Kitsches um Fragen der Nachahmung und Täuschung und um das, was man die Ästhetik der Täuschung und Selbsttäuschung nennen könne. Kitsch könne man als besondere ästhetische Form der Lüge bezeichnen (Calinescu 1987, S. 228). Auch andere Autoren bringen Kitsch mit Fälschung, Täuschung und Lüge in Verbindung (Broch 2007, S. 214; Dorfles 1969, S. 35; Eco 1984, S. 90; Greenberg 1939, S. 40). M. E. lässt sich der moralische Vorwurf, der hier anklingt, in drei Einzelvorwürfe unterteilen: a) in den Vorwurf des geistigen Diebstahls, b) den der ästhetischen Täuschung und schließlich c) den der Lüge.

1.1 Vorwurf des geistigen Diebstahls

Beginnen möchte ich mit dem Vorwurf des geistigen Diebstahls. Dieser Vorwurf baut auf einem typischen stilistisch-inhaltlichen Kitschmerkmal auf, also einem Merkmal, dass man häufig in Kitschobjekten findet. Kitsch greift auf bereits etablierte künstlerische und kulturelle Techniken, Themen, Ausdrucksformen und Darstellungsweisen zurück (Botz-Bornstein 2015, S. 306; Dorfles 1969, S. 17–21; Eco 1984, S. 88; Greenberg 1939, S. 40; Kulka 1988; Macdonald 1952; May 2019, S. 164). Diese übernimmt Kitsch teilweise eins zu eins, teilweise variiert er sie leicht, teilweise imitiert er sie, teilweise kombiniert er sie, aber letztendlich schafft Kitsch nichts Neues. Insoweit Kitsch kopiert und reproduziert, ist er eine Art Fälschung, ein Produkt eines geistigen Diebstahls – so der Vorwurf.

Doch auch wenn Kitsch sich freigiebig bei Kunst bedient, sind Kitschobjekte keine Fälschungen. Anders als Fälschungen sind Kitschobjekte von den Originalen unterscheidbar (Botz-Bornstein 2015, S. 309; Calinescu 1987, S. 251). Auch wenn *Bridgerton* beispielsweise deutliche Anleihen bei Jane Austens Büchern nimmt, besteht keine Gefahr, *Bridgerton* für ein Werk von Jane Austen zu halten. Nur einzelne Kitschobjekte können einander stark ähneln – die unterschiedlichen Rosamunde Pilcher Verfilmungen sind teilweise nur schwer auseinanderzuhalten – oder können durch ihre massenhafte Reproduktion ununterscheidbar sein – der eine Kitschteddy ähnelt dem anderen der gleichen Produktionslinie aufs Haar.

Doch auch wenn man Kitsch vor dem Vorwurf der Fälschung in Schutz nehmen kann, bedient sich Kitsch dennoch ungeniert an bisher Dagewesenem. Zunächst scheint dies jedoch nicht auf ein moralisches, sondern ein Defizit in Bezug auf den kunsthistorischen Wert zu verweisen. Wie ich an anderer Stelle argumentiert habe, kann man den Wert eines Kunstwerkes u. a. an seinem kunsthistorischen Wert festmachen (Schmalzried 2014, Kap. 7.3). Kunst soll u. a. originell und einzigartig sein, neue Stile entwickeln oder idiosynkratrische Ausdrucksformen finden. Bewertet man Kitsch auf Basis dieses kunsthistorischen Maßstabes, zeigt sich, dass Kitsch meist nicht künstlerisch progressiv, innovativ, originell oder einzigartig ist.

Doch sollte man dieses kunsthistorische Bewertungskriterium an Kitsch anlegen? Versteht man Kitsch als Unterform von Kunst, so scheint dies berechtigt zu sein. Man kann jedoch Kitsch auch als eigenständige ästhetische Kategorie betrachten, die sich u. a. dadurch von Kunst unterscheidet, als dass sie nicht nach Originalität, Einzigartigkeit oder anderen kunsthistorischen Alleinstellungsmerkmalen strebt. Wenn dem so ist, weist Kitsch nur als Kunst betrachtet ein kunsthistorisches Defizit auf.

Doch entsteht dadurch, dass Kitsch künstlerische und kulturelle Themen und Darstellungsweisen kopiert und übernimmt, nicht auch ein moralisches Problem? Wenn man jemanden des geistigen Diebstahls bezichtigt, wirft man ihm*ihr vor, das Urheberrecht einer anderen Person ungefragt und unberechtigt verletzt zu haben. Dies zeigt zunächst, dass sich der Vorwurf des geistigen Diebstahls letztendlich auf die Kitschproduzent*innen richtet. Diese könnten darauf verweisen, dass es eine gängige künstlerische Praxis ist, sich von anderen Künstler*innen und deren Werken inspirieren zu lassen, Aspekte zu übernehmen, teilweise auch zu kopieren. Zugegebenermaßen nehmen Künstler*innen diese Inspirationen, um ihr künstlerisches Können zu verbessern, ihren eigenen Stil zu entwickeln oder aber um sie als kunsthistorisches Zitat in ihr Werk zu integrieren (Macdonald 1952, S. 5). Kitschproduzent*innen streben diese künstlerische Weiterentwicklung häufig nicht an, aber dies liegt daran, dass sie Kitsch und keine Kunst herstellen.

Ein anderes Problem könnte entstehen, wenn Kitschproduzent*innen fremde Leistungen als die eigene ausgegeben. Auch wenn dies manches Mal geschehen mag, ist es jedoch häufig nicht nur zu offensichtlich, woher Kitschproduzent*innen ihre Inspirationen nehmen, teilweise wird die Inspirationsquelle von ihnen auch selbst offengelegt. Die Anleihen, die *Bridgerton* bei Jane Austen, ebenso wie bei *Downtown Abbey* oder *Gossip Girl* nimmt, werden werbewirksam dargestellt.

Bleibt die Frage, ob durch den Kitsch ein Schaden für die Kunst entsteht. Wird sie durch ihn verkitscht? Auch wenn diese Gefahr besteht, ist dies nicht zwangsläufig der Fall. Man denke beispielsweise an die Engelchen von Raphael, die tausendfach kopiert, auf Kaffeetassen, Taschen und Taschentücher gedruckt wurden. Auch wenn man die Engelchen bereits kennt, verändert sich deren Wirkung doch, wenn man sie eingebettet im Gesamtkunstwerk sieht. Außerdem kann Kitsch dabei helfen, Kunstwerke zugänglicher zu machen oder ihre Popularität zu steigern.

Der Vorwurf des geistigen Diebstahls lässt sich somit nicht aufrechterhalten, obwohl Kitsch dazu neigt, sich bei Kunstwerken, Kulturprodukten und anderen Kitschobjekten inhaltlich und stilistisch zu bedienen. Auch wenn man dies aus Sicht der Kunst als Defizit von Kitsch ansehen kann, bleibt die Frage offen, ob man Kitsch als Kitsch betrachtet deswegen kritisieren sollte. Zumindest die moralische Kritik lässt sich zurückweisen.

1.2 Vorwurf der ästhetischen Täuschung

Laut dem Vorwurf der ästhetischen Täuschung liegt das moralische Problem darin, dass Kitsch sein Publikum über seinen ästhetischen Status täuschen will (Calinescu 1987, S. 261; Crick 1983, S. 50; Deschner 1980, S. 23; Eco 1984, S. 90; Giesz1971, S. 52; Greenberg 1939, S. 44). Kitsch gibt vor Kunst zu sein und betrügt sein Publikum somit um eine wahre Kunsterfahrung.

Damit Kitsch erfolgreich vortäuschen kann Kunst zu sein, müssen sich Kitsch und Kunst ausreichend ähneln. Wie bereits ausgeführt, lassen sich viele stilistische und inhaltliche Aspekte der Kunst auch im Kitsch finden. Auch überschneiden sich Kitsch- und Kunstgattungen: Es gibt u. a. literarischen, musikalischen, bildnerischen und darstellenden Kitsch (Dorfles 1969, S. 26).

Kitsch und Kunst unterscheiden sich jedoch auch. In der Literatur findet man eine Vielzahl von stilistisch-inhaltlichen Kitschmerkmalen, die zugleich die Minderwertigkeit von Kitsch im Vergleich zu Kunst erklären sollen. Zu diesen gehören u. a. folgende: Kitsch hat ein relativ klar definiertes Themenfeld, das stark emotional aufgeladen ist (Kulka 1988, S. 19–20). Es geht beispielsweise um Liebe, Freundschaft, Familie oder Patriotismus (Dorfles 1969). Dies sind Themen, die viele Menschen unmittelbar affektiv ansprechen. Kitsch wählt außerdem seine Inhalte und Darstellungsweisen so, dass diese unmittelbar identifizierbar und leicht zugänglich sind (Kulka 1988, S. 21–23). Kunst im Gegensatz ist häufig schwierig, sperrig oder gar unzugänglich. Verbunden hiermit finden sich im Kitsch häufig Stereotype, Klischees und abgenutzte Metaphern (Giesz 1971, S. 47; Kulka 1988, S. 25). Diese werden nicht gebrochen oder hinterfragt. Nicht nur deswegen ist Kitsch vorhersehbar, schematisch und konventionell (Calinescu 1987, S. 252; Greenberg 1939, S. 40; Higgins 2009, S. 394; Macdonald 1952, S. 27). Im Gegensatz dazu soll Kunst etablierte Erzähl- und Darstellungsweisen durchbrechen und erweitern und somit neu und überraschend sein. Des Weiteren ist Kitsch meist übertrieben, künstlich und theatralisch (Sontag 1961, S. 281). Es scheint von allem zu viel zu geben, ohne dass es hierfür einen werk-immanenten, formalen und/oder inhaltlichen Grund gibt. Anders als Kunst strebt Kitsch nicht nach einer Einheit und Übereinstimmung von Form und Inhalt (Crick 1983, 51; Eco 1984, S. 88; Killy 1962, S. 14). Und wie bereits angesprochen, kopiert und reproduziert Kitsch bereits etablierte künstlerische und kulturelle Produkte und Praktiken, ohne dabei nach einer stilistisch und/oder inhaltlichen Weiterentwicklung zu streben (siehe Abschnitt I). So kann er auch massenhaft (re-)produziert werden. Anders als viele Kunstwerke kann Kitsch Massenware sein (Dorfles 1969, S. 29; Pazaurek 1912, S. 349).

Mit den stilistisch-inhaltlichen Unterschieden geht einher, dass Kitsch seinem Publikum nicht die gleiche Erfahrung ermöglicht wie Kunst. Greenberg (1939, S. 44) beschreibt die Kitscherfahrung als bloße Imitation einer echten Kunsterfahrung. Es gibt unterschiedliche Ansätze, um die Kitscherfahrung genauer zu erfassen: Während Kunst immer wieder neue Erfahrungen und Zugänge ermöglicht und der interpretative Prozess nie abgeschlossen ist, erschließt sich Kitsch nicht immer wieder neu (Eco 1984, S. 73–93). So ist nicht nur die Kitschbotschaft, sondern auch die emotionale Erfahrung, die Kitsch hervorrufen möchte, meist eindeutig (Kulka 1988, S. 20). Kitsch macht es seinem Publikum darüber hinaus sehr leicht, auf eine bestimmte Art und Weise emotional zu reagieren. Kitsch fordert sein Publikum somit weder intellektuell noch emotional heraus (Kulka 1988, 26; Macdonald 1952, S. 4–5; 28–29). Nichtsdestoweniger – oder vielleicht sogar gerade deswegen – ist die klassische Kitscherfahrung angenehm und mit Genuss verbunden (Calinescu 1987, S. 250; Giesz 1971, S. 24; Harries 1968, S. 79; Higgins 2009, S. 394; siehe Abs. 3).

Der Kitscherfahrung fehlt es aber auch deswegen an Komplexität, weil der emotionale Erfahrungsraum, den Kitsch eröffnet, beschränkt ist. Erstens zielt Kitsch darauf ab, möglichst intensive emotionale Reaktionen hervorzurufen. Zweitens ruft er allgemeine, keine allzu differenzierten, dem Publikum wohlbekannte Emotionen hervor (Dorfles 1969, S. 31; Higgins 2009, S. 394). Drittens konzentriert sich Kitsch meist auf Emotionen *eines* Gefühlsspektrums und mit *einer* phänomenologischen Qualität. Es sind primär „weiche", „zarte" Emotionen, wie Mitgefühl, Zuneigung, Liebe oder Sorge, die in unserer Gesellschaft gerne mit

Weiblichkeit assoziiert werden (Botz-Bornstein 2016, S. 20; Solomon 1991). Sie fühlen sich tendenziell „süß“, „klebrig“ oder „zuckrig“ an (Dorfles 1969, S. 15; Giesz 1971, S. 40; Harries 1968, S. 76). Viertens sind die Emotionen alles in allem meist angenehm und verunsichern nicht (Kulka 1988, S. 20 – 21; May 2019, S. 163).

Wenn sich Kitsch und Kunst so entscheidend voneinander unterscheiden, wird das getäuschte Publikum nicht nur um eine an sich wertvolle Erfahrung gebracht (Macdonald 1952, S. 4 – 5), es besteht auch die Gefahr, dass sein ästhetisches Empfindungsvermögen untergraben wird (Dorfles 1969, S. 16; Killy 1962, 31 – 33). Kitschrezpient*innen mögen Kunst nicht als Kunst erkennen können, weil sie Kitsch mit Kunst verwechseln, und selbst wenn sie Kunst erkennen, könnte ihre ästhetische Sensibilität durch den Kitschkonsum nicht ausgebildet oder gar fehlgebildet sein. Diese Täuschung ist umso problematischer, wenn das Kitschpublikum eigentlich ein tiefes Bedürfnis nach echter Kunst und Kultur hat (Greenberg 1939, S. 39).

Der Täuschungsvorwurf richtet sich erneut primär auf die Kitschproduzent*innen und nur indirekt auf die Kitschobjekte. Den Produzent*innen wird vorgeworfen, das Kitschpublikum betrügen zu wollen. Wie kann diese Täuschung aber überhaupt funktionieren, wenn Kitsch zwar Elemente aus der Kunst übernimmt, aber zugleich so verschieden von Kunst sein soll? Diese Frage verweist darauf, dass ein ästhetisch und kunsthistorisch gebildetes Publikum den Täuschungsversuch, ihnen Kitsch als Kunst zu verkaufen, durchschaut. Dieses Publikum mag jedoch auch nicht das eigentliche Zielpublikum sein. Getäuscht werden soll ein naives Kitschpublikum (Deschner 1980; S. 38; Greenberg 1939, S. 41; Killy 1962, S. 30 – 31). Dies zeigt, dass der Vorwurf der ästhetischen Täuschung meist mit einem Kulturelitismus Hand in Hand geht. Ein naives Publikum täuschen zu wollen, mag aber den Täuschungsversuch umso verwerflicher machen, weil er auf ein besonders verletzliches, weil ungebildetes Publikum abzielt. Und selbst wenn der Täuschungsversuch nicht erfolgreich ist, d. h. wenn Kitsch auch von dem naiven Publikum nicht als Kunst anerkannt wird, so ist dennoch der Versuch an sich schon moralisch problematisch.

Ob man Kitschproduzent*innen Täuschung und Betrug bzw. den Versuch hierzu vorwerfen kann, hängt entscheidend davon ab, ob sie Kitsch mit einer Täuschungsabsicht hergestellten. Auch wenn ich nun nicht bestreiten will, dass diese Absicht manches Mal vorliegt, kann man diese Annahme nicht verallgemeinern. So könnten Kitschproduzent*innen an Unterscheidungen zwischen Kunst und Nicht-Kunst schlicht nicht interessiert sein, ähnlich wie der sog. „Bullshitter“, der sich für Fragen der Wahrheit oder Falschheit überhaupt nicht mehr interessiert (Frankfurt 2014). Ihnen geht es um etwas anderes, beispielsweise darum Geld zu verdienen oder politische oder propagandistische Ziele zu erreichen, und diese Absicht wollen sie verbergen. Dieser Gedanke hilft jedoch nur begrenzt weiter, da Kitschproduktion immer noch mit einer Verschleierungsabsicht verbunden wäre. Jedoch mag Kitsch auch zufällig entstehen. Jemand könnte Kunst erschaffen wollen und hierbei versehentlich Kitsch herstellen, wenn er*sie beispielsweise selbst ein defizitäres Kunstverständnis besitzt oder aber es ihm*ihr an künstlerischem Talent fehlt. Außerdem kann jemand Kitsch auch herstellen, ohne dass er*sie dies irgendwie verbergen möchte. Auch wenn *Bridgerton* von Netflix selbst nicht explizit als Kitsch bezeichnet wird, so wird sie doch auf der Homepage mit den Schlagworten „Schmetterlingsgefühle, bewegend, romantisch" versehen, was regelrechte Kitschmarker sind, und den Kitschstatus jedenfalls kaum verschleiert.

Doch auch wenn Kitsch nicht immer mit einer Täuschungsabsicht hergestellt wird, könnte das Problem dennoch darin bestehen, dass Objekte hergestellt werden, die insbesondere ein naives Kitschpublikum für Kunst halten kann. Jedoch kann man den Kitschproduzent*innen keinen Vorwurf machen, wenn Kitsch von einem nicht ausreichend informierten Publikum nicht als Kitsch erkannt wird, zumal wenn man bedenkt, dass Kitsch nicht nur von einem naiven Publikum konsumiert (und gemocht) werden kann. So mag man Kitsch ironisierend, mit einer Art Camp-Haltung betrachten (Botz-Bornstein 2015, S. 307; 2016, S. 4–5; Calinescu 1987, S. 229; Sontag 1961). Darüber hinaus gibt es auch einen reflektierten Kitschkonsum, bei dem man sich bewusst ist, dass etwas Kitsch ist, und dennoch gerne konsumiert, weil man beispielsweise unterhalten werden, der Realität entfliehen oder sich amüsieren möchte, ohne sich intellektuell oder emotional anzustrengen. Kitschkonsum und Kitschgenuss muss somit nicht auf einem Irrtum beruhen.

Bisher haben wir uns außerdem primär auf Kitschobjekte konzentriert, die in ähnliche Gattungen wie Kunst fallen. Kitsch findet sich aber auch unter Gebrauchsobjekten und Designobjekten. Eine Kaffeetasse, ein Kronleuchter, ein Brautkleid oder eine Christbaumkugel können Kitsch sein. Bei all diesen Objekten besteht nur eine geringe Verwechslungsgefahr mit Kunstwerken.

Zusammenfassend kann man somit auch den Täuschungsvorwurf zurückweisen. Auch wenn es gewisse Ähnlichkeiten zwischen Kitsch und Kunst gibt und somit eine Täuschung über den ästhetischen Status von Kitsch prinzipiell nicht ausgeschlossen ist, müssen Kitschproduzent*innen ihr Publikum nicht täuschen wollen, noch muss sich das Publikum per se täuschen.

1.3 Vorwurf der Lüge

Die dritte Interpretation des Vorwurfs der Täuschung zielt nicht darauf ab, dass Kitsch sein Publikum darin täuscht, dass es sich für Kunst ausgibt, sondern dass

Kitsch sein Publikum täuscht und belügt, weil er ein falsches Bild von der Realität, dem menschlichen Dasein und Miteinander, der menschlichen Psyche, dem emotionalen Erleben und der Motivation Einzelner zeichnet (Crick 1983, S. 49). Dass man Kitsch diesen Vorwurf der Lüge machen kann, baut erneut auf einem stilistisch-inhaltlichen Kitschmerkmal auf, das bisher nur indirekt thematisiert wurde: Kitsch vereinfacht und idealisiert die Welt und das menschliche (Er-)Leben (Deschner 1980; S. 31; Giesz 1971, S. 40; Higgins 2009, S. 394; Killy 1962, S. 23–27; May 2019, S. 164; Midgeley 1979, S. 385). Kitsch fehlt es häufig an Nuancen und an Grautönen. In ihm finden sich überwiegend einfache Schwarz-Weiß/Gut-Böse Darstellungen. Kitsch zeichnet außerdem ein unterkomplexes, häufig eindimensionales Bild des Menschen, dessen Erfahrungen, Emotionen und Handlungsmotiven. Und nicht nur das: Indem Kitsch sich auf bestimmte emotional aufgeladene Themenfelder konzentriert, vermittelt er nur einen Ausschnitt der Realität. Nicht zuletzt zeichnet Kitsch ein zu rosiges, geschöntes Bild der Realität. Alles in allem zeigt Kitsch die Welt und das Leben nicht so, wie sie sind, weshalb er sein Publikum belügt – so der Vorwurf.

Auch wenn Kitsch häufig die Realität und das menschliche (Er-)Leben falsch, vereinfachend und/oder einseitig darstellt, ist es jedoch ebenso undifferenziert zu sagen, dieser Vorwurf träfe alle Kitschobjekte im gleichen Maße. Erstens findet sich unter der Vielfalt von Kitschobjekten auch solche, die überhaupt keine Aussagen über die Realität und das menschliche (Er-)Leben machen. Man denke beispielsweise an glitzernde Christbaumkugeln oder süße Porzellanengelchen. Zweitens muss die Darstellung der Realität und des menschlichen (Er-) Lebens nicht immer falsch sein (Solomon 1991, S. 13). Mancher Sonnenuntergang zeigt, dass die kitschige Darstellung desselben durchaus zutreffend ist. Drittens müssen Vereinfachung, Idealisierung und Fokussierung nicht zwangsläufig zur Falschheit führen (Botz-Bornstein 2015, S. 310). Nicht jede Vereinfachung muss falsch sein. Und auch wenn sich Kitsch auf bestimmte Themen- und Lebensbereiche fokussiert, kann man ihm deswegen nicht per se vorwerfen, die Welt falsch dazustellen, weil jedes Werk, sei es Kitsch oder Kunst, nur Ausschnitte der Welt thematisiert. Viertens gibt es auch bei Kitsch Abstufungen. Es gibt komplexeren und weniger komplexeren Kitsch.

Damit man Kitsch eine Lüge vorwerfen kann, müsste er außerdem nicht nur Falsches darstellen, sondern zugleich beabsichtigen, dass sein Publikum diese Unwahrheiten glaubt. Dass Kitsch die Welt und das menschliche (Er-)Leben nicht eins zu eins so darstellt, wie sie sind, ist ein Merkmal, das Kitsch mit vielen fiktionalen Werken und Kunstwerken teilt. Deswegen können wir Fiktion und Kunst jedoch nicht der Lüge bezichtigen. So wollen zunächst fiktionale Werke nur, dass sich ihr Publikum ihre fiktionalen Wahrheiten vorstellt, nicht, dass es sie glaubt (Walton 1990).

Jedoch können auch fiktionale Werke bzw. Werke, die reale Begebenheiten vereinfacht und fokussiert darstellen, indirekt Einsichten über die Welt, den Menschen und dessen Erfahrungen vermitteln. Und so wird häufig von Kunst bzw. zumindest von bestimmten Kunstgattungen erwartet, dass sie die Komplexität der Welt und die Vielfältigkeit der menschlichen Erfahrungen authentisch abbilden sollen. Doch sollte man diese Erwartung auch an Kitsch haben? Wenn nun Kitsch per se mit der Absicht hergestellt wird, seinem Publikum ein bestimmtes Bild der Welt und des Lebens zu vermitteln, dann würde dies diese Erwartung rechtfertigen. Erneut will ich nicht bestreiten, dass dies teilweise die Absicht hinter Kitsch ist, gerade wenn man an Kitsch denkt, der für Propaganda gebraucht wird. Jedoch erscheint es problematisch, diese Absicht als notwendig für die Kitschherstellung anzusehen (Botz-Bornstein 2016, S. 6). Die Absichten mögen andere sein: Man will ein (möglichst breites) Publikum unterhalten, ihm die Zeit vertreiben, ihm eine Realitätsflucht ermöglichen etc.

Und dies spiegelt sich auch in den Erwartungen und Gründen wider, mit denen bzw. aus welchen man Kitsch konsumiert. Es geht hier häufig nicht darum, Wahrheiten über die Komplexität der Welt und des menschlichen (Er-)Lebens zu erfahren. Hierzu ist zumindest den nicht naiven Kitschrezipient*innen viel zu bewusst, dass Kitsch vereinfacht, idealisiert und fokussiert und deswegen nicht besonders gut geeignet ist, solche Einsichten zu vermitteln. Das Kitschpublikum sucht häufig schlicht nach Unterhaltung, Zeitvertreib oder Flucht aus der Realität.

Dies führt mich zurück auf einen bereits angesprochenen Punkt: Trotz einiger Ähnlichkeiten unterscheidet sich Kitsch von Kunst. Daher liegt es nahe, dass man nicht die gleichen Maßstäbe an Kitsch wie an Kunst anlegt. Der Vorwurf der Lüge scheint aber genau dies zu tun. Er scheint davon auszugehen, dass es eine Aufgabe von Kunst ist, uns die Komplexität der Welt und des menschlichen (Er-)Lebens zu veranschaulichen und entsprechende Einsichten zu vermitteln, dass man sie auch daran beurteilen kann, ob sie dieser Aufgabe gerecht wird, und dass das gleiche Beurteilungskriterium an Kitsch angelegt werden sollte. Wenn man nun aber Kitsch als eigenständige ästhetische Kategorie ansieht und erkennt, dass Vereinfachung und Idealisierung typische Kitschmerkmale sind, dann ist es zweifelhaft, dass Kitsch diese kognitive Aufgabe erfüllen kann und man sie ihr somit zuschreiben sollte.

Bis jetzt habe ich drei verwandte Interpretationen des Immoralismus-Vorwurfs betrachtet, wonach Kitsch moralisch problematisch sei, weil er sich des Diebstahls, der ästhetischen Täuschung oder der Lüge schuldig mache. Dabei habe ich gezeigt, dass diese Vorwürfe bestenfalls einzelne Kitschobjekte, -produzent*innen bzw. -konsument*innen treffen, nicht aber den Kitsch als ästhetische Kategorie sui generis. Damit ist allerdings das Feld der moralischen Angriffe gegen ihn noch nicht erschöpft.

2 Vorwurf der Manipulation

Eine weitere Kritik lautet, Kitsch sei moralisch gefährlich, da er sein Publikum manipulieren würde (Crick 1983; Solomon 1991, S. 6). Diese Manipulation mag sich insbesondere dahingehend äußern, dass das Kitschpublikum manipuliert wird, unmoralische Haltungen und Einstellungen zu akzeptieren.

Wie ich an anderer Stelle argumentiert habe, kann man Kunstwerke u. a. für ihre moralische Haltung moralisch kritisieren (Schmalzried 2014, Kap. 3). Unter einer moralischen Haltung verstehe ich eine Positionierung hinsichtlich eines moralisch relevanten Sachverhalts. Kunstwerke können sich entweder explizit oder implizit durch die Art und Weise der Darstellung und den Verlauf ihrer Geschichte hinsichtlich solcher Sachverhalte positionieren, und die moralische Kritik macht daran fest, ob man die moralische Haltung eines Kunstwerkes für richtig oder falsch hält. Kunstwerke drücken nicht zwangsläufig moralische Haltungen aus, ebenso wie es sein kann, dass ein Kunstwerk sich hinsichtlich unterschiedlicher moralischer Sachverhalte positioniert oder es eine interpretative Herausforderung ist, die moralische(n) Haltung(en) eines Werkes zu entschlüsseln. Von daher kann man im Hinblick auf die moralische Haltung von Kunstwerken nicht sagen, dass Kunstwerke per se moralisch gut bzw. schlecht sind, sondern dieses Urteil muss werk-spezifisch ausfallen.

Drückt nun Kitsch an sich anders als Kunst per se unmoralische Haltungen aus? Es gibt unterschiedliche Ansatzpunkte, um solch eine Annahme zu motivieren. Wie bereits erwähnt, wird Kitsch immer wieder für linke oder rechte Propaganda genutzt. Auch zementiert Kitsch häufig veraltete, unzutreffende oder verletzende Vorstellungen von Geschlechtern, sexuellen Orientierungen, Ethnien und sozioökonomischen Gruppen durch die Verwendung von Stereotypen und Klischees. Und auch wenn Kitsch teilweise große moralisch Themen aufgreift, verharmlost oder überzeichnet er hierbei relevante Aspekte oder behandelt die relevanten moralischen Fragen unterkomplex, wodurch er falsche, weil vereinfachende moralische Haltungen ausdrückt.

Zweifellos kann man die moralischen Einstellungen vieler Kitschobjekte kritisch betrachten. Dennoch trifft dieser Vorwurf erneut nicht alle Kitschobjekte gleichermaßen. Wie auch manches Kunstwerk keine moralischen Haltungen ausdrückt, so thematisiert auch manches Kitschobjekt keine moralischen Sachverhalte. Nicht jede kitschige Kaffeetasse oder Postkarte drückt moralische Haltungen aus. Aber selbst wenn wir uns auf die Kitschobjekte konzentrieren, die moralische Haltungen ausdrücken, so sind diese nicht immer unmoralisch. So wurde beispielsweise die ZDF-Heimat-Kitsch-Serie *Der Bergdoktor* von der Zeitschrift *Emma* für deren zeitgemäßen Geschlechterrollen gelobt (Ross 2021). Und

Bridgerton stellt durch ihren Cast Diversität (selbst im frühen 19 Jahrhundert) weitestgehend als etwas Selbstverständliches dar, was man aus moralischer Sicht begrüßen kann (Tillet 2021). Diese Beispiele zeigen nicht, dass sich Kitsch im Großen und Ganzen durch besonders progressive, ausgefeilte oder differenzierte moralische Haltungen auszeichnet. So geht Kitsch tendenziell auf Nummer sicher und greift auf gesellschaftlich anerkannte Haltungen zurück (Higgins 2009, S. 395). Hieraus folgt aber nicht, dass all diese Haltungen moralisch falsch sind.

Jedoch muss der Vorwurf der Manipulation nicht zwangsläufig darauf aufbauen, dass Kitsch per se unmoralische Haltungen ausdrückt. Bei unmoralischen Haltungen mag das Problem verschärft werden. Das eigentliche moralische Problem jedoch ist, dass Kitsch sein Publikum emotional manipuliert, selbst wenn diese Manipulation nicht für moralisch problematische Überzeugungen eingesetzt wird. Der Manipulationsvorwurf verweist somit auf ein bestimmtes moralisches Potenzial von Kitsch (Schmalzried 2014, S. 123).

Wie bereits angesprochen, zielt Kitsch darauf ab, sein Publikum emotional zu bewegen. Was und wie er es darstellt, ist emotional aufgeladen. Dabei besteht relativ wenig interpretativer Spielraum, welche Emotionen hervorgerufen werden sollen. Außerdem macht Kitsch es seinem Publikum sehr einfach entsprechend zu reagieren. Kitsch kennt emotionale Trigger und weiß diese einzusetzen (siehe Abs. 1.2). Und dies mag dazu führen, dass Kitsch seine moralischen Haltungen emotional attraktiv erscheinen lässt, wodurch man dazu bewegt wird, diese zu übernehmen

Jedoch könnte man hier auf einen Einwand verweisen, den Stolnitz (1992) ursprünglich gegen Kunst vorgebracht hat. Laut dem Trivialitätsproblem können wir von Kunst nichts lernen, da künstlerische Wahrheiten banal sind, was insbesondere auch auf ihre moralischen Wahrheiten zutrifft (Carroll 1998, S. 130). Auch wenn man dieses Argument in Bezug auf Kunst entkräften kann, indem man zeigt, dass Kunstwerke sich teilweise mit hoch komplexen moralischen Fragestellungen beschäftigen und ihre moralischen Haltungen alles andere als trivial und altbekannt sind (Schmalzried 2014, S. 160 – 167), so scheint doch das Trivialitätsproblem ins Herz des Kitsches zu treffen. Insoweit er auf gesellschaftlich anerkannte moralische Haltungen zurückgreift, drückt er insbesondere moralische Banalitäten aus.

Jedoch könnte gerade diese Banalität Kitsch vor dem Manipulationsvorwurf schützen, wenn man davon ausgeht, dass Manipulation darauf beruht, das Publikum von etwas Neuem zu überzeugen. Nun habe ich jedoch im Hinblick auf das kognitive Potenzial von Kunst argumentiert, dass es bei der Vermittlung von propositionalem moralischen Wissen weniger darum geht, dass Kunst vollkommen neue, progressive moralische Haltungen ausdrückt, sondern vielmehr darum, ob Kunst diese gerade auch auf emotionaler Ebene verfestigen kann

(Schmalzried 2014, S. 174). Hier genau dürfte sich das manipulative Potential von Kitsch entfalten. Kitsch scheint selbst moralische Banalitäten emotional aufladen zu können.

Jedoch wurde auch betont, dass die Emotionen, die Kitsch hervorruft, eher plakative, vorgefertigte, allgemeine Emotionen sind (siehe Abs. 1.2). Kitsch erweitert häufig unseren emotionalen Erfahrungsraum nicht (Botz-Bornstein 2016, S. 10). Insoweit mögen moralische Einstellungen zwar moralisch aufgeladen werden, jedoch nicht auf neue oder differenzierte Weise. Im Vergleich zur Kunst scheint Kitsch angesichts seiner Unterkomplexität, der fehlenden Originalität und der Art der von ihm hervorgerufenen Emotionen weniger geeignet zu sein, moralische Haltungen emotional zu verfestigen. So gesehen, wäre Kunst in dieser Hinsicht viel gefährlicher als Kitsch.

Außerdem beruht Manipulation meist darauf, dass sie nicht als solche erkannt wird. Wie ich im Abschnitt II argumentiert habe, zielt nicht jedes Kitschobjekt auf Täuschung über seinen ästhetischen Status ab, noch basiert der Kitschgenuss zwingend darauf, dass man Kitsch nicht als solchen erkennt. Wenn man Kitsch als Kitsch erkennt, ist man sich seiner emotionalen Kraft bewusst, wodurch er einen Großteil seiner manipulativen Wirkung verliert.

Der Vorwurf der Manipulation lässt sich somit ebenfalls nicht per se gegen Kitsch als ästhetische Gattung vorbringen, sondern bestenfalls gegen einzelne Objekte oder typische Eigenschaften. Auch wenn man zeigen kann, dass bestimmte Kitschmerkmale anfällig dafür machen, unmoralische Haltungen auszudrücken, und das emotionale Potenzial von Kitsch manipulativ sein kann, so lässt sich dies nicht auf alle Kitschobjekte verallgemeinern.

3 Vorwurf der Sentimentalität

Eine der häufigsten Aussagen in Bezug auf Kitsch ist, dass Kitsch sentimental sei (Botz-Bornstein 2015, S. 306; Deschner 1980; S. 23; Giesz 1971, S. 38; Solomon 1991). Diese Aussage lässt sich in Zusammenhang mit dem Immoralismus-Vorwurf bringen, da Sentimentalität als moralisch problematisch angesehen wird (Eaton 1989, S. 273; Jefferson 1983, S. 519; Kupfer 1996; Richards 1930, S. 255; Solomon 1991). Doch in welcher Hinsicht kann man Kitsch als sentimental bezeichnen und wo liegt hier ggf. das moralische Problem?

Teilweise wird Kitsch als sentimental beschrieben, weil er sentimentale Reaktionen hervorruft (Richards 1930, S. 256). Sentimentale Reaktionen werden u. a. als falsche, unechte, vorgetäuschte, oberflächliche, zu allgemeine, zu intensive, zu unreife oder schlicht als unangemessene emotionale Reaktionen beschrieben und kritisiert (Botz-Bornstein 2016, S. 6; Dorfles 1969, S. 35; Fromm 1991, S. 56;

Greenberg 1939, S. 40; Richards 1930, S. 257–259). Abgesehen davon, dass es strittig ist, ob diese Beschreibungen wirklich auf moralische Defizite verweisen (Solomon 1991), treffen sie nicht auf alle Reaktionen auf Kitsch gleichermaßen zu. Wie wir emotional auf Kitsch reagieren, scheint in der Art und Intensität häufig den Themen und Darstellungsweisen des Kitsches angemessen zu sein (Wilkie 1967, S. 566). Wenn ich mich beispielsweise am Liebesglück von Daphne und Simon in *Bridgerton* erfreue, muss meine Freude weder vorgetäuscht noch zu intensiv oder dem, was ich sehe, unangemessen sein.

Man kann Kitsch aber auch deswegen als sentimental bezeichnen, weil Kitsch gefühlsbetont ist. So ruft er viele Emotionen des „weichen", „zarten" Gefühlsspektrums hervor und macht es seinem Publikum leicht, entsprechend zu reagieren, u. a. indem er auf fiktionalisierte, unrealistische, vereinfachende und idealisierte Themen zurückgreift (Eaton 1989, S. 276; Kupfer 1996, S. 545; Richards1930, S. 261, siehe auch Abs. 1.2). Wo liegt hier das moralische Problem?

Man könnte hier ein Problem sehen, wenn man Emotiontionalität und insbesondere „zarte", „weiche" und mit Weiblichkeit assoziierte Emotionen als moralisch problematisch ansieht (Solomon 1991). Zweifelsohne ist eine kritische Sicht auf Emotionalität in der Geschichte der Moralphilosophie wohlbekannt. Demnach untergräbt Emotionalität unsere moralische Urteilsfähigkeit und Handlungskompetenz, weil sie die Unparteilichkeit und Rationalität erschwert. Es gibt jedoch auch andere moralphilosophische Strömungen, die einer emotionalen Empfänglichkeit einen zentralen Wert einräumt (Jefferson 1983, S. 519). Man denke beispielsweise an die Tugendethik, die Gefühlsethik oder die Fürsorgeethik. Die Emotionen, die hier eine Rolle spielen, sind häufig gerade „zartere", „weichere" Emotionen, wie Mitgefühl, Sorge oder Zuneigung (Knight 1999, S. 413). Im Allgemeinen mag unsere emotionale Empfindungs- und Reaktionsfähigkeit dabei helfen, moralisch aufmerksamer zu sein und moralisch relevante Sachverhalte besser zu erkennen und zu verstehen, und Emotionen mögen uns moralische Handlungen auf motivationaler Ebene erleichtern. Die Voraussetzung hierfür ist, dass unsere emotionale Empfindungs- und Reaktionsfähigkeit so geschult ist, dass wir angemessen emotional auf das, was wir erleben, reagieren.

Und hieraus könnte sich ein neues Problem für den Kitsch ergeben: Er könnte unsere emotionale Empfindungs- und Reaktionsfähigkeit falsch schulen. So könnte es passieren, dass Kitschrezipient*innen zu emotional auf die Realität reagieren, weil sie es durch Kitsch gewohnt sind. Kitsch könnte aber auch den gegenteiligen Effekt haben und unsere emotionale Empfindsamkeit untergraben: So macht er es uns zu leicht, emotional zu reagieren. Wir brauchen keine besonders ausgeprägte moralische Sensibilität. All dies mag dazu führen, dass wir zwar in Kitschfilmen höchst emotional reagieren, in der Realität aber unbedarft oder stumpf sind (Fromm 1991, S. 55–56). Ein drittes Problem könnte darin bestehen, dass Kitsch sich auf die „zarten“ und „weichen“ Emotionen konzentriert, die dazuhin noch eher allgemein sind (siehe Abs. 1.2). So schult Kitsch nicht unsere Fähigkeit, mit fein-nuancierten, passenden und moralisch angemessenen Emotionen des gesamten emotionalen Spektrums zu reagieren (Jefferson 1983, S. 527).

Es macht jedoch einen Unterschied, ob Kitsch unsere emotionale Empfindungs- und Reaktionsfähigkeit untergräbt bzw. fehlleitet oder ob er sie nur nicht schult. Insoweit Kitsch es uns leicht macht, emotional zu reagieren, spricht dies m. E. für die zweite Interpretation. Dies sieht man auch daran, dass Kitsch anders als Kunst nicht dafür geeignet ist, die Welt und das menschliche (Er-)Leben zutreffend abzubilden (siehe Abs. 1.3). Kitsch vorzuwerfen, er würde die Welt verzerrt darstellen, um unsere Emotionsfähigkeit zu untergraben, scheint erneut Kunstmaßstäbe an Kitsch anzulegen. Auch wenn Kunst das Potenzial haben mag, unsere Emotionsfähigkeit zu schulen, so bedeutet dies nicht, dass Kitsch dies ebenfalls vermag und will.

Häufig wird Kitsch jedoch nicht nur als sentimental bezeichnet, weil er allzu gefühlsbetont ist, sondern weil er rührselig ist. So schreibt Kundera:

> Der Kitsch ruft zwei nebeneinander fließende Tränen hervor. Die erste Träne besagt: wie schön sind doch auf dem Rasen rennende Kinder. Die zweite Träne besagt: wie schön ist es doch, gemeinsam mit der ganzen Menschheit beim Anblick von auf dem Rasen rennenden Kindern gerührt zu sein! Erst die zweite Träne macht Kitsch zum Kitsch. (Kundera 1987, S. 292)

Laut dieser Auffassung erzeugt Kitsch Emotionen, um hierüber einen Selbstgenuss zu ermöglichen (Botz-Bornstein 2016, S. 7–8; Gietz 1971, S. 38; Harries 1968, S. 79–80; Jefferson 1983, S. 523; Kupfer 1996, S. 545; Midgley 1979, S. 385; Tanner, 1976–1977, S. 132). Für Knight (1999, S. 418) ist die emotionale Selbstbezüglichkeit sogar der Kern der Sentimentalität.

Der Selbstgenuss kann zum einen darin bestehen, die eigenen Emotionen zu genießen (Higgins 2009, S. 395). Laut Giesz ist man von seiner eigenen Rührung gerührt (Giesz 1971, S. 38), sei es beispielsweise, weil die Emotionen eine angenehme phänomenologische Qualität haben (Tanner, 1976–1977, S. 135–137), man sich durch sie lebendig fühlt (Harries, 1968, S. 79–80) oder man die Welt durch sie als gut und freundlich erfahren kann (Jefferson 1983, S. 524). Das Schwelgen in den eigenen Emotionen mag nun dazu führen, dass sie ihren Objektbezug und allgemein ihren Bezug zur Realität verlieren (Fromm 1991, S. 56; Harries, 1968, S. 79; Tanner, 1976–1977, S. 132–133). Hierdurch könnten unsere Fähigkeit, auf die Realität angemessen zu reagieren, oder unsere Handlungsbereitschaft behindert werden (Eaton 1989, S. 275; Kupfer 1996, S. 555–557; Midgeley1979, S. 385; Tanner 1976–1977, S. 140).

In Momenten, in denen ich die Emotionen, die der Kitsch hervorgerufen hat, genieße, mag ich durchaus nicht unmittelbar dazu motiviert sein, etwas anderes zu tun. Dies trifft jedoch auch auf emotionale Reaktionen auf Kunst zu, wenn wir uns ganz auf ein Kunstwerk und die ästhetische Erfahrung, die es ermöglicht, einlassen. Auch können die emotionalen Reaktionen auf Kitsch durchaus handlungsmotivierend sein, man denke nur an die erfolgreichen vorweihnachtlichen Spendensendungen wie „Ein Herz für Kinder". Hinzukommt, dass nur weil ich als Reaktion auf Kitsch in meinen eigenen Emotionen schwelge und nicht aktiv werden mag, hieraus nicht folgt, dass ich so auch auf vergleichbare reale Ereignisse reagiere.

Es könnte auch sein, dass wir nicht einzelne Emotionen, sondern vielmehr unsere eigene emotionale Empfindungs- und Reaktionsfähigkeit genießen, weil wir uns hierdurch als emotional empfängliche, (mit-)fühlende Personen begreifen (Kupfer 1996, S. 545). Dies wiederum könnte dazu führen, dass wir mit unserer emotionalen Sensibilität allzu zufrieden sind und sie nicht weiter schulen möchten (Kupfer 1996, S. 554). Dies ist umso problematischer, als dass Kitsch uns keine solche Versicherung gibt, weil er es uns zu leicht macht, emotional zu reagieren. So scheinen wir etwas zu genießen, wofür wir keine echte Leistung erbracht haben, sondern nur passiv reagiert haben (Gietz 1971, S. 51; Kupfer 1996, S. 546; Tanner, 1976–1977, S. 134). Beruht der Selbstgenuss also auf einer Selbsttäuschung? Dies ist nicht zwingend der Fall. Gerade wenn wir Kitsch als Kitsch behandeln, wissen wir, dass wir emotional durch ihn nicht gefordert werden. Doch auch wenn wir am Beispiel des Kitsches unsere emotionale Empfänglichkeit nicht unter Beweis stellen mögen, so mag er uns dennoch an diese erinnern, was moralisch begrüßenswert oder zumindest harmlos erscheint.

Doch ist das eigentliche Problem nicht die Einseitigkeit des Kitschgenusses, dass wir nur unsere Emotionsfähigkeit genießen und unsere Rationalität ignorieren (Killy 1962, S. 20)? Auch wenn man Emotionsfähigkeit und Rationalität nicht strikt voneinander trennen sollte, so spricht Kitsch meist nicht (primär) unsere kritisch rationale Seite an. Doch hieraus folgt nicht, dass wir uns von nun an ausschließlich auf unsere Emotionalität konzentrieren. Ebenso wie man während der Lektüre eines philosophischen Buches sich auf seine Rationalität konzentrieren und sich an ihr erfreuen mag, so stellt der Kitsch unsere emotionale Empfindungs- und Reaktionsfähigkeit in den Mittelpunkt. Von Kitsch kann man nicht erwarten, dass er die ganze Bandbreite moralisch relevanter menschlicher Fähigkeiten gleichermaßen anspricht.

All dies zeigt, dass man Kitsch durchaus mit Sentimentalität in Verbindung bringen kann: Er ist gefühlsbetont und rührselig. Beides ist aus moralischer Sicht jedoch nicht per se problematisch. Damit habe ich noch nicht gezeigt, dass

Sentimentalität an sich moralisch harmlos ist, aber zumindest, dass die Sentimentalität des Kitsches eher harmlos ist.

4 Konklusion

Dieser Artikel setzte an einer weit verbreiteten Annahme an, wonach Kitsch moralisch zu kritisieren sei. Es ging darum, diesen Immoralismus-Vorwurf besser verstehen. Zugleich sollte untersucht werden, ob man Kitsch über ein moralisches Defizit von Kunst unterscheiden kann. Dabei habe ich drei unterschiedliche Lesarten des Immoralismus-Vorwurfs unterschieden, den Vorwurf der Täuschung, den der Manipulation und den der Sentimentalität. Hierbei hat sich gezeigt, dass auch, wenn Kitsch für manche moralische Kritik durch seine stilistisch-inhaltlichen und erfahrungsbasierten Kitschmerkmale anfällig sein mag, sich keine Interpretation des Immoralismus-Vorwurf auf Kitsch an sich verallgemeinern lässt. Es kommt auch darauf an, wie man sich mit Kitsch auseinandersetzt. Am Ende ist nicht der Kitsch selbst moralisch gefährlich, sondern der maßlose oder unkritische Umgang mit ihm.

Die Auseinandersetzung mit dem Immoralismus-Vorwurf zeigt jedoch auch, dass es gewisse Merkmale gibt, die als Defizite wahrgenommen werden können, wenn man Kitsch als Kunst betrachtet und bewertet. Dennoch muss man Kitsch nicht als schlechte Kunst oder gar als Anti-Kunst ansehen, sondern kann ihn auch als eigenständige ästhetische Kategorie anerkennen. Dieser Artikel wendet sich somit zumindest indirekt gegen eine kunstbasierte Kitschdefinition, ohne dabei den Unterschied zwischen Kitsch und Kunst als nichtig zu erklären. In einem nächsten Schritt gilt es Kitsch als ästhetische Kategorie genauer zu bestimmen und auszuführen, welche unterschiedlichen Möglichkeiten des Kitschkonsums es gibt. Dies ist jedoch die Aufgabe eines weiteren Artikels.

Literaturverzeichnis

Botz-Bornstein, Thorsten (2015): „Kitsch and Bullshit". In: *Philosophy and Literature*, Jg.39, Nr. 2 S. 305–321.

Botz-Bornstein, Thorsten (2016): „The Aesthetic Experiences of Kitsch and Bullshit". In: *Literature & Aesthetics*, Jg. 26, Nr. 2, S. 1–22.

Broch, Hermann (2007): „Einige Bemerkungen zum Problem des Kitsches". In: Ute Dettmar/Thomas Küpper (Hrsg.): *Kitsch. Texte und Theorien*. Stuttgart: Reclam, S. 214–226.

Calinescu, Matei (1987): *Five Faces of Modernity*. Durham: Duke University Press.

Carroll, Noël (1998): „Art, Narrative, and Moral Understanding." In: Jerrold Levinson (Hrsg.): *Aesthetics and Ethics – Essays at the Intersection.* Cambridge: Cambridge University Press, S. 126 – 160.

Crick, Philip (1983): „Kitsch". In: *British Journal of Aesthetics*, Jg. 23, Nr. 1, S. 48 – 52.

Deschner, Karlheinz (1980): *Kitsch, Konvention und Kunst: Eine literarische Streitschrift.* Frankfurt a. M.: Ullstein Verlag.

Dorfles, Gillo (1969): *Kitsch. An anthology of bad taste.* London: Studio Vista.

Duden (2021): *Kitsch, der.* In: https://www.duden.de/rechtschreibung/Kitsch_geschmackloser_Gegenstand, besucht am 18. 04. 2021.

Eaton, Marcia Muelder (1989): „Laughing at the Death of Little Nell: Sentimental Art and Sentimental People". In: *American Philosophical Quarterly*, Jg. 26, Nr. 4, S. 269 – 282.

Eco, Umberto (1984): *Apokalyptiker und Integrierte: zur kritischen Kritik der Massenkultur.* Frankfurt a. M.: S. Fischer Verlag.

Egenter, Richard (2007): „Kitsch und Christenleben". In: Ute Dettmar/Thomas Küpper (Hrsg.): *Kitsch. Texte und Theorien.* Stuttgart: Reclam, S. 232 – 236.

Frankfurt, Harry (2014): *Bullshit.* Frankfurt a. M.: Suhrkamp.

Fromm, Erich (1991): *Die Pathologie der Normalität. Zur Wissenschaft vom Menschen.* Online: Open Publishing.

Fuller, Gregory (1992): *Kitsch-Art. Wie Kitsch zur Kunst wird.* Köln: DuMont.

Gerhardt, Daniel/Heidmann, Patrick/Hering, Lili/ Schröder, Christoph (2021): „Die besten TV-Serien im Januar". In: Zeit.de, https://www.zeit.de/kultur/film/2021-01/binge-watching-januar-tv-serien-streaming-twin, besucht am 23. 03. 2021.

Glaser, Gurt (2007): „Vom süßen und sauren Kitsch". In: Ute Dettmar/Thomas Küpper (Hrsg.): *Kitsch. Texte und Theorien.* Stuttgart: Reclam, S. 167 – 173.

Giesz, Ludwig (1971): *Phänomenologie des Kitsches.* München: Wilhelm Fink Verlag.

Greenberg, Clement (1939): „Avant-Garde and Kitsch". In: *The Partisan Review*, Jg. 6, Nr. 5, S. 34 – 49.

Harries, Karsten (1968): *The Meaning of Modern Art.* New York: Northwestern University Press.

Higgins, Kathleen Marie (2009): „Kitsch". In: Stephen Davies/Kathleen Higgins/Robert Hopkins/Robert Stecker/ David E. Cooper (Hrsg.). *A Companion to Aesthetics: Second Edition.* Oxford: Blackwell Publishing, S. 393 – 396.

Hildebrand, Kathleen (2021): „Es sind nicht nur die Bettszenen". In: Süddeutsche.de, https://www.sueddeutsche.de/kultur/bridgerton-netflix-erfolg-1.5191294, besucht am 23. 03. 2021.

Jefferson, Mark (1983): „What is Wrong With Sentimentality?". In: *Mind*, Jg. 92, Nr. 368, S. 519 – 529.

Killy, Walter (1962): *Versuch über den literarischen Kitsch.* Göttingen: Vandenhoeck & Ruprecht.

Knight, Deborah (1999): „Why We Enjoy Condemning Sentimentality: A Meta-Aesthetic Perspective". In: *The Journal of Aesthetics and Art Criticism*, Jg. 57, Nr. 4, S. 411 – 420.

Kulka, Tomas (1988): „Kitsch". In: British Journal of Aesthetics, Jg. 28, Nr. 1, S. 18 – 27.

Kundera, Milan (1987): *Die unerträgliche Leichtigkeit des Seins.* 48. Auflage. Frankfurt a. M.: Fischer Taschenbuch.

Kupfer, Joseph (1996): „The Sentimental Self". In: *Canadian Journal of Philosophy*, Jg. 26, Nr. 4, S. 543 – 560.

Liessmann, Konrad Paul (2002): *Kitsch! Oder Warum der schlechte Geschmack der eigentlich gute ist.* Wien: Verlag Christian Brandstätter.
Macdonald, Dwight (1952): „Masscult & Midcult". In: *Against the American Grain.* New York: Da Capo Press, S. 3–75.
May, Simon (2019): *The Power of Cute.* Princeton: Princeton University Press.
Midgley, Mary (1979): „Brutality and Sentimentality". In: *Philosophy,* Jg. 54, Nr. 209, S. 385–389.
Pazaurek, Gustav (1912): *Guter und Schlechter Geschmack im Kunstgewerbe.* Stuttgart: Deutsche Verlagsgesellschaft.
Richard, Katja (2021): „'Bridgerton' fesselt mit Klatsch, Kitsch und Tratsch". In: blick.ch, https://www.blick.ch/people-tv/in-pandemischen-zeiten-gewaehrt-der-netflix-renner-eine-wohlige-flucht-in-die-vergangenheit-bridgerton-fesselt-mit-klatsch-kitsch-und-tratsch-id16320152.html, besucht am 23.03.2021.
Richards, I.A. (1930): *Practical Criticism. A Study of Literary Judgment.* London: Kegan Paul, Trench, Trubner & Co.
Ross, Annika (2021): „Der Bergdoktor. Der neue Mann?". In: *Emma* 1, S. 26–29.
Schmalzried, Lisa (2014): *Kunst, Fiktion und Moral.* Münster: mentis.
Solomon, Robert (1991): „On Kitsch and Sentimentality". In: *The Journal of Aesthetics and Art* Criticism Jg. 49, Nr. 1, S. 1–14.
Sontag, Susan (1961): „Notes on ‚Camp'". In: *Against Interpretation: and other essays.* New York: Dell Publishing, S. 277–293.
Stolnitz, Jerome (1992): „On the Cognitive Triviality of Art". In: *British Journal of Aesthetics,* Jg. 32, Nr. 3, S. 191–200.
Tanner, Michael (1976–1977): „Sentimentality". In: *Proceedings of the Aristotelian Society 77,* S. 127–147.
Tillet, Salamishah (2021): „'Bridgerton' Takes On Race. But Its Core Is Escapism.". In: nytimes.com, https://www.nytimes.com/2021/01/05/arts/television/bridgerton-race-netflix.html, besucht am 24.03.2021.
Walton, Kendall (1990): *Mimesis as Make-Believe.* Cambridge, Mass.: Harvard University Press.
Wilkie, Brian (1967): „What Is Sentimentality?". In: *College English,* Jg. 28, Nr. 8, S. 564–575.

Stephan Trüby

Moralkommunikation in der Architektur

In rhythmischen Abständen erwachen die Architektur und Stadtplanung, erwachen Architekt*innen und Stadtplaner*innen aus dem verdienten Erholungsschlaf künstlerischer Autonomiediskurse über gutes und schlechtes Bauen, um sich in einem Wachzustand von Gut-Böse-Debatten wiederzufinden. Auch derzeit wird wieder Morgentoilette aller Orten verrichtet: Moral-, Ethik-, Gerechtigkeits- und Verantwortungsfragen durchziehen den Architekturdiskurs in einer enervierten Weise, wie sie seit den 1970er Jahren, seit der Heraufkunft einer traditionsseligen, unter dem Label *Postmoderne* schubladisierten Architektur und Stadtplanung nicht mehr für möglich gehalten wurde. Hierfür stehen zum Beispiel die zahllosen Bereichsethiken im weiten Feld des Bauens und allgemein der Umweltgestaltung, die vor allem ab dem ausgehenden 20. Jahrhundert die Bibliotheksregale aufzufüllen begannen.[1] Hierfür stehen aber auch die vielen Feuilletondebatten der letzten Jahre und Jahrzehnte um Projekte von Stararchitekt*innen wie Rem Koolhaas, Wolf Prix oder Patrik Schumacher in China, Honduras, Katar und Russland.[2]

Dass die Architektur – insbesondere, wenn sie von global agierenden Architekturbüros betrieben wird – oft mit einem Bein in moralischen Abgründen à la Autoritarismus steht, liegt auf der Hand und soll auch gleich plastischer werden. Gleichzeitig kann sie mit Daniel Libeskind völlig zurecht als „*grundsätzlich optimistische Kunst*“ betrachtet werden:

> Als Architekt musst du an die Zukunft glauben. Du kannst weder Zyniker noch Skeptiker sein, sonst wärst du kein Architekt. Vielleicht ein Politiker oder Historiker oder ein Autor, aber nie ein Architekt. Aufgabe eines Architekten ist es, das Leben besser zu machen (Libeskind 2004).

Gerade in ihrem geradezu schizophren anmutenden Spagat zwischen (latent im Bösen verorteter) Realpolitik und dem Guten zustrebender Ambitioniertheit

---

1 Ein paar Beispiele in chronologischer Reihenfolge: Harries (1997); Humphreys (1999); Spector (2001); Ray (2005); Owen (2009); Fisher (2010); Taylor / Levine (2011); Düchs (2011); Felton / Zelenko / Vaughan (2012).

2 In diesem Zusammenhang ist auch noch die mit Namen wie Susan Fainstain, David Harvey, Edward W. Soja oder Iris Marion Young verbundene *Spatial Justice*-Forschung zu erwähnen, die sich seit dem letzten Drittel des 20. Jahrhunderts arrondiert hat und gerade auch in jüngster Zeit – etwa im Kontext der *Black Lives Matter* Demonstrationen – ihre Aktualität unter Beweis gestellt hat.

https://doi.org/10.1515/9783110731354-005

empfiehlt sich die Architektur als ertragsreiches Beobachtungsfeld ethischer Philosophiediskurse. Dies wird nicht zuletzt in Martin Düchs' Grundlagenwerk „Architektur für ein gutes Leben" deutlich, in dem die Architektur nicht nur als „Ausdruck der Idealvorstellungen vom guten Leben" (Düchs 2011, S. 59) vorgestellt wird, sondern auch als „eine vorphilosophische Bedingung für die Möglichkeit, überhaupt Ethik zu betreiben" (Düchs 2011, S. 58). Architektur und Ethik werden bei Düchs als geradezu seelenverwandt vorgestellt: „Beide Disziplinen fragen danach, welche Voraussetzungen erfüllt sein müssen, damit der Mensch ein gutes Leben führen kann" (Düchs 2011, S. 60). Dessen ungeachtet sind Ethikkommissionen – oder auch nur basale Compliance-Richtlinien, wie sie fast jeder größere mittelständische Betrieb kennt – in der professionellen Welt der Architektur und Stadtplanung weitgehend unbekannt. Dass diese Leerstellen aber nicht nur der architektonischen Fachdisziplin, sondern auch der professionell betriebenen Ethik anzulasten ist, wird mit folgendem, von Düchs übermittelten, Zitat des Philosophen und Umweltethikers Konrad Ott deutlich: „Dass das Schicksal von Labormäusen ethisch ausführlicher diskutiert wird als [Urbanisierungs-] Prozesse, könnte (bei aller Tierliebe) auch eine Fehlsteuerung moralischer Aufmerksamkeit sein" (Düchs 2011, S. 15). Jedenfalls lässt sich – nicht zuletzt hierauf hat Düchs verwiesen – die Geschichte der Architektur und ihrer Theorie auch als Geschichte des Wandels von Glückseligkeitsvorstellungen erzählen (vgl. Düchs 2011, S. 18).

Vor diesem Hintergrund sei im Folgenden eine kurze – und daher selbstverständlich höchst fragmentarische – Architekturgeschichte moralischer und ethischer Erwägungen entfaltet. Methodisch werden dabei Anleihen bei der dezidiert anti-moralisch argumentierenden Systemtheorie Niklas Luhmanns genommen, genauer: bei dessen schematischer Historiografie einer universellen Abfolge von zunächst segmentär (also in Stämmen organisierter), dann stratifikatorisch (also feudal geordneter) und schließlich funktional differenzierter (also moderner) Gesellschaften. Insbesondere auf letztere Evolutionsphase wird fokussiert. Ergänzt wird diese Ultrakurzgeschichtsschreibung um ein chronologisches Baugerüst, das Luhmann im Rahmen seiner im Jahre 1989 anlässlich der Verleihung des Hegel-Preises gehaltenen Stuttgarter Rede „Paradigm Lost" mit viel Augenzwinkern präsentierte – und das folgendermaßen zusammengefasst werden kann: Mit „geradezu astrologischer Regelmäßigkeit" (Luhmann 2008, S. 253) komme es – zumindest seit der Verbreitung des Buchdrucks – jeweils in den achtziger Jahren eines jeden Jahrhunderts zu einer Ethikwelle. So findet sich in den achtziger Jahren des 16. Jahrhunderts mit dem flämischen, zeitweilig in Rom tätigen Philosophen Justus Lipsius (1547–1606) und all dem, „was man später Neostoizismus nannte", (Luhmann 2008, S. 253) der relative Nullpunkt einer „theologisch unabhängigen Moraltheorie" (Luhmann 2008, S. 253 f.). So etablierte sich in den achtziger Jahren des 18. Jahrhunderts (das 17. Jahrhundert lässt Luhmann aus) erstmals die „Ethik als Reflexionstheorie der Moral", indem die „alte Einheit von Moral und Manieren aufgegeben" wird (Luhmann 2008, S. 255). So füllen sich im neukantianischen Klima der achtziger Jahre des 19. Jahrhunderts „nach langer Abstinenz plötzlich wieder Ethikvorlesungen die Vorlesungsverzeichnisse deutscher Universitäten" (Luhmann 2008, S. 255). Luhmann führt dies alles wohlgemerkt vor dem neuerlichen Ethikschub der achtziger Jahre des 20. Jahrhunderts aus, insbeondere vor dem Hintergrund von Hans Jonas' Buch „Das Prinzip Verantwortung" (1979).

Dieses wacklige Baugerüst des 100-Jahre-Zyklus, das sich erstmal nur einer humorigen Astrologie Niklas Luhmanns verdankt, sei im Folgenden provisorisch gesichert, und zwar indem Luhmanns Perioden-Beobachtung gleichsam durch jene kollektiven Stressereignisse ausstaffiert werden, die im Nachgang ethische Justierungen überhaupt erst erforderlich zu machen scheinen. Wenngleich Luhmanns Systemtheorie dazu neigt, die Erklärkraft großer historischer Rupturen einem fein ausziselierten Ausdifferenzierungsnarrativ zu opfern, so insinuiert er doch selbst diese Sicherungsmaßnahme, wenn er beiläufig die Moralwelle des ausgehenden 19. Jahrhunderts folgendermaßen kontextualisiert:

> Man hat es mit Nationalismus, Imperialismus, Kolonialismus, Sozialismus und ähnlichen Ungeheuerlichkeiten zu tun. Und wieder hofft man auf Ethik (Luhmann 2008, S. 256).

Denn erst im Lichte von Ungeheuerlichkeiten – so könnte man mit Luhmann gegen Luhmann argumentieren – werden moralische Fortschritte deutlich. Und die gibt es, wie zumindest ein Blick auf die Jahrzehnte nach dem Ende des Ersten Weltkriegs (das die nach und nach sich ausbreitende Einführung des Frauenwahlrechts markiert) und vor allem des Zweiten Weltkriegs (das für die Einführung universeller Menschenrechte steht) zeigt. Viele weitere Fortschritte ließen sich aufzählen: So stand Homosexualität nach dem Zweiten Weltkrieg noch in fast allen Ländern der Welt unter Strafe, heute können dagegen gleichgeschlechtliche Paare in 28 Staaten heiraten.[3] So wurde die Todesstrafe 1950 noch in über 180 Ländern vollstreckt, heute hat sich die Zahl immerhin auf 55 Staaten mit Todesstrafe im gewöhnlichen Strafrecht und 29 Staaten mit Hinrichtungsstopp reduziert. So waren 1987 nur etwa ein Drittel aller Staaten der Welt in Grundzügen

3 Derzeit ist gleichgeschlechtlichen Paaren in 28 Staaten (Argentinien, Australien, Belgien, Brasilien, Costa Rica, Dänemark, Deutschland, Ecuador, Finnland, Frankreich, Irland, Island, Kanada, Kolumbien, Luxemburg, Malta, Niederlande, Neuseeland, Norwegen, Österreich, Portugal, Schweden, Spanien, Südafrika, Taiwan, Vereinigte Staaten, Vereinigtes Königreich, Uruguay) landesweit sowie in einem weiteren Staat (Mexiko) in Teilgebieten die Eheschließung möglich.

demokratisch, im Jahr 2017 sind es immerhin fast die Hälfte (vgl. Hübl 2019, S. 135). Diese Fortschritte wären ohne eine moralische Kommunikation, die Luhmann so kritisiert und der er in Umkehrung der Verhältnisse selbst eine „polemogene", also streitorientierte Natur zuschreibt, niemals möglich gewesen. Inwieweit diese gesellschaftlichen Fortschritte auch von einem architektonischen Fortschrittsdiskurs begleitet wurden (und noch immer werden), sei nun untersucht, und zwar indem prägnante kollektive Stressereignisse wie die Doppelrevolution der Französischen bzw. der englischen Industriellen Revolution, der Erste Weltkrieg, der Zweite Weltkrieg und schließlich der Liberalisierungsdoppelschlag von *1968* (Studierendenrevolution) bzw. *1973* (Ende des Bretton-Woods-Abkommens) auf die Moralanteile von Architektur- und Urbanismusdiskursen auswirkten. Dem voran geht eine Skizzierung antiker und vormoderner Äußerungen zu Verbindungen von Architektur, Moral, Ethos und Ethik.

1 Tugendethische Architekturethik

Metaethisch lassen sich in gebotener Kürze fünf Ethikansätze unterscheiden, die zwar quer durch die Jahrhunderte fast immer präsent sind, die aber dennoch die folgenden fünf chronologisch geordneten Abschnitte jeweils gleichsam leitmotivisch durchziehen, um entsprechende zeittypische Architektur- und Stadtbezüge deutlicher zu machen: den tugendethischen, den utilitaristischen, den deontologischen, den kontraktualistischen und den individualistisch-libertären Ethikansatz (vgl. Düchs 2011, S. 44). Die Tugendethik ist insbesondere mit dem Wirken von Aristoteles (384 – 322 v. Chr.) verbunden, der in der Ausbildung von Tugenden das zentrale Mittel erkannte, um jene im *guten Leben* verwirklichte Glückseligkeit zu erreichen, die als *Eudaimonie* in die Geschichte der Philosophie eingegangen ist. Mit der Eudaimonie ist nichts weniger als das Endziel aller individuellen und gesellschaftlichen Bemühungen gemeint, im Sinne eines höchsten Gutes, das ausschließlich um seiner selbst willen und nie einem anderen, übergeordneten Zweck wegen begehrt wird. Die insbesondere auf Aristoteles sich beziehende vormodernde Ethik ist von einem Widerspruch unterlaufen, bei dem einerseits das Handeln hin zum Guten als „selbstmotivierend" (Luhmann 2008, S. 175) ausgewiesen wird und andererseits eben dieses in den Schranken von segmentärer bzw. stratifikatorischer Differenzierung sich vollziehende Handeln metaphysisch begründet werden musste – darauf hat auch Luhmann verwiesen, und zwar wenn er schreibt, dass in vormodernen Gesellschaften für die Begründung von Moral eine „externe Referenz" notwendig war, also beispielsweise eine „Gründung der Moral auf ein religiöses Fundament" (Luhmann 2008, S. 178). Im Falle von Aristoteles war dies die Idee eines göttlichen *unbewegten Bewegers*, der nicht nur die gesamte irdische Natur, sondern auch die Fixsternsphäre bewegt, die ihrerseits die anderen Himmelskörper bewegt.

Der Widerspruch von selbstmotivierendem Handeln hin zum Guten einerseits und externer göttlicher Referenz andererseits wird insbesondere beim einzig erhaltenen antiken Werk über Architektur deutlich, den „Zehn Bücher über Architektur“ des römischen Architekten, Ingenieurs und Traktatisten Vitruv (Marcus Vitruvius Pollio), der im 1. Jahrhundert v. Chr. wirkte und um das Jahr 15. v. Chr. herum starb. Die Orientierung des architektonischen Handelns hin zum Guten wird bei Vitruv auf doppelte Weise deutlich: Erstens wird der architektonisch handelnde Mensch als tugendhaft, kollegial und unbestechlich beschrieben:

> Die Philosophie gibt dem Baukünstler eine edle Denkart und macht, dass er nicht stolz, sondern vielmehr bescheiden, billig und rechtschaffen, vorzüglich aber nicht geizig sei; denn ohne Treu und Redlichkeit kann nichts geziemend von Statten gehen. Er muss nicht begehrlich sein, noch darauf ausgehen, Geschenke zu erhaschen, sondern mit Standhaftigkeit seiner Würde nichts vergeben und auf seinen guten Namen halten; denn also heischt es die Philosophie (Vitruv, zit. n. Düchs 2011, S. 127).

Zweitens wird nicht der architektonisch Handelnde, sondern auch das Ziel architektonischen Handelns – das Bauwerk – mithilfe der Trias von *firmitas* (Festigkeit), *utilitas* (Nützlichkeit) und *venustas* (Schönheit) am Guten orientiert (vgl. Germann 1980, S. 18). Doch mit einem der sechs Unterbegriffe der *venustas* schleicht sich der Widerspruch von selbstmotivierendem Handeln hin zum Guten und externer göttlicher Referenz ein: dem *decorum*. Vitruv definiert es als „das fehlerfreie Aussehen eines Bauwerks, das aus anerkannten Teilen mit Geschmack geformt ist“ (Vitruv, zit. n. Germann 1980, S. 22). Mit dem antiken *decorum* ist jedoch keineswegs nur die schlichte Frage nach der gefälligen Schmuckapplikation, sondern ganz grundsätzlich die nach der sich geziemenden Form im Kontext eines gesellschaftlichen Affekthaushaltes gemeint, und zwar nicht nur auf dem Feld der Architektur und Kunst, sondern auch und vor allem auf dem Feld der antiken Rhetorik. Die Antike, führt Heiner Mühlmann in diesem Zusammenhang mit Blick auf Quintilians *Institutio oratoria* aus, macht mit ihrem Wertmaßstab des *decorum* „die ungebrochene Leidenschaft zu ihrem Prinzip: das *decorum* nimmt als höchsten und ersten Darstellungsgegenstand die extreme heroische Situation an, in der es um Heil oder Verderben der Polis geht“ (Mühlmann 2005, S. 169). Moral, Anstand, das sich Geziemende – für die antike Architektur (wie auch die antike Rhetorik) waren dies also Fragen nach dem angemessenen Gebrauch von *decorum*-Regeln in einem High-Low-Spektrum zunehmend stratifizierter Gesellschaften, die ihr Höchstes, also das kollektive Überleben und dessen Beschwörung, göttlich zu begründen versuchten.

Derlei sollte in der Renaissance nochmals wiederaufleben. Auf dem Feld der Architektur war es insbesondere Leon Battista Alberti (1404 – 1472), der mit „De re aedificatoria“ (1452) direkt an Vitruv anschloss und in dessen Fahrwasser, wie Mühlmann ausführt, eine „Sondierung und Typisierung der Bauformen auf der Grundlage der *decorum*-Lehre“ (Mühlmann 2005, S. 11) vornimmt:

> [...] dass nicht derselbe Schmuck für alle Gebäude passt, steht genügend fest. Denn dass man die Sakralbauten, und besonders die öffentlichen, so prächtig als möglich ausstatte, das trachte man mit aller Kunst und allem Fleiße zu erreichen, denn für die Himmlischen werden diese gebaut; die profanen aber nur für die Menschen (Alberti 2005, S. 411).

Nur das kann gutgeheißen werden, schreibt Alberti weiter, „was der Stellung eines jeden angemessen ist“ (Alberti 2005, S. 473). Entsprechend führt er über die Häuser des Königs und der Vornehmen aus: „Die Decken werden nicht von vielen Gold und Glase erglänzen. Man wird nicht alles aus hymettischem und parischem Marmor erstrahlen lassen; denn dies kommt den Tempeln zu. Sondern man wird sich des Mäßigen in feiner, und den feinen in mäßiger Weise bedienen“ (Alberti 2005, S. 474). Bemerkenswert hierbei ist – und hierauf hat ebenfalls Mühlmann hingewiesen –, dass Alberti den höchsten Rang unter den sakralen Gebäuden der Stadtmauer zuweist (vgl. Mühlmann 1996, S. 60), denn diese repräsentiert nicht nur die „letzte Verteidigungslinie, als topologische Grenze zwischen Angriff und Flucht“ (Mühlmann 1996, S. 60), sondern geht zumeist auf Grundsteinlegungen im Rahmen von sakral aufgeladenen Zeremonien zurück. Das vormoderne Verhältnis von Architekturproduktion und Moral dürfte nun etwas deutlicher geworden sein: Gute Architekten sorgen für gute Architektur im Sinne von passender, d. h. den *decorum*-Regeln entsprechender Architektur. Und die Eichung des *decorum*-Spektrums verdankt sich der heiligen, heilsbringenden Stadtmauer, die für das Überleben der Stadtgesellschaft sorgt.

Derlei *decorum*-Ordnungen, die moralische Architekturprinzipien auf Benimmregeln beschränken, wurden in der westlichen geprägten Architektur bis weit ins 18. Jahrhundert hinein übertragen (im deutschsprachigen Raum etwa unter dem Begriff des „Schicklichen“ (vgl. Horn-Oncken 1967)) und variiert (etwa als sensualistisch umgedeutete *caractère*-Lehre (Kruft 1991, S. 162)), dann aber im Zuge der Aufklärung fundamental in Frage gestellt. Marc-Antoine *Laugier* (1713 – 1769) ist hier vor allem zu erwähnen. Zwar fühlt er sich in seinem 1753 zunächst anonym, 1755 dann unter eigenem Namen veröffentlichten „Essai sur l’architecture“ vordergründig dem überlieferten Prinzip des *decorum* (Laugier spricht von „*bienséance*“, zu Deutsch „*Anstand*“) verpflichtet, wenn er etwa schreibt: „Die großen Ordnungen gehören eigentlich nur an große Kirchen, an Fürstenpaläste und an öffentliche Gebäude“ (Laugier 1989, S. 91). Auch bleibt für Laugier der Architekt der Herr über das *decorum*-Spektrum:

> Ein Architekt, der genau weiß, was sich für jeden einzelnen schickt, wird seine Entwürfe aufgrund seines Urteilsvermögens entweder großzügiger planen oder sie einschränken und wird dabei niemals das gültige Prinzip vergessen, dass ein schönes Gebäude nicht dasjenige ist, das irgendeine beliebige Schönheit aufweist, sondern das genau die ganze Schönheit besitzt, die den Verhältnissen angemessen ist – und nicht mehr (Laugier 1989, S. 141).

Doch wird bei Laugier dem *decorum*-Denken gleichsam seine Grundlage entzogen, wenn die Urhütte, die bei Vitruv noch eine ferne spekulative Anekdote über den Ursprung der Architektur war, zum überzeitlichen Vorbild der Architektur erhoben wird: „die wesentlichen Bestandteile, aus denen sich eine architektonische Ordnung zusammensetzt, sind einzig und allein Säule, Gebälk und Giebel“ (Laugier 1989, S. 35). Zurecht kommt Düchs zu dem Schluss, dass Laugier dadurch „der Konstruktion eine ungeheure Bedeutung“ verleiht – und den Boden bereitet dafür, dass ab dem 19. Jahrhundert viele Architekturtheoretiker „eine ‚falsche‘ Konstruktion als moralisch verwerflich“ angesehen haben (Düchs 2011, S. 204 f). Gleichzeitig kam es durch die Aufklärung zu einer breiten Infragestellung der Tugendethik zugunsten anderer Ethikansätze, die weniger die individuelle Tugendhaftigkeit im Sinne eines anständigen, passenden, *decorum*-wahrenden Verhaltens stärken würden, als vielmehr nutzen- oder pflichtenethische, also teleologisch-utilitaristische oder deontologische Ansätze, ins Zentrum rücken sollten.

2 Utilitaristische Architekturethik

Mit dem durch die Doppelrevolution – die englische industrielle und die französische politische – beförderte Herausbildung moderner, funktional ausdifferenzierter Gesellschaften wurde die alte Einheit von Moral und *decorum* wenn nicht aufgegeben, so doch stark relativiert. An die Stelle tugendethischer traten insbesondere in Großbritannien utilitaristische Ansätze, die nicht die Tugend von Einzelnen, sondern den Nutzen für die Mehrheit ins Zentrum rücken. In diesem Zusammenhang ist vor allem Jeremy Bentham (1748 – 1832) zu nennen. Für ihn galt das größte Glück der größten Zahl (*greatest-happiness-principle*) als Leitprinzip. Eine Handlung ist demnach moralisch richtig, wenn sie der größten Zahl der Mitmenschen nützt – und moralisch unvertretbar, wenn sie der Mehrheit Schaden zufügt. Bentham (2002, S. 330), dem im postrevolutionären Frankreich die französische Ehrenstaatsbürgerschaft zuerkannt wurde, bewertete die französische Menschenrechtserklärung als „Unsinn auf Stelzen“ („nonsense upon stilts“) und lehnte allgemein die Vorstellung natürlicher Rechte ab. Zwar kann Bentham in seinen feministischen Forderungen nach einem Frauenstimmrecht und seiner Befürwortung einer Legalisierung homosexueller Präferenzen als gesellschaftspolitisch äußerst progressiv bezeichnet werden, doch muss gleichzeitig festgehalten werden, dass das Glück der größten Zahl bei ihm teuer erkauft wurde: nämlich mit einen omnipräsenten staatlichen Überwachungs- und Kontrollapparat, der die Menschen ab dem Adoleszenzalter evaluiert, konditioniert und durch Sanktionen zu korrigieren sucht. Freiheit und Unfreiheit erscheinen bei Bentham als zwei Seiten derselben Medaille, wenn er nicht nur die Stärkung des Justizsystems und der Polizei befürwortet, sondern auch den breiten Einsatz von Informanten und Spionen sowie die erkennungsdienstliche Tätowierung der Bevölkerung.

Benthams utilitaristische Ethik hatte zutiefst architektonische Implikationen, wie vor allem ein Blick auf sein „*Panopticon*“ verdeutlicht. Unter diesem Begriff verfolgte er ab Ende des 18. Jahrhunderts das Projekt eines Zellenrundbaus mit einem mittigen Überwachungsturm, der als Fabrik, als Gefängnis oder als „totale Institution“ im Allgemeinen genutzt werden sollte. Zwar wurde Benthams Panopticon nie gebaut, aber sein Konzept sollte viele Radialplan-Gefängnisse insbesondere des Viktorianischen Zeitalter beeinflussen, so etwa Joshua Webbs 1841 errichtetes Pentonville Prison in London. Robin Evans hat in „The Fabrication of Virtue“ darauf higewiesen, dass alles, was in Pentonville und anderen Bauten ab Mitte des 19. Jahrhunderts realisiert wurde – insbesondere die Konstruktion einer „entirely predictable, synthetic reforming environment“ (Evans 1982, S. 230) – bereits im Panopticon präfiguriert war. Für Bentham stellte dieses Projekt laut Evans einen Versuch dar, ein komplettes soziales System zu generieren und zu stabilisieren: „Here technology was not merely an aid to morality – it was a necessary precondition of the very morality it created“ (Evans 1982, S. 198). Evans führt diese Entwicklung gleichsam medientheoretisch auch auf die Sortierungsleistungen mithilfe architektonischer Pläne zurück:

> The idea of using design to enforce definite morality on keepers and prisoners alike [...] must surely have been closely associated with the presentation of finished, considered, regulated architectural plans, in which the prison was demarcated into zones consistent with morality as well as symmetry; plans in which the social world of the prison began to be depicted in a series of simple divisions (Evans 1982, S. 46).

Die Politik moralischer Segregation mithilfe geeigneter Architekturen, die seit der Zeit um 1800 die Kranken, Deklassierten und Delinquent*innen zu disziplinieren versuchte, erfasste in der zweiten Hälfte des 19. Jahrhunderts auch die Privilegierten, wie ein Blick auf das *English Country House* des ausgehenden 19. Jahrhunderts zeigt. Mark Girouard fasst dessen Entwicklung zwischen 1830 und 1900 in „Das feine Leben auf dem Lande“ unter dem Begriff des *moralischen Hauses.*[4] Diese Architekturen zeichneten sich ebenfalls – wie die zuvor beschriebenen Disziplinararchitekturen, die seit ca. 1800 konzipiert und später auch gebaut wurden – durch einen großen Segregationseifer aus. Der wird insbesondere bei Robert Kerr deutlich, dem Architekten und Theoretiker, der 1865 sein einflussreiches Traktat „The Gentleman's House“ vorlegte. Darin plädiert er für Landhäuser, deren Dienstbotenbereiche vom Haupthaus nicht nur feinsäuberlich zu trennen sind – „Die Familie bildet eine Gemeinschaft, die Dienerschaft eine andere“ (Kerr zit. n. Girouard 1998, S. 321) –; er legt auch Grundrisse vor, in denen sich nicht nur die Klassen, sondern auch die Geschlechter wie auf getrennten Schienensystemen bewegen sollten. Insbesondere im Dienerschaftsflügel galt für Kerr die strikte Trennung von Frau und Mann. Nur zwei Ausnahmen duldete Kerr in seinem Bemühen zu separieren: Das Schlafzimmer des Hausherrn war im weiblichen Teil des Hauses und das Zimmer der Magd der Hausherrin befand sich nicht im Dienerschaftstrakt: „in bringing the lady's maid just across the line into the family region, Kerr cuts her communication with the rest of the servant's department“ (Chase, Levenson 2000, S. 166). Kerrs Landsitz *Bearwood*, den er 1864 für den *Times*-Verlegers John Walter erbaute, gilt als perfekte Realisierung des *moralischen Hauses:* Man findet dort einen *Butler's corridor* genauso wie einen *Housekeeper's corridor*, einen *Nursery corridor* ebenso wie einen *Women servants' corridor.* Alles in allem entstand eine unübersichtliche Fülle von spezialisierten Zirkulationswegen, die von der *Moral* geschlechtlich und klassengemäß getrennter Lebensspären getragen waren.

Die vor allem im 19. Jahrhundert erfolgte Ausformulierung utlitaristischer Ethiken insbesondere in Großbritannien wurden begleitet vom Aufbau des größten Kolonialreiches der Geschichte, das zeitweilig ein Viertel der Erdoberfläche kontrollierte: das British Empire. Vor diesem Hintergrund geriet der Utilitarismus auch im 20. Jahrhundert in den Verdacht, eine imperialistische Theorie zu sein, zumal viele Anhänger Benthams – etwa James Mill (1773–1836) und Sohn John Stuart Mill (1806–1873) – eine wichtige Rolle bei der Rechtfertigung und Ausübung britischer Imperialmacht etwa in Indien spielten.[5] Es scheint, dass für die utilitaristische Ethik im Besonderen gilt, was Luhmann allgemein in Frage stellt: „wird etwa Ethik gerade deshalb als Medizin verschrieben, weil sie zwar nicht heilt, aber den Juckreiz der Probleme verringert?“ (Luhmann 2008, S. 201). Im 19. Jahrhundert war es insbesondere Friedrich Nietzsche (1844–1900), der eine vehement moralkritische Haltung artikulierte, wenn er sich etwa in seiner

4 Vgl. Girouard 1998 (1978), S. 305 ff.

5 Vgl. Schefczyk 2017.

Streitschrift „Zur Genealogie der Moral“ (1887) gegen eine „um sich greifende Mitleids-Moral“ (Nietzsche 1988, S. 8) der „schändlichen modernen Gefühlsverweichlichung“ (Nietzsche 1988, S. 8), gegen das „Rokoko der Seele“ (Nietzsche 1988, S. 146) wettert. Dieses führt er auf das für ihn unheilvolle Treiben von Priestern zunächst des Juden- und später auch des Christentums zurück, die eine *Sklavenmoral* gegen die *Herrenmoral* der Starken in Stellung gebracht haben – mit dem Resultat, dass der „aggressive Mensch, als der Stärkere, Muthigere, Vornehmere“ (Nietzsche 1988, S. 43) nun unnötigerweise von schlechtem Gewissen geplagt sei. Entsprechend verklärt Nietzsche neben Napoleon auch die „griechisch-römisch[e] Herrlichkeit, welche auch eine Bücher-Herrlichkeit war“, und wettert über die „Einfalt und Eitelkeit christlicher Agitatoren“ (Nietzsche 1988, S. 146). Mitten in der Hochzeit des europäischen Kolonialismus agitiert Nietzsche gegen den „‚zahme[n] Mensch[en]‘, den Heillos-Mittelmäßige[n] und Unerquickliche[n]“ (Nietzsche 1988, S. 32–33) – und kommt mit derlei noch heute zuweilen schockierenden Formulierungen der Realpolitik seiner Zeit deutlich näher als das eine oder andere „Moral-Großmaul“ (Nietzsche 1988, S. 123) seiner Zeit. Dass die Architektur im europäischen Kolonialismus eine zentrale Rolle spielte – und von Nietzsche passenderweise als „eine Art Macht-Beredsamkeit in Formen, bald überredend, selbst schmeichelnd, bald bloß befehlend“ (Nietzsche 1889, S. X) beschrieben wurde – passt da nur ins Bild. Es dürfte nun etwas deutlich geworden sein, dass sich im Fahrwasser der politisch-industriellen Doppelrevolution in Frankreich und Großbritannien eine Umstellung von feudalen *decorum*-Ordnungen, die sich architektonisch insbesondere auf Fassaden artikulierten, hin zu klassen- und geschlechterspezifischen räumlichen Segregationen zutrug, welche vor allem in den Grundrissen nachzuvollziehen sind. Die Moral der Architektur verlagerte sich gleichsam von der Vertikalen in die Horizontale.

3 Deontologische Architekturethik

Doch auch die Fassade sollte wieder Schauplatz ethischer Auseinandersetzungen über gute Architektur werden, vor allem im 20. Jahrhundert mit der heroischen Architekturmoderne nach dem Ersten Weltkrieg – die allerdings nur vor dem Hintergrund architekturtheoretischer Debatten des 19. Jahrhunderts besser zu verstehen sind, welche im Folgenden kurz rekapituliert seien. Hierbei soll deutlich werden, dass diese ebenfalls moralisch aufgeladenen Debatten über Architektur nicht vom Handlungsnutzen bzw. von möglichen Handlungskonseqenzen her geführt wurden (wie im Falle der utilitaristischen Ethik), sondern: Bestimmte Architekturauffassungen werden als intrinsisch gut beschrieben, also im Rahmen eines deonthologischen Ethikansatzes vorgestellt (von griechisch: δέον (*déon*) das

Erforderliche, das Gesollte, die Pflicht, daher auch Pflichtethik).[6] Dies ist vor allem dann der Fall, wenn bestimmte Architekturauffassungen als *wahrhaftig* oder *ehrlich* apostrophiert werden (vgl. Düchs 2011, S. 134). Derlei klingt zwar bereits bei Laugier an, wurde aber vor allem im 19. Jahrhundert virulent, zunächst in der ersten Hälfte des 19. Jahrhunderts bei Karl Friedrich Schinkel (1781–1841), dem wohl folgenträchtigsten Architekten und Architekturdenker im deutschsprachigen Raum in der ersten Hälfte des 19. Jahrhunderts. Zwar fanden die verschiedenen Konzeptionen von Schinkels geplantem Traktat „Das Architektonische Lehrbuch" zu Lebzeiten nie ihre endgültige Form, doch kann – bedingt durch die zentrale Rolle Schinkels in der Berliner Bauakademie und der Preußischen Oberbaudeputation – von einer breiten zeitgenössischen Diffusion seiner Gedankenwelt ausgegangen werden. Diese liegt kondensiert beispielsweise mit Formulierungen wie der folgenden vor: „Europäische Baukunst [ist] gleichbedeutend mit griechischer Baukunst in ihrer Fortsetzung. Keine Maskerade – das Nothwendige der Construction schön zu gestalten ist Grundsatz Griechischer Architektur und muß Grundsatz bleiben für deren Fortsetzung" (Schinkel 2001, S. 148).

Keine Maskerade! Damit ist ein Slogan in die Welt gesetzt worden, der fortan den „evolutionären Weg zur Moderne" (Werner Oechslin) auch in der Architekturtheorie begleiten sollte. Aufbauend auf Schinkel war es Karl Boetticher (1806–1889) mit seiner „Tektonik der Hellenen" (1852), der Schinkelschule das theoretische Werk lieferte, welches Schinkel schuldig geblieben war. Zum zentralen Begriff wurde bei Bötticher die *Tektonik* – worunter er versteht:

> die bauliche und Geräthbildende Werktätigkeit, sobald dieselbe ihre aus Bedürfnissen des geistigen oder physischen Lebens hervorgegangenen Aufgaben ethisch zu durchdringen vermag, und sonach nicht allein dem bloßen Bedürfnisse durch eine materiell nothwendige Körperbildung zu entsprechen, sondern die Letztere auch noch zur Kunstform zu erheben vermag (Bötticher zit. n. Mayer 2004, S. 14).

In dieser Definition ist auch bereits einer der beiden Begriffspole erwähnt, die – von Bötticher ausgehend – die deutschsprachige architekturtheoretische Diskussion während der kommenden Jahrzehnte stark bestimmen sollten: *Kunstform* versus *Kernform*. Unter der *Kunstform* versteht Bötticher das baukonstruktive Gerüst, unter der *Kernform* hingegen die künstlerische Form der Einzelglieder. Oder in den Worten Böttichers: „Die Kernform jedes Gliedes ist das mechanisch nothwendige, das statisch fungirende Schema; die Kunstform dagegen nur die

6 Der Begriff *deontology* wurde ebenfalls von Jeremy Bentham in „*Deontology, or the science of morality*" (1834) verwendet, bevor C.D. Broad ihn im Jahr 1930 näher definierte.

Funktion-erklärende Charakteristik“ (Bötticher zitiert nach Oechslin 1994, S. 57). Die *Kunstform* hat also die Aufgabe, die *Kernform* im Sinne der Sichtbarmachung von Konstruktion und Statik nach außen darzustellen, gleichsam als *erklärende Hülle*. Bötticher betont hierbei stets die Zusammengehörigkeit von tragendem Kern und ornamentaler Hülle, doch als die folgenträchtige Begriffsopposition erstmal in der Welt war, nahmen die Dinge ihren separaten Lauf. Es war dann auch, schreibt Werner Oechslin, nur:

> eine Frage der Zeit, bis die ursprüngliche Charakterlehre, die auf den wesentlichen Zusammenhang von Form und Inhalt zielte und in diesem Sinne in Böttichers *Charakteristik* eingegangen war, zugunsten einer Polarisierung von Kern und Hülle zurücktreten würde. [...] Begünstigt wurde dabei natürlich der (wahre) Kern (Oechslin 1994, S. 61).

Zunächst war es Gottfried Semper (1803–1879), der in Opposition zu Bötticher die Tektonik aus dem Zentrum architektonischer Poiesis vertrieb und mit seiner Bekleidungstheorie die atmosphärische Überwindung des Tektonischen zur ersten Tugend der Architektur erhob:

> Ich meine, das Bekleiden und Maskiren sei so alt wie die menschliche Civilisation und die Freude an beiden sei mit der Freude an demjenigen Thun, was die Menschen zu Bildnern, Malern, Architekten, Dichtern, Musikern, Dramatikern, kurz zu Künstlern machte identisch. Jedes Kunstschaffen einerseits, jeder Kunstgenuss andrerseits, setzt eine gewisse Faschingslaune voraus, um mich modern auszudrücken, – der Karnevalskerzendunst ist die wahre Atmosphäre der Kunst (Semper zitiert nach Oechslin 1994, S. 67).

Auf der Grundlage der Vorarbeiten von Bötticher und Semper prägte dann Joseph Bayer 1886 in seinem Aufsatz „Moderne Bautypen“ die Metapher *Stilhülse und Kern*, um zu prophezeien: „dann springen gewiss die so schön ornamentierten historischen Stilhülsen ab, sie schälen sich für immer los und der neue Kern tritt blank und klar ans Sonnenlicht“ (Bayer zit. n. Oechslin 1994, S. 6). So sollte es dann im 20. Jahrhundert auch kommen, vermittelt vor allem durch die Übergangsfigur Otto Wagner (1841–1918), der mit seinen Bauten eine so spektakuläre Entwicklung von Semper-nahen Positionen hin zu von historistischer Dekoration befreiten Bauten durchmachte (vgl. Oechslin 1994, S. 105), dass sein Biograf Josef August Lux ihn zum Inbegriff architektonischer Evolution machte, weil in ihm sowohl der Schinkelsche als auch der Sempersche Ansatz kulminierte (vgl. Oechslin 1994, S. 6). Bayers Rede von *Stilhülse und Kern* wird von dem späteren Wagner-Biografen Hans Tietze, so Oechslin, gleichsam „über Wagner hinaus [verlängert]“, wenn er im Werk des Wiener Architekten ein „radikale[s] Herabwaschen alles ‚Unwesentlichen' durch ein ‚Elementarereignis'“ (Oechslin 1994, S. 6) zu erblicken glaubt.

Dieses *Elementarereignis* sollte dann tatsächlich auch kommen, und zwar 1914 bis 1918, in Form des Ersten Weltkriegs. Zwar gab es vereinzelt auch vor 1914 bereits avantgardistische Positionen wie die von Adolf Loos, der bereits 1908, zu einer Zeit, als der Jugendstil in voller Blüte stand, seinen folgenträchtigen Aufsatz „Ornament und Verbrechen" verfasste, in dem zu lesen steht: „Evolution der kultur ist gleichbedeutend mit dem entfernen des ornamentes aus dem gebrauchsgegenstande" (Loos 1971, S. 16). Kurz darauf, im Jahre 1909, erhielt er den Auftrag, gegenüber der Wiener Hofburg ein Bauwerk für das Nobelgeschäft Goldmann & Salatsch zu errichten, dessen schlichte, ornamentlose Fassade zu einem vorübergehenden Baustopp führte, der erst mit der Anbringung von Blumenkästen aufgehoben wurde und 1912 dann vollendet wurde. 1913, in seinem Aufsatz „Regeln für den, der in den Bergen baut", schreibt er: „Sei wahr! Die natur hält es nur mit der wahrheit" (Loos 1997, S. 120 – 121). Paul Bonatz sollte später, in seinen 1950 erschienenen Erinnerungen über diese Zeit ausführen: „So begann von 1913 bis 1914 der Reinigungsprozess, die Abklärung von innen her. Aber die letzte Reinigung hat erst im Ernst des Krieges gefunden" (Bonatz 1950, S. 65). Le Corbusier definierte dann auch 1922 die Architektur mit folgender berühmt gewordener Formulierung: „Architektur ist das kunstvolle, korrekte und großartige Spiel der unter dem Licht versammelten Baukörper" (Le Corbusier 2008, S. 38). Im selben Buch macht er deutlich, „dass er als eine Frage des moralisch richtigen Verhaltens betrachtet, wahr, und das heißt für ihn modern, zu bauen" (Le Corbusier zit. n. Düchs 2011, S. 215). In dieselbe Kerbe schlägt Hannes Meyer, der von 1928 bis 1930 als Leiter des Bauhauses wirkte und auch in dieser Funktion eine der neuen Zeit entsprechende Architektur propagierte, die den „Willensdrang der Wahrheit" an den Tag legt (vgl. Düchs 2011, S. 215). Zurückgenommen wurden diese Entwicklung durch die Retektonisierungstendenzen in den 1920er – etwa in Peter Behrens' *Deutscher Botschaft* in St. Petersburg von 1912 – und insbesondere in den 1930er Jahren, mit Marcello Piacentinis Bauten für Benito Mussolini und und Paul Ludwig Troosts (und später Albert Speers) Bauten für Adolf Hitler. Troost, so schreibt seine Witwe Gerdy Troost in „Das Bauen im neuen Reich", nannte die Münchner Parteibauten ihres Mannes „Werke einer ‚germanischen Tektonik'" (Mayer 2007, S. 37). Sowohl sein „Führerbau" als auch der „Verwaltungsbau" als auch das „Haus der Deutschen Kunst" waren Stahlskelettkonstruktionen, die mit Steinplatten verkleidet wurden, so dass das Gebäude „tausendjähriger" wirken würden. Der in der klassisch-griechischen als auch in der klassizistischen Architektur im Stütze-Balken-Prinzip erhaltene anthropomorphe Bezug wird zugunsten einer martialischen Reduktion aufgegeben: Die Architektur der „Germanischen Tektonik" kann, so Hartmut Mayer, als die „Antithese" (Mayer 2007, S. 54) dessen bezeichnet werden, was nach Karl Bötticher die griechische Architektur der Antike auszeichnete: „Das für die Antike so wichtige ‚organische

Prinzip', das die Säule bauchig werden ließ und den Stylobat krümmte, ist etwas völlig anderes als die orthogonale Organisation der Bauten bei Troost" (Mayer 2007, S. 54).

4 Kontraktualistische Architekturethik

Die moderne Architektur, die nach der französisch-britischen Doppelrevolution um 1800 sowohl mithilfe einer utilitaristischen Architekturethik die Grundrisse als auch mithilfe einer deonthologischen Architekturethik die Fassaden generalüberholte, geriet in den 1960er und 1970er Jahren des 20. Jahrhunderts mit einer zweiten Doppelrevolution – und zwar derjenigen, die mit den Symboljahren 1968 (Studierendenrevolution) und 1973 (Ende des Bretton-Woods-Abkommens) verbunden ist – in eine tiefe Legitimationskrise. Mit architekturethischen Folgen. Diese seien nun mit den Begriffen der *kontraktualistischen Architekturethik* und *pluralistischen Architekturethik* umrissen. Zunächst zur kontraktualistischen Architekturethik. Sie sei skizziert vor dem Hintergrund des Wiederaufbaus europäischer Städte und des internationalen Nachkriegsbaubooms, der zu einer teils flächendeckenden Anwendung moderner Architektur- und Stadtplanungsprinizipien führte. Insbesondere im Westen – und dort vor allem in den keynesianisch-wohlfahrtsstaatlich organisierten Ländern – kam es zu einer einstweiligen Fortsetzung einer deonthologisch inspirierten Architekturethik in Gestalt des „Brutalismus", der nicht nur – wie noch in Vorkriegszeiten – die Fassadenerscheinung und die Baukörper-Modellierung einem Ehrlichkeits-Regime unterzog: Im Brutalismus, so Düchs, „wird das Prinzip der Ehrlichkeit gleichsam ‚auf die Spitze getrieben', indem es auch auf die Haustechnik-Installationen angewendet wird. Offensiv werden die so – quasi ‚nackt' – konzipierten Gebäude als besonders ehrlich präsentiert" (Düchs 2011, S. 207). Das bekannteste Beispiel hierfür ist die von Alison und Peter Smithson 1954 vollendete Schule in Hunstanton in Norfolk mit ihren offen liegenden Installationsführungen, die Reyner Banham mit folgenden Worten feiert:

> Kein Geheimnis, keine Romantik, keine Unklarheiten über Funktion und Verkehr! [...] Die elektrischen Leitungen, Rohre und anderen Versorgungsleitungen sind mit gleicher Offenheit frei verlegt. Es ist ein – mit größter Zurückhaltung erfolgter – Versuch, aus der Verbindung unbearbeiteter Baustoffe Architektur zu schaffen (Banham 1966, S. 19).

In seinem Buch „Brutalismus in der Architektur – Ethik oder Ästhetik?" (1966) definiert Banham die Ethik des Brutalismus als einen „Feldzug für den ‚mens sana in corpore sano'" (Banham 1966, S. 135) („Ein gesunder Geist in einem gesunden

Körper“) und schreibt: „Die Behauptung der Brutalisten, dass es möglich sei, in Fragen des Entwurfes einen moralischen Standpunkt einzunehmen, ist ein Fortschritt gegenüber der Einstellung vieler Architekten der vorangegangenen zwei oder drei Generationen“ (Banham 1966, S. 135).

Die brutalistische Architektur darf mit ihrem Angriff auf verfeinerte Baumethoden auch als zumindest indirekte Wegbereiterin einer partizipativen Architektur betrachtet werden, mit der die paternalistische Expertenheiligkeit der Moderne des 19. und der ersten Hälfte des 20. Jahrhunderts in Frage gestellt wurde. Bereits in den 1950er Jahren, mehr noch aber in den 1960er Jahren, können viele Beispiele für gebaute Proteste gegen bauwirtschaftlich orientierte Paradigmen der Nachkriegsmoderne gefunden werden. So schreibt Friedensreich Hundertwasser (1928–2000) in seinem „Verschimmelungs-Manifest gegen den Rationalismus in der Architektur“ aus dem Jahre 1958: „Die materielle Unbewohnbarkeit der Elendsviertel ist der moralischen Unbewohnbarkeit der funktionellen, nützlichen Architekturen vorzuziehen“ (Hunderwasser 1971, S. 149). Schon das „Bei-sich-Tragen einer geraden Linie“, so der Künstler, „müsste, zumindest moralisch, verboten werden“ (Hunderwasser 1971, S. 151). Auch das 1948 begonnene und 1968 durch einen Brand zerstörte House of Mirrors bei Woodstock von Clarence Schmidt (1897–1978) ist in diesem Zusammenhang beispielhaft zu erwähnen; ebenso die Untersuchungen John F. Charlewood Turners (geb. 1927) über ungeplante peruanische Siedlungen oder Philippe Boudons 1966 veröffentlichte architekturtheoretische Würdigung von Veränderungen, die die Bewohner von Le Corbusiers Siedlung in Pessac (1926) zugefügt hatten (vgl. Fezer, Heyden 2004). Als einer der wichtigsten Protagonistinnen der architektonischen Partizipartionsbewegung ist die 1964 gegründete Stiftung Architecten Research, kurz S.A.R. zu nennen, eine niederländische Forschungsgruppe, deren zentrale Gestalt Nicolaas J. Habraken (geb. 1928) ist. Der hatte 1961 mit seinem Manifest „De dragers en de mensen“ („Die Träger und die Menschen“) die Partizipationsbewegung mit losgetreten. Wie Ingo Bohning darlegt, propagierte die S.A.R.

> [D]ie Trennung des Bauwerks in eine vom Architekten zu planende Raumstruktur, die aus Tragwerk, Erschließung sowie den Festlegungen der Ver- und Entsorgungsleitungen besteht und eine davon unabhängige Ausbaustruktur, mit der die einzelnen Wohnungsgrundrisse und das Material der Wohnungen bestimmt wird (Bohning 1981, S. 126).

Architekt*innen, die fortan im Geiste Habrakens bauen wollten, legen, so Bohning weiter, „mit dem Entwurf der Raumstruktur die allgemeinen Bedingungen fest, während die Ausbaustruktur durch die Bewohner spezifiziert werden kann“ (Bohning 1981, S. 126).

Insbesondere nach 1968 kam es zu einem Auschwung der Partizipationsarchitektur, befördert auch und gerade durch Studierende, „die sich gegen die ‚total organisierte', ‚gelebte' und ‚verwaltete Welt' in Ost und West" wandten" (Bohning 1981, S.8). Immer häufiger reklamierten Nutzer*innen eine fundamental veränderte Rolle im Planungsprozess, oder, wie Ingo Bohning schreibt: „Mit ästhetischen Planungsprozessen soll die als diktatorisch empfundene Planungspraxis durchbrochen werden" (Bohning 1981, S.8). Ein wichtiges Projekt in diesem Zusammenhang waren die Studentenhäuser der Universität Löwen von Lucien Kroll (geb. 1927), für die getreu der S.A.R.-Planungsmethode Habrakens nicht nur übergeordnete Spielregeln der Gruppenarbeit erarbeitet wurden, sondern auch zusätzliche Regeln, die die Ausbaustruktur, also gewissermaßen das Mikromilieu, festlegen sollten (vgl. Bohning 1981, S.124). Partizipationsarchitektur beförderte insbesondere in der Variante des *advocacy planning* – also der „Anwaltsplanung" – eine „gewisse Deprofessionalisierung" (Bohning 1981, S.132), die auch und gerade jene ins Entwurfsspiel bringen wollte, die bis dato in Planungsprozessen marginalisiert waren: unterprivilegierte Gruppen, die „nicht nur keine Macht besitzen, sondern auch nicht in der Lage sind, ihre Interessen zu artikulieren und zu vertreten. Den unterprivilegierten Gruppen (z. B. Alten, Kindern, Gastarbeitern) soll daher eine sachverständige Person zugeordnet werden" (Bohning 1981, S.220). Manche Vertreter*innen des partizipativen Ansatzes in der Architektur gingen – und gehen – sogar so weit, alle Expert*innen bzw. jene, die sich qua Ermächtigung dafür halten, vom Bauen auszuschließen (vgl. Bohning 1981, S.132).

Mit der Partizipationsarchitektur von 1968 ff. etablierte sich ein in der Architektur und Stadtplanung neuer, in der philosophischen Ethikdiskussion jedoch altbekannter ethischer Ansatz: der kontraktualistische. Damit ist ein als richtig bzw. gut erachtetes Handeln gemäß eines real existierenden oder fiktiven Gesellschaftsvertrags gemeint. Beim Kontraktualismus wird angenommen, dass Individuen sich aufgrund natürlicher Interessen – vor allem um sich aus einem Naturzustand im Allgemeinen oder einem Thomas Hobbes'schen *Krieg aller gegen alle* im Besonderen zu retten – aus freiem Willen zu einer vertraglich fixierten Gesellschaftordnung zusammenschließen. Zwar kam der kontraktualistische Dreischritt von Naturzustand, Gesellschaftsvertrag und verändertem Gesellschaftszustand durch den Rechtspositivismus des 19. Jahrhunderts in die Defensive, doch erfuhr er nicht zufällig Anfang der 1970er eine Neuauflage, vor allem auch durch John Rawls in Gestalt seiner „Theorie der Gerechtigkeit" (1971). Rawls überführt mit seiner Beschreibung eines Urzustandes („original position") den Naturzustand ins ausgehende 20. Jahrhundert, indem er von einem *Schleier des Nichtwissens* ausgeht, hinter dem Individuen ihre Position in der Gesellschaft und dem Zeitpunkt, zu dem sie leben, nicht vollends erkennen können. In der *original position* herrscht Gleichheit, das heißt: Alle Beteiligten können sich gleichberechtigt mit einer Stimme einbringen. Zwar wird Rawls in der Architekturwelt – vermittelt durch die Spatial-Justice-Forschungen in der Politischen Geografie und der Stadtforschung – erst seit wenigen Jahren breiter rezipiert, doch liest sich seine *Theorie der Gerechtigkeit* wie eine retroaktive Grundlegung von rund 50 Jahren Partizipations- und Verfahrensgerechtigkeitsbemühungen in Architektur und Stadtplanung. Gegen den vor allem im angloamerikanischen Raum vorherrschenden Utilitarismus, der es prinzipiell erlaubt, Einzelne für das größere Gemeinwohl der Gesellschaft zu schädigen, entwirft Rawls eine sozial-politische Grundordnung, die auf dem Gedanken der Fairness basiert:

> Jeder Mensch besitzt eine aus der Gerechtigkeit entspringende Unverletzlichkeit, die auch im Namen des Wohles der ganzen Gesellschaft nicht aufgehoben werden kann. Daher läßt es die Gerechtigkeit nicht zu, daß der Verlust der Freiheit bei einigen durch ein größeres Wohl für andere wettgemacht wird (Rawls 1975, S. 19–20).

5 Pluralistische Architekturethik

Der kontraktualistischen, auf Partizipation, Gerechtigkeit und Fairness abzielenden Architekturethik der Gegenwart, die bevorzugt von Architekt*innen hoch gehalten wird, welche im überschaubaren Rahmen von experimentellen Wohnprojekten und progressiver Stadtteilarbeit tätig sind, kann eine zweite zeitgenössische Architekturethik gegenübergestellt werden; eine, die bevorzugt von den Global Players im Architekturbetrieb propagiert wird und im Folgenden als *pluralistische Architekturethik* bezeichnet sei. Der Begriff ist dem Buch „Moral und Hypermoral. Eine pluralistische Ethik“ (1969) von Arnold Gehlen (1904–1976) entlehnt, in dem sich der rechte Soziologe und zeitweilige Nationalsozialist gegen eine „Ethik aus einem Guss“ (Gehlen 1969, S. 10) im Allgemeinen und eine *Hypermoral* im Besonderen wendet. Unter Letzterer versteht er vor allem die „Verlängerung des Familienlebens ins Weltweite“ (Gehlen 1969, S. 156). „Zu hypertrophem Anspruch“, so Gehlen, „kommt es in der Verbindung mit dem Ethos des Massenwertes und vor allem dann, wenn die entgegenhaltenden eigentlich politischen Staatstugenden wegfallen, weil der Staat ruiniert oder selbst zum Wohlstandsapparat geworden ist“ (Gehlen 1969, S. 148–149). Die Schuld an der Hypermoral gibt er auch und vor allem Frauen und dem wachsenden Einfluss des Feminismus:

> Die Frauen haben ihr Frauendenken, orientiert am Schutz des Lebendigen, Frieden, Wohlstand und Sicherheit, immer ausleben können, nicht weil sie ‚Parias‘ waren, sondern weil sei keine politische Verantwortung trugen und somit diese Gefühle zu jedem Grad der Verfeinerung kultivieren konnten (Gehlen 1969, S. 151).

Gegen die 1968er-Bewegung gerichtet, schreibt Gehlen:

> Gerade heute im Zeitalter der Verharmlosung und der Ideologie vom guten Menschen muss man sich die Wahrheit des von Goethe an Riemer gerichteten Satzes vor Augen halten: ‚Das Rohe am Menschen bleibt immer einigermaßen, oder etwas Rohes bleibt immer an jedem Menschen, und das ist dasjenige, wodurch es lebt und woraus er sich nährt' (Gehlen 1969, S. 42).

Parallel zur Verbreitung partizipatorischer Ideen in Architektur und Stadtplanung trat an die Stelle eines kollektiven Projektes für eine bessere Gesellschaft, die etwa noch die allermeisten Projekte der Nachkriegsmoderne 1960er Jahre grundierte, die *starchitecture*, deren global agierendes Schlüsselpersonal etwa mit der 1980 erstmals durchgeführten Architekturbiennale in Venedig oder auch mit Ausstellungen wie der 1988 im Museum of Modern Art (MoMA) gezeigten „Deconstructivist Architecture" die Weltbühne betreten hat. Mit der Globalisierung sind Moralfragen deshalb mit voller Wucht in den Architekturdiskurs eingekehrt, weil erstens der Welthandel in den letzten Jahrzehnten beträchtlich intensiviert wurde, zweitens durch Revolutionen im Bereich sozialer Medien Ungerechtigkeiten früher oder später weltwerit zur Kenntnis genommen werden und drittens Höhenkamm-Architektur immer ihre politischen Auftraggeber*innen verherrlicht. Mit dieser Trias können sich viele Rechtskonservative wie beispielsweise der Münchner Philosoph Alexander Grau nicht so ganz abfinden, wenn er in Verlängerung der Gehlen'schen Begriffsarbeit zähneknirschend schreibt: „Moral kennt keine Grenzen. Insofern ist der Hypermoralismus zugleich der intellektuelle Überbau zur wirtschaftlichen Globalisierung" (Grau 2017, S. 54). Als wesentlicher Teil der *Globalisierungsideologie*, so Grau, übernimmt „der Hypermoralismus deren Rhetorik der Alternativlosigkeit" (Grau 2017, S. 54) und die Geschichte läuft „auf die Realisierung eines humanistischen Maximalismus hinaus" (Grau 2017, S. 54). Diese Erkenntnis ist durchaus stringent zusammengefasst und muss nicht in einem (Grau'schen) Kulturpessimismus münden, birgt aber Herausforderungen für weltweit agierende Architekturbüros und deren Öffentlichkeitsarbeit.

Wie man am Beispiel etwa von Rem Koolhaas sieht. Der niederländische Architekt, der als 1944 Geborener ein Angehöriger der 68er-Generation ist, der 1968 als Journalist auch die Proteste in Frankreich und den Prager Frühling begleitete, Ende der 1980er Jahre dann seine Weltkarriere startete, in den 1990er Jahren anfing, sich intensiv mit China und dem Nahen Osten zu beschäftigen und nach eigenem Bekunden stets sozialistisch wählt,[7] hat viel Erfahrung mit mora-

7 Um 2006 herum wollte Koolhaas sogar für die niederländischen Sozialisten in die Politik gehen.

lisch grundierten Journalist*innenfragen: Bauen in China, einem autoritären Regime, das 2006 im Democracy Index der Economist Intelligence Unit (EIU) ziemlich weit unten auf Platz 138 (von 167) rangierte? Und dann dort auch noch die Zentrale des nationalen Propagandasenders CCTV (2002–2012)? Antwort Koolhaas im Jahre 2006: „Seit mehr als zehn Jahren habe ich als Harvard-Professor gründlich recherchiert, in welche Richtung sich China entwickelt. Das wird, da bin ich sicher, am Ende positiv sein" (Koolhaas 2006, Abs. 145–147). Weitere Antwort Koolhaas, im Jahre 2014: „I'm sure Chinese culture and Chinese architecture will benefit" (Koolhaas zitiert nach Howarth 2014, Abs. 14–15). Bauen im autoritären Katar, das 2015 im Democracy Index Platz 136 belegte? Und dann dort auch noch mehrere Großprojekte von nationaler Bedeutung wie etwa die National Library (2017), mit höchst problematischen Arbeitsbedingungen für fremdländische Bauarbeiter, die weltweit Aufmerksamkeit erregten, als 2021 die schockierende Zahl von 6.500 toten Bauarbeitern auf den WM-Baustelllen seit der WM-Vergabe 2010 die Runde machte? Antwort Koolhaas auf die Baustellenfrage im Jahre 2018: „Every article about construction in the Gulf has to begin with the conditions of workers. But if those journalists looked at the conditions on farms in their own countries, they would find eastern European workers being treated just as badly" (Heathcote 2018). Die Reaktionen von Koolhaas stehen beispielhaft für die typischen, zwischen autohypnotischem Optimismus und Whataboutismus changierenden Rechtfertigungsstrategien fast aller global agierender Architekt*innen. Sie rapportieren die immer gleichen rhetorischen Versatzstücke im Rahmen einer pluralistischen Ethik und künden von der Unmöglichkeit, gleichzeitig kritische*r Intellektuelle*r zu sein und ein weltweit erfolgreiches Architekturbüro zu führen. Alle Versuche, mit Verweis auf einen *experimentellen* oder wahlweise auch *offenen* Charakter von Bauten auf die Verbesserung politischer Verhältnisse in einem Land zu hoffen – in diese Richtung argumentierte zuletzt ein weiterer Achtundsechziger, nämlich Wolf D. Prix (geb. 1942) vom Wiener Architekturbüro Coop Himmelb(l)au, als er sein geplantes Opernhaus auf der von Russland völkerrechtswidrig besetzten Krim insofern verteidigte, als „unsere Architektursprache eine antiautoritäre ist (Brechung der militärischen Achsen und der Herrschaftssymmetrien)" (Prix 2021, Abs. 42–43) – alle diese Versuche enden in der Schöntrinkerei einer *Macht-Beredsamkeit* architektonischer Formen. Wer Kultur- oder Regierungsbauten in autoritären und diktatorischen Regimen errichtet, stabilisiert diese.

Damit könnte man es nun auf sich belassen und beispielsweise dafür plädieren, dass international tätige Architekturbüros, die in demokratisch regierten Ländern kulturelles Prestige genießen wollen, nur noch staatstragende Regierungs- und Kulturbauten in jenen Ländern errichten sollten, die im Democracy Index in den drei oberen Kategorien *vollständige Demokratien*, *unvollständige*

Demokratien und *Hybridregime* auftauchen. Staaten, die dort also als *autoritäre Regime* eingestuft sind, würden zu einer Art „verbotenen Zone" werden, beispielsweise Länder wie Ägypten, Bahrain, China, Jordanien, Katar, Kuba, Oman, Pakistan, Russland, Saudi-Arabien, Usbekistan, Venezuela, die Vereinigten Arabischen Emirate oder Vietnam. Doch würde man mit einer solchen manichäischen Welteinteilung in Gut und Böse der demokratischen Sache wirklich einen guten Dienst erweisen? Zumal viele politische Misstände in diesen Ländern auf westlichen Kolonialismus mit zurückzuführen sind? Wäre damit wirklich jenen so fragilen oppositionellen demokratischen Kräften in all diesen Ländern geholfen, die auf internationalen Austausch existentiell angewiesen sind? Dies darf stark bezweifelt werden, zumal die Wareneigenschaft von Architektur in Abgrenzung beispielsweise zu Autos oder Kühlschränken, die sicherlich in derlei Länder weiterhin exportiert würden, nicht klar genug gezogen werden kann. Grundsätzlich spricht also manches durchaus dafür, als Architekt*in auch in problematischeren politischen Kontexten zu arbeiten. Aber man muss sich dann als weltweit bekannter und anerkannter Architekturschaffender auch zutrauen, bei gesellschaftlichen Fragen die Stimme zu erheben und die eigene kulturelle Macht zu nutzen, ein emanzipatorisches politisches Statement abzugeben. Idealerweise geht es für Architekt*innen darum, ein Sprachrohr für gesellschaftliche Emanzipation zu sein. Wenn sich Prix in seinem Projekt für die Krim auf eine Autonomieästhetik zurückzieht, dann ist dies sicherlich der falsche Weg. Und wenn Koolhaas die *political correctness* als „official ideology for the twenty-first century" kritisiert (Koolhaas 2015, Abs. 90); wenn er der *allzu politisch korrekten* westlichen Kunst- und Architekturwelt vorwirft, „pretty intolerant in terms of engaging [with political worlds beyond Western democracies]" zu sein (Pazzanese 2016, Abs. 31–32), dann ist er plötzlich ganz nah bei jenen autoritären Demokratiefeind*innen, von denen er sich als irgendwie links wähnender Kommentator in rhythmischen Abständen distanziert.

6 Schluss: Terrestrische versus libertäre Architekturethik

Die beschriebene Parallelentwicklung einer kontraktualistischen Architekturethik (für die kleinen, emanzipatorischen Projekte für *zu Hause*) und einer pluralistischen Architekturethik (für das pragmatisch-sorgenfreie Engagement weltweit) findet nicht nur ihren relativen Nullpunkt im Jahre 1968, das symbolhaft für den Beginn einer gesellschaftlichen Liberalisierung steht, sondern auch im Jahre 1973, das den Startpunkt einer bis heute anhaltenden ökonomischen Liberalisierung markiert. Damals brach die 1944 im Rahmen des Bretton-Woods-Abkommens neu geschaffene internationale Nachkriegs-Währungsordnung mit dem goldgebundenen US-Dollar als Ankerwährung zusammen – mit moralisch-ethischen Konsequenzen, die paradigmatisch in der (in konservativen englischsprachigen Kreisen) wohl einflussreichsten Widerrede zu Rawls' „Theorie der Gerechtigkeit" vorliegen, nämlich in Robert Nozicks libertärem Schlüsselwerk „Anarchie, Staat und Utopia" (1974; dt.: 1976). Nozick (1938 – 2002) entfaltet darin eine Minimalstaat-Fantasie, die jegliche Sozialstaatlichkeit und insbesondere Umverteilungsmaßnahmen zur sozialen Gerechtigkeit die moralische Legitimität abspricht. Es liegt auf der Hand, dass die neoliberalen Entwicklungen in Politik und Ökonomie, die mit der Wahl Margaret Thatchers zur britischen Premierministerin 1979 und Ronald Reagan zum US-Präsidenten 1980 weltweit offensichtlich wurden, auch starke Auswirkungen auf Architektur und Urbanismus hatten. Dass gerade auch die Partizipationsarchitektur damit etwas zu tun haben könnte, ist von Jesko Fezer und Matthias Heyden bemerkt worden:

> [...] das Modell der Einbeziehung der BewohnerInnen in die Architektur [taucht] genau zu der Zeit auf, als die Regulation fordistischer Arbeitsteilung und Lebensweise an ihre Grenzen gerät und sich ein neues flexibles Regime der Arbeit und des Konsums abzeichnet, das die ArbeitnehmerInnen in neue dynamischere Hierarchien integriert (Fezer, Heyden 2004, S. 14).

Noch viel deutlicher werden die Neoliberalisierungstendenzen in Architektur und Urbanismus allerdings im weitgehenden Verschwinden öffentlicher Bauherrschaft im Bereich des sozialen Wohnungsbaus und vor allem: in der Komplettaufgabe utopischen Denkens, die Ana Jeinić einmal als „crisis of the very category of the project" (Jeinić 2013, S. 66) beschrieben hat.

Eine unter den Bedigungen des Neoliberalismus entwickelte Spielart von Utopien gibt es aber doch, so Jeinić mit Blick etwa auf Nicholas Grimshaws „Eden Project" (2003), nämlich die grüne:

> the green utopias of the early twenty-first century are, in the first place, concerned with the possibilities of surviving the potentially disastrous consequences of the given political and economic developments hallmarked by neoliberalism (without trying to undermine or significantly rechannel these developments) (Jeinić 2013, S. 69 – 70).

Derlei salvatorische – also erhaltende – Utopien (Jeinić 2013, S. 70), die dezidiert anti-revolutionär zu verstehen sind, implizieren nicht zuletzt eine ethische Position der Nachhaltigkeit. Auch vor diesem Hintergrund ist Düchs' Nachhaltigkeits-Forderung zu verstehen, auf der eine *Standesethik der Architekten* in gleich dreifacher Weise aufbauen könne: erstens als „Sorge um die eigenen Kinder" (Düchs 2011, S. 186); zweitens als Sorge um das „Verhältnis der Länder der ‚ersten Welt' zu denen der ‚dritten Welt' beziehungswiese über die Ausbeutung der ‚Länder des Südens' durch die Industrieländer" (Düchs 2011, S. 186); und drittens als ersatzreligiöse Intuition, „wonach lediglich ein respektvoller Gebrauch der Natur beziehungsweiser natürlicher Ressourcen, keinesfalls aber ein Verbrauch gestattet ist" (Düchs 2011, S. 187). Gerade letzterer Aspekt wird von tief gläubigen Rechtskonservativen wie Alexander Grau immer wieder insofern dementiert, als das wahre Christ-Sein als gar *nicht der Zukunft zugewandt* dargestellt wird: „für das Reich Gottes spielt sie keine Rolle" (Grau 2017, S. 67). Und überhaupt, so Grau, sei die Klimakrise mindestens Angstlust, wenn nicht komplett imaginiert: „Medien lieben die Katastrophe. Und die größte Katastrophe ist der Weltuntergang" (Grau 2017, S. 112). Nicht zuletzt gegen derlei Klimawandel-Skepsis, insbesondere aber auch und vor allem gegen die Anti-Klimapolitik eines Donald Trump oder Jair Bolsonaro hat Bruno Latour sein Buch „Das terrestrische Manifest" (2017) geschrieben, in dem er mit Blick auf das historische Ereignis des Pariser Klimaabkommens 2015 ausführt, dass die einzig sinnvolle Alternative zur selbstmörderischen Erhitzung des Planeten nur die globale Erdung, das kollektive Terrestrisch-Werden sein kann: „Das *Terrestrische* stellt nicht länger den Rahmen menschlichen Handelns dar, es ist vielmehr *Teil davon*" (Latour 2017, S. 53). Entsprechend sei als zentrale Ethik des gegenwärtigen, auf die Zukunft ausgerichteten Architekturdiskurses die terrestrische festgehalten. Sie kann als ultimative Steigerungsform der kontraktualistischen Ethik begriffen werden.

Terrestrische Ethiken liegen beispielsweise mit dem 2019 veröffentlichten Aufruf „Architects Declare" vor, in dem der drohende *Klimakollaps* und der *Verlust an Biodiversität als die größten Probleme unserer Zeit* eingestuft werden: „Gebäude und Bauvorgänge spielen darin eine wichtige Rolle, da sie ca. 40 % aller CO2-Emissionen erzeugen" (o.A. o.D., Abs. 3 – 4). Weiter wird ausgeführt: „Es bedarf eines Paradigmenwechsels, um die gesellschaftlichen Anforderungen zu erfüllen, ohne dabei die ökologischen Grenzen unseres Planeten zu verletzen. Zusammen mit unseren Bauherren werden wir Gebäude, Städte und Infrastruktur entwerfen und realisieren müssen, die Bestandteile eines größeren, regenerativen Systems sind" (o.A. o.D., Abs. 5 – 11). Um diesem Wandel gerecht zu werden, verpflichten sich die 6.000 unterzeichnenden Büros in 20 Ländern, zu denen international bekannten Namen wie Richard Rogers' Büro Rogers Stirk Harbour + Partners, Hopkins Architects, David Chipperfield Architects oder Christoph Ingenhoven gehören, auf eine elfgliedrige Selbstverpflichtung, in der unter anderem zu lesen steht: „Mehr regenerative Designprinzipien und -elemente in die Entwürfe einplanen, mit dem Ziel eine Architektur und einen Urbanismus herzustellen, die weiter gehen als Zero-Carbon Standards." Oder: „Durch eine Zusammenarbeit zwischen Baufirmen, Ingenieuren und Bauherren den Baumüll weiter reduzieren." Oder: „Den Wandel zu ökologisch verantwortbaren Materialien beschleunigen“ (o.A. o.D., Abs. 22–24). Noch weiter als die britische *Architects Declare*-Initiative geht die seit 2020 existierende deutsche Vereinsinitiative *Architects for Future Deutschland e.V.*, die die *Fridays for Future*-Dynamik auf das Bauwesen übertragen will und sieben radikale Forderungen an die Branche stellt. Und zwar, erstens: *Hinterfragt Abriss kritisch.* Zweitens: *Wählt gesunde und klimapositive Materialien.* Drittens: *Entwerft für eine offene Gesellschaft.* Viertens: *Konstruiert kreislaufgerecht.* Fünftens: *Vermeidet Downcycling,* als Recycling-Prozesse, die Material verschlechtert. Sechstens: *Nutzt urbane Minen.* Und siebtens: *Erhaltet und schafft biodiversen Lebensraum.* Die Berliner Architektin Johanna Wörner von der *Architects for Future*-Intiative sieht die Industrienähe der britischen *Architects Declare*-Initiative recht kritisch und vertraute der *Süddeutschen Zeitung* an: „Wir haben nicht mehr die Zeit, vage Manifeste auszurufen“ (Wörner zit. n. Weißmüller 2019, Abs. 50).

Die terrestrische Ethik, die vor dem Hintergrund eines unbedingt zu vermeidenden Worst-Case-Szenarios zu verstehen ist, erntet ihren stärksten Gegenwind von hyper-neoliberalen Akteur*innen wie etwa dem deutsch-britischen Architekten Patrik Schumacher (geb. 1961), die sich der ultimativen Schrumpfform der pluralistischen Ethik hingeben: der libertären. Schumacher, der seit 2016, seit dem Tod der Bürogründerin, Chef von *Zaha Hadid Architects* ist, distanzierte sich dann auch 2020 mit seinem Büro von der *Architects Declare*-Initiative via Pressemitteilung, in der zu lesen stand:

> We saw Architects Declare as a broad church to raise consciousness on the issues; enabling architectural practices of all sizes to build a coalition for change and help each other find solutions. We need to be progressive, but we see no advantage in positioning the profession to fail. In fact, it would be a historic mistake (Hopkirk 2020, Abs. 30–33).

Dem vorangegangen waren von *Architects Declare* als *absurd* verurteilte Äußerungen Schumachers wie die folgende: „I want to warn against those voices who are too quick to demand radical changes, to moralise, even talking about degrowth [and] breaking up global supply chains“ (Ravenscroft 2020, Abs. 23–24). Dazu past auch Schumachers allgemeiner Protest gegen *politische Korrektheit:* „STOP political correctness in architecture“ schreibt er bereits 2014 in einem Facebook-Post anlässlich der Eröffnung der Architekturbiennale in Venedig, um weiter auszuführen:

> Architects are in charge of the FORM of the built environment, not its content. We need to grasp this and run with this despite all the (ultimately conservative) moralizing political correctness that is trying to paralyse us with bad conscience and arrest our explorations if we cannot instantly demonstrate a manifest tangible benefit for the poor – as if the delivery of social justice is the architect's competency (Schumacher 2014, Abs. 3–8).

Schumachers antimoralische Position, die in beispielloser Intersektionalität alle möglichen Bereiche menschlichen Handelns umfasst – er sieht sich gegenwärtig etwa, wie *The Guardian* berichtet, auch Vorwürfen sexualisierten Machtmissbrauchs ausgesetzt (vgl. Wainwright 2020) – steht paradigmatisch für eine bestimmte Spielart zeitgenössischer Architekturpraxis, in der ein demiurgisch inspirierter Weltenbau-Impetus sein Heil in einer heterogenen Kleinstaaterei mithilfe von *Free Private Cities* sucht. Gemeinsam mit der Investmentfirma NeWay Capital und Titus Gebel, einem libertären Unternehmer auf dem Feld der *Free Private Cities*, entwickelt *Zaha Hadid Architects* derzeit die Steueroase *Prospéra* auf der zu Honduras gehörenden Atlantik-Insel Roatán – mit einer eigenen, von Honduras unabhängigen Investoren-Rechtsprechung (vgl. Trüby 2021). Die TU München International GmbH, die das Projekt ursprünglich mitunterstützte, hat sich mittlerweile aufgrund von Menschenrechtsbedenken zurückgezogen (vgl. o.A. 2021). Das ist allerdings eine andere Geschichte – die auch nur angetippt die Dringlichkeit zeigt, gerade im Bereich zeitgenössischer Architektur und Stadtplanung eine moralische Kommunikation an den Tag zu legen, die sich in Teilwiderspruch zu Luhmanns Moralverdammnis begibt.

Literaturverzeichnis

Banham, Reyner (1966): *Brutalismus in der Architektur – Ethik oder Ästhetik?.* Stuttgart: Karl Krämer.

Battista Alberti, Leon (2005): *Zehn Bücher über die Architektur* [1452]. Darmstadt: Wissenschaftliche Buchgesellschaft.

Bentham, Jeremy (2002): „Nonsense upon Stilts, or Pandora's Box Opened" [1795], in: Philip Schofield, Catherine Pease-Watkin, Cyprian Blamires (Hrsg.): *The Collected Works of Jeremy Bentham: Rights, Representation and Reform. Nonsense Upon Stilts and Other Writings on the French Revolution*, Oxford: Oxford University Press, S. 317–434.

Bohning, Ingo (1981): *„Autonome Architektur"' und „partizipatorisches Bauen": Zwei Architekturkonzepte.* Basel, Boston, Berlin: Birkhäuser.

Bonatz, Paul (1950): *Leben und Bauen.* Stuttgart: Engelhorn.

Chase, Karen/Levenson, Michael (2000): *The Spectacle of Intimacy. A Public Life for the Victorian Family.* New Jersey: Princeton Architectural Press.

Düchs, Martin (2011): *Architektur für ein gutes Leben. Über Verantwortung, Ethik und Moral des Architekten.* Münster: Wachsmann.

Düchs, Martin: *Architektur für ein gutes Leben. Über Verantwortung, Ethik und Moral des Architekten*, New York u. a.: Waxmann.

Evans, Robin (1982): *The Fabrication of Virtue: English Prison Architecture, 1750–1840.* Cambridge: Cambridge University Press

Felton, Emma / Zelenko, Oksana / Vaughan, Suzi (Hrsg.) (2012): Design and Ethics. Reflections on Practice, London: Routledge.

Fezer, Jesko/Heyden, Mathias (2004): „Hier entsteht: Strategien partizipativer Architektur und räumlicher Aneignung". In: Fezer, Jesko/Heyden, Mathias (Hrsg.): *Hier entsteht: Strategien partizipativer Architektur und räumlicher Aneignung*. Berlin: b_books, S. 13–31.

Fisher, Thomas (2010): *Ethics for Architects. 50 Dilemmas of Professional Practice*, New York: Princeton Architectural Press.

Gehlen, Arnold (1986): *Moral und Hypermoral. Eine pluralistische Ethik* [1969]. Wiesbaden: Aula.

Germann, Georg (1980): *Einführung in die Geschichte der Architekturtheorie*. Darmstadt: Wissenschaftliche Buchgesellschaft.

Girouard, Mark (1978): *Das feine Leben auf dem Lande, Architektur, Kultur und Geschichte der englischen Oberschicht*. Frankfurt am Main, New York: Campus.

Grau, Alexander (2017): *Hypermoral. Die neue Lust an der Empörung*. München: Claudius.

Harries, Karsten: (1997): *The Ethical Function of Architecture*, Cambridge, Mass.: MIT Press.

Heathcote, Edwin (2018): „Rem Koolhaas: 'The word starchitect makes you sound like an a**hole'. Financial Times, 9. März 2018 https://www.ft.com/content/7180ef52-2198-11e8-a895-1ba1f72c2c11, besucht am 02.08.2021.

Hopkirk, Elizabeth (2020): „ZHA pulls out of climate pact accusing Architects Declare of 'setting profession up for failure'". Building Design, 3. Dezember 2020 https://www.bdonline.co.uk/news/zha-pulls-out-of-climate-pact-accusing-architects-declare-of-setting-profession-up-for-failure/5109364.article, besucht am 02.08.2021.

Horn-Oncken, Alste (1967): *Über das Schickliche. Studien zur Geschichte der Architekturtheorie*. Göttingen: Vandenhoeck & Ruprecht.

Howarth, Dan (2014): „'Chinese architecture will benefit' from CCTV Building, says Rem Koolhaas". Dezeen, 26. November 2014 https://www.dezeen.com/2014/11/26/rem-koolhaas-defends-cctv-building-beijing-china-architecture/, besucht am 02.08.2021.

Hübl, Philipp (2019): *Die aufgeregte Gesellschaft. Wie Emotionen unsere Moral prägen und die Polarisierung verstärken*. München: Bertelsmann.

Humphreys, Kenneth K. (1999): *What Every Engineer Should Know About Ethics*, Boca Raton: CRC Press.

Hundertwasser, Friedensreich (1971): „Verschimmelungs-Manifest gegen den Rationalismus in der Architektur" [1958]. In: Ulrich Conrads (Hrsg.): *Programme und Manifeste zur Architektur des 20. Jahrhunderts*. Braunschweig, Wiesbaden: Vieweg & Teubner, S. 149–152.

Jeinić, Ana (2013): „Neoliberalism and the Crisis of the Project… In Architecture and Beyond". In: Ana Jeinić/Anselm Wagner (Hrsg.): *Is There (Anti-)Neoliberal Architecture?*. Berlin: Jovis, S. 64–77.

Koolhaas, Rem (2015): „The Smart Landscape: Intelligent Architecture". Artforum, April 2015 https://www.artforum.com/print/201504/the-smart-landscape-intelligent-architecture-50735, besucht am 02.08.2021.

Koolhaas, Rem/Matussek, Matthias/Kronsbein, Joachim (2006): „Das Böse kann auch schön sein". Der Spiegel, 13/2006 https://magazin.spiegel.de/EpubDelivery/spiegel/pdf/46421577, besucht am 02.08.2021.

Kruft, Hanno-Walter (1991): *Geschichte der Architekturtheorie*. München: Beck.

Latour, Bruno (2020): *Das terrestrische Manifest*. Berlin: Suhrkamp.

Laugier, Marc-Antoine (1989): *Das Manifest des Klassizismus* [1753]. Zürich, München: Verlag für Architektur.

Le Corbusier (2008): *Ausblick auf eine Architektur* [1922]. Bauwelt Fundamente, Bd. 2, Basel: Birkhäuser.
Libeskind, Daniel (2004):, „Architektur ist eine optimistische Kunst. Daniel Libeskind im Interview", *Kölner Stadt-Anzeiger*, 4. Dezember 2004 (https://www.ksta.de/-architektur-ist-eine-optimistische-kunst-14537884; zuletzt abgerufen am 10. August 2021.
Loos, Adolf (1971): „Ornament und Verbrechen" [1908]. In: Ulrich Conrads (Hrsg.): *Programme und Manifeste zur Architektur des 20. Jahrhunderts.* Braunschweig, Wiesbaden: Vieweg & Teubner, S. 15 – 21.
Loos, Adolf (1997): „Regeln für den, der in den Bergen baut" [1913]. In: Adolf Opel (Hrsg.): *Trotzdem. Gesammelte Schriften 1900 – 1930.* Wien: Prachner.
Luhmann, Niklas (2008): *Die Moral der Gesellschaft.* Frankfurt am Main: Suhrkamp.
Mayer, Hartmut (2004): *Die Tektonik der Hellenen. Kontext und Wirkung der Architektur von Karl Bötticher.* Stuttgart, London: Edition Axel Menges.
Mayer, Hartmut (2007): *Paul Ludwig Troost. 'Germanische Tektonik' für München.* Tübingen, Berlin: Wasmuth.
Mühlmann, Heiner (1996): *Die Natur der Kulturen – Entwurf einer kulturgenetischen Theorie.* Wien, New York: Springer,
Mühlmann, Heiner (2005): *Ästhetische Theorie der Renaissance: Leon Battista Alberti.* Bochum: Verlag Marcel Dolega.
Nietzsche, Friedrich (1889): *Götzen-Dämmerung oder Wie man mit dem Hammer philosophirt.* Leipzig: Naumann.
Nietzsche, Friedrich (1988): *Zur Genealogie der Moral.* [1887] Stuttgart: Reclam.
o.A. (2019): „German Architects Declare Climate & Biodiversity Emergency". https://de.architectsdeclare.com, besucht am 02.08.2021.
Oechslin, Werner (1994): *Stilhülse und Kern: Otto Wagner, Adolf Loos und der evolutionäre Weg zur modernen Architektur.* Zürich, Berlin: gta Verlag, Ernst & Sohn.
Ökobüro München (2021): https://amerika21.de/2021/03/248902/zede-prospera-honduras-tu-muenchen; besucht am 02.08.2021.
Owen, Graham (Hrsg.) (2009): Architecture, Ethics and Globalization, London: Routledge.
Pazzanese, Christina (2016): „Koolhaas sees architecture as timid". The Harvard Gazette, 6. Oktober 2016 https://news.harvard.edu/gazette/story/2016/10/koolhaas-on-the-politics-of-architecture/, besucht am 02.08.2021.
Prix, Wolf D. (2021): „Wir bauen nicht für Putin". Der Standard, 14. Januar 2021 https://www.derstandard.de/story/2000123277742/wir-bauen-nicht-fuer-putin, besucht am 02.08.2021.
Ravenscroft, Tom (2020): „ Leading architexts 'clearly contravening' climate pledges says Architects Declare". Dezeen, 25. November 2020 https://www.dezeen.com/2020/11/25/architects-declare-studios-contravening-declaration/, besucht am 02.08.2021.
Rawls, John (1975): *Eine Theorie der Gerechtigkeit.* Frankfurt am Main: Suhrkamp.
Ray, Nicholas (Hrsg.) (2005): *Architecture and its ethical dilemmas.* London: Taylor and Francis.
Schefczyk, Michael (2017): „'Die wahre Theorie der Regierung eines zivilisierten Landes über eine halbbarbarische Kolonie' – John Stuart Mill über Kolonialismus und die East India Company", in: Daniel Jacob/Bernd Ladwig/Cord Schmelzle (Hrsg.): Normative Fragen von Governance in Räumen begrenzter Staatlichkeit, Baden-Baden: Nomos, S. 267 – 296.

Schinkel, Karl Friedrich (2001): „Entwurf zur Einleitung“. In: Helmut Börsch-Supan/ Gottfried Riemann (Hrsg.): Das architektonische Lehrbuch: *Karl Friedrich Schinkel – Lebenswerk.* München: Deutscher Kunstverlag, S. 148 – 149.

Schumacher, Patrik (2014): „STOP political correctness in architecture“. https://www.readingdesign.org/stop, besucht am 02. 08. 2021.

Spector, Tom (2001): *The Ethical Architect. The Dilemma of Contemporary Practice*, New York: Princeton Architectural Press.

Taylor, William M. / Levine, Michael P. (2011): *Prospects for an Ethics of Architecture*, London: Routledge.

Trüby, Stephan: „Das Faustrecht der Freiheit. Anarchokapitalistische Fantasien in der zeitgenössischen Architektur“. Geschichte der Gegenwart, 28. März 2021 https://geschichtedergegenwart.ch/das-faustrecht-der-freiheit-anarchokapitalistische-fantasien-in-der-zeitgenoessischen-architektur/, besucht am 02. 08. 2021.

Wainwright, Oliver (2020): „Toxic dispute' over Zaha Hadid's £100 m estate finally settled“. The Guardian, 20. November 2020 https://www.theguardian.com/artanddesign/2020/nov/20/toxic-dispute-over-zaha-hadids-100m-estate-finally-settled, besucht am 02. 08. 2021.

Weißmüller, Laura (2019): „Archidrecktur“. Süddeutsche Zeitung, 1. Dezember 2019 https://www.sueddeutsche.de/kultur/architects-for-future-architektur-klimakrise-1.4701359, besucht am 02. 08. 2021.

Andreas Luckner

Musik und Moral. Zur Phänomenologie böser Musik

1 Kann Musik moralisch beurteilt werden?

Musik kann unser Leben bereichern und damit verbessern; das scheint niemand in Frage stellen zu wollen. Man kann sich darüber hinaus fragen, ob sie *notwendiger Weise* zu einem guten Leben dazu gehört – wie es z. B. in Nietzsches Satz aus der *Götzendämmerung* „Ohne Musik wäre das Leben ein Irrtum" (Nietzsche 1980, S. 63) anklingt. Beide Fragen könnten Gegenstand einer Philosophie bzw. Ethik der Klugheit sein, in der über die Bedingungen und Konstituentien einer guten Lebensführung nachgedacht wird. Dass aber die Musik auch Gegenstand der Ethik als *Moralphilosophie* sein könnte, scheint auf den ersten Blick absurd zu sein. Wie sollte Musik moralisch fragwürdig oder gar verwerflich sein können, außer in Verbindung mit Texten oder mit Handlungen, etwa im Musiktheater oder im Film? Texte, Handlungen, auch gegenständliche Bilder, ob nun Gemälde oder Fotographien, können anstößig, verunglimpfend, beleidigend sein – aber Musik rein als Musik? Sie stellt ja nichts dar, ja, kann dies gar nicht, kommt nicht zu konkreten inhaltlichen Aussagen oder Darstellungen, jedenfalls nicht in dem Sinne, wie dies repräsentationale Bilder oder Texte tun. Auch ungegenständliche Malerei oder dadaistische Lyrik z. B. können auf den ersten Blick nicht moralisch verwerflich sein, weil sie keine Darstellungsfunktion besitzen; Verwerflichkeit im moralischen Sinne scheint in den Künsten mit Repräsentationen aller Art notwendiger Weise verbunden sein. Für die Musik als Musik scheint daher die Möglichkeit ausgeschlossen zu sein, dass solche Werke Schädigendes, Anstößiges, Beleidigendes, kurz: moralisch Schlechtes an sich haben oder transportieren könnten. Typischerweise handelt es sich bei den zahlreichen Skandalen und Debatten im Bereich der Musik dann auch um Texte, bildliche Darstellungen,

---

Anmerkung: Es handelt sich bei dem folgenden Text um die schriftliche Fassung eines Vortrags, wie an vielen Stellen durch die direkte Adressierung an das Publikum deutlich wird. Der Vortrag hatte viele Tonbeispiele, auf die Bezug genommen wird, so dass es sich als vorteilhaft erwies, den Vortragsstil beizubehalten; um das Gesagte besser nachvollziehen zu können, sind entsprechende Internetadressen für die Tonbeispiele angegeben. Für vielfältige Anregungen und Verbesserungen möchte ich mich bei Tim Henning, Sebastian Ostritsch, Dirk Lenz, Hauke Behrendt, Catharina Wittig und Jakob Steinbrenner bedanken.

https://doi.org/10.1515/9783110731354-006

Videos usw. die mit Musik in Verbindung stehen und die auf die Musik evtl. „abfärben“, aber nicht die Musik *als Musik* betreffen.

Obwohl ich dies letztlich für richtig halte – ganz so einfach ist es denn doch nicht. Denn immerhin scheint die Musik ja doch in besonderer Weise Einfluss auf unsere Gefühls- und Willensregungen zu haben, wie in Reflexionen über Musik durch die Jahrtausende immer wieder thematisiert wurde. Die „Gefühlsnähe“ der Musik ist nicht etwa nur ein romantisches Vorurteil, denn ihr besonders enges Verhältnis zu emotionalen und volitionalen psychischen Kräften wird schon im Mythos herausgestellt; um nur das berühmteste Beispiel zu nennen: Von Orpheus wird erzählt, dass er durch seinen Gesang und sein Saitenspiel die Tiere, ja selbst den Höllenhund besänftigen konnte. In der Philosophie werden die psychischen Wirkungen der Musik spätestens seit Platon reflektiert; in der *Politeia*, im Zusammenhang mit der Erziehung der Wächter etwa, kann man folgendes lesen:

> Sokrates: Ist nun, mein Glaukon, die Erziehung durch die *mousikê* nicht darum von entscheidender Wichtigkeit, weil *rhythmos* und *harmonía* [das jeweilige Tongeschlecht, A. L.] am meisten in das Innere der Seele eindringen und sie am stärksten ergreifen, indem sie die rechte Haltung mit sich bringen und den Menschen demgemäß gestalten, wenn er richtig erzogen wird, wo nicht, das Gegenteil? (Platon, *Politeia* III, 401 d)

Für Platon ist daher völlig klar, dass in einer staatlichen Erziehung großer Wert darauf gelegt werden muss, dass die Heranzubildenden den ‚richtigen‘ Rhythmen und Tongeschlechtern ausgesetzt werden. Verweichlichende Tongeschlechter wie angeblich das Lydische z. B. sollen ausgeschlossen werden, während das Dorische und Phrygische zur *andreia*, zur Herausbildung von Tapferkeit z. B. beitragen sollen. Mit anderen Worten, es ist alles andere als gleichgültig, welcher Musik man ausgesetzt wird, sie ‚macht was mit einem‘. In der Werbepsychologe und in der Filmmusik werden diese Wirkungen aufs Nuancierteste eingesetzt – und natürlich gibt es auch heutzutage viele Situationen, wo wir uns fragen (können), ob es nicht einfach besser wäre, wenn eine bestimmte Musik *nicht* erklingen würde, etwa auf Weihnachtsmärkten oder in Kaufhäusern oder Bahnhöfen oder in der Warteschleife bei einem Callcenter (ich werde auf einige dieser Beispiele zurückkommen).

Auch Aristoteles teilt die platonische Auffassung der Musik als Seelenbildnerin – „die *mousikê* besitzt die Fähigkeit, eine bestimmte sittliche Beschaffenheit der Seele zu bewirken“ (Aristoteles, *Politik* VIII, 1340 a 38) – sieht diese Bildungsfähigkeit durch Musik aber sehr viel entspannter als Platon. In Entsprechung dazu geht es ja auch in seiner *Politik* nicht um einen idealen Staat wie bei Platon, sondern um einen optimalen Staat unter den gegebenen menschlichen Bedingtheiten. Musik bietet hier die Möglichkeit, einigermaßen gefahrlos emotionale und volitive Erfahrungsbereiche zu erschließen, bei denen man evtl. sonst nicht vorbeigekommen wäre. Dies dient letztlich der ästhetischen Sensibilisierung und damit einhergehend der Differenzierung des Urteilsvermögens. Die Musik erlaubt es, wie Peter Rinderle es treffend formuliert hat (ohne dabei auf Aristoteles Bezug zu nehmen), ein „Probefühlen ohne Handlungsdruck" (Rinderle 2011, S. 154).

Auch wenn man zugesteht, *dass* eine besondere und starke psychologische Wirkung der Musik besteht – passend zur berühmten Metapher von der Musik als einer ‚Sprache der Gefühle' (Kant, Wagner u. a.) – besteht freilich dann immer noch die Frage, *wie* dieses Verhältnis von Musik und Emotion bzw. Gefühl eigentlich zu verstehen ist.[1] Es würde offensichtlich einen großen Unterschied in Bezug auf eventuell sich anschließende moralische Fragen bedeuten, ob wir davon ausgehen, dass Musik Gefühle a) *verursacht* oder ob b) Musik lediglich zu Gefühlen *Anlass gibt* bzw. sie *weckt*, oder ob c) Musik Gefühle lediglich *darstellt* bzw. *darstellen kann*, oder – das wird die These sein, die ich vertrete, ob d) Musik Gefühle *ausdrückt* bzw. *ausdrücken kann*. Im Falle von a) und vielleicht auch b) überlegen müssen, was gut ist für die Hörenden oder, wie bei Platon, welche Musiken etwa in pädagogischen Zusammenhängen sozusagen als Vorsichtsmaßnahme restringiert werden sollten usw. Man hätte hier dann ähnliche ethische Probleme wie etwa bei der Anwendung von Psychopharmaka, auch und gerade in Hinblick auf die Frage: „Bin *ich* das oder ist es die Musik (am Ende Musik, die ich gar nicht hören will, der ich mich aber nicht entziehen kann), welche bestimmte Gefühle in mir erzeugt oder erweckt und sollte das evtl. besser nicht geschehen?" Und auch Platon scheint ja in dieser Weise zu denken, wenn er meint, dass manche Musik verboten gehört, einfach weil sie schädlich für die (Seelen-)Gesundheit ist.

Im Falle von c) dagegen hätte man sich die Frage zu stellen, inwieweit Darstellungen „zu weit" gehen können; abgesehen davon, dass es überhaupt sehr fraglich ist, ob Musik eine Darstellungsfunktion hat (oder wenn, dann nur unter ganz besonderen Umständen, etwa musikalischen Figuren, bei denen Motive wie konventionelle Zeichen fungieren) würden durch sie ja bestenfalls eben Gefühle dargestellt, nicht aber, anders als bei repräsentationalen Texten und Bildern, nicht Personen, die evtl. dadurch geschädigt werden könnten. Hier könnte man daher sicherlich großzügig moralische Lizenzen erteilen können. Im Fall d), dem Ausdrucksverhältnis, wäre dies im Prinzip nicht anders, da die Wirkung der Musik auf den Hörer ja primär eine ästhetische und nicht eine psychologische ist, vor der

---

1 Nur zur Terminologie: den Ausdruck ‚Gefühl' verwende ich hier im Sinne der ‚empfundenen Emotion'; während Emotionen physiologisch basiert sind, sind Gefühle rein psychologischer Natur. Der Unterschied spielt allerdings für meine Zwecke hier keine große Rolle.

man die Hörer evtl. schützen müsste. Aber wir werden später noch sehen, dass die Grenzen hier nicht allzu scharf gezogen werden dürfen, wenn die Phänomene noch adäquat erfasst werden sollen.[2]

Selbst wenn Musik tatsächlich im Hörenden Gefühle oder Willensregungen bewirken oder auch nur aufwecken könnte – Voraussetzung für Vorsichtsmaßnahmen in Bezug auf die Musik und Begrenzung ihrer künstlerischen Freiheitsgrade – wäre noch nicht klar, ob es sich dabei tatsächlich um ‚echte' Gefühle handeln würde. Selbst wenn wir annehmen würden, dass der Trauermarsch aus Beethovens *Eroica* bei den Hörenden (und Spielenden) Trauer erzeugen würde – auf welcher psychologischen Ebene fände solcherlei eigentlich statt? Schließlich kann man doch den Trauermarsch in größter Heiterkeit anhören oder spielen, und trotzdem dabei das Traurige des Trauermarsches erleben oder ‚nachfühlen'. Auch wenn so etwas wie Trauer in uns entstünde oder notwendiger Weise geweckt würde, müssen wir dann doch ‚nicht wirklich' traurig dabei sein oder werden. Diese Gefühle haben den Status bloßer ‚Spielgefühle' (etwa so, wie Spielgeld nur im Rahmen eines Spieles Kaufkraft hat)[3]; es scheint auch hier, dass moralische Fragen, die über den Rahmen des ‚Musikspiels' hinausgehen würden, sich gar nicht stellen.

Auch der Ansatz in der Musikästhetik, der mir der richtige zu sein scheint, nach dem die Musik es vermag, Gefühle und Willensregungen *auszudrücken*, führt nicht zu wirklichen moralischen Problemen. Nehmen wir weiter den Trauermarsch aus der *Eroica:* Hier wird durch einen bestimmten Duktus der Musik Trauer ausgedrückt, d. h. die Musik führt vor, *wie es ist*, traurig zu sein. Dies kann man dann gewissermaßen spielerisch nach- oder probefühlen. Das gilt auch dann, wenn es Umstände des Musikhören geben mag, in denen Musik tatsächlich zu Motivationszwecken eingesetzt wird, so dass z. B. Soldaten besser marschieren und aggressiver in Kriegshandlungen eintreten. Denn auch in solchen Kontexten ist normaler Weise die Möglichkeit gegeben zu den evtl. in einer Musik zum Probefühlen angebotenen Gefühlsregungen und -gesten noch einmal ein Verhältnis einzunehmen, sozusagen das Ganze an sich heranzulassen (oder phänomenologisch treffender: ‚in sich hineinzulassen') oder eben nicht. Auch hier ist es also meiner Freiheit als Hörendem überlassen, ob ich mit dem ausgedrückten Gefühl ‚mitgehe' oder nicht. Hier kann es allerdings Situationen geben, und wir werden uns solche näher anschauen, in denen diese Distanzierungsmöglichkeit

---

2 Mit dieser Unterscheidung ist allerdings noch gar nicht darüber befunden, ob etwa z. B. eine Ausdruckstheorie nicht *zusätzlich* zugestehen könnte, dass Musik vermittels des Ausdruckes auch Gefühle *verursachen* oder *wecken* kann (es also Kombinationen der vier unterschiedenen Gesichtspunkte geben könnte usw.)

3 Vgl. zu diesem Punkt der Quasi-Emotionen Walton (2015, v. a. S. 175 ff.).

nicht mehr gegeben ist. Es wird sich aber zeigen, dass in diesen Situationen, etwa die, in der mit Musik gefoltert wird, es gar nicht so sehr um die besonderen Gefühls-Ausdrucksqualitäten der Musik geht, sondern dass hier die Einwirkungen auf einer tieferen psychologischen Ebene ein- bzw. angreifen, als diejenige der Gefühle und der Motivationen.

Dies liegt letztlich daran, ich kann das hier nur andeuten, dass die Ausdrucksqualitäten *nachvollzogen* werden müssen, also überhaupt existent sind nur durch eine Eigenaktivität des Hörenden, die in ihrem zeitlichen Verlauf, anders als bei Darstellungen, mit dem zeitlichen Verlauf der Musik kongruiert. Der Grund dafür, dass Musik in besonderem Maße psychische Wirkungen hat, liegt letztlich darin, dass sie genuine Zeitkunst ist. Die musikalischen Zeit-Gestalten (Rhythmen i. w. S.) laufen synchron mit den korrelierenden gefühls- und willensmäßigen psychischen Phänomenen; bei einer bildlichen oder textlichen Darstellung ist dies nicht der Fall (ich klammere die schwierige Frage des Films als ‚bewegtem Bild' hier aus). Eine auf Nelson Goodmans Theorie des Ausdrucks als metaphorischer Exemplifikation basierende Ausdruckstheorie der Musik könnte dies gut erklären[4]: Die dynamischen Eigenschaften der Musik (also z. B. Schnelligkeit bzw. Ruhe, Intensität usw.), welche auch die entsprechenden physischen Prozesse aufweisen, werden von ihr *direkt* exemplifiziert, weswegen eine Übertragung *metaphorisch* stattfinden kann: ‚Diese Musik ist traurig' usw. In dem hier weit gefassten Sinn von Rhythmus als einer Zeitgestalt oder Verlaufsform (auch ein langsam dahinfließendes Stück Musik hat einen Rhythmus) ist die Musik also durch ihre konstitutive rhythmische Struktur befähigt dazu, die Regungen der Seele auszudrücken.

---

4 Hier ist leider nicht der Raum, um das in extenso darzulegen; ich habe das im Einzelnen versucht zu entwickeln in Luckner (2018); vgl. auch Mahrenholz (2000). Zugrunde liegt hier Goodman (1973, S. 94–105, v. a. S. 100): „Musik und Tanz können z. B. rhythmische Muster [direkt bzw. buchstäblich, A. L.] exemplifizieren und Friedlichkeit, Pomp oder Leidenschaft [metaphorisch bzw. übertragen] ausdrücken." Jemand, der ‚Darstellung' und ‚Ausdruck' in Bezug auf die Musik notorisch durcheinander brachte war Eduard Hanslick, der prominente Wiener Musikkritiker in der zweiten Hälfte des 19. Jahrhunderts. In seinem Generalverdacht an die Adresse der, wie er das nannte, „verrotteten Gefühlsästhetik" (Hanslick 1982, S. 33) eines Wagners oder Liszts, beging er ständig diesen ästhetischen Kategorienfehler. Denn natürlich ist der Inhalt der Musik, wie er sagte, nichts anderes als „tönend bewegte Formen" (Hanslick 1982, 74) und deswegen *stellt* sie als solche auch in der Tat nicht irgendetwas *dar*, auch keine Gefühle. Aber dies ist eben nur die halbe Wahrheit; die Musik vermag es sehr wohl – gerade *weil* ihr Inhalt tönend bewegte Formen sind – andere bewegte Formen, wie z. B. Emotionen *auszudrücken*. Sie kann dynamische Verläufe, mit Goodman gesprochen, *direkt* exemplifizieren und damit im übertragenen Sinne (*metaphorisch*) auch so etwas wie Zorn, Freude, Gleichmut, ja sogar Hass und Liebe. Dabei handelt es sich offenbar eben gerade nicht um Darstellungen, d. h. Repräsentationen dieser Emotionen.

In Bezug auf die moralische Frage nach der Musik bedeutet dies aber einmal mehr eine Entschärfung: Normalerweise dürfte es ohne weiteres möglich sein, das Probefühlen, das durch die Ausdrucksqualitäten der Musik angeboten wird, zu unterlassen; man kann, so scheint es, nicht wirklich dazu gezwungen werden, die innere Tätigkeit, das ‚Mitgehen', zu aktivieren. Zwar spricht man ja manchmal vom ‚Rhythmus, bei dem jeder mit muss' – aber das ist freilich nur dann ein „Muss", wenn ein Hörer eine grundsätzliche ‚Mitmachbereitschaft' aufbringt, die man aber doch jederzeit kündigen kann (auch wenn man dann evtl. als Spielverderber gilt).

Diese besondere Eigenschaft der Musik, Gefühle und Willensregungen aufgrund der rhythmischen Struktur ausdrücken zu können, ist Forschungsgegenstand der Musikphilosophie spätestens seit Augustinus' Traktat *De musica* aus dem späten vierten Jahrhundert nach Christus. Bei Platon und Aristoteles ist ja lediglich thematisiert, dass Musik dies kann und in welcher (evtl. zu verbietender) Weise. Augustinus entwickelt im Buch VI dieser Schrift eine Rhythmustheorie, die die Frage beantwortet, *warum* sie das kann. Bis heute vorbildlich legt Augustinus auf der Grundlage einer Theorie des inneren Zeitbewusstseins dar, wie genau die musikalischen Strukturen mit den „seelischen" und „geistigen" Rhythmen in Kongruenz gebracht werden.[5] Er sieht deutlich, dass es zur Erfassung einer rhythmischen Struktur einer Eigenleistung der hörenden Person bedarf: Sie muss, um überhaupt Musik *als Musik* erfassen zu können *in sich* einen Rhythmus produzieren, der dem von außen herankommenden ‚entgegenkommt' (den sog. *numeri occursores).* Einen Rhythmus erfassen – und das heißt eben: Musik *als* Musik erfassen – schließt daher ein, dass wir dem sich anbietenden dynamischen Geschehen durch eine geistige Aktivität entsprechen. Die Kraft der Musik, so könnte man sagen, ist also letztlich die Kraft des Geistes in uns. Noch Hegel schrieb in diesem Sinne über die Macht der Musik: Die „Zeit des Tons ist zugleich die des Subjekts" (Hegel 1970, S. 157). Deswegen könne der Ton (als Gestaltungs-Material der Musik) in das Ich eindringen und es „durch die zeitliche Bewegung und deren Rhythmus in Bewegung" (Hegel 1970, S. 157) setzen – wobei dies wiederum die Grundlage dafür ist, dem bis dato reinen Spiel, das dem Geist nicht genügt zu seiner Selbstanschauung in der Kunst, einen Ausdruck als der „Seele des Inhalts in Tönen" (Hegel 1970, S. 157) geben zu können.

Von hier aus, von der bei Augustinus und Hegel über die Jahrhunderte hinweg beschriebene seelisch-geistige Eigenaktivität, die wiederum um musikalischen Ausdruck bemüht ist, wäre aber dann noch einmal eine andere Sicht auf die eingangs genannte Unschuld der Musik in Bezug moralische Fragen möglich.

5 Augustinus (2002, v. a. S. 73 ff). Hierzu sehr instruktiv Wulf (2013, S. 59–76).

Denn wenn Musik als Zeitkunst es vermag ins Innere der Seele zu dringen, und dort durch ihre „elementarische Macht" (Hegel 1970, S. 157) unsere geistige Eigentätigkeit zu aktivieren – dann sind eben diese ‚Fühl-Angebote' durch die erklingende Musik offenbar nicht in dieser Art freilassend wie es bildliche und textliche Darstellungen sind. Die ästhetische Distanz wird von und mit der Musik, so könnte man sagen, tendenziell bedroht. Der Umgang mit Musik, ob Darbietung oder Konsum, ähnelt damit in gewisser Weise tatsächlich dem Umgang mit Drogen – und hierbei könnten sich nun doch einige ethische Fragen anschließen und zwar nicht nur solche in Hinblick auf eine gute Lebensführung, sondern auch und gerade in einem stark normativen Sinne des moralisch Gebotenen. Natürlich soll hier nicht behauptet werden, dass Klänge oder Rhythmen selbst in einem moralischen Sinne gut oder schlecht oder gar böse wären, auch hier ist es allein der Umgang mit diesen Dingen, der moralphilosophisch relevant wäre. Die Besonderheit der Musik als Zeitkunst bringt es aber mit sich, dass wir genuin musikmoralische Fragen aufwerfen können, die etwa in diese Richtung gehen würden: „Gibt es Situationen, in denen wir die Macht der Musik nicht (mehr) ästhetisch distanzieren können? Kann es Musiken geben, welche die hörende Person in nicht hinzunehmender Weise schädigen, angreifen oder verletzen, weil diese sie nicht auf ästhetischer Distanz halten können?"[6] Wenn ja, könnten dies Beispiele von böser Musik sein.

Der Ausdruck ‚böse Musik' ist dabei freilich ein wenig effektheischend; denn, noch einmal, selbstverständlich sind es niemals die ästhetischen Gegenstände *selbst* (auch bei Texten und Bildern ist dies nicht der Fall), die einer moralischen Bewertung unterliegen, sondern das, was mit ihnen getan wird. Dennoch erlaubt sich eine solche Sprechweise, denn eine verunglimpfende oder verletzende bildliche Darstellung oder einen ebensolchen Text würde man ohne große Verletzung des alltäglichen Sprachgebrauchs ‚böse' nennen können; gemeint ist damit nur, dass es moralisch schlecht ist, was man mit einem solchen Bild oder

6 Sicherlich wäre hier auch noch die Frage zu klären, ob wir es bei solchen Musiken immer schon mit einer *Kunst* zu tun hätten. In Bezug auf evtl. mögliche moralische Bewertungen von Musiken dürfte es einen Unterschied machen, ob wir uns im Bereich der Kunstmusik oder im Bereich der Gebrauchsmusik bewegen. Für unsere Zwecke hier aber genügt es, zuzugestehen, dass Musiken *überhaupt* moralisch in Frage stehen könnten. Natürlich sind hier nicht solche Fälle gemeint, in denen eine Musik nach ästhetischen Maßstäben dermaßen schlecht ist, dass sie, wie man dann sagt, „verboten gehört". Ein solches Ansinnen erzeugt regelmäßig Lacher, was darauf hindeutet, dass ein solcher Übergang von der Ästhetik zur Ethik im Grunde nicht möglich ist. Und selbst dann: Für die weltschlechteste Musik würde gelten, dass sie moralisch verboten gehörte, weil sie *ästhetisch* schlecht ist, nicht, weil sie *moralisch* schlecht wäre. Musik kann also noch so ästhetisch schlecht sein – so schlecht, dass man nur abraten kann, sie zu hören oder spielen – aber damit allein schlägt sie noch nicht über die moralischen Stränge.

Text unternimmt. Die Frage ist eben, ob mit Musiken verwerfliche Zwecke verfolgt werden können, wenn es darstellerische, wie oben beschrieben, nicht sein können.

Am besten, wir schauen uns nun endlich einmal konkrete Beispiele möglicher Kandidaten von so etwas wie ‚böser Musik' näher an.

2 Zur Phänomenologie böser Musik

Aus den Vorüberlegungen dürfte deutlich geworden sein, dass alle Musiken, die in irgendeiner Weise moralisch Verwerfliches (was immer dafür gehalten wurde) oder gar das Böse selbst, etwa den Teufel, zur *Darstellung* bringen, hiervon ausgenommen sind. Im Bereich der Kunstmusik könnten einem hier Mozarts *Don Giovanni* oder Webers *Freischütz* einfallen, der Hexensabbath in Berlioz' *Symphonie fantastique*, die vielen Faust-Opern und -Sinfonien (von Spohr, Liszt, Boito, Busoni, auch von Wagner), in denen allen der Mephistopheles eine große Rolle spielt, auch die Mephisto-Walzer für Klavier von Liszt, der musikalische Auftritt des Teufels in der *Nacht auf dem kahlen Berge* auf, der Teufelstanz in Stravinskijs *Geschichte vom Soldaten*, der *Grand Macabre* in Ligetis gleichnamiger Oper, der Luzifer im *Samstag* aus Licht von Stockhausen usw. – dies alles sind ästhetisch distanzierbare und wunderbare, ja mitunter verehrungswürdige *Darstellungen* des Bösen, die nur deswegen als Darstellungen des Bösen gelten können, weil mit der Musik über Titel, Texte oder Theaterhandlungen konkrete Inhalte verbunden sind. Die Musiken alleine können das Böse nicht darstellen, weil die Musik als Musik generell nicht darstellen kann (es sei denn, musikalische Motive sind direkt als Zeichen codiert, s. u.).

Dennoch kann man über die Darstellungen des Bösen in der abendländischen Kunstmusik einen Zugang auf das Feld einer Phänomenologie des Bösen in der Musik finden, denn die hier eingesetzte Musik verwendet hierzu charakteristische Mittel des Ausdrucks. Gerne und häufig wird hier z. B. mit einem Intervall gearbeitet, das traditioneller Weise der *diabolus in musica* genannt wurde: der Tritonus, also die übermäßige Quarte oder (komplementär dazu) die verminderte Quinte, je nachdem, wie man dieses Intervall konstruiert. Wenn man den Tritonus den Teufel in der Musik genannt hat, dann deshalb, weil er in gewisser Weise das ‚unreinste' Intervall ist, die Ordnung der harmonischen Intervalle wie Oktave, Quinten, reinen Quarten und Terzen durchbricht, ja sogar die kleinen und großen Sekunden, was den Dissonanzgrad angeht, übertrifft (ein reiner Tritonus hat das Schwingungsverhältnis von 45:32).

Er ist auch ein charakteristisches Intervall im Bebop gewesen, weshalb man in Bezug auf diese avancierte Form des Jazz in den 40er und 50er Jahren auch gleich gerne mal in bestimmten Kreisen von „Teufelsmusik“ gesprochen hat. Die Metal-Band Slayer hat ein ganzes Album *Diabolus in musica* von 1998 nach diesem Intervall benannt.

Und die Band, mit der die dunkle Seite des Metal Ende der 60er Jahre erstmalig in Erscheinung trat, Black Sabbath, benutzt im gleichnamigen Song zu Beginn in geradezu ikonischer Weise den Tritonus. Natürlich ist das Intervall nicht selber irgendwie böse, aber es steht und stand musikgeschichtlich zeichenhaft für das Böse.

Black Sabbath (1970): „Black Sabbath“, *Black Sabbath*. Burbank, CA: Warner Brothers (vgl. Black Sabbath – „Black Sabbath“ (Official Video), 00:00 – 03:00, www.youtube.com/watch?v=0lVdMbUx1_k, besucht am 10.11.21).

Zum Hintergrund: Angeblich wohnte Ozzy Ozbourne, der Sänger der Band, gegenüber einem Kino und er und seine Bandgenossen machten die Beobachtung, dass, wann immer Horrorfilme gebracht wurden, die Menge der Zuschauer anschwoll. Was also, so fragten sie sich, wäre Horror als Musik? Und so kam diese ganze Geschichte zustande, der wir jetzt nicht im Einzelnen nachgehen können. Aber natürlich haben wir es, bloß weil hier ein wenig Horror mit Musik verbunden wird, nicht gleich mit ‚böser Musik‘ zu tun, genauso wenig wie Krimis oder Horrorgeschichten moralisch schlechte Literatur schon deswegen wären, bloß weil in ihnen moralisch schlimme Dinge passieren.

Der Dark Metal ist seit seiner Entstehung dennoch bis heute in manchen Kreisen verdächtig gewesen, so etwas wie böse Musik zu sein, die verboten gehöre. Ich vermute, dies liegt daran, dass man es ja hier eben nicht nur mit der Verbindung zu einer textlichen und evtl. bildlichen Darstellung zu tun hat, sondern eben zudem, wie bei jeder Musik, mit einem Ausdruck von z. B. Gewalt, Angst etc., d. h. einer Exemplifikation dieser Dinge (wenn auch einer nur metaphorischen). Nehmen wir einmal avanciertere Beispiele aus dem Death Metal, bei dem die Bewegung schon seit einiger Zeit angelangt ist. Hören Sie mal hier hinein:

Nails (2013): „Gods cold hands“, *Abandon all life*. Los Angeles, CA: Southern Lord Recordings (vgl. Nails – Savage Intolerance, www.youtube.com/watch?v=Xt7JSI9y46g, besucht am 10.11.21).

Ah, werden Sie hier vielleicht sagen, vielleicht ist es überhaupt keine Musik mehr, sondern nur Krach. Aber doch, klar ist das Musik, es gibt eine Tondauernordnung, sogar eine Tonhöhenordnung, was will man mehr? Wohlgemerkt: Wir sprechen hier jetzt nicht über ästhetische Fragen! Wenn es denn Musik ist, dann könnte *Gods cold hands* doch wohl ein Kandidat für so etwas wie ‚böse Musik‘ sein, denn aus ihr ‚spricht‘ (i. S. v- ‚drückt sich aus‘) doch eine enorme Aggressivität, ja, akustische Gewalt, Hass usw. *Black Sabbath*, nun ja, das war im Vergleich dazu nur so eine Art Spiel mit dem Bösen, aber diese Leute hier, die meinen es offenbar ernst! Zwischen Black Sabbath und Nails gibt es Gruppen wie Metallica, Venom, Motörhead, Slayer; und wenn deren Album- oder Songtitel *Kill em all* (Metallica) oder *Raining blood*, *Angel of Death* (beide von Slayer; mit letzterem ist der KZ-Arzt Mengele mit seinen perversen Menschenexperimenten gemeint, die im Songtext auch beschrieben werden) *Abandon all life* (Nails) lauten, wenn Bandnamen existieren wie ‚Deicide' (also Gotttötung) oder ‚Cannibal Corpse' oder einfach nur ‚Death', wenn man die Tod- und Teufel-Symbolik aus dem Teilgenre Death Metal, zu dem alle diese Songs gezählt werden, mit hinzunimmt, dann scheint die Sache doch relativ klar zu sein: Wenn dies alles in das „Innere der Seele" eindringt, mit Platon zu sprechen, wird es wohl dort so allerhand Schlimmes anrichten.

Aber nehmen Sie einmal dies hier mit dazu:

> Mortification (1992): „Terminate Damnation", *Scrolls of the Megaloth*. Chelmsford: Intense Records
> (vgl. Mortification – Terminate Damnation, 1:58–3:05, www.youtube.com/watch?v=jysuT8ls25o, besucht am 10.11.21).

Ich hoffe, Sie konnten den Unterschied zu einer Death Metal Band wie Nails hören? – Nein? Nicht wirklich? Nun, dann muss ich Ihnen den Unterschied anhand des Textes klarmachen.[7]

Der letzte Textabschnitt in diesem Ausschnitt, den Sie gerade gehört haben, lautete:

> One thing remains for mankind
> To be spared from eternal darkness
> Become mortified to ways unclean
> And please the will of His Holiness

Mortification, wörtlich übersetzt ja „Demütigung" – aber Demütigung im Sinne des Demütigwerdens, der Selbstbeschämung – ist eine explizit christlich sich verstehende Band. Ja, es gibt ein ganzes Teilgenre des Metals namens *Christian Metal* mit Bands wie „Becoming the Archetype" oder „The Devil wears Prada", und das Stück, aus dem zitiert wurde, heißt ja auch sinniger Weise *Terminate Damnation* (ich habe mir von Kennern der Materie sagen lassen, dass diese Bands es nicht leicht in der Metalszene hätten). Ohne jetzt den Text zu berücksichtigen,

---

7 Charakteristisch für dies Art von Musik ist es allerdings, dass man die Texte kaum versteht, ja vielleicht noch nicht einmal verstehen soll, vor allem, wenn sie ‚gegrowlt' werden.

den man ohnehin kaum verstehen kann, hätte aber auch eine Band wie *Deicide*, die ja die Unchristlichkeit geradezu im Namen trägt, dieses Stück adaptieren und parodieren, d. h. einen anderen Text unterlegen und es einfach nur *Damnation* oder *Unterminated Damnation* nennen können.

Der Unterschied zwischen einem Stück Musik wie *Terminate Damnation* und einem Stück Musik wie *Gods cold hands* ist ja offenbar keiner (oder jedenfalls kein großer) auf der Ebene der Musik, sondern einer auf der Ebene der Labels, unter denen diese Musik firmiert. Wenn Sie hier nun meinten: „Na, das ist doch aber auch ganz klar Hass, Aggressivität und Gewalt, die sich in dem zweiten ‚christlichen' Stück ausdrücken", möchte ich zu bedenken geben, dass das, was Sie da hören, durchaus etwas ist, was Sie in die Musik hineinlegen, weil Sie es so ‚gelabelt' haben. Es läuft bei Ihnen diese Musik eben unter der Rubrik: Hasserfülltes, Gewaltsames, Teuflisches. Denn was Sie hören, wenn sie es auf der Ebene der Musik beschreiben, ist ja nur, dass sie sehr laut, sehr schnell, vergleichsweise geräuschhaft, rhythmisch prägnant usw. ist, und damit in gewisser Weise vielleicht sogar gefährlich ist, weil sie befürchten müssen, vor allem in Konzerten, dass hier eine Schmerzgrenze überschritten wird. Sie könnten phänomenologisch adäquat auch noch sagen, dass eine Kraft- und Machtwirkung von dieser Musik ausgeht. Aber ob es sich dabei um eine finstere oder eine erhabene Macht handelt, von der die Musik hier Ausdruck sein soll, wird nicht auf der Ebene der Musik entschieden, sondern auf der symbolischen durch eine Zuschreibung von Bedeutung, die die Musik – keine Musik als solche – nicht selbst an sich aufweist. Diese Bedeutungsoffenheit der Musik ist übrigens kein Mangel, sondern gerade ihr großer Vorteil, weil sie, anders als die Worte und Aussagen der Sprache, die etwas vor Sie hinstellen, damit den Schlüssel hat, um die Türen zu ihrem Innenleben zu öffnen, *weil* sie eben nicht schon eine bestimmte Bedeutung hat oder eine Vorstellung repräsentiert. Sie ist sinnvolle Gestalt, die (noch) nicht in ihrer Bedeutung fixiert ist.

Aber zurück zu den Phänomenen, die wir hier vor uns haben: Sie könnten nun sagen, dass diese christlichen Metalisten ja völlig verdreht sind, denn wie kann man denn für christliche Inhalte eine solche Musik nehmen, das passt doch nicht zusammen! Doch, es passt eben durchaus zusammen, jedenfalls besser als man zunächst glauben mag, weil die Ebenen von musikalischem und sprachlichem Sinn sich nicht (oder wenn, dann eben nur in ganz loser konventioneller Weise) berühren. Es liegt hier tatsächlich nur an Gewohnheiten. Die Musik selber sagt nichts, weil sie eben *keine* Sprache ist, das ist nur eine Metapher, die in Bezug auf die Musik gerne verwendet wird, welche uns aber an bestimmten Stellen in die Irre führt, auch wenn es so etwas wie sinnvolle musikalische Strukturen gibt. Sie ist, mit Albrecht Wellmer gesprochen: „Sprachferne Kunst und doch im Umkreis der Sprache zu Haus".[8]

Die extreme Metal-Musik, die wir hier in zwei Beispielen gehört haben, ist in der Tat laut, schnell, geräuschhaft, dynamisch. Dies sind Eigenschaften, die wir an der Musik selber festmachen können, oder anders, mit Goodman gesprochen: Die Musik exemplifiziert diese Eigenschaften *direkt*. Es sind Eigenschaften dieser Musik. Ob diese Eigenschaften aber Ausdruck eines zerstörerischen oder befreienden Willens sind z. B., hängt durchaus davon ab, welche Kennzeichnungen wir für diese Prozesse finden oder voraussetzen – und diese werden uns eben nicht von der Musik, sondern von der Sprache angeboten, u. a. von dem, was die Musiker da selbst von sich geben in Text oder Titel der Stücke. Das heißt, wenn wir diese Musik als Ausdruck von Hass und Gewalt auffassen, ist dies durchaus etwas, das mit einer Übertragung zu tun hat.

Zur Verdeutlichung dieses Punktes hier noch ein anderes (vergleichbares) Beispiel:

Die Band Rammstein ist bekannt für extreme Ausdrucksformen visueller und auditiver Art, vor allem in ihren Bühnenshows und Videos; und sie sind dabei an so manche Grenze gestoßen. Ein Song von ihnen heißt *Ich tu dir weh*. Hier findet sich ein Ausschnitt:

> Rammstein (2009): „Ich tu' dir weh", *Liebe ist für alle da*. Hilversum: UMG (vgl. Rammstein – Ich Tu Dir Weh (Official Video), 0:00 – 01:38, www.youtube.com/watch?v=IxuEtL7gxoM, besucht am 10.11.21).

Der Text schildert aus der Perspektive eines Sadisten (wohl auf einem gewissen Einverständnis) beruhende Folterpraktiken. Die Musik auch hier ist kraftvoll bis pathetisch im Refrain, der auf den Text geht:

> ich tu' Dir weh,
> tut mir nicht leid
> das tut Dir gut
> hört wie es schreit

Nun könnten Sie den Gesang von Till Lindemann einfach mal umdichten, parodieren, z. B. so:

> Ich lieb' Dich so
> Herz wird ganz weit

---

8 Wellmer (2009, S. 110). Vgl. hierzu ausführlich Luckner (2012).

das tut Dir gut
hört diese Freud'!

Die Lyrik wird dadurch zwar sicherlich nicht besser, aber die Ethik durchaus. Und nur darum geht es jetzt. Und wenn Sie sich diese Parodie vorstellen können, dann bemerken Sie: Der Musik ist es völlig egal, welchen Text man zu ihr singt! Ich gebe zu, es ginge eine gewisse Spannung von Text und Musik verloren, aber dass es ‚nicht passen' würde, stimmt einfach nicht. Es passt erstaunlich viel zusammen zwischen den Künsten. Die Musik ist, was ihren Ausdruckscharakter angeht, genau dieselbe, sie wird nur umgelabelt und das heißt: *Von was* sie Ausdruck ist bzw. sein soll, ist etwas völlig anderes geworden. Unsere ethischen Bedenken richten sich aber klarerweise an das, von was die Musik Ausdruck ist, nicht auf den Ausdruckscharakter als solchen.

Ob in diesen Musiken also die Hölle oder der Himmel „ausbricht" und sie dementsprechend für das Gute oder Schlechte öffnet, wird nicht von der Musik bestimmt. Allein die Existenz von so etwas wie Christian Metal oder der Parodiemöglichkeit des Rammsteinsongs bezeugen, dass es nicht die Musik alleine ist, die den Ausdruck von Hass, Gewaltsamkeit und Brutalität entstehen lässt und zugleich deren Affirmation, sondern dass ihr ebenso die heilsbedürftige Situation des Menschen oder die Liebe, oder sonst irgendwas in der Art, was gewisse Intensitätsgrade aufweist, unterlegt werden kann. Von Intensität und Ruhe kann die Musik in der Tat dann ein wirkliches Beispiel sein, dies sind durchaus Dinge, die von der Musik direkt exemplifiziert werden (können).

Da sich die moralischen Bedenken typischer Weise allein auf das richten, was mit repräsentativen Zeichen gesagt und getan wird, sieht es nun so aus, als wenn die Musik für sich genommen gar keine Möglichkeit hätte, böse zu sein. Die Musik, so scheint es, ist Jenseits von Gut und Böse, es sind immer nur die mit ihr verbundenen, aber eben auch leicht von ihr zu lösenden Inhalte. Der Inhalt der Musik aber ist nichts anderes als tönend bewegte Form, auch wenn diese tönend bewegte Form dann auch noch dazu dienen kann, etwas Außermusikalisches qua metaphorischer Exemplifikation auszudrücken.

3 Intermezzo mit Bruckner

Bei der Metal-Musik scheiden sich regelmäßig die Geister, was die ethischen Bewertungen angeht. Sie hören zwar alle auf der akusmatischen (also akustisch wahrgenommenen) Ebene im Prinzip alle dasselbe, könnten sich daher auch schnell einig werden über Lautstärke, Tempo, Rhythmik und Melodik, aber fassen es regelmäßig als Ausdruck von durchaus Verschiedenem, ja Entgegengesetztem auf. Typischerweise liegt ein grundlegender Unterschied auch in der Auffassungsweise dessen, was mit dieser Musik intendiert ist. Wenn sie *Gods cold hands* hören, werden sehr viele der Hörerinnen und Hörer gedacht haben: „Oh Gott, da will mir jemand ans Leder!" Oder aber, einige von ihnen vielleicht: Das ist etwas, was sehr kraftvoll ist (und von mir ausgeht). Eine Frage, die man sich in Bezug auf Musik nämlich in den allermeisten Situationen stellen kann, lautet: Ist das, was dort in einer bestimmten Musik ausgedrückt wird, etwas, was auch in mir ist und was ich solchermaßen authentifizieren könnte, d. h. als möglichen Ausdruck meines Gefühls- und Willenslebens bestimmen, oder ist es das nicht? Also kurz: „Bin das *ich* (was da klingt) oder kommt mir da *etwas Fremdes* entgegen (was evtl. sogar etwas ist, was in mir steckt)?" Eine Entscheidung in dieser Frage wird erheblich sein bei der ethischen Beurteilung der Musik und es ist nichts, was die Musik sozusagen für Sie entscheiden könnte.

Dies gibt es auch in ganz anderen Musikbereichen. Nehmen Sie mal das hier:

> Münchner Philharmoniker unter Sergiu Celibidache (1991): „Anton Bruckner – Symphony No. 6 in A Major", *Philharmonie am Gasteig*, München
> (vgl. Bruckner Symphony No 6 Celibidache Münchner Philharmoniker 1991, 01:14 – 02:23, v. a. 02:04 ff., www.youtube.com/watch?v=CIU4m-PWd6U, besucht am 10.11.21).

Dieses Beispiel ist besser geeignet, den Punkt, um den es mir hier geht, zu demonstrieren, weil diese Musik, anders als die Metal-Musik oder der Song von Rammstein ohne Texte, Programme etc. auskommt o. ä. und auch von der Musik her nicht ganz so herausfordernd ist, was eine Stellungnahme zu ihr anbelangt. Dark Metal finden Sie entweder gut oder Sie lehnen es ab, da gibt's kaum eine vermittelnde Position, die Musik ist ja auch in sich nur wenig differenziert. Das ist bei einer Bruckner-Sinfonie freilich anders, sie hat ein ganzes Spektrum an Lautstärken, Klangfarben usw. ausgebreitet, so dass hier einfach eine viel größere Vielfalt an Identifikationsmöglichkeiten mit dem jeweiligen musikalischen Ausdruck angeboten wird; es ist hier sozusagen für jeden und jede was dabei.

Interessant zu beobachten ist hier nun, dass es einerseits Leute gibt, die das Monumentale dieser Musik sehr schätzen, weil sie ein Kraft-, Macht- oder Freiheitsgefühl beim Hören empfinden können; andererseits aber auch gibt es manch andere, vielleicht ja auch unter Ihnen, die von dieser oder ähnlicher Musik sich angegriffen oder überwältigt und daher sich eher unbehaglich fühlen. Der Musikwissenschaftler Albrecht von Massow, mit dem ich Gelegenheit hatte über dieses musikpsychologische Phänomen der Authentifizierung von Ausdrucksqualitäten in Bezug auf Bruckner und gerade den Anfang der 6. *Sinfonie* zu sprechen, sagte mir (ich zitiere frei aus der Erinnerung): „Nun ja, eine Bruckner-Sinfonie ist halt wie eine Dampfwalze: Du kannst Dich entscheiden, ob die Walze über Dich drüber rollt oder ob Du auf der Walze sitzt!" Und in der Tat, je nachdem, wie man sich hier in Bezug auf die Musik verortet, wird sich der Ausdruckscharakter dieser Musik sehr anders ‚anfühlen'. Und so ist dies im Prinzip auch beim extremen Metal, so war das beim Rock 'n' Roll, beim Free Jazz, beim Walkürenritt Wagners usw. Metalheads würden ja auch niemals sagen, dass die von ihnen geliebte Musik sie irgendwie bedrohe, nein, selbst sie sitzen auf dieser Kraft- und Klangwalze und liegen, anders als viele andere, *nicht* davor, wenn diese auf sie zurollt. Bei einer Musik wie Bruckner ist es genau dasselbe, nur vielleicht einfacher nachzuvollziehen.

4 Musik im Untergrund

Ein Zwischenfazit an dieser Stelle lautet also: Die Musik steht nach wie vor jenseits von gut und böse – sie scheint, rein als Musik, keinen Ansatzpunkt moralischer Bewertung anzubieten. Um in diesem Befund sicher zu gehen, kann ich es Ihnen leider nicht ersparen, die Phänomenologie böser Musik ein wenig weiter zu treiben und ein Stockwerk tiefer hinunter in die Abgründe des Menschlichen zu steigen. Bei all den bisherigen Beispielen von Musik, die es mit dem Bösen zu tun haben könnten, ist nämlich selbstverständlich vorausgesetzt, dass wir mehr oder weniger *frei* sind, solche Musik zu hören bzw. uns ihrer psychischen Wirkweisen auszusetzen. Die Musiken können noch so wild, laut, mächtig, monumental, schrill oder dissonant sich gebärden, sie wird dadurch nicht zu böser Musik.

Nun hatten wir in den einleitenden Abschnitten ja auf der theoretischen Ebene die Frage zu klären versucht, ob es so etwas wie ‚böse Musik' *überhaupt* geben könnte. Und die Antwort war: Ja, nämlich dann, wenn sie *als Musik* (nicht als Lärm u. ä.) schädliche Wirkungen auf Personen hat, deren sie sich nicht entziehen können. Bisher haben wir nichts derartiges in der Realität gefunden.

Aber was ist z. B. hiermit:

> [Zu sehen ist ein Video von einem relativ abgeschiedenen Ausgang einer Untergrundpassage. Aus der Perspektive eines Gehenden wird ein langer künstlich beleuchteter Gang gezeigt, der an einer Treppe endet. Zu hören ist dabei eine Endlosschleife mit klassisch-sinfonischer Musik, offenbar der Schluss eines sinfonieähnlichen Satzes, lauter werdend, während man auf die Klangquelle zu geht, die sich offenbar neben einem Aufzug befindet].
> Klettpassage Beschallung Oktober 2019, https://youtu.be/KLc_CO8dHDY, besucht am 10.11.21.

Was Sie hier in diesem Video haben hören können sind die geloopten Schlusstakte von der *Ouverture* op. 84, die Beethoven zu Goethes Drama *Egmont* 1810 komponiert hat, eine Schauspielmusik also. Diese Musik wird in einem entlegenen Winkel der Klettpassage in der Nähe des Stuttgarter Bahnhofs (Kriegsberg-Ecke Friedrichsstraße) per Lautsprecher eingespielt, 24 Stunden am Tag, sieben Tage die Woche, seit Monaten. An dieser Stelle, wo das Video aufgenommen wurde, komme ich öfters vorbei, wenn ich zum Zug gehe. Bis vor ein, zwei Jahren ungefähr haben sie da irgendwas von Bach in einer ziemlich schlimmen mechanisch klingenden Synthesizer-Fassung gespielt, bei der ich immer dachte, nun ja, das ist bestimmt dafür da, dass dieser etwas merkwürdige, verlassene dennoch öffentliche Ort beschallt wird, damit er vielleicht freundlicher wirkt und die Leute keine Angst haben müssen. Eine Art musikalische Aufhellung also. Auch in Leipzig, wo ich wohne, wurde am Bahnhof an den Eingängen (wie auch in vielen anderen Städten) Musik in ähnlicher Weise dargeboten. Auch da kann man die Idee haben: Leipzig ist ja eine Musikstadt, viele Leute reisen extra wegen der Musik dorthin, wegen Bach, dem Kantor der Thomaskirche, manche auch wegen Schumann, Mendelssohn-Bartholdy, Schumann, Wagner oder Mahler, die ja alle dort geboren sind oder gewirkt haben – und da ist es doch schön, wenn solche Musiktouristen gleich mal mit Bach, Mendelssohn, Schumann usw. empfangen würde. Solche Einspielungen könnte man freilich unter Verweis auf die Fetischcharakter, den die Musik hierbei zwangsläufig bekommt, kritisieren, aber immerhin könnte man sich solcherlei vor dem Hintergrund gängiger Motivationen einer Kultur- und Tourismusindustrie verständlich machen. Und es könnte zusätzlich hierzu sein, dass Musik an sozialen Stressorten wie Bahnhöfen zur Beruhigung eingesetzt wird und da eignet sich klassische Musik vielleicht besonders gut.

Die Endlosschleife des Schlusses der *Egmont-Ouvertüre* kann nun aber weder zur Einstimmung der Touristen noch zur akustischen Dekoration ansonsten unwirtlich wirkender öffentlicher Räume noch zur Beruhigung gut dienen, und es ist auch kein einschmeichelnder „Ohrwurm" – auf dieses Phänomen werde ich noch zu sprechen kommen –, weil diese Musik eben gerade nicht immer so weiter gehen könnte, sondern musikalisch immerzu zu verstehen gibt: „Schluss hier, Ende Gelände, haltet Euch nicht hier auf!" Nein, man darf sich da nichts vormachen: Die Einspielung von Musik im öffentlichen Raum hat oft einfach den Grund, dass Drogenhändler und Obdachlose vertrieben werden sollen.

Man muss nur ein wenig recherchieren, um alsbald auf entsprechende Meldungen aus der Presse zu stoßen: So heißt es in der Berliner Zeitung vom 05.08. 2007, „dass eine Klangberieselung Drogenhändler, Wohnungslosen und anderen, die unberechtigt oder zu lange in den Stationen verweilen, gehörig auf die Nerven geht" oder in der Frankfurter Allgemeinen Zeitung vom 15.11.2016:

> Seit 2001 haben sich die Verhältnisse am Hauptbahnhof grundlegend verbessert, auch wenn bis heute immer wieder die Verwahrlosung beklagt wird. [...]. Abschrecken sollte [...] die klassische Musik, die über Lautsprecher auf den beiden Bahnhofsvorplätzen erklingt.

Die Stuttgarter Zeitung schreibt am 26.01.2016, bezogen auf den Ort, der in dem Video zu sehen ist:

> Ein paar Schritte weiter befindet sich der derzeitige Lieblingsschlafplatz der Stadtstreicher. Hier geht es multikulturell zu, neben polnisch hört man deutsch und spanisch, ehe die Besucher der Passage in den Genuss von Fahrstuhl-Klassik kommen, der konstant neben dem Aufzug in diesem letzten Winkel der Klett-Passage abgespielt wird – vermutlich, um die Obdachlosen zu zermürben.

Offensichtlich erfolgreich, denn es finden sich dort schon lange weder Obdachlose, noch Drogenhändler mehr, ja noch nicht einmal Tauben. Alle diese Lebewesen hat man mit dem Schluss der Egmont-Ouvertüre in Dauerschleife erfolgreich vertrieben – Beethoven zur Menschenvergrämung! Und die Wirkung ist phänomenal; im Selbstversuch habe ich es einmal 10 Minuten an diesem Ort ausgehalten, dann wurde mir richtiggehend schwindlig und ich musste da weg. Musik als akustisches Naphtalin.

Nun kann man sich fragen: Würde man diese soziale Wirkung auch mit anderen akustischen Reizungen erreichen können? Spielt es eine Rolle, dass es *Musik* ist, die hier klingt? Und zwar nun eben nicht Musik von z.B. Slayer oder Nails, sondern eben Beethoven und dann auch noch in der Endlosschleife? Ich kann hier nur spekulieren, aber ich vermute schon, dass hier die Wirkung der Musik *als Musik* ist und zwar dieser bestimmten, zur Hochkultur gerechneten Musik ist, die hier ausgenutzt werden soll. Es sollen hier ja schon Menschen die Passage ohne in Furcht und Schrecken versetzt zu werden benutzen können; wenn Sie da eine Musik von Slayer oder Nails laufen lassen, dann würden die allermeisten Menschen dort überhaupt nicht erst entlang gehen wollen, das geht mit Beethoven sehr viel besser. Hinzu kommt, dass diese Schlusspassage ohne den ganzen vorangehenden, sich entwickelnden Satz musikalisch sinnlos ist und nicht gerade zum Zuhören einlädt. Mit dem verhackstückten und geloopten Beethoven[9] kann man die Leute weiter scheuchen.

---

9 Die Barbarei, die in der Zurichtung der Musik liegt, ist freilich auch ein moralisch relevantes Thema, wie es bekanntlich in vielen Schriften Adornos thematisiert wird. Die beschädigte Musik gehört aber auf die Opferseite nicht auf die Täterseite, die uns hier beim Thema Musik und Moral interessiert.

5 Musik in der Folterzelle

Dass hier die psychologische Wirkweise der Musik *als Musik* zum Einsatz kommt und nicht nur die Musik als Schall oder Lärm, kann man vielleicht besser einsehen, wenn man sich klarmacht, dass es tatsächlich möglich ist, mit Musik zu foltern. Damit steigen wir noch tiefer hinunter auf ein besonders dunkles Gebiet der Musikethik, auf dem sich aber, gerade weil es so finster ist, evtl. Erhellendes herausarbeiten lässt.

Ja, Musik kann *als Musik* benutzt werden, um Menschen gezielt zu quälen. Das ist, noch einmal, gesagt, nicht zu verwechseln mit der Folter mit Lärm, die schon seit langem bekannt ist – so etwa in den Gefängnissen Nordirlands. De facto wird die Folter mit Musik in einschlägigen Studien erst seit ein paar Jahren beschrieben. Der Musikphilosoph Christian Grüny schildert dies in seinem Aufsatz mit dem prägnanten Titel *Von der Sprache des Gefühls zum Mittel der Qual* von 2011 unter Heranziehung US-amerikanischer Studien zu Einsätzen von Musik im Irakkrieg, vor allem in Abu Graibh, wo über 100 Gefangene zu Tode gefoltert wurden.[10] Bekannter Maßen wurden dort neue Foltermaßnahmen ausprobiert, solche der ‚Weißen Folter', die ohne physische Einflussnahme vollzogen und erlitten werden, also, wie Grüny schreibt, „berührungsfreie Tortur" (Grüny 2011, S. 70) erlauben. Es lassen sich die Spuren dieser Folterart nicht unmittelbar physisch nachweisen. Zwei der in den besagten Studien öfters zitierten Opfer, Binyam Mohamed und Ruhal Ahmed, geben beide in Interviews an, dass sie mit physischer Gewalt besser umgehen konnten als mit dem Einsatz von Musik, weil man diese „nicht auf Distanz halten könne"(Grüny 2011, S. 70). Die Unterscheidung von physischer und psychischer Gewalt ist in Folterzusammenhängen freilich problematisch, denn auch da geht es ja letztlich um das Schmerz*erleben* der Opfer, also darum, sie in ihrer Seele zu malträtieren; aber die Musik bietet sich dazu an, hier sozusagen den direkten Weg zu nehmen, ohne den Umweg über den Körper. Es geht eben genau darum, die Leute in ihrem Innersten zu treffen. Ein immer wiederkehrendes Motiv in den Aussagen der Folteropfer ist es denn auch, dass sie bei der Folter durch Musik Angst gehabt hätten, *ihren Verstand zu verlieren*. Christian Grüny schreibt hierzu: „Die Qual scheint darin zu bestehen, seinem eigenen Geist beim Zerfall zusehen zu müssen." (Grüny 2011, S. 69). Es scheint, um hier die Intuition Grünys noch ein wenig weiter zu spinnen, gar nicht so sehr um *psychische* Folter, sondern genauer – darauf verweist die Angst der Folteropfer, den Verstand zu verlieren – um so etwas wie *mentale* Folter. Denn die Musik in Folterzusammenhängen wird ja offenbar dazu verwendet, den indivi-

10 Vgl. hierzu auch Kutschke (2012), S. 215 ff. sowie insgesamt zum Thema schon Pieslak (2007).

duellen Geist der Menschen zu erreichen, d. h. sie als Personen anzugreifen, die einem Schmerz durchaus lange standhalten könnten, nicht aber der dissoziierenden Wirkung, die die Endlosschleifen der Musik auf sie als Personen hat.

Die Frage wäre natürlich auch hier, wie die Musik dies eigentlich vermag. Ein, wenn nicht *der* ausschlaggebende Faktor bei der Folter durch Musik als Musik ist es hier, dass, anders als auf Konzerten und selbst noch in der Klettpassage, die Leute keine Möglichkeit haben, sich der Musik zu entziehen. Die Lautstärke, in der die Musik auf die Opfer losgelassen wird, spielt eine gewisse Rolle, aber auch hier nicht wegen der Lärmwirkung, sondern wegen der dadurch gegebenen Unmöglichkeit, die geistauflösenden Eigenschaften dieser verunstalteten Musik von sich fernzuhalten. Die Endlosschleifen lassen den individuellen Geist der Person an sich selbst verzweifeln.

Interessant in diesem Zusammenhang ist nun die Beobachtung, dass es bei der Folter mit Musik als Musik offenbar keine große Rolle zu spielen scheint, *welche* Musik man hierfür nimmt. Dass sich unter den Foltermusiken in den Gefängnissen von Abu Graibh (und wohl auch in Guantanamo) *vor allem* Heavy Metal, aber auch z. B. der weiße Rap von Eminem findet, scheint einfach daran zu liegen, dass dies die beliebtesten Musiken waren, welche auch die US-amerikanischen Soldaten gehört haben, um sich mental während ihrer Einsätze zu pushen (und entsprechend auf ihren iPods verfügbar hatten). Und natürlich mag hier auch eine zusätzliche Rolle spielen, dass es demütigend ist, die Gefangenen mit den Kulturgütern der feindlichen Herrschaft zu konfrontieren. Die Gefangenen haben allerdings ausgesagt, dass die laute Metal- oder Rap-Musik nicht die schlimmste Folter darstellen würden, weil es bei diesen lauten, schnellen und harten Musiken einfacher gewesen sei, sie zu distanzieren und sie gewissermaßen nur noch als Lärm wahrzunehmen; psychologisch viel wirkungsvoller im Sinne der Zermürbung der Opfer war dagegen die endlose Wiederholung *dieses* Liedes:

David Grey (2016): „Babylon“, *The Best of David Gray.* London: Iht Records (Rough Trade) (vgl. David Gray – Babylon (Official Video), www.youtube.com/watch?v=zI_SBAkdKzc, besucht am 10.11.21).

Das könnte daran liegen, dass wir es hier mit einem ‚Ohrwurm‘ zu tun haben, also etwas, das sich gerade aufgrund seiner Eingängigkeit sehr viel schlechter distanzieren lässt.[11] Diese Musik erfordert in weit geringerem Maße eine Stellungnahme, wie die heftigen Musiken, die ich hier schon ausführlich besprochen habe. Im Gegenteil, diese Musik spült sich in einen hinein, der Ohrwurm frisst sich langsam durch die Seele, gerade weil ein ‚Nicht-Mitgehen‘, ein Widerstand gegen

11 Die Phänomenologie des Ohrwurms müsste noch geschrieben werden.

die Musik, hier ungleich schwerer ist. Fürs erste scheint das nicht sonderlich schlimm zu sein, was da auf einen zukommt – anders als beim Thrash Metal etwa –, aber man stelle sich vor, man ist stunden-, ja tagelang der unentwegten Wiederholung desselben Gedudels, dem man sich nicht entziehen kann, ausgesetzt. Die anfängliche Zuversicht, dass man dies lange wird aushalten können, schwindet mehr und mehr. Auch hier wäre es eine interessante Frage, ob dies bei Texten in Endlosschleife auch so wäre; aus meinen Vorlesungen zur Musikphänomenologie, bei denen ich z.T. auch Befragungen der Zuhörer durchgeführt habe, vermute ich, dass die Musik hier durchaus stärker wirkt, einfach deswegen, weil ständig wiederholte Sprachelemente mit der Zeit zumeist gar nicht mehr semantisch, sondern eben ‚musikalisch', wenn auch nicht als musikalisch sinnvoll (denn hierfür ist Variation notwendig, s.u.) gehört werden.[12] Nach einer Weile hört man ohnehin nur noch den Klang dessen, was sprachlich repetiert wird, die Sprache wird zu Musik, aber die Musik tritt durch die Abwesenheit von Variation auf der Stelle, wird zur Null-Musik und nimmt den Geist, der in seinem entgegenkommenden Rhythmus, um mit Augustinus zu sprechen, ebenfalls festgesetzt wird. Das aber ist der drohende Tod des Geistigen. Auch Grüny deutet dies in dem zitierten Aufsatz an: Es ist gerade die nicht abstellbare und durch die Musik ständig impulsierte *eigene geistige Aktivität* beim Musikhören, die hier zur Folter eingesetzt wird (vgl. Grüny 2011, S. 80). Die Musik, sofern man ihrem end- und variationslosen Kreisen in sich nicht entrinnen kann, wird damit *als Musik* zu einem geistigen Foltermittel.

6 Der letzte Klang

Aber selbst, wo die Musik in Endlosschleifen zugerichtet ist, und als so entgeistigte (entmusikalisierte) Musik zu Folter- und Vergrämungszwecken eingesetzt wird, wird man kaum sagen wollen, dass es etwas in der Musik selbst ist, die in irgendeiner Weise verboten gehört. Im Prinzip ist es mit jeder Musik möglich, zu foltern, wenn sie a) laut genug b) tendenziell endlos gespielt wird. Von daher wird man auch hier nicht Musikstücke, anders als Texte oder Bilder, danach unterscheiden können, ob sie moralisch unproblematisch sind oder nicht (und dann evtl. verboten gehören). Es ist hier *allein* der Umgang mit bestimmten generischen Eigenschaften der Musik, der moralisch verwerflich ist; da die Musik keine an-

12 Das ist auch der große Unterschied zur *minimal music*, die selbst in radikalen Varianten bei Steve Reich und anderen gerade minimale Variationen anbietet, die subtile musikalische Formverläufe, wenn eben auch minimal (oder wie unter der Lupe oder in einer Nussschale) generiert (vgl. hierzu Luckner 2007).

stößigen, beleidigenden oder herabsetzende Inhalte zu transportieren vermag, scheint es auch hier letztlich so zu sein, dass die Musik wirklich jenseits von Gut und Böse steht.

Aber, wenn man nun auch kein wirkliches Beispiel von böser Musik finden kann – könnten wir uns nicht wenigstens eines per Gedankenexperiment denken? Wie müsste denn ein Beispiel böser Musik beschaffen sein? Was würde, wenn es ihn denn gäbe, der Teufel für Musik machen (angenommen, er wolle damit, wie es seine Natur ist, Böses tun)?

Stellen Sie sich vor, Sie gehen in ein Konzert. Auf dem Programm steht unter anderem die Uraufführung eines Stückes namens *Der letzte Klang* für Keyboards. Der Ihnen unbekannte Komponist besorgt die Uraufführung selbst. Viele interessante Klangverläufe bietet das Stück, es wogt hin und her, es gibt einiges bislang Unerhörtes zu hören. Dann schlägt der Komponist-Interpret die letzte Seite seiner Partitur auf und spielt einen Klang, der im 100-fachen Fortissimo notiert ist (ein über acht Oktaven verteilter Tritonus meinetwegen, der ungefähr zehn Sekunden dauert).

Ähnlich wie das Tempo eines Stücks durch Metronomangaben präzisiert wird, so gibt es in der Partitur eine Angabe, welche die Stärke des Schalldrucks notiert, wie ihn ein Hörer in der ersten Reihe erfahren soll: Nämlich 666 dB (die Lautsprecher, die man hierfür bräuchte, sind freilich noch Science Fiction). Die Schmerzgrenze liegt bei ungefähr 120 dB, spätestens ab 180 dB Schalldruck entstehen schwere gesundheitliche Schäden auch schon nach kurzer Dauer.

Dieser Klang, der integraler Bestandteil der Komposition ist und zu dieser Komposition notwendiger Weise gehört, ist freilich aus notwendigen Gründen der letzte Klang des Stücks – denn danach kann niemand mehr etwas hören, wenn überhaupt noch jemand bei Bewusstsein oder gar am Leben ist. Besonders boshaft ist es, dass der letzte Klang *moriendo* ausklingend notiert ist, etwas, was niemand mehr nachvollziehen kann.

Es ist klar, dass dieses Stück noch vor der ersten Aufführung verboten gehört und dass es moralisch verwerflich ist, es aufzuführen, weil es eine Musik ist, die schon in der Komposition den Angriff auf das Leben der Personen nicht nur wissentlich und willentlich in Kauf nimmt sondern geradezu intendiert, was das Ganze zu einer wahrhaft teuflischen Angelegenheit macht. Denkbar ist dies ja immerhin. Es mag daher keine realen Beispiele für böse Musik geben, aber dass es sie grundsätzlich nicht geben kann, scheint angesichts von *Der letzte Klang* eine zu starke These zu sein.

Literaturverzeichnis

Aristoteles (2012), Politik, Hamburg: Meiner.
Augustinus (2002), De musica. Übers. und hrsg. v. Frank Hentschel. Hamburg: Meiner.
Goodman, Nelson (1973): Sprachen der Kunst. Ein Ansatz zu einer Symboltheorie. Frankfurt a. M.: Suhrkamp.
Grüny, Christian (2011): „Von der Sprache des Gefühls zum Mittel der Qual. Musik als Folterinstrument“. In: Musik und Ästhetik, Jg. 15, Nr. 58, S. 66 – 83.
Hanslick, Eduard (1982): Vom Musikalisch-Schönen. Leipzig: Reclam.
Hegel, Georg Wilhelm Friedrich (1970): Vorlesungen über die Ästhetik III. In: G. W. F. Hegel: Werke Bd. 15. Frankfurt a. M.: Suhrkamp.
Kutschke, Beate (2012): „Imagines „böser“ Musik“. In: Katharina Wisotzki, Sara R. Falke (Hrsg.): Böse Macht Musik. Zur Ästhetik des Bösen in der Musik. Bielefeld: transcript, S. 201 – 218.
Luckner, Andreas (2007): „Musik – Sprache – Rhythmus. Überlegungen zu Grundlagen der Musikphilosophie“. In: Ulrich Tadday (Hrsg.): Musikphilosophie (Musik-Konzepte Sonderband. München: edition text + kritik, S. 34 – 49.
Luckner, Andreas (2012): „Wortferne Kunst und doch im Umkreis der Sprache zu Haus“. Überlegungen zur Philosophie der Musik, ausgehend von einer Sentenz Albrecht Wellmers“. In: Christian Grüny (Hrsg.): Musik und Sprache. Dimensionen eines schwierigen Verhältnisses. Weilerswist: Velbrück, S. 51 – 72.
Luckner, Andreas (2018): „Musik als Sprache der Gefühle“. In: Philipp Richter, Jan Müller, Michael Nerurkar (Hrsg.): Möglichkeiten der Reflexion. Festschrift für Christoph Hubig. Baden-Baden: Nomos, S. 247 – 273.
Nietzsche, Friedrich (1980): Götzen-Dämmerung. Oder: Wie man mit dem Hammer philosophiert. In: Kritische Studienausgabe Bd. 6. Berlin, New York: De Gruyter, S. 55 – 162.
Mahrenholz, Simone (2000): Musik und Erkenntnis. Eine Studie im Ausgang von Nelson Goodmans Symboltheorie, 2. Auflage. Stuttgart: Metzler.
Pieslak, Jonathan (2007): „Sound Targets. Music and the War in Iraq“. In: Journal of Musicological Research, Jg. 26, Nr. 2 – 3, S. 123 – 149.
Platon (1971): Politeia. In: Werke in acht Bänden, Bd. 4. Darmstadt: WBG.
Rinderle, Peter (2011): Musik, Emotionen und Ethik. Freiburg, München: Alber.
Walton, Kendall (2015): In Other Shoes. Music, Metaphor, Empathy, Existence, Oxford: OUP.
Wellmer, Albrecht (2009): Versuch über Musik und Sprache. München: Hanser.
Wulf, Silke (2013): Zeit der Musik. Vom Hören der Wahrheit in Augustinus‘ De Musica. Freiburg, München: Alber.

Zweiter Teil: **Das Kunstwerk als moralische Ausdrucksform**

Judith Siegmund

Wer oder was entscheidet über die Moralität künstlerischer Handlungen?

Eigenartig: Moralität, so scheint es, wird heute von vielen Akademiker*innen mit etwas gleichgesetzt, das man von den Künsten fernhalten muss, gegen das man die Künste zu verteidigen hat. Und eine zweite Beobachtung: Einige Beiträge legen Moral im weiten Sinne als Politizität der Künste aus. Beide Theorieentwicklungen scheinen auf eine zunächst unspezifische Art zusammenzuhängen. Das wirft eine Frage auf: Was ist überhaupt Moralität in Bezug auf die Künste? Gegeben ist, dass es sich zuerst einmal bei Moral um etwas handelt, das über das Feld der Künste und seine Spezifik hinausgeht. Anders gesprochen, Moralphilosophie, das Nachdenken über Moralität, existiert unabhängig von der ästhetischen Theorie und unabhängig von kunstphilosophischen Fragen. Es gibt aber auch Versuche, die Künste und *ihre* Moralität zusammenzudenken. Aus einer künstlerischen Perspektive eigenen Handelns in einem Kontext mit anderen scheint das zunächst einmal intuitiv sehr plausibel zu sein.

Ein ‚klassisches' Beispiel für einen solchen Versuch der Verbindung von Kunst und Moral aus einer künstlerischen Perspektive ist Friedrich Schiller, der in den *Briefen über die ästhetische Erziehung des Menschen* schreibt:

> Wie verwahrt sich aber der Künstler vor den Verderbnissen seiner Zeit, die ihn von allen Seiten umfangen? Wenn er ihr Urtheil verachtet. Er blicke aufwärts nach seiner Würde und dem Gesetz, nicht niederwärts nach dem Glück und dem Bedürfniß. Gleich frey von der eitlen Geschäftigkeit, die in den flüchtigen Augenblick gern ihre Spur drücken möchte, und von dem ungeduldigen Schwärmergeist, der auf die dürftige Geburt der Zeit den Maaßstab des Unbedingten anwendet, überlasse er dem Verstande, der hier einheimisch ist, die Sphäre des Wirklichen; er aber strebe dem Bunde des Möglichen mit dem Nothwendigen das Ideal zu erzeugen. Dieses präge er aus in Täuschung und Wahrheit, präge es in die Spiele seiner Einbildungskraft, und in den Ernst seiner Thaten, präge es aus in allen sinnlichen und geistigen Formen und werfe es schweigend in die unendliche Zeit. (Schiller 2000, S. 35)

Zunächst einmal ist es interessant zu lesen, dass Schiller hier die „Verderbnisse seiner Zeit" anspricht. Er beschreibt sie in Begriffen der Unwürdigkeit, einer vordergründigen Bedürfnisbefriedigung seiner Zeitgenoss*innen, deren „eitlen Geschäftigkeit"; indirekt kennzeichnet er seine Gegenwart aber auch durch ungeduldige Schwärmerei, die sich mit einem „Maaßstab des Unbedingten" paart. Die Wirklichkeit ist also mangelhaft, sie fällt laut Schiller nicht in eins mit der Notwendigkeit. Und sie entbehrt in dieser Darstellung auch nicht ästhetischer, traditionell als künstlerisch ausgelegter Verhaltensweisen, wie zum Beispiel des

https://doi.org/10.1515/9783110731354-007

Schwärmens und ideeller Radikalität. Wir würden eventuell heute zu solchen Phänomenen „*Fake News*" und „Hetze in den Sozialen Medien" sagen. Denn auch heute bedienen sich Menschen in ihrem Zusammenhang ästhetischer bzw. sogar künstlerisch inspirierter Inszenierung und Gestaltung (Gess 2021). Was setzt Schiller hingegen auf die Seite der Kunst? Er spricht von einem „Bunde des Möglichen mit dem Nothwendigen", er spricht also von einem Möglichkeitssinn, der aus der menschlichen Einbildungskraft heraus eine bessere Welt entwirft, und auch von Taten, die einem solchen Entwurf des Besseren folgen. Zwei weitere Anweisungen, die er Künstlern erteilt, lauten: „Lebe mit deinem Jahrhundert, aber sey nicht sein Geschöpf; leiste deinen Zeitgenossen, aber was sie bedürfen, nicht was sie loben. [...] Denke sie dir, wie sie seyn sollten, wenn du auf sie zu wirken hast, aber denke sie dir, wie sie sind, wenn du für sie zu handeln versucht wirst." Weiter sagt er: „Der Ernst deiner Grundsätze wird sie von dir scheuchen, aber im Spiele ertragen sie sie noch; [...] ihr Geschmack ist keuscher als ihr Herz [...]. Ihre Maximen wirst du umsonst bestürmen, ihre Thaten umsonst verdammen, aber an ihrem Müssiggange kannst du deine bildende Hand versuchen." Schiller behauptet hier nicht weniger, als dass das (von Kant eingeführte) ästhetische Geschmacksurteil eine moralische Dimension besitze, ja dass es moralisch zu formen und (quasi manipulativ) zu beeinflussen sei.

Wir sind heute versucht, Schiller durch die Brille von Jacques Rancière zu lesen, der sich in seiner ästhetischen Theorie des Politischen auf ihn beruft. Rancière spricht den Künsten in ihren Wirkungen eine *Politizität* zu, die sie im Rahmen ihrer Arbeit an einer ‚Aufteilung des Sinnlichen' vollziehen, Schiller hingegen spricht von einer *Moralität*, die sich über edle, große geistreiche Formen realisiert – und eben nicht allein über die rein sprachliche Äußerung von Grundsätzen oder allein über praktische moralische Handlungen. Ich denke, dass sich der Schillersche Moralbegriff in der politischen Ästhetik von Rancière gewissermaßen wiederholt. Die Konsequenz von Rancières Moralbegriff der Form ist, dass absichtliches moralisches Handeln im Sinne von moralischen Urteilen oder im Sinne von moralisch gemeinten Absichten nicht mit darunter fällt. So trennt Rancière konsequent eine Kunst, die versucht, kritisch und direkt politisch zu sein – die er als ein Selbstmissverständnis der Künstlerinnen abtut und somit radikal kritisiert –, von einem positiven politischen Potential der Künste, das diesen durch ihre Wirkung auf Formen unseres sinnlichen Wahrnehmens zukommen soll. Solchen künstlerischen Formen komme sozusagen die Kraft zu, unsere generellen impliziten Ordnungen, in denen wir die Gesellschaft wahrnehmen, neu zu strukturieren. Die Art und Weise, wie das passiert, ist gekennzeichnet durch einen Moment des erlebten Bruchs mit dem Bekannten.

1 Eine kantisch geprägte Theoriegeschichte und die Moralfrage der Künste

Diesen Befund einer spezifischen Moralität der Künste, die bei Rancière eben nicht mithilfe des Moralbegriffs, sondern unter dem Stichwort ihrer Politizität verhandelt wird, möchte ich in einen erweiterten Theorierahmen stellen – den von Kants *Kritik der Urteilskraft*. Meine These ist nun, dass sich eine kantische Zurückweisung des Moralischen für reflexive, so auch für ästhetische Urteile über das Schöne, die zu den reflexiven Urteilsformen gehören, bis heute gehalten hat als die Denkfigur einer Entgegensetzung von Moral und Kunst. Und ich behaupte, dass eine Kritik an dieser Trennung nötig ist.

Jacques Rancière z. B. weist das politische Anliegen eines Eingreifens der Künste in die Gesellschaft – das von Künstler*innen verfolgt wird, deren Arbeiten Rancière unter dem Stichwort einer „kritischen Kunst" subsumiert – zurück. Er meint mit einer solchen Zurückweisung künstlerische Arbeiten, in denen eine *direkte* moralische Einflussnahme der Künste auf Gesellschaft intendiert ist, eine Einflussnahme, die sich explizit als politisch im Sinne einer politischen bzw. gesellschaftlichen Einmischung versteht. So lässt sich beispielsweise die Arbeit „Barca Nostra" des Schweizer Künstlers Christoph Büchel auf der Kunstbiennale Venedig 2019 genau in den binären Entgegensetzungen der zwei von mir bisher erwähnten Moralbegriffe diskutieren:

> Christoph Büchel hat das Wrack eines Fischerbootes, das 2015 mit 700 Migranten an Bord im Mittelmeer versunken war, aus Sizilien zur Kunstausstellung nach Venedig schaffen lassen [...]. Der Schiffsrumpf steht aufgebockt am Rande des Kanals. Ganz unten ist er rotbraun angestrichen, weiter oben in tiefem Blau, das das Salzwasser mit der Zeit abgewaschen hat. Wenn man genau schaut, sind arabische Lettern zu lesen, der Kutter stammte einst aus Äthiopien. Das Schiff wurde ein Grab für mehr als 700 Menschen, die an einem Apriltag des Jahres 2015 im Mittelmeer ertranken. Heute steht es im Arsenal-Gelände auf der Biennale in Venedig. Als Kunstwerk. Hier wurden einst Kriegsschiffe gebaut. (Müller-Meiningen 2019)

Die beiden in der Diskussion der Arbeit genannten Moralbegriffe lauten zusammengefasst: Sollen wir uns erstens nun von der Ästhetik des Flüchtlingsschiffes ergreifen lassen (von der großen Form, von der Patina, von dem malerischen Blau) und damit auf einer Gefühlsebene die Tragödie der ertrinkenden Flüchtlinge noch einmal in einer für uns ganz anderen inneren Qualität erleben? Das wäre der erstgenannte Moralbegriff, den ich mit Schiller und Rancière erläutert habe. Oder sollen wir zweitens das Kunstwerk auf der Kunstbiennale als Beitrag und Aufforderung zu konkretem politischem Handeln verstehen, das auf eine Lösung jener globalen und tagespolitischen Fragen drängt, die mit dem sich wiederholenden Drama des Ertrinkens vieler Menschen an den Außengrenzen Europas verbunden sind? Das wäre der zweite Moralbegriff, den z. B. Jacques Rancière unter dem Stichwort ‚kritische Kunst' als falsch kennzeichnet. Ich schlage vor, diese Frage nach dem zweiten, dem drängenden Moralbegriff nicht zu schnell ad acta zu legen und ihn stattdessen einer weiteren Prüfung zu unterziehen. Warum aber gerade eine Prüfung in Replik auf die kantische *Kritik der Urteilskraft?* Deshalb, weil auch Jacques Rancières Denkfigur einer „Aufteilung des Sinnlichen" in der kantischen Tradition steht, so meine These. Der Formbegriff Rancières, der ja auch in Rancières eigener Akzentsetzung an Schillers ästhetische und moralische Überlegungen anknüpft, schafft im Rahmen der Aneignung und Auslegung von Schiller eine Brücke von Rancière hin zur Beurteilung des moralisch Guten in der *Kritik der Urteilskraft* von Kant. Zudem ist es kein Geheimnis, dass Schiller seine ästhetische Theorie durch eine bestimmte, ihm eigentümliche Lesart und Auslegung der dritten Kritik von Kant entwickelt hat.

Zurück also zu der Frage: Was ist Moral bei Kant und wie lässt sie sich verstehen im Hinblick auf die Künste? Hier möchte ich nun erneut ‚zwei Moralbestimmungen', die Kant an verschiedenen Stellen gibt, vergleichen – erstens seine allgemeine Moralbestimmung, in der Kant das Moralische als eine eigene Urteilsform auffasst, die er in verschiedenen Schriften entwickelt, z. B. in der *Metaphysik der Sitten* und in der *Kritik der reinen Vernunft* – und zweitens die (nicht grundlegend davon verschiedene), die er ins Verhältnis zu reflexiven und ästhetischen Urteilsformen in der *Kritik der Urteilskraft* setzt.

1. Zunächst ist, ganz allgemein gesagt, Moral bei Kant eine Entscheidung des freien Willens eines Menschen. Diese Freiheit basiert auf Vernünftigkeit, auf der Vernunftnatur des Menschen. Moral basiert hingegen nicht darauf, dass die Wirkungen der moralischen Handlung effizient sind, dass also die Handlungsfolgen auch tatsächlich moralische Verbesserungen darstellen (Henning 2016). Das Moralische lässt sich daher in der kurzen Formel zusammenfassen: Ich setze mir einen Zweck, von dem ich denke, dass er für alle als angemessen gelten soll. Die Möglichkeit, überhaupt Zwecke setzen zu können, ist hier die Freiheit des Subjekts. Mit Kant selbst gesagt: „Der Begriff des Zwecks ist zunächst der des praktischen Zwecks; als solcher gehört er der praktischen Vernunft an; das ‚Vermögen der Zwecke' ist der Wille" (Eisler 1930).

Natürlich gibt es einen Bezug zu den Ansprüchen der anderen, d. h. in der freien Entscheidung entscheidet sich das Subjekt zugleich, die gleichen Ansprüche für die anderen Vernunftwesen, also für die anderen Menschen anzuerkennen. Moral ist also hier keine Einschränkung oder Bestrafung für vielleicht nicht eingehaltene Regeln des Respekts oder des Zusammenlebens, sondern sie ist ein Akt des freien Willens, die Ansprüche der anderen anzuerkennen.

Schon hier sehe ich einen Unterschied zu Auffassungen von Moral, die heute oft den Künsten in den hitzigen Debatten entgegengehalten werden, insbesondere zu der Vorstellung von Moral als einer Art von Bestrafung oder Zurechtweisung. Denkt man Moral aber als eigene freie Zwecksetzung, greift meines Erachtens solcherart Empörung über angebliche Restriktionen nicht. In den landläufigen oder auch feuilletonistischen Diskursen über Kunst und Moral scheint Moral häufig mit Unfreiheit gleichgesetzt zu werden. Dieser so verstandenen Moral wird dann eine emphatische Freiheit der Künste ebenfalls als eine Vorfestlegung entgegengehalten. Aber warum sollen sich Künstler*innen und Rezipient*innen von Kunst oder die Vertreter*innen ihrer Institutionen nicht auch für moralische Zwecksetzungen im Sinne Kants interessieren? Kann man den Akteur*innen der Künste solch eine Setzung des freien Willens verbieten? Und warum sollen sie zwangsläufig mit einer solchen Einstellung den Bereich der Künste verlassen haben?

Hier deutet sich bereits ein weiteres systematisches Merkmal der Diskussion über das Moralische in den Künsten an: Künste werden oft kategorial bestimmt, z. B. in einer Subjekt-Objekt-Beziehung, sie werden aus einer Metaperspektive erläutert. Sie werden weniger als Ergebnisse der Bemühungen von Subjekten angesehen. Vielmehr werden sie vielleicht ähnlich wie in der Soziologie als ein Feld mit bestimmten Regeln oder Nichtregeln erläutert, und dies dürfen definitiv qua theoretischer Vorfestlegung nicht die Regeln anderer Arten von Subjekt-Subjekt- bzw. Subjekt-Objekt-Beziehungen sein. Es werden in Theorien Vorfestlegungen getroffen, auf deren Grundlage dann auf einer Trennung bestanden wird. Aus einer kantischen Perspektive müssen sich reflexive Urteilsformen, zu denen auch das ästhetische Geschmacksurteil zählt, unterscheiden von Erkenntnisurteilen und moralischen Urteilen. Diese Trennung ließe sich aber z. B. auch auffassen als das Ergebnis einer Art von ‚Akademisierung oder Verwissenschaftlichung vormaliger Phänomene, die einst als Kritikpotentiale den Kunstwerken zugeschrieben worden sind', wie Peter Osborne das beschreibt und beklagt. Osborne stellt fest, dass damit den Künsten bzw. auch den Kunstwerken systematisch die Möglichkeit genommen wird, als kritisch zu gelten im Sinne einer Evozierung von kritischen Erkenntnissen und Erlebnissen. Ein ähnlicher Einwand wie der von Osborne (dem es zunächst um die Erkenntnisfähigkeit zeitgenössischer Künste geht) ließe sich auch mit Blick auf ein an die Künste gerichtetes Moralverbot vortragen.

2. In der *Kritik der Urteilskraft*, einem späten Werk Kants, wird diese Trennung von ästhetischen Einstellungen (gefasst als reflexiven Urteilsformen) und moralischen Urteilen bekräftigt und zugleich ein wenig gelockert. Kant betont dort in Bezug auf moralische Urteile, dass sie mit einem starken Interesse verbunden

sind. Moralische Entscheidungen nennt Kant hier Urteile über das Gute. Er sagt in der Analytik des Schönen:

> Das Angenehme, das Schöne, das Gute bezeichnen also drei verschiedene Verhältnisse der Vorstellungen zum Gefühl der Lust und Unlust, in Beziehung auf welches wir Gegenstände oder Vorstellungsarten von einander unterscheiden. [...] Angenehm heißt jemandem das, was ihn vergnügt, schön, was ihm bloß gefällt; gut, was geschätzt, *gebilligt*, d.i. worin von ihm ein objektiver Wert gesetzt wird. Annehmlichkeit gilt auch für vernunftlose Tiere; Schönheit nur für Menschen, d.i. tierische, aber doch vernünftige Wesen, [...] das Gute aber für jedes vernünftige Wesen überhaupt. [...] Man kann sagen, daß, unter allen diesen drei Arten des Wohlgefallens, das des Geschmacks am Schönen einzig und allein ein uninteressiertes und f r e i e s Wohlgefallen sei; denn *kein* Interesse, *weder* das der Sinne *noch* das der Vernunft, zwingt den Beifall ab. (Kant 1974, S. 122–124, § 5)

Wie meint Kant dies, was für ein Interesse haben wir, wenn wir moralisch urteilen, und wo genau ist die Freiheit? Unser Interesse bezieht sich auf die Durchsetzung des von uns gesetzten bzw. für alle Menschen herausgefundenen Guten. Ein freier Wille hat ein moralisches, begrifflich richtiges Urteil gesetzt, dann ist das Subjekt an dieses selbst gebunden im Sinne eines Interesses, das man nun an seiner Durchsetzung hat. Die Freiheit des *ästhetischen* Wohlgefallens hingegen, die ich an allen möglichen Gegenständen und Situationen entwickeln kann, bindet mich sozusagen an gar nichts als an meine momentan empfundene Lust. Die Freiheit einer vernünftigen moralischen Entscheidung bindet mich sehr wohl daran, dass ich nicht nur meine Bedürfnisse im Moment wahrnehme, sondern z. B. auch ihre Konsequenzen, die ich unter Umständen nicht wollen kann. Freies Wohlgefallen der ästhetischen Einstellung steht hier – in der Gegenüberstellung, die Kant im Paragrafen 58 vornimmt – einer frei getroffenen vernünftigen Entscheidung gegenüber, deren Konsequenzen ich auch über den Moment hinaus zu tragen habe.

Um den Vergleich noch etwas zuzuspitzen, ließe sich fragen: Ist die ästhetische Wahrnehmung eine Urteilsform, in der es mir lediglich darum geht, Lust im Augenblick zu empfinden? Geht es hier um Hedonismus? Und warum sollten alle Künstler*innen lediglich im Hinblick auf einen solchen subjektiven Zustand der Rezipientinnen denken, produzieren, sich bemühen, ihn zu erreichen? Warum sollte es in den Künsten nicht um mehr gehen als um die Freiheit einer ungebundenen konsequenzlosen subjektiven Einstellung von Rezipient*innen? Warum sollte es nicht um Gehalte, Inhalte und Formen gehen, deren Beurteilung eine Vernünftigkeit, u. a. auch eine praktische Vernunft, erfordert oder auch provoziert?[1]

---

1 Mittlerweile beziehen sich dekolonisierende Theorieansätze, die eine generelle Kritik an Kant üben, darauf, dass Begriffe wie Vernunft und Geschmack, Freiheit und Wille lediglich für das

Hier noch einmal der zusammenfassende Vergleich, den Kant im § 59 der *Kritik der Urteilskraft* selbst zwischen dem Schönen und dem sittlich Guten vornimmt:

> 1) Das Schöne gefällt unmittelbar (aber nur in der reflektierenden Anschauung, nicht, wie Sittlichkeit, im Begriffe).
> 2) Es gefällt ohne alles Interesse (das Sittlichgute zwar notwendig mit einem Interesse, aber nicht einem solchen, *was* vor dem Urteile über das Wohlgefallen vorhergeht, verbunden, sondern *was* dadurch allererst bewirkt wird).
> 3) Die Freiheit der Einbildungskraft (also der Sinnlichkeit unseres Vermögens) wird in der Beurteilung des Schönen mit der Gesetzmäßigkeit des Verstandes als einstimmig vorgestellt (im moralischen Urteile wird die Freiheit des Willens als Zusammenstimmung des letzteren mit sich selbst nach allgemeinen Vernunftgesetzen gedacht).
> 4) Das subjektive Prinzip der Beurteilung des Schönen wird als allgemein, d.i. für jedermann gültig, aber durch keinen allgemeinen Begriff kenntlich, vorgestellt (das objektive Prinzip der Moralität wird auch für allgemein, d.i. für alle Subjekte, zugleich auch für alle Handlungen desselben Subjekts, und dabei durch einen allgemeinen Begriff kenntlich, erklärt) (Kant 1974, S. 462, § 59).

Mit dieser Gegenüberstellung ist die Trennung von Kunst und Moral besiegelt. Im § 59 findet sich dann allerdings einige Zeilen weiter ein interessanter Satz: Er lautet:

> Der Geschmack macht gleichsam den Übergang vom Sinnenreiz zum habituellen moralischen Interesse, ohne einen zu gewaltsamen Sprung, möglich, indem er die Einbildungskraft auch in ihrer Freiheit als zweckmäßig für den Verstand bestimmbar vorstellt, und sogar an Gegenständen der Sinne auch ohne Sinnenreiz ein freies Wohlgefallen lehrt. (Kant 1974, S. 462, § 59)

Diese Formulierung könnte wieder auf die Schiller-Rancière-Linie führen. So ließe sich frei nach Rancière formulieren: Die Einbildungskraft ist zweckmäßig für den Verstand – d. h. wir haben eine implizit sinnlich fundierte Ordnungsvorstellung auch über unsere Gesellschaft, aus der unsere allgemeinen Handlungsmaximen folgen, welche wir begrifflich fassen als das Moralische. Man könnte hier auch von einer Moralität des Schönen sprechen, wenn man unter dem Schönen in einem

europäische heterosexuelle männliche Subjekt gesetzt sind, dessen Freiheit, Lust und subjektive Autonomie auf der Beherrschung und gewaltsamen Ausbeutung großer Gruppen von Menschen beruhen. Der vorliegende Beitrag bezieht sich nicht auf diese Debatten, sondern verfolgt eine andere Strategie. Er versucht die kantische Theorie aus einer philosophisch internen Perspektive zu kritisieren. Eine solche Strategie scheint mir heute unumgänglich und nicht durch eine generalisierende Kritik von außen ersetzbar zu sein. Ich will nicht damit behaupten, dass man nicht beides tun könnte, also von innen und von außen zu diskutieren.

sehr weiten übertragenen Sinne von ‚etwas, das gefällt' sprechen möchte. Dieser Moralitätsbegriff des Schönen erinnert an die Moralität der Kunst bei Schiller und entspricht ebenfalls einer Aufteilung des Sinnlichen nach Rancière, bei der die polizeiliche Ordnung (wie Rancière das nennt, was uns politisch und gesellschaftlich als richtig erscheint) auf der Zweckmäßigkeit der Einbildungskraft beruht. Die Freiheit der Einbildungskraft ist so einerseits als ein Vermögen bestimmt, das Ordnungbildung ermöglicht, andererseits auch als Grund eines Bruchs mit der bestehenden Ordnung.

Zusammenfassend lässt sich daher sagen: Jacques Rancière sieht eine ermöglichende Kraft unserer anschaulichen Vermögen als mögliche Quelle für letztendlich auch moralische Korrekturen einer von uns implizit geteilten Ordnung; dies hat er anhand von Schillers Lesart aus der kantischen Theorie herausgearbeitet. In letzter Konsequenz bleibt aber die Verschiedenheit von moralischen und ästhetischen Operationen im kantischen Sinne auch bei Rancière gewahrt, so wie bei Kant selbst.

Im Vergleich der beiden Urteilsformen, des ästhetischen Schönheitsurteils und des moralischen Urteils im § 58 sehe ich aber eine weitere (bisher nicht genannte) Differenz: *Moralische Urteile bewirken etwas, sie sind mit Handlungen verbunden*; solche Handlungen haben kein Pendant im ästhetischen Geschmacksurteil. Denn das ästhetische Geschmacksurteil bezieht sich auf etwas, das vor dem Urteile vorhergeht, wie Kant sich ausdrückt. Dieses Fehlen eines Handelns als eines Bewirkens hat die deutschsprachige Geschichte der ästhetischen Theorie bis ins 20. Jahrhundert hinein geprägt, ja dieses Nicht-Handeln ist kultiviert und zum eigentlichen Merkmal des Künstlerischen erhoben worden. Es gibt neben Schiller und Jacques Rancière auch wenige Kant-Lesarten der dritten Kritik und eben jener Paragrafen, die für eine Parallelität von moralischen und künstlerischen Handlungen plädieren; eine von diesen Lesarten vertritt Birgit Recki (1998), die sagt, die Kunst stimme uns zum Handeln. Im Großen und Ganzen aber blieb die ästhetische Bestimmung der Kunst in der deutschsprachigen Ästhetik eigenartig entkoppelt von der Frage nach mit ihr verbundenen Handlungen und so auch von der Frage nach ihrer Moralität. Hier handelt es sich um eine Entscheidung, die in der Theoriegeschichte getroffen worden ist.[2] Aber hätte diese Entscheidung auch anders ausfallen können und muss sie immer so bleiben? An dieser Stelle möchte ich ansetzen mit der Frage: Was passiert mit dem Moralanspruch an die Künste, wenn wir die Künste nicht nur als ästhetische Wahrnehmungseinstellungen erläutern, sondern auch aus einer Handlungsperspektive bestimmen? So wie moralisches Urteilen sich auf bestimmte innere Entschei-

2 Die Frage nach den historischen Gründen dieser Theoriegeschichte stelle ich in Siegmund 2019.

dungen bezieht, so müssten sich auch künstlerische Praktiken aus bestimmten Einstellungen und Entscheidungen heraus beschreiben lassen. Es gibt in der Kunstphilosophie auch eine Art von diesbezüglichen Theoriebildungen – es handelt sich um die Poietiken der Künste, die interessanterweise ein sehr marginalisiertes, um nicht zu sagen unterdrücktes Dasein in der ästhetischen Theoriebildung in der zweiten Hälfte des 20. Jahrhunderts geführt haben. Dieses Schattendasein hängt nicht zuletzt mit Vorentscheidungen zusammen, die z. B. in der kantischen Theorie, in der Kritik der reflexiven Urteilskraft bereits im 18. Jahrhundert getroffen worden sind. Zugespitzt lässt sich sagen: Im Endeffekt hat die ästhetische Theoriebildung entschieden, dass die Künste nicht moralisch sein dürfen, ansonsten geschehe ein Kategorienfehler. Dies war eventuell, mit etwas Abstand betrachtet, eine historisch kontingente Entscheidung.

2 Zum Selbstverständnis einiger Künstler*innen heute: Kunstdiskurse und Rezeptionen

Ist es heute noch sinnvoll, in diesen Trennungen zu denken? Wenn wir in die Selbstverständnisdebatten der Künste selbst hineinsehen, so ergibt sich ein anderer, wenn auch natürlich nicht eindeutiger Befund. An einem einzelnen Beispiel lässt sich nicht die Bandbreite der Reflexionen und Diskurse aufzeigen, aber ich möchte dennoch eines diskutieren: Tania Brugueras ‚10, 148, 451'. Diese Arbeit, die Bruguera 2018 in der Tate Gallery of Modern Art zusammen mit Aktivist*innen und Künstler*innen, die in der Nachbarschaft der Tate Modern leben und arbeiten, realisierte, präsentiert sie in einem sechsminütigen Video, das auf der Website der Tate Modern zu sehen ist.[3] Die Arbeit entstand einerseits im Rahmen einer einmonatigen Residency der Tate Modern, zu der Tania Bruguera zusätzlich 2018/19 das Stipendium der Tate zum Thema „Movement" erhalten hatte. Wie Tom Holert betont, handelt es sich um eine begriffliche Anspielung, die sowohl auf den Begriff der Migration als auch auf den der inneren Bewegung zielt (Holert 2019). In einem begleitenden Text der Öffentlichkeitsabteilung der Tate Modern heißt es: „Das Programm zielt darauf ab, eine kollektive gesellschaftliche Verantwortung (*social responsibility*) und ein gemeinsames Zweckempfinden auf dem Wege der

3 www.tate.org.uk/whats-on/tate-modern/exhibition/hyundai-commission-tania-bruguera, abgerufen am 12. 3. 2021. Es handelt sich bei dem kleinen Film nicht um die Arbeit selbst, sondern um eine Besprechung dieser Arbeit.

Beratschlagung und des öffentlichen Engagements wiederzubeleben."[4] Die Künstlerin selbst formuliert eine moralische Beschreibung ihrer Arbeit in ihrem Statement. Dieser eindeutig moralischen Komponente des mit der künstlerischen Care-Arbeit verbundenen Statements begegnet Tom Holert skeptisch, u. a. mit dem Einwand, dass hier die Kunst eine Ausgleichsfunktion zu dem „Modell des unternehmerischen Konkurrenzsubjekts" zugewiesen bekomme. Ich schlage hingegen vor, den moralischen Anspruch der Künstlerin zunächst ernst zu nehmen. Dieser kann sich nicht als unproblematische gesellschaftliche Lösung präsentieren, ist doch das utopische Potential der Kunst hier auf den Boden geholt und steht somit in ganz realen gesellschaftlichen Widersprüchen, die somit Teil des Projekts selbst sind. Ich habe auch gar nicht den Eindruck, dass Tania Bruguera versucht, diese Widersprüche oder Schwierigkeiten zu leugnen oder aus ihrem Projekt zu verbannen. Sie versucht ihrerseits in ihrer Arbeit modellhaft zu denken.

So spricht sie einerseits über Empathie – Empathie ist in dem Sinne philosophisch gesehen kein Moralbegriff, sondern je nachdem, wie man ihn denkt, ein Begriff, der mit der Fähigkeit der Einfühlung oder auch mit der Beschäftigung mit Grenzen der Einfühlung in andere Menschen und Lebewesen zu tun hat. Die Künstlerin spricht auch davon, dass es ihr um Gefühle (u. a. im Sinne von Mitgefühl) geht. Es gibt geschichtlich gesehen moralphilosophische Positionen, in denen Gefühle eine entscheidende Rolle spielen, so beschreibt z. B. Anthony Ashley Cooper, 3. Earl of Shaftesbury (kurz Shaftesbury) zu Beginn der Aufklärung, dass das Wohl der anderen zum eigenen verspürten Bedürfnis wird. Er spricht vom Zusammenwirken primärer freundlicher Gefühle mit der Fähigkeit, allgemeine Begriffe zu bilden und der eigenen Affekte gewahr zu werden. Und er spricht darüber, dass durch dieses ins Allgemeine erhobene Gefühl das menschliche Leben ein Maß und eine Regel erhält (Caldera/Delmont-Maurie/Heymann/Ritter 2001; Eagleton 1994). Dieses Korrektiv für das unmittelbare Gefühl ist somit auch Ergebnis eines Kommunikationsprozesses.

Ich vermute, dass Kant Shaftesbury vorwerfen würde, dass er den Affekten einen zu großen Raum bei der Beschreibung moralischer Entscheidungen einräume. Aber gerade das Affektive scheint heute ein wichtiges Thema zu werden, auch im Nachdenken über moralische Methoden in den Künsten, d. h. Affekte können in künstlerischen Arbeiten als gewählte Mittel bedeutend sein. An zweiter Stelle ist meiner Meinung nach wichtig, dass es Tania Bruguera um Verantwor-

4 „The programme seeks to revive collective social responsibility and common purpose through deliberation and public commitments.", https://www.tate.org.uk/whats-on/tate-modern/tate-exchange/workshop/our-neighbours, abgerufen am 19. 4. 2021.

tung geht. Die Verantwortung, die sie meint, ist von ihr selbst gewählt – und in diesem Sinn sollen auch die Teilnehmenden ihrer Arbeit aktiviert werden im Sinne eines Wir – der Rezipient*innen, der Nachbarschaft der Tate Modern Gallery und eines politischen Aktivismus.

Ein Beispiel kann natürlich nicht eine ganze Bandbreite und auch nicht die Schwierigkeiten einer Theorie abbilden, dennoch möchte ich die These wagen: Künste und ihre Praxen können heute moralisch sein, moralisch noch einmal in einem anderen Sinne, als Moralität und Politizität bei Schiller und Rancière aufgefasst worden sind. Über die Position von Rancière besteht schon fast eine Einigkeit im Kunstbetrieb. Man kann ihr die Frage entgegenhalten, ob es wirklich allein das künstlerische Arbeiten an den Formen ist, dem eventuell eine politische Kraft zukommen kann – eine Politizität, die bei Rancière immer gemessen wird an ihrer eingetretenen Wirksamkeit und nicht an den Einstellungen oder den Handlungszielen derjenigen, die künstlerisch arbeiten. Ich sage damit nicht, dass allen künstlerischen Werken oder den Künsten als ganzen Praxisfeldern Moralität zukommt, sondern es geht mir um das Einräumen einer Möglichkeit.

3 Die Frage nach der Moralität der Künste aus einer teilnehmenden Perspektive des künstlerischen Handelns

Denkt man über Handlungen nach, spielt die Frage des Willens eine Rolle. Nun muss man gleich in diesem Zusammenhang sagen, dass die Annahme eines freien Willens im 20. Jahrhundert hinreichend attackiert und dekonstruiert worden ist, nicht zuletzt auch in den Diskursen, die in den Künsten und um die Künste herum geführt wurden (eine Ausnahme bildet hier evtl. die Musik). Es handelt sich bei der Frage nach dem Willen oder freien Willen oder auch nach einer Willensschwäche philosophisch gesehen um sehr komplexe Fragestellungen, zu denen ich in diesem Text nicht viel beitragen kann. Ich kann lediglich schlaglichtartig, also ausschnitthaft wiedergeben, worum sich Diskurse der Künste in den letzten Jahrzehnten diesbezüglich gedreht haben.

Die Psychoanalyse hat im 20. Jahrhundert das Unbewusste, Nicht-Zugängliche thematisiert.

In feministischen und poststrukturalistischen Diskursen geht es um eine diskursive und kulturelle Determiniertheit der Subjekte. Judith Butler, die einen enormen Einfluss auf die Kunstdiskurse ausgeübt hat, schreibt 1995 unter Verweis auf die Denkfigur der Anrufung bei Louis Althusser:

> Daß ein „Ich" durch das Hersagen des anonymen sprachlichen Ortes des „Ich" begründet wird, beinhaltet, daß das Zitat nicht von einem Subjekt ausgeführt wird, sondern eher eine Anrufung ist, durch die ein Subjekt in sein sprachliches Sein kommt. Daß dies ein wiederholter Prozeß ist, ein wiederholbares Verfahren, ist genau die Bedingung dessen, was Handlungsfähigkeit heißt innerhalb eines Diskurses. Wenn ein Subjekt ein für allemal konstituiert wäre, dann gäbe es keine Möglichkeit einer Wiederholung dieser konstituierenden Konventionen oder Normen. (Benhabib/Butler/Cornell/Fraser 1993, S. 125)

Mit den Theorien der Wiederholung und Performanz ensteht eine Skepsis gegenüber einem Subjekt mit einem freien Willen, die sich in den Künsten und ihren Diskursen verbreitet und weiter entwickelt. Diskussionen und Reflexionen über eine Handlungsfähigkeit unter solchen Bedingungen prägen den künstlerischen Kontext der letzten Jahrzehnte. Es entsteht daraus aber nicht der vollständige Verzicht auf kritische und politische Dimensionen künstlerischen Handelns. Zur Debatte steht meines Erachtens damit auch, ob künstlerisches Handeln überhaupt als ein unteleologisches, zielloses Handeln aufzufassen sei, wie das z. B. Ruth Sonderegger in einem Beitrag über Adorno konstatiert. Sie schreibt:

> Die Autonomie der Kunst zeigt sich in ihrer Absage an das Urteil und alles Teleologische. Kunst folgt einer anderen Logik als das strategische, aber auch als das kommunikativ-dialogische Handeln – eine an sich nützliche Unterscheidung, die Habermas und Wellmer gegen Adorno in Stellung gebracht haben, die m. E. aber wenig zur Klärung des Verhältnisses zwischen Kunst und Gesellschaft beiträgt. Denn beide sind teleologisch strukturiert: Macht oder Herrschaft ist das Ziel des strategischen Handelns, um Verständigung geht es dem kommunikativen. Von beidem ist der Prozess des Kunstwerks durch eine gewisse *Ziellosigkeit* unterschieden. (Sonderegger 2011, S. 424)

Es bleibt für mich unklar, ob Sonderegger diese Auffassung einer ziellosen Kunst teilt oder kritisieren möchte, jedenfalls scheint mir hier eine Art von Scharnier aufgezeigt zu sein, das u. a. auch darüber entscheidet, ob sich eine Moralität künstlerischer Arbeit handlungstheoretisch überhaupt denken lässt. Denkbar müsste ein als determiniert gedachter Wille werden, der dennoch nicht ziellos ist. Butler sagt später in einem anderen Zusammenhang: „Die Verleugnung der Abhängigkeit wird zur Voraussetzung für das autonome denkende und handelnde politische Subjekt" (Butler 2016, S. 264).

Mir scheint es, als ob viele Künstler*innen genau die Gegenthese zu dieser Behauptung erprobt haben und immer noch erproben. Es geht um die Schaffung und Reflexion von Handlungsmodellen, die sich selbst in ihren Abhängigkeiten von gesellschaftlichen Bedingungen und in ihrer Verstricktheit mit Privilegien und kulturellen Herrschaftskontexten begreifen und dennoch nicht darauf verzichten, Ziele anzustreben, ja Zwecke zu setzen.

Literaturverzeichnis

Baum, Angelica (2001): *Selbstgefühl und reflektierte Neigung. Ethik und Ästhetik bei Shaftesbury*, Stuttgart: Frommann-Holzboog.

Benhabib, Seyla / Butler, Judith / Cornell, Ducilla / Fraser, Nancy (1993): *Der Streit um die Differenz. Feminismus und Postmoderne in der Gegenwart*, Frankfurt a. M.: Fischer.

Butler, Judith (2016): *Anmerkungen zu einer performativen Theorie der Versammlung*, Berlin: Suhrkamp.

Eagleton, Terry (1994): Das Gesetz des Herzens: Shaftesbury, Hume und Burke, in: ders: *Ästhetik. Die Geschichte ihrer Ideologie*, Stuttgart: Metzler, S. 32–72.

Eisler, Rudolf: Kant-Lexikon (1930), https://www.textlog.de/33285.html, abgerufen am 14. 4. 2021.

Gess, Nicola (2021): *Halbwahrheiten. Zur Manipulation von Wirklichkeit*, Berlin: Matthes & Seitz.

Henning, Tim (2016): *Kants Ethik. Eine Einführung*, Stuttgart: Reclam.

Holert, Tom (2019): *Ethik: Zukunft der Ästhetik?* Vortrag auf der Tagung „Kunst und Moral" im Hegelhaus, 24./25. Oktober 2019, privates Manuskript.

Jüssen, Gabriel / Wieland, Georg / Caldera, Rafael Tomas / Delmont Mauri, Juan Luis et al. (1984): „Moral, moralisch, Moralphilosophie", in: J. Ritter/K. Gründer (Hrsg.): *Historisches Wörterbuch der Philosophie*, Basel: Schwabe Verlag. DOI: 10.24894/HWPh.5283.

Kant, Immanuel (1974): *Kritik der Urteilskraft*, Werkausgabe, Band X, herausg. von Wilhelm Weischedel, Frankfurt a. M.: Suhrkamp.

Müller-Meiningen, Julius (2019): „Ein gesunkenes Flüchtlingsboot als Kunstwerk?", *Saarbrücker Zeitung*, 14.5.2019.

Recki, Birgit (1998): Das Schöne als Symbol der Freiheit, in: Herman Parret (Hrsg.): *Kants Ästhetik. Kant's Aesthetics. L'esthétique de Kant*, Berlin/New York: De Gruyter, S. 386–402.

Schiller, Friedrich (2000): *Über die ästhetische Erziehung des Menschen*, Stuttgart: Reclam.

Siegmund, Judith (2019): *Zweck und Zweckfreiheit. Zum Funktionswandel der Künste im 21. Jahrhundert*, Stuttgart: Metzler.

Sonderegger, Ruth (2011): Ästhetische Theorie, in: Richard Klein/Johann Kreuzer/Stefan Müller-Doohm (Hrsg.): *Adorno-Handbuch: Leben – Werk – Wirkung*, Stuttgart: Metzler, S. 521–533.

Philipp Hübl

Kunst als moralisches Statussymbol

1 Der Wert der Kunst

Was ist Kunst? Der Streit darüber teilt die philosophische Ästhetik in zwei große Lager.[1] Die *Konventionalisten* sagen, Kunst, vor allem bildende Kunst, ist charakterisiert durch soziale Beziehungen. Beispielhaft dafür ist der Ansatz von George Dickie, dem zufolge Kunst das ist, was für eine soziale Gruppe, die sogenannte „Kunstwelt", als Kunst zählt.[2] Die Gegenposition vertreten die *Nicht-Konventionalisten*, die sagen, Kunst sei durch kausale Eigenschaften charakterisiert. Demnach ist Kunst entweder, was mit kulturellem Wissen und bestimmten Absichten produziert wurde oder was im Rezipienten bestimmte ästhetische Wertschätzung auslöst, oder beides.

Ich vertrete die These, dass beide Lager nur zur Hälfte Recht haben. Aktuelle empirische Studien deuten tatsächlich daraufhin, dass Dickies Ansatz zumindest auf die moderne Kunst des 20. und 21. Jahrhunderts zutrifft. Seit Anbeginn der vornehmlich europäischen Avantgardekunst um 1910 sind Künstler umso erfolgreicher, je stärker sozial vernetzt sie sind[3] und je häufiger sie durch soziale Filter validiert werden, etwa durch Ausstellungen im MoMA oder in führenden Galerien.[4] Im Prinzip kann jeder Mensch ein Künstler und jedes Objekt ein Kunstwerk sein, sofern die „Kunstwelt" aus Kuratoren, Galeristen, Kritikern, Sammlern und Künstlern sie dazu erklärt.

Obwohl Zufall eine Rolle spielt, sind die Kriterien der Kunstwelt allerdings nicht gänzlich willkürlich, wie es bei Dickie manchmal den Anschein hat, wenn er über die Kunstwelt spricht, als handele es sich um eine Tafelrunde des ästhetischen Adels, von dem hin und wieder Novizen zum Ritter geschlagen werden.[5]

Anmerkung: Ich danke Hauke Behrendt und Jakob Steinbrenner für hilfreiche Anmerkungen zu diesem Text.

1 Unter die „Konventionalisten" subsumiere ich hier auch „historische" und „institutionelle" Ansätze, unter die Nicht-Konventionalisten alle Spielarten der „Funktionalisten", für einen Überblick siehe Adajian (2018).

2 Dickie (1984), Dickie (2001). Die Idee der „Kunstwelt" findet sich auch in Dantos Frühwerk, siehe Danto (1964), Danto (1981).

3 Mitali/Ingram (2018).

4 Fraiberger et al. (2018).

5 Danto (1997, S. 196 f.); siehe auch Danto (2013, S. 33).

https://doi.org/10.1515/9783110731354-008

Kunstwerke haben typischerweise etwas an sich, dem sie ihren Status zu verdanken haben. Arthur Danto meint, Kunstwerke stellten „bedeutungsvolle" Werke dar, in denen „Bedeutungen verkörpert" seien, was man weniger metaphorisch vielleicht so auf den Punkt bringen kann: Sie werden mit bestimmten Absichten und Überzeugungen über Bedeutung produziert und interpretiert.[6]

Dagegen argumentiere ich dafür, dass Kunstwerke im doppelten Sinne „wertvolle Werke" sind. Sie dienen nicht nur als ökonomische Investitionsgüter, sondern deuten mittelbar und unmittelbar auf die moralischen Einstellungen des Kunstpublikums hin, im Fall moderner Kunst auf dessen progressive Werte. So wie der Besitz von Kunst als *ökonomisches Statussymbol* dienen kann[7], ist die Auseinandersetzung mit Kunst ein *moralisches Statussymbol*. Dieser evaluative Ansatz sieht die Essenz von Kunst weder allein in einem hinreichenden Konsens von Experten, noch primär in den kognitiven oder emotionalen Zuständen bei der Erschaffung und Interpretation von Kunstwerken, sondern in der emotionsbasierten *moralischen Identität*, die Menschen zuallererst die Motivation gibt, sich mit Kunst zu beschäftigen, auch wenn ihnen das selbst oft verborgen bleibt.

2 Wie man Kunstwerke macht

Kunstwerke sind buchstäblich *Artefakte*, aber nicht alle Artefakte sind Kunstwerke. In einer ersten Annäherung kann man Artefakte als Entitäten ansehen, die Menschen mit einer bestimmten Absicht *hergestellt* haben wie Hämmer, Banknoten, Flughäfen, Styropor oder Aspirin. Manchmal allerdings verwenden wir natürliche physische Objekte als Werkzeuge: Steine als Briefbeschwerer beispielsweise, Äste als Knüppel oder Kohlestücke, um etwas an eine Felswand zu zeichnen. Will man diese Fälle berücksichtigen, muss man die Begriffsanalyse weiter fassen. Artefakte sind demnach Entitäten, die Menschen *hergestellt* haben, oder die sie mit einer bestimmten Absicht *verwenden*.[8] Wie bei den meisten Begriffen ist die mentale Kategorie „Artefakt" nicht als Definition mit einzeln notwendigen und zusammen hinreichenden Elementen im Langzeitgedächtnis gespeichert, sondern vermutlich über einen Stellvertreter oder eine Merkmalsliste repräsentiert.[9] Für die Zwecke des vorliegenden Texts verwende ich die weite Analyse des Begriffs „Artefakt", die von einem prototypischen Kern ausgeht. Sie läuft quer zu den Dimensionen „künstlich" versus „natürlich", „konkret" versus

6 Danto (2013, S. 49 f.).
7 Bourdieu (1979).
8 Preston (2013).
9 Adajian (2005); für einen Überblick über die Diskussion, siehe Margolis/Laurence (1999).

„abstrakt“, und „belebt“ versus „unbelebt“. Die prototypischen Artefakte wie ein Stuhl sind konkret, künstlich und unbelebt. Weniger prototypische Fälle sind allerdings denkbar. Ein Stein als Briefbeschwerer ist natürlich und unbelebt[10], eine gezüchtete kernlose Traube oder ein genmodifiziertes Bakterium ist künstlich und belebt[11], und eine naturwissenschaftliche Theorie ist abstrakt, wenn auch konkret in Raum und Zeit realisiert, etwa als Schriftspur in einem Notizbuch.

Kunstwerke sind besondere Arten von Artefakten. Die prototypischen Beispiele in der bildenden Kunst, Skulptur und Gemälde, sind konkret, künstlich und unbelebt. Aber auch hier können weniger prototypische Fälle als Kunstwerke zählen. Konzeptkunst ist abstrakt, BioArt produziert künstliche lebende Kunstwerke und wer, wie Timm Ulrichs, sich 1961 in Hagen selbst als Kunstwerk ausstellt, hat ein natürliches Objekt zu Kunst gemacht.

Mit John Searles Ansatz über soziale Tatsachen kann man Kunstwerke als beobachterabhängige Artefakte („observer-relative features“) ansehen.[12] Sie wurden nicht nur mit einer bestimmten Absicht gefertigt oder verwendet, sondern sie sind erst Kunstwerke, wenn sie von einer hinreichenden Zahl von Beobachtern „als Kunstwerke“ anerkannt sind.[13] Mit anderen Worten, die Existenz eines Kunstwerks ist eine *institutionelle Tatsache*, die ihrerseits den Spezialfall einer *sozialen Tatsache* bildet. Soziale Tatsachen betreffen die Existenz von Artefakten wie Hämmer, Geld, Autos, aber auch Universitäten und Demokratien. Sie existieren nur, weil mindestens zwei Personen intentionale Zustände kollektiv hegen, also Wünsche, Absichten und vor allem Überzeugungen darüber, was es gibt oder was man tun soll.[14] Indem zwei Kinder die geteilten Überzeugungen haben, miteinander Verstecken zu spielen, konstituieren sie damit die soziale Tatsache des Versteckspielens. Institutionelle Tatsachen sind noch spezifischere soziale Tatsachen. Das Muster institutioneller Tatsachen hängt von konstitutiven Regeln der Form „X zählt als Y im Kontext K“ ab, die eine hinreichende Zahl von Menschen akzeptiert. Buntes Papier ist in unserem kulturellen Kontext nur deshalb eine Banknote, weil hinreichend viele Menschen Überzeugungen haben, dass dieses bunte Papier als Euroschein *zählt*. Während ein natürliches Objekt wie ein Baum allein durch seine atomare Mikrostruktur konstituiert ist, unabhängig von Beobachtern, für die das Objekt als Baum zählt, ist der Baum „als Grundstücksbegrenzung“ durch die intentionalen Zustände der Vertragspartner und weiterer

---

10 Hilpinen (2011) spricht von „naturefact“. Gebräuchlich ist auch „instrument“, weil es nicht hergestellt wurde, um als Artefakt erkannt zu werden, siehe Dipert (1993).

11 Sperber (2007).

12 Searle (1995).

13 Abell (2012).

14 Searle (1983).

gesellschaftlicher Institutionen konstituiert.[15] In der Kunst ist es genauso. Tracy Emins ungemachtes Bett ist in ihrem Apartment nur ein ungemachtes Bett. Erst in der Ausstellung der Tate Modern *zählt* dieses Artefakt auch als Kunstwerk.

Doch auf welchem Wege erhalten bestimmte Artefakte den Status von Kunstwerken? Durch einen hinreichend großen Konsens einer Gruppe von Experten, wie die Konventionalisten sagen? Oder haben einige Artefakte bestimmte Dispositionen, die sie relativ zu den Dispositionen der Experten und des Publikums dazu prädestinieren, als Kunstwerke zu zählen, wie die Nicht-Konventionalisten sagen? Die über viele Jahrhunderte geteilte Auffassung, Kunst müsse die Natur nachahmen oder „Wohlgefallen", also Schönheitserlebnisse ins uns hervorrufen, erfüllt die Anforderung der ästhetischen Kriterien der Nicht-Konventionalisten. Doch spätestens seit Marcel Duchamps Werk *Fountaine* von 1917, ein umgedrehtes Pissoir, als Kunstwerk zählt, sind Nachahmung oder Schönheit nicht mehr alleine, oder vielleicht gar nicht mehr Kriterien für Kunst. Seit Anbruch der Moderne kann im Prinzip alles Kunst sein. Doch nicht alles ist Kunst. Wo also liegt der Unterschied?

3 Ästhetische Qualitäten oder soziale Konventionen

Die Nicht-Konventionalisten charakterisieren Kunst anhand von ästhetischen Einstellungen, unterscheiden sich jedoch darin, was diesen Einschätzungen zugrundeliegt. Demnach ist Kunst entweder, was mit bestimmtem Kulturwissen und bestimmten Absichten produziert wurde, vor allem aber und noch mehr: was im Rezipienten eine bestimmte ästhetische Wertschätzung auslöst, sei es durch *kognitive* Zustände wie Nachdenken[16], Erkennen des Wertvollen[17], Erfassen einer Bedeutung[18] oder Selbstkenntnis[19], *affektive* Zustände wie die Emotion der Bewunderung und des Staunens[20] oder mentale *Mischzustände.*[21]

Die Probleme dieser Familie von Ansätzen liegen auf der Hand. Erstens erzeugen auch Naturzustände ästhetische Wertschätzung. Wir staunen über den bestirnten Himmel über uns, wir bewundern Korallenriffe, wir denken über die

15 Searle (1995, S. 98).
16 Levinson (2006).
17 Walton (2008).
18 Danto (2013).
19 Lehrer (2012).
20 Prinz (2011).
21 etwa bei Kant (1790, § 44 f.).

Unendlichkeit der Zeit nach, erfassen das Wertvolle in der Natur oder lernen uns durch Philosophie selbst besser kennen. All das ist aber keine Kunst. Zweitens wird nicht alles, was mit der hehren Absicht und in der festen Überzeugung als Kunst produziert wird, auch als Kunst anerkannt. Drittens ist spätestens die Avantgarde-Kunst selbstreferentiell. Moderne Kunst repräsentiert manchmal die Welt, aber meist nur sich selbst. Vor allem aber thematisiert sie oft das Repräsentieren und ist dabei intertextuell, stellt sich also in Beziehung zur bisherigen Kunstgeschichte. Dieser Selbstbezug führt dazu, dass jedes aktuelle rezeptionsästhetische Prinzip der Kunst zu einem späteren Zeitpunkt gebrochen wird oder in Zukunft gebrochen werden kann. Bei diesen Brechungen handelt es sich nicht um eine „Erweiterung des Kunstbegriffs" wie Joseph Beuys mutmaßte, sondern um eine konsequente Anwendung eines modernen Kunstbegriffs, der die *Neophilie* ins Zentrum stellt, also sagt „Gut ist, was neu ist", und daher selbstbezüglich ist.[22] Die Avantgarde ist schon dem Namen nach als das Neue, Besonders und Einzigartige charakterisiert und dazu muss sie sich vom Alten, Etablierten und Allgemeinen abgrenzen. So verschwand spätestens mit Dada Schönheit als zentrales Element der Kunst, Materialität war kein notwendiges Merkmal mehr durch Laszlo Moholy-Nagys vom *Licht-Raum-Modulator* erzeugte Lichtkunst oder durch Performance-Kunst. Beständigkeit der Werke und Materialien waren spätestens durch Beuys' Fettecken nicht mehr essentiell. Motive der Hochkultur wurden durch Andy Warhols Pop Art obsolet, und edle Materialien durch Assemblagen von Pablo Picassos, Kurt Schwitters und Robert Rauschenberg. Die Autonomie des Künstlers trat durch Zufallselemente in den Hintergrund, unter anderem in den Werken von Hans Arp, Jackson Pollock und Gerhard Richter.

Man kann den Ausdruck des Neuen als *ästhetisches Prinzip zweiter Ordnung* oder als Meta-Prinzip charakterisieren. Als Nicht-Konventionalist könnte man zur Verteidigung entgegnen, dass das Neue ästhetische Wertschätzung verursacht, aber abhängig vom Vorwissen der Betrachter über primäre Eigenschaften der Kunstwerke ist, womit man ein kausales Prinzip gefunden hätte, was ein Artefakt zu einem Kunstwerk in den Augen der geschulten Betrachter macht. Tatsächlich, so lautet meine These, spielt Neophilie, also die Wertschätzung des Neuen eine Rolle bei der Zuschreibung von Kunst, allerdings nicht systematisch und auch nicht direkt als ein Bauprinzip für Kunstwerke. Selbst wenn eine Klasse von Artefakten tatsächlich ontisch neu ist wie das erste iPhone oder selbst wenn ein Artefakt für die Mehrheit der Menschen epistemisch neu erscheint, heißt das

---

22 Beuys in Harlan (2001, S. 81). Der Gedanke findet sich offenbar schon bei Kant, siehe Steinbrenner (2018).

nicht, dass es sich um ein Kunstwerkt handelt. Das „Neue" ist eine zu weit gefasste Kategorie, um einzig die Menge aller Kunstwerke zu umfassen.

Abgesehen davon gibt es keine klaren Kriterien für das Neue. Neuerschaffene Artefakte sind trivialerweise als raumzeitlich verortete Einzeldinge, also als Tokens, immer neu, weil sie davor nicht existiert haben. Wäre das das Kriterium, wäre alles Kunst. Das „Neue" der Kunstwerke bezieht sich offenbar auf die Neuheit von Typen von Einzeldingen. Einzelne Kunstwerke wie etwa ein kubistisches Gemälde oder eine dadaistische Assemblage erschaffen und instanziieren einen neuen Typ, also eine neue Kategorie von Kunstwerken. Da allerdings Kategorien abstrakt sind, existieren unendlich viele potentiell neue Kategorien, also potentiell unendlich viele neue Kunstwerke. Doch die allerwenigsten Artefakte, die neue Kategorien instanziieren, sind auch Kunstwerke. Offenbar spielt das Neue in der modernen bildenden Kunst eine andere Rolle. Es handelt sich, so meine These, um *epistemische Typenneuheit*, die vor allem Menschen mit einem hohen Wert beim Persönlichkeitsmerkmal Offenheit anspricht, was wiederum ein starker Indikator für eine progressive Moral ist. Die ästhetische Wertschätzung des Neuen ist tatsächlich ein Ausdruck und eine Versicherung der eigenen moralischen progressiven Identität gegenüber anderen und sich selbst.

Während die Selbstbezüglichkeit der Kunst ein Argument gegen die Nicht-Konventionalisten darstellt, stellt sie umgekehrt ein Argument für den Ansatz der Konventionalisten dar. Was als neu zählt, ist nicht anhand unabhängiger Kriterien überprüfbar. Daher hängt der Status eines Kunstwerks von den Vertretern einer sozialen Gruppe ab, die man „Kunstwelt" nennen kann. Diese Welt ähnelt der Wissenschaftswelt darin, dass ihre Vertreter mit hohem internen Sozialstatus auch von Nicht-Experten als solche anerkannt werden. Im Gegensatz zur Wissenschaftswelt, in der mehr oder weniger Einigkeit darüber herrscht, was verbindliche Prinzipien der Wissenschaft sind, gibt es jedoch in der Kunstwelt keine ausbuchstabierbaren und damit objektivierbaren Kriterien für das, was als Kunstwerk zählt. Sobald sie außerdem formuliert wären, könnte ein Künstler sie brechen, um etwas Neues zu schaffen. Der Ansatz der Konventionalisten kann diesen Fall leicht erklären: Eine Person wird zu einem Künstler, wenn sie Artefakte schafft, die in den Augen von Experten *als Kunstwerke* angesehen werden.

Die Standardeinwände gegen diese institutionelle Auffassung von Kunst lassen sich abwenden. Der erste und vermeintlich schwerwiegendste Einwand besagt, dass die Charakterisierung zirkulär ist: Es scheint, als müsse man den Kunstbegriff schon voraussetzen, um die Kunstwelt zu charakterisieren. Dann kann aber der Rückgriff auf den Begriff der „Kunst-Welt" nicht erklären, was ein „Kunst-Werk" ist. Dieser Einwand lässt sich leicht entkräften. Bei der Charakterisierung handelt es sich nicht um eine begriffliche Zirkularität im engeren Sinne, sondern allenfalls um einen *Holismus* der Begriffe: Man kann den Begriff der

Kunst nicht erfassen, ohne schon Begriffe von Handlungen, Überzeugungen, Absichten, Artefakten, Institutionen und vielen weiteren Dingen zu haben.[23] Der Holismus der Begriffe macht den institutionellen Ansatz aber nicht zirkulär, was man schon an einer Neuformulierung sehen kann: „Eine Personengruppe X hat kollektive intentionale Zustände, die institutionelle Fakten erschaffen, durch die wir Objekte als Kunstwerke ansehen." Diese Gruppe X hat Auffassungen darüber, was als Kunst zählt. Aber die Tatsache, dass diese Gruppe arbiträr „Kunstwelt" genannt werden kann, macht die Charakterisierung von Kunst selbst nicht zirkulär.

Ein zweiter Einwand besagt, dass jemand ein Kunstwerk außerhalb der Kunstwelt erschaffen kann. Aber erstens ist fraglich, ob Artefakte, die niemals eine Verbindung zu einer Kunstinstitution haben, Kunstwerke sein können, und zweitens handelt es sich bei diesen Beispielen typischerweise um einen Rückschaufehler. Zum Zeitpunkt der Erschaffung war ein Werk allenfalls ein Proto-Kunstwerk, das wir rückblickend als Kunstwerk auffassen, nachdem es später von einer hinreichend großen Zahl von Mitgliedern der Kunstwelt als solches anerkannt wurde.

Ein dritter Einwand besagt, dass die Charakterisierung der „Kunstwelt" zu allgemein ist, um sie von anderen institutionellen Systemen wie der Konsumwelt zu unterscheiden.[24] Doch die Artefakte der Kunstwelt werden von einer hinreichenden Zahl von Experten und Außenstehenden als *Kunstwerke* anerkannt, während die Artefakte der Wissenschaftswelt als *wissenschaftliche Fakten* und die der alltäglichen Konsumwelt als *alltägliche Konsumgüter* aufgefasst werden. Der Gehalt der kollektiven intentionalen Zustände unterscheidet sich, daher sind die „Welten" ebenfalls voneinander unterscheidbar.

Ein vierter Einwand gegen institutionelle Charakterisierungen von Kunst lautet, dass es keine klaren Kriterien für die Mitgliedschaft in der Kunstwelt zu geben scheint. Das ist sicherlich richtig, spricht aber nicht gegen die Charakterisierung. Formale Kriterien gibt es nur, sofern es sich um *formale* institutionelle Tatsachen handelt, etwa um Tatsachen darüber, wer Minister, Richter oder Arzt ist. Daher sind diese Berufsbezeichnungen auch gesetzlich geschützt.

Die Kunstwelt ist dagegen eine *nicht-formale* institutionelle Entität, die unscharfe Grenzen hat, wie zu einem geringeren Maß auch die Welt der Wissenschaft.[25] Solange hinreichend viele Personen innerhalb und außerhalb der

---

23 Davidson (1984).

24 Davies (2004, S. 248).

25 Statt von „nicht-formalen institutionellen" Eigenschaften könnte man auch von „communal properties", also sinngemäß von „gemeinschaftlich akzeptierten Eigenschaften" sprechen, wie es Ásta (2018) tut. Folgt man Konstitutionalisten wie Searle, dann hängt der Status von Kunstwerken,

Kunstwelt eine Person als Mitglied der Kunstwelt anerkennen, ist die Person Mitglied dieser Welt. Im Fall der Wissenschaftswelt verhält es sich genauso. Daher sind die Berufsbezeichnungen „Künstler“, „Kunstkritiker“ und „Galerist“ genauso wenig geschützte wie „Wissenschaftler“ oder „Philosoph“.

Artefakte werden durch eine *doppelte Anerkennungsrelation* zu Kunstwerken. Sie müssen von einer hinreichend großen Menge an Mitgliedern der Kunstwelt als Kunstwerke anerkannt werden, und die Mitglieder der Kunstwelt müssen ihrerseits von einer hinreichend großen Menge von Außenstehenden der Kunstwelt als Mitglieder der Kunstwelt und damit als Experten anerkannt werden. Tatsachen darüber, wer als Vertreter der Kunstwelt zählt, sind wiederum spezifische institutionelle Tatsachen darüber, wann jemand als Kritiker, Kurator, Sammler und so weiter zählt. Auch hier gibt es prototypische Fälle und Grenzfälle, die die klaren Fälle aber nicht in Frage stellen.

Ein Nicht-Konventionalist könnte argumentieren, dass zwar die Prinzipien der Kunstwelt darüber entscheiden, wann ein Artefakt als Kunstwerk zählt, diese Prinzipien selbst wiederum aber auf nicht-konventionalistischen Kriterien beruhen, die nur Experten mit Vorwissen beurteilen können. Ein Kunstwerk wäre demnach, was von Experten mit bestimmten mentalen Zuständen (Künstlern) produziert wurde und vor allem in Experten mit bestimmten mentalen Dispositionen (Kunstexperten) Zustände der ästhetischen Wertschätzung verursacht.

Doch wie gesagt: Gäbe es in der bildenden Kunst objektive Standards für künstlerisches Können, wie es sie in der klassischen Musik gibt, müsste es beispielsweise Blindbegutachtungen oder objektivierbare Kriterien dafür geben, was als Meisterschaft in dem Fach zählt. Das ist klarerweise nicht der Fall. Mehr noch, die empirischen Daten sprechen dafür, dass Erfolg am Kunstmarkt anders als beispielsweise in der Welt der klassischen Musik nicht primär von Talent, von den ästhetischen Qualitäten der Kunstwerke oder von typischen ästhetischen Erlebnissen bei Kunstbetrachtern abhängt.

4 Die Kunstwelt, empirisch betrachtet

Einige Werke sind besonders gute Vertreter für bildende Kunst des 20. Jahrhunderts wie Picassos Gemälde *Les Demoiselles d’Avignon* und *Guernica*, Henri Ma-

---

einfach gesagt, von kollektiv geteilten konstitutiven Regeln ab. Folge man hingegen Konferralisten wie Ásta, wird der Status von einer besonderen Gruppe mit sozialer Geltungskraft, sprich mit Autorität, übertragen („conferred“). Im Streit zwischen Konstitutionalisten und Konferralisten ist das letzte Wort noch nicht gesprochen. Die Beobachtungen im vorliegenden Text kann man mit beiden Ansätzen modellieren.

tisse *La Danse*, Duchamps schon erwähnte *Fountain* sowie sein Bild *Nu descendant un escalier no. 2*, Umberto Boccionis Plastik *Unique Forms of Continuity in Space (Forme uniche della continuità nello spazio)* oder René Magrittes Pfeife (*La trahison des images*).[26] Die besten Vertreter einer Kategorie sind die Prototypen. Je mehr eine Entität einem Prototyp entspricht, desto zentraler liegt sie im Begriffsumfang, also der Extension der Kategorie. Daher sind Spatzen prototypische Vögel, Pinguine und Strauße hingegen nicht.[27] Je weniger eine Entität hingegen dem Prototyp entspricht, desto eher liegt sie auf dem Grenzbereich oder jenseits der Extension der Kategorie. Gute Kunst ist gleichzeitig der beste kategoriale Vertreter für Kunst. Den Nicht-Konventionalisten zufolge müsste gelten: Je berühmter ein Werk ist, desto ästhetisch wertvoller müsste es normalerweise sein und desto zentraler müsste es das erfüllen, was Kunst ausmacht. Umgekehrt müsste gelten: Je ästhetisch minderwertiger ein Werk ist, desto weniger müsste es auch kategorial als Kunst zählen. Hätten die Nicht-Konventionalisten also Recht, müsste ein enger Zusammenhang zwischen den ästhetischen Qualitäten eines Artefakts und seinem Status als Kunstwerk existieren.

Hängen der Wert und die Qualität eines Kunstwerks tatsächlich von inhärenten ästhetischen Qualitäten ab? Beispiele aus der jüngeren Geschichte sprechen dagegen. Das Gemälde *Mann mit dem Goldhelm* zum Beispiel wurde lange Zeit Rembrandt van Rijn zugeschrieben. Seit 1986 gilt es als Werk eines unbekannten Künstlers.[28] Seitdem ist das Ölbild nicht mehr das berühmteste Werk der Berliner Gemäldegalerie, und ihm wird wenig kunsthistorische Bedeutung beigemessen, obwohl sich die ehemals gefeierten ästhetischen Attribute des Gemäldes nicht geändert haben. Nun könnte man argumentieren, dass das Gemälde zwar handwerklich hervorragend gearbeitet wurde, aber gegenüber Rembrandts Stil nur epigonal ist. Da es aber für viele Epochen der Kunstgeschichte mehr als einen herausragenden Vertreter gibt, ist fraglich, warum der unbekannte Schöpfer des Gemäldes nicht dazu zählen sollte. Der soziale Grund scheint vielmehr zu sein, dass Experten der Kunstwelt das Bild als weniger wertvoll einschätzten und ihm damit seinen Status als besonders guter Vertreter, also als prototypisches Kunstwerk nehmen. Dasselbe gilt umso stärker für Avantgarde-Kunst des 20. Jahrhunderts. Als im Jahr 2011 aufflog, dass die 165 Jahre alte New Yorker Knoedler Gallery Fälschungen, beziehungsweise Imitationen der abstrakten Expressionisten Marc Rothko, Willem de Kooning und Pollock verkauft hatte, gaben

---

26 Galenson (2016).

27 Vermutlich haben Begriffe verschiedene Strukturen. Die Arbeitshypothese ist hier, dass die Prototypen- oder die verwandte Template-Theorie den Begriff der bildenden Kunst am besten erfasst. Für einen Überblick über die Diskussion, siehe Margolis/Laurence (1999).

28 Für eine Diskussion, siehe Busche (2015).

die düpierten Sammler ihre erworbenen Werke zurück und forderten eine Erstattung, obwohl sich die ästhetischen Qualitäten der Gemälde nicht geändert hatten, von denen sie kurz zuvor noch begeistert waren.[29] Dasselbe gilt für Wolfgang Beltraccis Imitationen von Max Pechstein und Max Ernst.[30] Auch in diesen Fällen könnte man argumentieren, dass es sich zwar nicht um Kopien, aber zumindest um bloß epigonale Imitationen eines Stils gehandelt hat. Doch wenn offenbar nicht einmal die Experten Originale von Kopien unterscheiden können, fragt sich, ob es dann die ästhetischen Qualitäten sein können, die den Ausschlag über den Status eines Kunstwerks geben.

Für Laien gilt das umso stärker. Sie können zeitgenössische Kunst selten als solche erkennen. So halten laut einer Umfrage des Meinungsforschungsinstituts *YouGov* weniger als 30 Prozent der befragten Nicht-Experten die Werke der Gewinner des renommierten Turner Preises tatsächlich für Kunst, während 91 Prozent das Bild „Mystic Mountain" von Bob Ross als Kunstwerk ansehen, der durch eine eigene Fernsehsendung über meditative Nass-in-Nass-Landschaftsmalerei bekannt wurde.[31] Zwar könne man argumentieren, dass den Laien einfach das Expertenwissen fehlt, um Werke als Kunstwerke zu beurteilen, so wie Laien naturwissenschaftliche und pseudowissenschaftliche Publikationen oft nicht voneinander unterscheiden können. Doch es ist offensichtlich, dass die Kriterien für die Beurteilung von Kunst nicht operationalisierbar und somit überprüfbar gemacht werden können, wie das bei naturwissenschaftlichen Theorien der Fall ist. Selbst Experten können vermutlich nicht eine von einem Anstreicher weißgetünchte Leinwand von einem Originalgemälde von Robert Ryman unterscheiden, der viele seiner Werke mit weißer Farbe auf weißen Grund gemalt hat.

Holger Bonus und Dieter Ronte nehmen an, dass der ökonomische Wert von Kunstwerken durch die Interaktion von Experten („insider expertes") festgelegt wird, die über das sehr spezifische relevante Kulturwissen bestimmen.[32] Aufbauend auf dieser Idee haben die Psychologen Paul. L. Ingram und Benerjee Mitali mit Hilfe von Experten die Kreativität und das innovative Potential von abstrakten Kunstwerken der klassischen Moderne ermittelt sowie Ruhm und Erfolg von Künstlern gemessen.[33] Die Autoren charakterisieren Ruhm als „Aufmerksamkeit im großen Stil" und maßen die Entwicklung von Bekanntheit an-

---

29 https://www.nytimes.com/2016/02/11/arts/design/knoedler-gallery-and-collectors-settle-case-over-fake-rothko.html (besucht am 10.7.2021).

30 Für einen Überblick, siehe Charney (2015).

31 https://yougov.co.uk/topics/lifestyle/articles-reports/2016/10/10/it-art-according-general-public-probably-not (besucht am 10.7.2021).

32 Bonus/Ronte (1997).

33 Mitali/Ingram (2018).

hand quantitativer Faktoren, unter anderem über die Erwähnung in acht Millionen Google-Books Büchern (ermittelt über Google *ngram)* und auf der Webseite *Oxford Art Online* der Universität Oxford, eine Datenbank mit über 200.000 Artikeln zur Kunst und 20.000 Bildern von Kunstwerken.[34]

Unabhängig davon baten sie Kuratoren des MoMA um eine Expertise, in der sie alle relevanten Künstler der Avantgarde anhand von fünf Kriterien bewerten sollten: *Originalität* (hat der Künstler an einem neuen Stil gearbeitet?) und *Innovation* (war der Künstler der erste, der einen neuen Stil entwickelte?) sowie *Einzigartigkeit*, *stilistische Vielfalt* und *Abstraktion.*

Dabei stellte sich heraus, dass es nicht die Kreativität eines Künstlers war, die seinen späteren Erfolg bestimmte. Weder die Einschätzungen der Experten noch ein Algorithmus, der über Maschinenlernen das Neue im Werk des Künstlers berechnet hatte, ermittelten ein Maß, das mit dem späteren Ruhm von Künstlern korreliert war. Stattdessen war der stärkste Faktor für späteren Erfolg die Position des Künstlers in einem „kosmopolitischen Netz" von Freunden und professionellen Bekannten mit vielfältigen biographischen Hintergründen. Homogene, also weniger diverse soziale Netze hingegen deuteten auf wenig späteren Erfolg hin. Die Autoren vertreten die These, dass kosmopolitischen Künstlern eher eine kreative Identität („creative identity") zugeschrieben wurde und sie so als Künstler berühmt machte. Mit anderen Worten, die Experten der Kunstwelt sahen und sehen eine enge Verbindung zwischen der „kreativen Identität" und der „politischen Identität" der Künstler. Ingram und Mitali stellen fest: „The creative identity associated with an artist with diverse national alters shaped how critics, dealers, patrons and even other artists viewed the artist and her work."[35] Und zwar aus zwei Gründen. Erstens war die „kreative Identität" des kosmopolitischen Künstlers „kongruent" mit den „ästhetischen Präferenzen" der Händler und Sammler. Und zweitens signalisierte der kosmopolitische Lebensstil eine „authentische kreative Identität", die sich weder dem „Nationalismus" noch dem „Traditionalismus" verschrieb.[36]

In einer aktuellen Studie haben Samuel P. Fraiberger und Kollegen ähnliche Netzwerkeffekte untersucht. Sie haben sich gefragt, welche Faktoren Reputation und Erfolg in der zeitgenössischen bildenden Kunst bestimmen.[37] Dazu analysierten die Forscher Daten von knapp 500.000 Ausstellungen in über 16.000 Galerien sowie von knapp 300.000 Ausstellungen in über 7.500 Museen und knapp 13.000 Auktionen in über 1.200 Auktionshäusern in insgesamt 143 Ländern

34 https://www.oxfordartonline.com/ (besucht am 10.7.2021).

35 Mitali/Ingram (2018, S. 33).

36 Siehe dazu auch Cottington (1998).

37 Fraiberger et al. (2018).

über den Zeitraum von 36 Jahren. Der Erfolg eines Künstlers stellt sich als extrem pfadabhängig („path dependent“) dar. Für alle Künstler, die mehr als 20 Ausstellungen hatten, gilt: Wer früh Institutionen mit hohem Prestige bespielte, hatte eine fast 60-prozentige Chance auch 10 Jahre später in prestigeträchtigen Einrichtungen auszustellen. Bei denjenigen, die in einer Institution mit niedrigem Prestige gestartet sind, waren es 10 Jahre später nur etwa 10 Prozent. Schaut man sich alle Künstler an, die zwischen 1950 und 1990 geboren wurden, so zeigt sich, dass aus der Hoch-Prestige-Gruppe nach 10 Jahren noch etwa 40 Prozent als Künstler arbeiteten, bei der Niedrig-Prestige-Gruppe hingegen nur noch 14 Prozent. Künstler, die früh in Prestige-Institutionen vertreten waren, wurden außerdem fünfmal häufiger auf Auktionen gehandelt und der gemittelte Maximalpreis für ihre Werke lag fünfmal höher als bei Künstlern aus dem Niedrig-Prestige-Sektor. Zudem waren prestigeträchtige Museen wie das MoMA und das Guggenheim 33-mal stärker durch Pfade miteinander verbunden, als es durch bloße Zufallsverteilung der Fall gewesen wäre. Mit anderen Worten: Wer einmal durch Katalysatoren wie das MoMA, die Gagosian Gallery oder Pace Gallery geschleust wurde, wird auch sehr wahrscheinlich später anerkannt und erfolgreich sein. Da es extrem unwahrscheinlich ist, dass diese Institutionen den Weltmarkt perfekt überblicken und sie alle und ausschließlich die seltenen Talente objektiv früh erkennen, folgt daraus umgekehrt, dass sie selbst die Hauptfaktoren für den Erfolg der Künstler darstellen. Unter der Annahme, dass Talent weltweit etwa gleich verteilt ist, müssten erfolgreiche Künstler aus der ganzen Welt stammen, und zwar proportional zu der Zahl der Künstler in ihren Herkunftsländern. Das ist aber keineswegs der Fall. Die Netzwerkanalyse bietet also eine Erklärung dafür, dass die erfolgreichsten Künstler der letzten 50 Jahren überproportional häufig aus den USA und Deutschland stammen und dass die Künstler vieler anderer Länder international kaum vertreten sind.

Auf den Streit zwischen Konventionalisten und Nicht-Konventionalisten bezogen heißt das aber: Was als Kunst, speziell als erfolgreiche Kunst zählt, ist weniger durch das Talent der Künstler oder die ästhetischen Qualitäten der Kunstwerke bestimmt, sondern vielmehr durch das Urteil der Experten der „Kunstwelt“. Ein Extrembeispiel ist die Foto-Serie *Untitled (Cowboy)* aus dem Jahre 1999 von Richard Prince, von denen ein Werk bei einer Versteigerung im Jahr 2007 den damals höchsten Auktionspreis von 3,4 Millionen Dollar für ein Einzelfoto erzielte[38], obwohl es sich bei den Bildern um „Appropriation Art“ handelte: um Fotos anderer Fotos, in dem Fall von Werbefotos von Norm Clasen und

38 http://artobserved.com/2008/01/richard-prince-photo-breaks-auction-record/ (besucht am 10.7.2021).

Hannes Schmid für eine Kampagne der Zigarettenmarke Marlboro.[39] Im Gegensatz zu den Fotos von Prince, der von der Gagosian Gallery vertreten wird, werden die Originale auf nur etwa 15.000 Dollar geschätzt und nicht als wichtige Werke angesehen. Nicht die ästhetische Qualität der Werke entscheidet offenbar über den Status als Kunstwerk, sondern die Stellung der Künstler innerhalb der Kunstwelt.

Obwohl die Untersuchungen von Ingram und Mitali sowie die von Fraiberger und Kollegen sich weder auf Dickie noch auf Dantos Frühwerk beziehen, kann man sie als empirischen Beleg für den Konventionalismus betrachten.

5 Das moralische Selbst und das ästhetische Selbst

Der Künstler Ad Reinhardt stellt in seiner Karikatur *How to Look at Modern Art* von 1946 (vgl. Abb. 1) einen Kunstbetrachter dar, der über ein abstraktes Gemälde sagt: „Haha, what does this represent?" Er erschrickt, als ihm das Bild daraufhin erzürnt antwortet: „What do you represent?" Eine dritte Frage ist allerdings noch entscheidender: „Inwiefern stellt man sich mit einem Urteil über Kunst selbst dar?" Die Studie von Ingram und Mitali deutet daraufhin, dass die *ästhetische Identität*, eng mit der politischen, genauer der *moralischen Identität* verbunden ist. In der aktuellen Diskussion heißt die moralische Identität manchmal „moralisches Selbst" („moral self") und die ästhetische Identität entsprechend „ästhetisches Selbst" („aesthetic self").

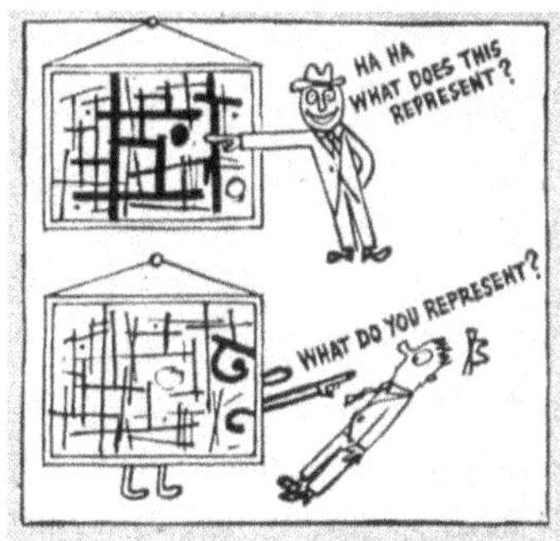

Abb. 1: Ad Reinhardt (1946), „How to Look at Modern Art"; Quelle: „Arts and Architecture" January 1947, S. 23.

---

39 https://www.artsy.net/article/artsy-editorial-richard-prince-stole-marlboro-man (besucht am 10.7.2021).

Schon Danto hat angemerkt, dass es ein zugrundliegendes Thema geben muss, das sich durch die Kunstgeschichte zieht und Kunstwerke zu Kunstwerken macht.[40] Meine These lautet: Kunstwerke lassen in Laien und Experten eine ästhetische Wertschätzung entstehen, weil sie Neigungen ansprechen, die auch die emotionsbasierte Grundlage der Alltagsmoral und damit der moralischen Identität sind. Die Experten, die seit Anfang des letzten Jahrhunderts bestimmen, was als Avantgarde-Kunst zählt, sind weit überdurchschnittlich progressiv, daher reagieren sie auf Anzeichen, die mittelbar oder unmittelbar ihre progressive Moral ansprechen und mit denen sie diese progressive Moral auch ausdrücken, oft ohne es selbst zu merken.

Schon Kant hat die Idee einer Verbindung zwischen Moral und Ästhetik formuliert, nämlich dass das Schöne ein Symbol des sittlich Guten ist, Schönheit also gewissermaßen die Versinnlichung sittlicher Ideen darstellt.[41] Das ist allerdings nur ein Spezialfall, bei dem ästhetische Qualitäten als Ausdruck moralischer Qualitäten erscheinen. In der Kulturgeschichte haben Menschen vielfältige Kunstwerke geschaffen wie Götter- und Heldenstatuen, Totems, verzierte Waffen, Schmuck, Tempel und andere Gebetsstätten. Viele dieser Artefakte haben für die jeweilige Gruppe moralische Werte repräsentiert wie Mut, Tapferkeit, Fruchtbarkeit, Reinheit, Gewissenhaftigkeit, Gottesfürchtigkeit, Stärke, Macht oder Loyalität, die wir heute eher als traditionalistische oder konservative Werte auffassen.

Die Beschäftigung mit moderner Kunst ist dagegen ein *Progressivitätsmarker*, wie ich weiter unten ausführe, nämlich ein moralisches Erkennungszeichen, mit der eine Person sich und anderen mitteilt, dass ihr progressive Werte wie Freiheit, Offenheit, Vielfalt und Komplexität am Herzen liegen, und dass sie die Werte der Konservativen und Traditionalisten wie Macht, Ordnung, Reinheit, Gehorsam oder Stärke ausdrücklich ablehnt.[42]

Bei politischer Kunst ist der Zusammenhang zwischen Moral und Ästhetik offensichtlich. Kunst im Nationalsozialismus zum Beispiel sollte die gesunde, starke und überlegene „Herrenrasse" als moralisch und ästhetisch ansprechend darstellen, während diejenige Kunst als moralisch und ästhetisch „entartet" galt, die diesen Idealen zuwiderlief. Kunst im Sozialismus hingegen stellte die gleichwertige Gemeinschaft zwischen Männern und Frauen sowie Arbeitern, Forschern und Bürokraten als moralisch und ästhetisch wertvoll dar.

Eine Verbindung von Ästhetik und Moral ist naheliegend, denn in beiden Fällen handelt es sich um normative Unterfangen. Moral bewertet Handlungen als

---

40 Danto (2013).

41 Kant (1790, § 59 – 60).

42 Graham/Haidt (2012); siehe auch Haidt (2012).

falsch oder richtig (moralisch gut oder schlecht), Ästhetik bewertet Entitäten als ästhetisch ansprechend oder abstoßend (ästhetisch gut oder schlecht). Im Alltag entspringen moralische und ästhetische Werturteile oft aus emotionalen Neigungen, die man als nicht-propositionale Bewertungen („appraisals") der Umwelt ansehen kann.[43]

Die empirische Forschung zur personalen Identität legt nahe, dass sich Menschen über ihre moralischen und ästhetischen Prinzipien definieren. So haben Nina Strohminger und Shaun Nichols in der experimentellen Philosophie untersucht, welchen Aspekt Testpersonen als entscheidend für personale Identität ansehen: autobiographische Erinnerungen, motorische Fähigkeiten, Faktenwissen oder Charaktereigenschaften.[44] In ihren Gedankenexperimenten zum „moral self" verliert eine Person namens Jim durch eine Hirnoperation eine dieser Eigenschaften. Probanden sollen beantworten, ob Jim trotzdem „derselbe" geblieben ist. Besonders wenn sich der moralische Charakter wesentlich geändert hat, etwa von hinterhältig zu rechtschaffen oder von einem religiös zu atheistisch, sagen die Probanden: „Das ist nicht mehr Jim". Dieses Ergebnis kann man so interpretieren, dass wir im Alltag stillschweigend unterstellen, dass der moralische Charakter unsere Identität ausmacht, im Gegensatz zu Erinnerungen oder Faktenwissen. In einem anderen Experiment im selben Paradigma konnte nachgewiesen werden, dass Menschen auch eine Art ästhetische Identität haben. Versuchspersonen werten drastische Veränderungen im Musikgeschmack und in Vorlieben für darstellende Kunst als Veränderungen der eigenen Identität.[45] Die Studie hat zwar keine direkte Verbindung zur moralischen Identität nachgewiesen, aber die Autoren vermuten, dass wir gerade deshalb so viel Wert auf unsere Vorlieben für Musik und Kunst legen, weil sie anderen unsere „moralische Werte" und die „kulturelle Identität" anzeigen.

Die Preisfrage lautet nun: Welche Werte, oder allgemeiner, welche Moral drücken wir mit welcher Kunst aus? Dazu muss man sich die Alltagsmoral genauer ansehen.

6 Prinzipien der Alltagsmoral

Wenn Kant Recht hat, ist eine Handlung nur dann moralisch richtig, wenn wir sie aus Gründen der Vernunft vollziehen. Kant gibt allerdings zu bedenken, dass wir

43 Lazarus (1991); Prinz (2007); für einen Überblick, siehe Hübl (2019).

44 Strohminger/Nichols (2014).

45 Fingerhut et al. (2021).

in der Welt der Erscheinungen, also im Alltag, selten oder vielleicht sogar niemals vernünftig handeln, sondern immer aufgrund von „Neigungen“, also aus einem subjektiven Begehren, man könnte auch sagen: aus Emotionen oder emotionalen Neigungen.[46] Die Grundidee dieser Vermutung haben Moralpsychologen inzwischen empirisch belegt. Jonathan Haidt und Jesse Graham haben die *Moral Foundation Theory* entwickelt, der zufolge Menschen aufgrund von mindestens sechs emotionsbasierten Prinzipien der Alltagsmoral, sogenannte „Moral Foundations“ moralisch handeln und urteilen.[47] Um den Status eines Prinzips zu erhalten, müssen mentale Mechanismen der moralischen Bewertung fünf Kriterien erfüllen. Erstens tauchen sie weltweit in normativen Urteilen über andere auf. Zweitens lösen sie Emotionen aus, auf die sich die moralischen Werturteile stützen wie Empörung, Abscheu oder Mitgefühl. Drittens sind sie kulturell weit verbreitet. Viertens gibt es Hinweise für eine angeborene Grunddisposition für die jeweilige emotionale Reaktion. Und fünftens fügen sie sich in evolutionäre Modelle menschlicher Kooperation.

Die in westlichen Industrieländern, und dort vor allem unter Progressiven („liberals“) verbreiteten Prinzipien lauten Fürsorge („care“), Fairness („fairness“) und Freiheit („liberty“). Werden Sie verletzt, reagieren wir mit moralischem Zorn, also mit Empörung. Statt Freiheit, Fairness, Fürsorge könnte man auch sagen: Liberté, Egalité, Fraternité. In den übrigen Weltregionen und bei den Konservativen und Traditionalisten („conservatives“) im Westen kommen zusätzlich zu diesen drei Prinzipien noch drei weitere mehr oder weniger gleichberechtigt hinzu: Autorität („authority“), Loyalität („loyality“) und Reinheit („sanctity“). Werden sie verletzt, reagieren die Traditionalisten nicht nur mit moralischem Zorn, sondern auch mit Abscheu, also moralischem Ekel.

Die zentrale Emotion der *Fürsorge* ist das Mitgefühl mit den Schwachen, Unterdrückten und Hilfsbedürftigen. Die zentrale Emotion der *Freiheit* ist der Wunsch, ohne äußere Zwänge zu leben und sich selbstbestimmt zu entfalten. Und die zentrale Emotion von *Fairness* ist unser Gerechtigkeitssinn, der uns vor allem für Fragen der Kooperation in der Gruppe sensibilisiert. Die drei Prinzipien, die bei Konservativen und Traditionalisten zusätzlich ausgeprägt sind, betreffen andere Themen. *Loyalität* äußert sich im Zugehörigkeitsgefühl zu einer Gruppe oder in der Verachtung von Verrätern. Das Prinzip lässt uns die Welt in Freund und Feind einteilen, fordert Treue zum eigenen Stamm (Religion, Nation), reguliert Gruppenzugehörigkeit jenseits von Blutsverwandtschaft und äußert sich in Gruppenstolz, etwas in Vereins- oder Nationalstolz.

46 Kant (1785, S. 406 f.)
47 Graham et al. (2013); Haidt (2012).

Während Loyalität über Gruppenähe und Gruppendistanz die horizontale Dimension der sozialen Welt reguliert, betrifft *Autorität* die vertikale Dimension, also die Sozialhierarchie. Sie drückt sich aus in dem Streben nach Anerkennung, Rang und Ehre, aber auch als Unterordnung.[48] Wer Wert auf Autorität legt, fordert Respekt ein, hat typischerweise ein positives Bild von Militär und Polizei und will mit Härte gegen Kriminelle und andere Regelbrecher vorgehen.[49] Dem Prinzip *Reinheit* zufolge gibt es einen Unterschied zwischen dem „Natürlichen", „Reinen" und „Gesunden" (wie der Ehe) und dem „Unnatürlichen", „Unreinen" und „Ungesunden" (wie Inzest). In vielen Kulturen und Religionen gilt Heterosexualität beispielsweise als „natürlich" und „rein", Homosexualität hingegen als „unnatürlich" und „unrein". Klare Geschlechterrollen gelten als „natürlich", fluide Gendergrenzen oder Androgynität hingegen als „unnatürlich".

Zwar zeigen der zivilisatorische Fortschritt sowie Experimente aus der Moralpsychologie, dass Menschen ihre emotionsbasierten Neigungen durch vernünftige Überlegungen überstimmen und dauerhaft ändern können, doch in vielen Fällen nehmen sie nicht diese reflektierte Distanz zu sich selbst ein.[50]

Neben den „Moral Foundations" haben auch Persönlichkeitsmerkmale Einfluss auf die moralische Identität. So erforschen Psychologen seit über vierzig Jahren weltweit in Tausenden von Versuchen, wie die fünf Persönlichkeitsmerkmale *Offenheit*, *Gewissenhaftigkeit*, *Extrovertiertheit*, *Verträglichkeit* und *emotionale Instabilität* (auch *Neurotizismus* genannt) mit der Lebensführung und politischen Vorlieben korreliert sind.[51] Die Forschung geht davon aus, dass die Persönlichkeitsmerkmale unabhängig voneinander ausgeprägt sind, zwischen Individuen variieren, jedoch während des ganzen Lebens relativ konstant bleiben.[52] Der sogenannte BIG-5-Persönlichkeitstest ist einer der verlässlichsten in der Psychologie, auch wenn bis heute umstritten ist, ob man nicht mehr und anders ausdifferenzierte Merkmale annehmen sollte.[53]

Als besonders relevant für die politische Gesinnung haben sich Offenheit und Gewissenhaftigkeit als Faktoren erwiesen. Man kann sie ganz grob den Meta-Eigenschaften *Flexibilität* und *Stabilität* zuordnen, die man auch bei Tieren und anderen Organismen findet.[54] Stabilität hält die Funktionen des Organismus aufrecht, sichert also den Status quo, während Flexibilität dazu führt, dass Or-

---

48 Fiske (1991).
49 Graham/Haidt (2011).
50 Knutson (2007); Schwitzgebel et al. (2020).
51 Matthews et al. (2003).
52 Polderman et al. (2005).
53 Paunonen (2001).
54 Hirsh et al. (2009).

ganismen neue Informationen über ihre Umwelt gewinnen. Ob Persönlichkeitsmerkmale die Ausbildung der politischen Gesinnung verursachen oder ob beide Aspekte, Persönlichkeit und politische Gesinnung, von einem gemeinsamen kausalen Faktor („common cause") wie etwa von diesen Meta-Eigenschaften abhängen, ist bis heute umstritten, für die vorliegende Analyse aber nicht entscheidend.[55]

Wer einen hohen Wert beim Merkmal „Offenheit" hat, ist *neophil*, mag also das sinnlich und kognitiv Neue und Besondere wie intellektuelle Herausforderungen, Überraschungen oder seltene Wörter, und sieht in Vielfalt, Mehrdeutigkeit, Vagheit, Abstraktion, Unsicherheit, Diversität, Komplexität sowie im Bruch mit der Tradition und dem Status quo einen Wert.[56] Typisch für sehr offene Menschen ist ein Denkstil, der auf den ersten Blick grundverschiedene Themen miteinander verbindet.[57] Sehr offene Menschen vertreten deutlich progressivere Werte als der Bevölkerungsdurchschnitt und wählen mit hoher Wahrscheinlichkeit progressive Parteien, wie weltweite Untersuchungen zeigen.[58]

Traditionalisten hingegen haben einen eher niedrigen Wert bei Offenheit. Das zeigt sich darin, dass sie sich tendenziell für Konformität und Tradition, aber gegen Wandel aussprechen, vor Komplexität eher zurückscheuen und eher Eindeutigkeit sowie die Auflösung von Spannung („closure") bevorzugen. Umgekehrt ist ein hoher Wert beim Merkmal Gewissenhaftigkeit ein Indikator für Konservativismus. Gewissenhafte Menschen sind pflichtbewusst, planen im Voraus und bevorzugen Stabilität, Ordnung, Struktur und Kategorisierbarkeit.[59]

7 Die feinen moralischen Unterschiede

Pierre Bourdieu hat in seiner einflussreichen Studie *Die feinen Unterschiede* herausgearbeitet, dass sich Menschen von ihrem Konsum einen „Distinktionsgewinn" versprechen, indem sie sich damit sichtbar gegenüber Mitgliedern ärmerer Schichten abgrenzen.[60] In seiner Untersuchung bevorzugen Hochschullehrer Bachs *Wohltemperiertes Klavier*, während „Kleinkaufleute" und „untere Angestellte" lieber Schlager wie *An der schönen blauen Donau* hörten. Wer aus der Pariser Oberschicht kommt, interessiert sich eher für abstrakte Fotografie und

55 Verhulst et. al. (2012).
56 Matthews et al. (2003).
57 Nettle (2006).
58 Sibley/Duckitt (2008).
59 Mendez (2017).
60 Bourdieu (1979).

avantgardistische Theaterstücke, Arbeiter aus der Provence können nichts damit anfangen.

Man kann Bourdieus Beobachtung generalisieren. Konsum dient als Marker der Gruppenzugehörigkeit. Neben der von Bourdieu untersuchten vertikalen Abgrenzung durch Einkommen, ist Menschen aber vor allem die horizontale Abgrenzung durch Moral wichtig.[61] So ist schon an Bourdieus Studie auffällig, dass der Kulturkonsum der Oberschicht indirekt das Persönlichkeitsmerkmals „Offenheit" ausdrückt mit den Untermerkmalen „Komplexität", „Abstraktion" und „Avantgarde". In unserem Zeitalter der „ästhetischen Allesfresser" ist die Auseinandersetzung mit Kunst, abgesehen von Kunstbesitz, weniger ein hierarchisches Merkmal des sozioökonomischen Status, sondern vielmehr ein Merkmal für Offenheit und damit für den progressiven moralischen Status.[62]

In der Politikwissenschaft und Sozialpsychologie wird der kommunikative Aspekt der politischen Ideologie manchmal als „symbolischer" Aspekt von der tatsächlichen Lebensführung, dem „operationalen" Aspekt unterschieden, da beide nicht immer kongruent sind.[63] Symbolische Ideologie drückt man durch Aussagen, Bilder und andere Zugehörigkeitssymbole, aber vor allem die Selbstbeschreibung aus.[64] Da die politische Ideologie Teil der moralischen Identität ist, kann man den symbolischen Aspekt der Ideologie ebenfalls als Spezialfall eines *moralischen Markers* auffassen.

Für die Funktion eines moralischen Markers sind zwei Bedingungen notwendig. Erstens muss man seine eigene moralische, im Spezialfall politische Verortung kennen, um sie bewusst oder unbewusst auszudrücken, und zweitens müssen andere diese moralische Verortung am Verhalten ablesen können, sei es an Sprechhandlungen oder am Konsumverhalten, Habitus und an anderen Aspekten der Lebensführung.

Bei expliziten moralischen Äußerungen liegt die moralische Selbstdarstellung auf der Hand. Wer Diskriminierung kritisiert, fällt nicht nur ein Urteil über Ungerechtigkeit, sondern unweigerlich auch ein Urteil über sich selbst, indem er sich als moralisch sensibel darstellt.[65] Auch mit dem Tragen von Jutebeuteln, dem Hissen der Landesfahne im Schrebergarten oder dem Kauf eines Elektroautos sendet man Tugendsignale, die von anderen mehr oder weniger klar interpretiert werden können. Weil der moralische Charakter ein wichtiger Faktor im sozialen Leben, aber anhand von Handlungen für andere Menschen nur aufwendig zu

61 Hübl (2019).
62 Peterson/Kern (1996).
63 Stimson (2004).
64 Jost et al. (2009).
65 Tosi/Warmke (2020).

entschlüsseln ist, neigen wir dazu, möglichst viele und eindeutige moralische Signale zu senden.

Wie schon angedeutet ist die Beschäftigung mit moderner Kunst ein starker *Progressivitätsmarker*. Ein Progressivitätsmarker ist ein moralisches Erkennungszeichen, mit dem man sich und anderen verbal oder nonverbal die moralische Gesinnung mitteilt. Mit einem positiven Progressivitätsmarker zeigt man an, dass einem die progressiven Prinzipien *Fürsorge*, *Fairness* und *Freiheit* sowie das Persönlichkeitsmerkmal *Offenheit* am Herzen liegen; mit einem negativen Progressivitätsmarker wie *Anti-Autorität*, *Anti-Loyalität* und *Anti-Reinheit* drückt man aus, dass man die Prinzipien der Konservativen und Traditionalisten ablehnt, einschließlich die Extremformen des Persönlichkeitsmerkmals *Gewissenhaftigkeit*.[66] Für *Konservativismusmarker* gilt dasselbe mit umgekehrten Vorzeichen.

8 Moderne Kunst als Ausdruck progressiver Moral

Bei Persönlichkeitsmerkmalen konvergieren Fremd- und Eigenzuschreibungen.[67] Wer offen oder gewissenhaft ist, wird von anderen typischerweise auch so eingeschätzt, was wiederum heißt, dass wir indirekte Signale der moralischen Identität dechiffrieren können. Einer der stärksten Indikatoren für einen hohen Wert beim Persönlichkeitsmerkmal Offenheit im BIG-5-Persönlichkeitstests ist ein verstärktes Interesse an Kunst und Kreativität, nämlich wenn Probanden Kunstausstellungen besuchen und Bücher lesen oder wenn sie selbst Gedichte schreiben und Geschenke für andere basteln.[68]

Der Zusammenhang äußert sich auch an der Lebensführung. Dana Carney konnte in einer Pionierstudie zeigen, dass offene Menschen ihre Neophilie auch über ihre Inneneinrichtung ausdrücken, etwa durch Fotos und Souvenirs von Fernreisen, aber vor allem durch Kunstwerke.[69] Durch die sozialen Medien ist dieser Zusammenhang weltweit belegbar. So untersuchten Kosinski und Kollegen 58.000 Facebook-User mit einer App, die einen Persönlichkeitstest darstellt und gleichzeitig Informationen über die Präferenzen (die „Likes“) der Nutzer abfragt.[70] Damit erstellten die Forscher ein Datenprofil der Teilnehmer. Anhand

66 Hübl (2019).
67 McCrae/Costa (1987).
68 Hirsh et al. (2009).
69 Carney et al. (2008); siehe auch Jost et al. (2003).
70 Kosinski et al. (2013); siehe auch Matz et al. (2017).

dieser Informationen kann man beispielsweise das Wahlverhalten vorhersagen, denn Vorlieben für Sportschuhe, Speisen oder Musikstile sind mit Persönlichkeitsmerkmalen korreliert und diese wiederum mit politischen Präferenzen. Die Daten zeigen aber auch, dass Menschen mit einem hohen Wert bei Merkmal „Offenheit“ nicht nur TED Talks mögen, also populäre Vorträge über wissenschaftlich überraschende Erkenntnisse, sondern im Vergleich zum Durchschnitt auch Künstler wie Salvador Dalí.[71]

Anhand der Vorlieben für Konsumgüter kann man also die politische und damit moralische Gesinnung von Personen ermitteln. Das gilt auch für Menschen im täglichen Umgang. In einem Experiment fotografierten Forscher die am häufigsten getragenen Schuhe von Zielpersonen und präsentierten diese Fotos ihren Probanden, die daran recht zuverlässig Alter, Geschlecht, Persönlichkeitsmerkmale und die politische Ausrichtung der Besitzer ablesen konnten.[72]

Selbst diejenigen, die sich mit Kunst völlig apolitisch aus einem rein ästhetischen Vergnügen beschäftigen, senden damit also ein Signal ihrer moralischen und so mittelbar auch politischen Gesinnung. Diese Signale sind natürlich nicht eindeutig, sodass man an der Vorliebe für Picasso oder Louise Bourgeois die Parteipräferenz eindeutig bestimmen könnte, doch es sind starke Indikatoren.

So wurden in einer Umfrage des Forschungsinstituts *Data for Progress* Versuchspersonen das Sam Gilliams Gemälde *Coffee Thyme Gap* (1980) präsentiert. Wer das Bild für Kunst hielt, lehnte Trump als Präsident eher ab, wer es nicht für Kunst hielt, gab ihm eher die Zustimmung. Als Indikator war diese einzelne Frage aussagekräftiger als der College Abschluss, der ebenfalls zuverlässig das Wahlverhalten vorhersagt, denn Akademiker wählen deutlich häufiger Demokraten.[73] Die Umfrage bildet zwar nur einen schwachen Datenpunkt, da es sich nicht um eine systematische Studie handelt, sie zeigt aber eine Grundtendenz, die inzwischen gut belegt ist. So hatte schon eine Pionierstudie aus dem Jahr 1992 nahegelegt, dass Studenten, die den ehemaligen Ku-Klux-Klan-Anführer David Duke sympathisch fanden, eher einfache geometrische Formen ästhetisch ansprechend fanden, während linksliberale Studenten, die den Rechtextremisten scharf verurteilten, eher komplexe Vielecke bevorzugten.[74] Eine andere Untersuchung zeigt, dass Brexit-Befürworter gegenständliche Kunst am liebsten mögen, während Kritiker des Brexits sich eher für abstrakte und vor allem komplexe Avantgarde-

71 Youyou (2012).
72 Gillath (2012).
73 https://www.vox.com/policy-and-politics/2019/9/16/20856316/poll-yougov-art-ideology-trump (besucht am 10.7.2021).
74 Eisenman (1992).

Kunst erwärmen konnten.[75] Versuchspersonen in den USA zeigten dieselben Präferenzen.[76]

Offenheit ist nicht nur mit einer Vorliebe für Kunst aller Art korreliert,[77] sondern Menschen mit einem hohen Wert bei Offenheit bevorzugen im Vergleich zum Durchschnitt deutlich eher abstrakte Kunst, während Menschen mit einem hohen Wert bei „Gewissenhaftigkeit" eher gegenständliche Malerei und Skulptur mögen.[78] Während Konservative unklare Darstellungen, neue Situationen und Ambiguität eher als Bedrohung wahrnehmen, sehen Progressive darin einen positiven Wert.[79] Zudem neigen Konservative im Gegensatz zu Progressiven dazu, Mehrdeutigkeiten und Sinnestäuschungen in Bildern automatisch aufzulösen. Sie achten außerdem weniger auf besondere Details,[80] haben mehr Aversion gegenüber negativen Stimuli[81] und bevorzugen soziale Normen gegenüber Regelbruch.[82] Auch einen Unterschied in den Denkstilen kann man feststellen. Eine Meta-Analyse mit über 22.000 Probanden ergab, dass Progressive („liberals") im Gegensatz zu Tratitionalisten („conservatives") eher einen analytischen Denkstil bevorzugen, also „tiefe Gedanken" gegenüber einfachen Lösungen bevorzugen.[83]

Außerdem zeigen Untersuchungen, dass „kreative Persönlichkeitstypen", die sich für Kunst interessieren und in Kreativitätstests überdurchschnittlich abschneiden, eher linksliberal wählen.[84] Dazu gibt es auch experimentelle Evidenz. In einem Versuch haben Studenten einen Kreativitätstest absolviert sowie Zeichnungen und einen Foto-Essay angefertigt, der von einer unabhängigen Jury auf kreatives Potential hin beurteilt wurde. Probanden, die in einem Test zur politischen Ausrichtung auf der konservativen Seite verortet waren, schnitten deutlich schlechter ab als ihre progressiven Kommilitonen.[85]

Zugespitzt formuliert: Wer Pollocks abstrakte „Action Paintings" schätzt, drückt damit mittelbar aus, dass er linksliberal ist. Eine Vorliebe für Pollocks Bruch mit der Tradition hält das progressive Prinzip „Freiheit" hoch und lehnt umgekehrt das konservative Prinzip „Autorität" ab. Eine Vorliebe für Abstraktion ist außerdem ein Indikator für das Persönlichkeitsmerkmal „Offenheit". Anti-

75 Carl (2018).
76 Wilson (1973).
77 Furnham/Walkter (2001); Chamorro-Premuzic et al. (2008); Cleridou/Furnham (2014).
78 Lyssenko (2016) Rawlings/Brock (2002).
79 Jost et al. (2003).
80 Caparos (2015).
81 Carraro et al. (2016).
82 Hibbing et al. (2014).
83 Talhelm et al. (2015).
84 Tyagi et al. (2018).
85 Dollinger (2007).

Autorität, Freiheit und Offenheit sind allesamt Indikatoren einer progressiven Moral.

Schon das Vokabular der zeitgenössischen Kunstkritik ist ein Vokabular der Offenheit und damit ein Progressivitätsmarker. Positiv besetzt sind Begriffe wie „neu", „innovativ" und „Neugierde" sowie „Verstörung", „Mehrdeutigkeit", „Ambiguität", „Diversität", „Bruchlinien", „Komplexität", „Provokation", „in Frage stellen", „überraschen", „Herausforderung", „unkonventionell", „Kreativität", „Vielfalt", „interdisziplinär", „Grenzüberschreitung", „subversiv", „dynamisch" und so weiter. Mit diesem „Vokabular der Fluidität", wie man es mit Mark Lilla auch nennen könnte[86], also mit Schlagwörtern aus der akademischen Linken wie „hybridity", „intersectionality", „performativity", „transgressivity" drückt man seine Ablehnung der Werte der Gegenseite, also von Begrenzung, Klarheit, Kategorisierbarkeit und Starrheit aus, und positioniert sich damit gegen die Moral der Konservativen. So ist auch die Rede von „Schönheit", die über Jahrhunderte zentral für die Künste war, im progressiven Diskurs verpönt, weil Schönheit mit dem Status quo, dem Konventionellen und der Tradition, kurz mit dem Konservativismus verbunden wird.

Der Erfolg der Abstraktion in der Avantgardekunst bestand auch darin, dass das Abstrakte wie Kasimir Malewitschs *schwarzes Quadrat* oder Moholy-Nagys *Konstruktionen* (vgl. Abb. 2) als das Neue, Unkonkrete, nicht Repräsentationale und damit nicht Kategorisierbare gesehen wurde und so als Progressivitätsmarker eine klare Brechung mit der Tradition der darstellenden Kunst markierte.

Der Dadaismus ist vielleicht das einschlägigste Beispiel für progressive Neophilie sowie für Anti-Autorität, Anti-Loyalität und Anti-Reinheit. In der großen Dada-Ausstellung im Jahr 1920 in Berlin baumelte eine von John Heartfield und Rudolf Schlichter gefertigte Puppe mit Schweinsmaske in Soldatenuniform von der Decke, der *Preußische Erzengel* (vgl. Abb. 3), der sich gegen alle Autoritäten der Zeit wandte: Klerus, Militär, Obrigkeit und den Nationalismus im Allgemeinen. George Grosz stellte 1928 mit seiner Zeichnung *Maul halten und weiter dienen* Jesus mit Gasmaske und Militärstiefeln dar, was ihm einen Prozess vorm Berliner Kriminalgericht einbrachte, in dem sein Anwalt Alfred Apfel nur mit Mühe einen Schuldspruch abwenden konnte.

Abgesehen von Ambiguität, Selbstbezug und Regelbruch arbeiten der Dadaismus und darauffolgende Strömungen oft mit Ironie und Nonsens, die ebenfalls starke Progressivitätsmarker sind, weil sie das konservative Denken herausfordern, das starre Grenzen zwischen Staaten, Geschlechtern, Normen und Kategorien betont. Den Gegner der Dadaisten, den „autoritären Charakter", haben Theodor Adorno

86 Lilla (2018, S. 84).

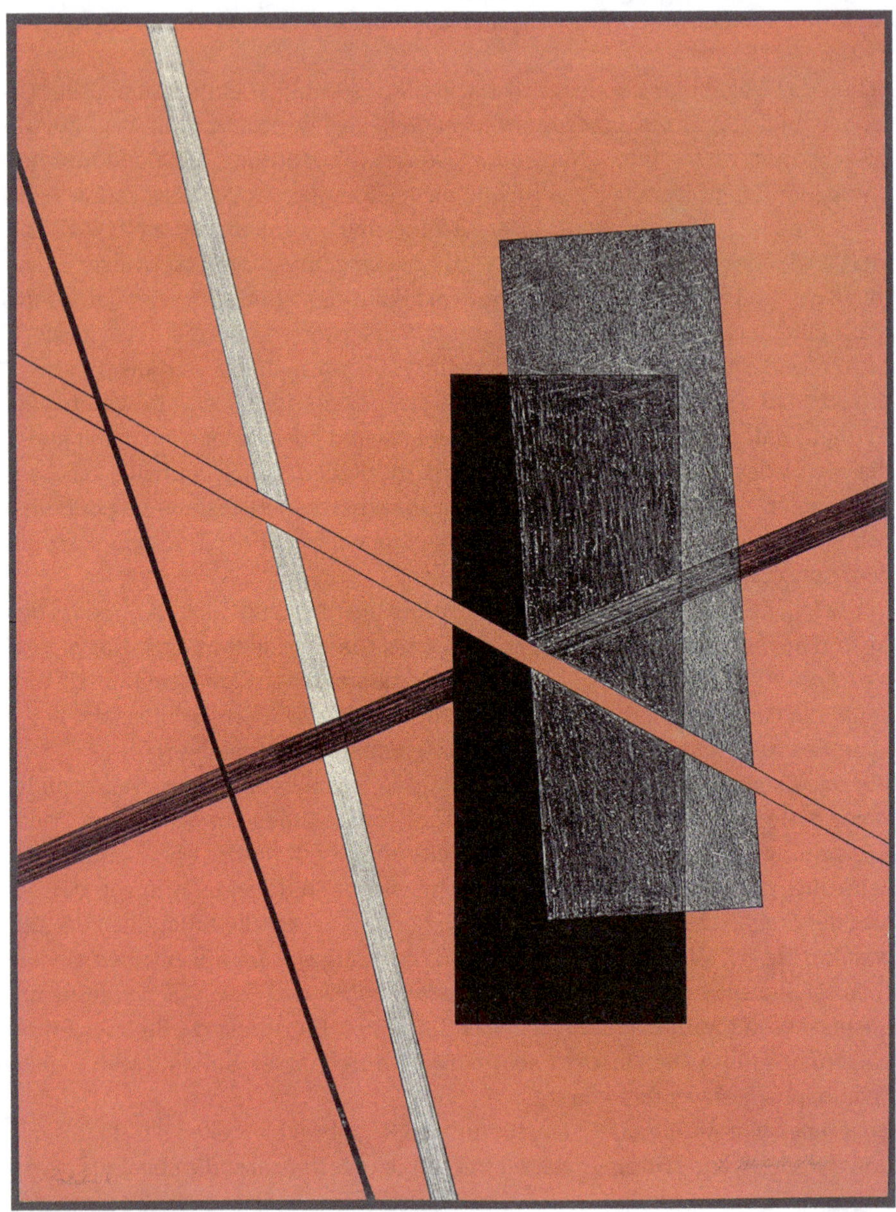

Abb. 2: László Moholy-Nagy (1923), „Konstruktionen“, 6. Kestnermappe.

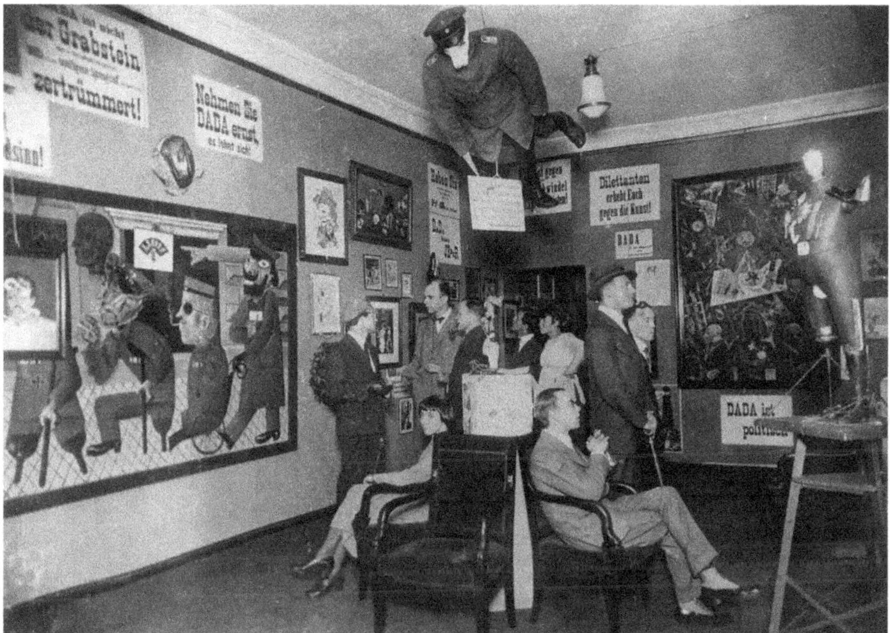

Abb. 3: John Heartfield und Rudolf Schlichter (1920), Skulptur „Preussischer Erzengel". Foto: „Opening of the 1st International Dada fair in the bookshop of the Dr. Burchard in Berlin", adoc-photos / Corbis via Getty Images.

und Kollegen in ihren Studien als jemanden beschrieben, der konventionell denkt, Regelbrecher bestraft und Kreativität verachtet.[87]

Regelbruch zeigt sich auch im Auflösen der Genregrenzen. Schwitters zum Beispiel erschuf nicht nur den Merzbau, eine komplexe, über mehrere Räume und zwei Stockwerke verteilte Assemblage, sondern ihm ging es ganz explizit darum, mit seiner Merzkunst ein Gesamtkunstwerk zu schaffen, „das alle Kunstarten zusammenfaßt zur künstlerischen Einheit", um damit „die Grenzen der Kunstarten zu verwischen."[88]

Seit dem Dadaismus haben Anti-Reinheitsthemen schon fast eine Tradition in der zeitgenössischen Kunst. Dieter Roths Bild *Kleiner Sonnenuntergang*, eine alte Salamischeibe, Cindy Shermans Fotografien von verschimmeltem Essen wie *Untitled 182* (vgl. Abb. 4), Hermann Nitschs auf der öffentlichen Bühne geschlachtete Schafe oder Piero Manzonis *Merde*, der Kot des Künstlers in Dosen versiegelt, sind

87 Adorno et al. (1950).
88 Schwitters in Pörtner (1961).

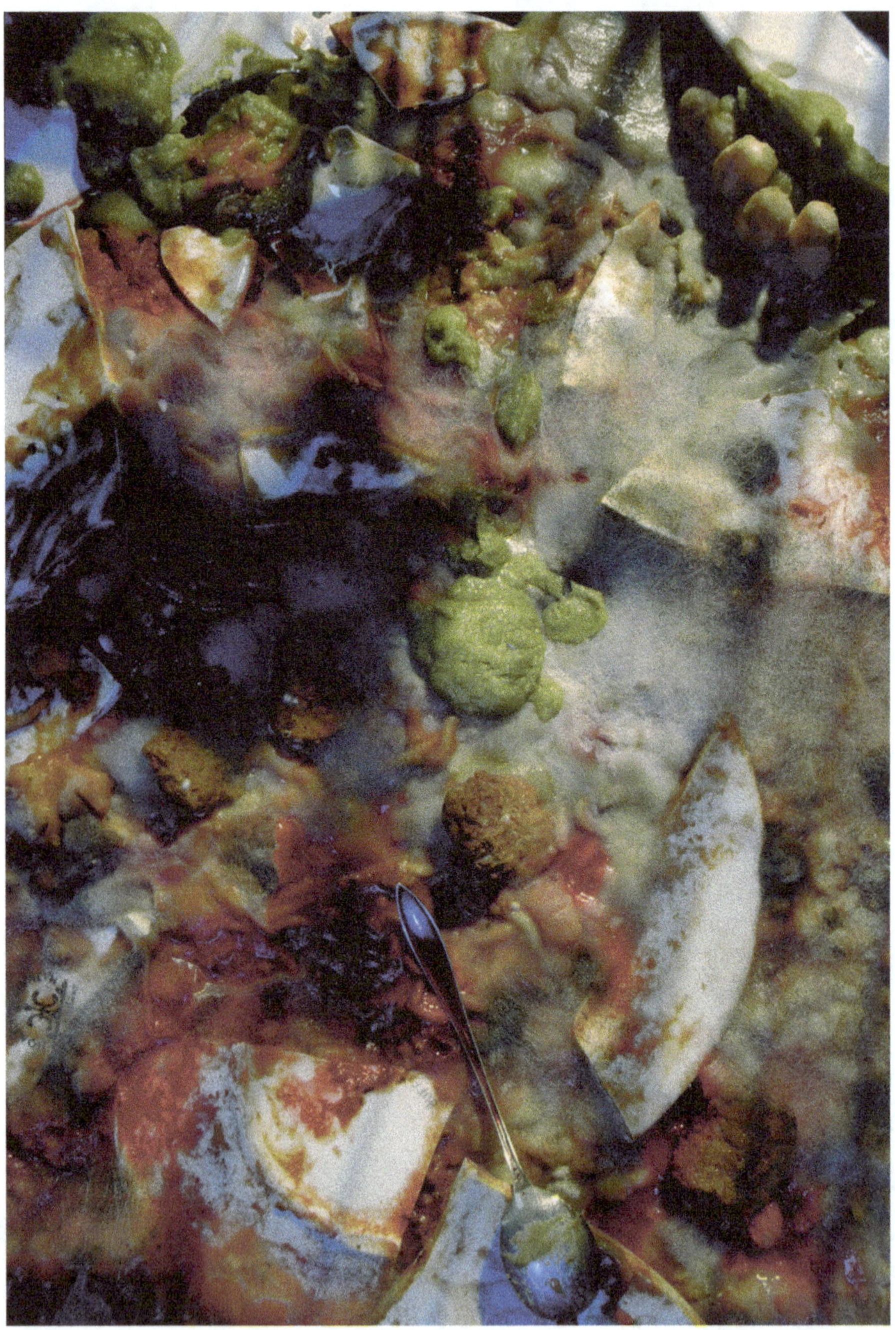

Abb. 4: Cindy Sherman (1987), „Untitled #182"; Quelle: Courtesy of the artist and Metro Pictures, New York.

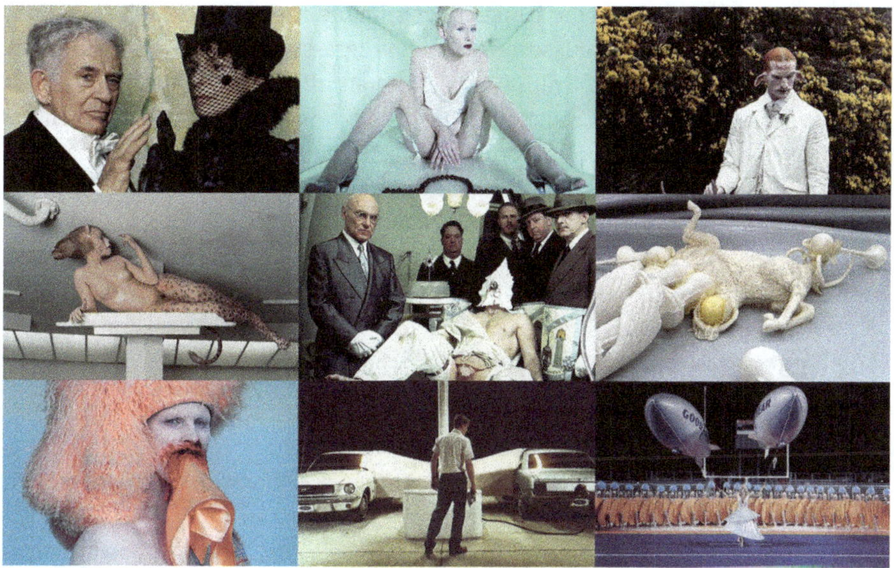

Abb. 5: Matthew Barney (1994 – 2002), „Cremaster Cycle" (eigene Kollage); Quelle: Nancy Spector (2002), *Matthew Barney: The Cremaster Cycle*, New York: Guggenheim Museum Publications.

nur einige von zahlreichen Beispielen. Auf Verletzungen „heiliger Prinzipien" der Gemeinschaft und der Reinheit reagieren Traditionalisten und Autoritäre mit Abscheu, einer Form von moralischem Ekel, das ist heute kaum anders als in den 1920er Jahren.[89] In Anschluss an Schwitters ist die zeitgenössische Kunst teils hyperkomplex geworden, etwa im Werk von Matthew Barney, der in seinem *Cremaster Cycle* (vgl. Abb. 5) organisch und technisch anmutende Skulpturen, Filme, Motive der Mythologie, Verkleidung, Musik, Tanzchoreographien und Fotografie zu einer über Raum und Zeit weit ausgedehnten Gesamtinszenierung komponiert, wobei er die Grenzen zwischen den Geschlechtern und die zwischen Menschen und Tieren auflöst. Die Komplexität überfordert den Betrachter und lässt eine von Traditionalisten ersehnte Auflösung von Spannungen („closure") nicht zu.

Für die vorliegende These heißt das: Künstler und andere Mitglieder der Kunstwelt sind weit progressiver als der Bevölkerungsdurchschnitt, und mit der Avantgardekunst sind Kunstwerke Progressivitätsmarker, also Ausdruck von Offenheit, Freiheit sowie von Anti-Autorität, Anti-Loyalität und Anti-Reinheit. Um

89 Haidt (2012).

als Kunst zu gelten, müssen die Werke nicht primär ein Kunstpublikum ästhetisch ansprechen, sondern sie müssen neu und progressiv für die Entscheider der Kunstwelt erscheinen, eine Gruppe von Experten, die ihre moralische Identität über die Beschäftigung mit Kunst ausdrückt und vom Publikum dafür geschätzt wird. Wer sich mit moderner und zeitgenössischer Kunst befasst, sendet bewusst oder unbewusst starke Progressivitätsmarker, selbst wenn die *operationale*, also gelebte Moral, etwas weniger progressiv sein mag, als die *symbolische*, also die zur Schau gestellte Moral.

9 Fürsorge statt Freiheit: die neuen Empfindlichkeiten

Mit dem Ansatz, Kunst als Progressivitätsmarker aufzufassen, erscheinen auch jüngere Entwicklungen im Kunstdiskurs in einem neuen Licht, vor allem die neuen Sensibilitäten gegenüber Themen wie Rassismus, Sexismus, Raubkunst, die Grenzen von Satire, die Neudefinition des Kanons oder kulturelle Aneignung.

Im progressiven Lager lässt sich in den letzten Jahren eine Schwerpunktverschiebung der beiden moralischer Grundprinzipien Freiheit und Fürsorge beobachten.[90] Stand bis vor kurzem *Freiheit*, verstanden als Zwanglosigkeit und Selbstbestimmung[91], im Vordergrund, die den bewussten Bruch mit Konventionen, Autorität, Loyalität und Reinheit suchte, ist vor allem bei jüngeren Generationen *Fürsorge* an erste Stelle gerückt, die sich als Wärme und Mitgefühl mit den Schwachen und Verletzlichen einschließlich der Natur ausdrückt. Wer Fürsorge als höchsten Wert ansieht, betrachtet Fairness in diesem Licht, interpretiert also Gerechtigkeit eher als Verteilungsgleichheit, sieht die Menschheit als universelle Gemeinschaft, Freiheit eher als individuelle Selbstentfaltung und betont daher Schutz vor Gewalt, Unterdrückung und Diskriminierung, indem er auf jedes Anzeichen von tatsächlicher oder unterstellter Macht und Herrschaft negativ reagiert.[92] Im progressiven, also linksliberalen Lager betonen die Liberal-Progressiven eher Freiheit, die Links-Progressiven eher Fürsorge. Diese Aufspaltung spiegelt sich auch in der moralischen Bewertung der Kunst wider.

Aus liberal-progressiver Sicht ist es beispielsweise ein Zeichen von Innovation und kultureller Offenheit, dass Künstler wie Picasso, Ernst Ludwig Kirchner oder Alberto Giacometti vom Stil afrikanischer Künstler der Dan in Liberia, der Kota in

---

90 Waytz et al. (2019).
91 Inglehart/Welzel (2005).
92 Haidt/Lukianoff (2018).

Gabun oder der Fang in Äquatorialguinea inspiriert wurden. Aus links-progressiver Sicht hingegen ist das eine Form unrechtmäßiger kultureller Aneignung, die die marginalisierten Urheber um die Früchte ihrer Arbeit betrogen hat.

Für den Liberal-Progressiven sind Kirchners Bilder nackter Mädchen oder eine Mohamed-Karikatur in der satirischen Zeitschrift *Charlie Hebdo* Provokationen gegenüber Vorstellungen von Reinheit und Autorität der Religionen und der Traditionalisten und damit Ausdruck von Offenheit und Emanzipation gegenüber Zwängen, also von normativ positiv besetzter *Freiheit*. Für den Links-Progressiven hingegen zählen minderjährige Mädchen und Muslime zu den vulnerablen Gruppen. Weil es aus der Perspektive der *Fürsorge* um Schutz vor Gewalt, vor sexuellem Missbrauch Minderjähriger und vor Muslimfeindlichkeit geht, stellen die Bilder und Karikaturen einen potentiellen Schaden dar und sind daher normativ negativ besetzt, was so weit gehen kann, dass sie tabuisiert oder geächtet werden.

Einige Kritiker setzen diese Haltung extremer Links-Progressiver mit der Zensur der Konservativen gleich.[93] Eine Parallele besteht aber nur oberflächlich, denn die Motivation ist jeweils eine andere. Konservative Zensur an Themen wie Sexualität oder Religion entspringt den Prinzipien „Reinheit" und „Autorität", bei der links-progressive Kritik geht es um Schutz der Schwachen, geleitet von der Extremform des Prinzips „Fürsorge".

Diese Extremform erklärt auch, warum in der zeitgenössischen Kunst, aber auch im Theater oder der Literatur immer öfter auf Mehrdeutigkeit und das Spiel mit Widersprüchen, einst Merkmale der Moderne, verzichtet wird, aber dennoch die Kunstwelt und Kritiker Formen dieser Vereindeutigung als ästhetisch wertvoll ansehen.[94] Im links-progressiven Lager wird Uneindeutigkeit bei Themen wie Gender, sexuelle Orientierung und Ethnie vermieden, weil sie potentiell als Schaden für vulnerable Gruppen deklariert werden können. Anselm Kiefers Hitlergruß-Performance von 1969 beispielsweise würde heute nicht mehr im komplexen Kontext deutscher Kriegsschuld interpretiert, sondern als Zeichen der Unterdrückung und damit des Bösen kontextfrei verabsolutiert und geächtet werden. Die Folge dieser extremen Form der Fürsorge ist, dass die Kunstwelt inzwischen einige zeitgenössische Künstler mit Anerkennung belohnt, die wenig Komplexität, Verstörung, Ambiguität oder Provokation in ihren Werken zulassen, Kunst also nicht als ein Versprechen sehen, das gebrochen wird, sondern als eine moralische Botschaft, die klar vermittelt werden muss. So sagt Banksys Graffiti *Flower Thrower* (vgl. Abb. 6) in Bethlehem nicht mehr als „Make Love, not War".

---

93 Fouest (2020).
94 Stegemann (2020).

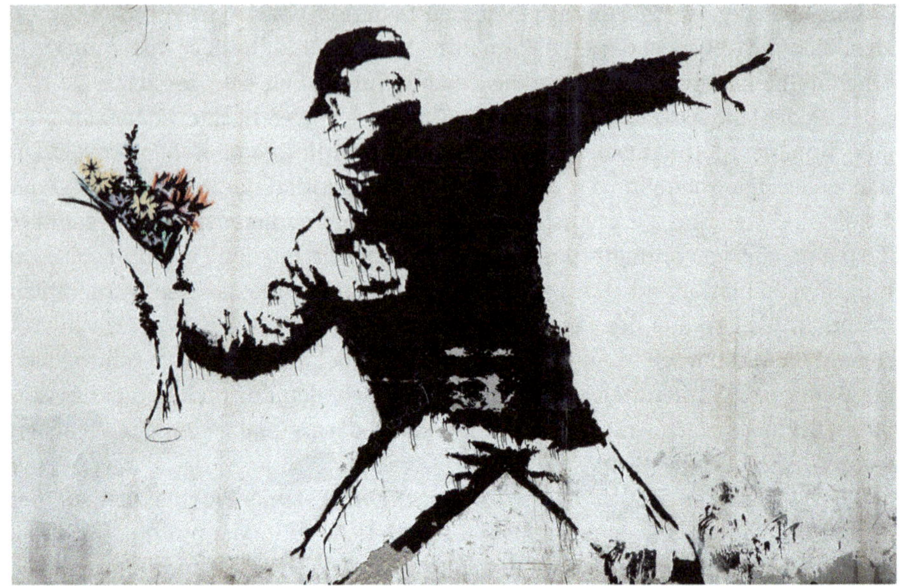

Abb. 6: Banksy (2014), „Flower Thrower“ in Beit Sahour, West Bank, Palestine. Foto: Ryan Rodrick Beiler / Alamy Stock Photo.

Das Werk ist weder komplex, provokant noch mehrdeutig, sondern buchstäblich oberflächlich. Und Ai Weiweis Installation von Rettungswesten, beispielsweise am Konzerthaus von Berlin (vgl. Abb. 7), trifft eine eindeutige Aussage, der kaum jemand widersprechen wird: Es ist moralisch falsch, dass Menschen im Mittelmeer ertrinken. Eine zweite Ebene sucht man vergeblich.

Kunst muss dem neuen Ansatz zufolge nicht mehr um jeden Preis neu sein, sondern wenn überhaupt, steht das Neue unter dem Vorzeichen der zu schützenden Vulnerabilität. War ehemals der offenen, freien und kosmopolitische Persönlichkeit Erfolg beschieden, obsiegt heute die verletzliche oder fürsorgliche Persönlichkeit. Die Grenzen des Erlaubten werden nicht mehr im Kampf gegen die Zensur der autoritären Traditionalisten verschoben, sondern viel mehr durch Selbstzensur und Tabuisierung innerhalb der Kunstwelt bestimmt, sofern es um Themen echter oder vermeintlicher Unterdrückung oder Diskriminierung geht.[95]

Die inhaltliche Vereindeutigung durch extreme Fürsorge deutet somit einen Kulturwandel in der Kunstwelt an. Was gute Kunst ist, verändert sich, weil sie als Ausdruck von Moral dem Wertewandel unterliegt. War Avantgardekunst bis vor

95 Für eine ausführliche Diskussion, siehe Rauterberg (2018).

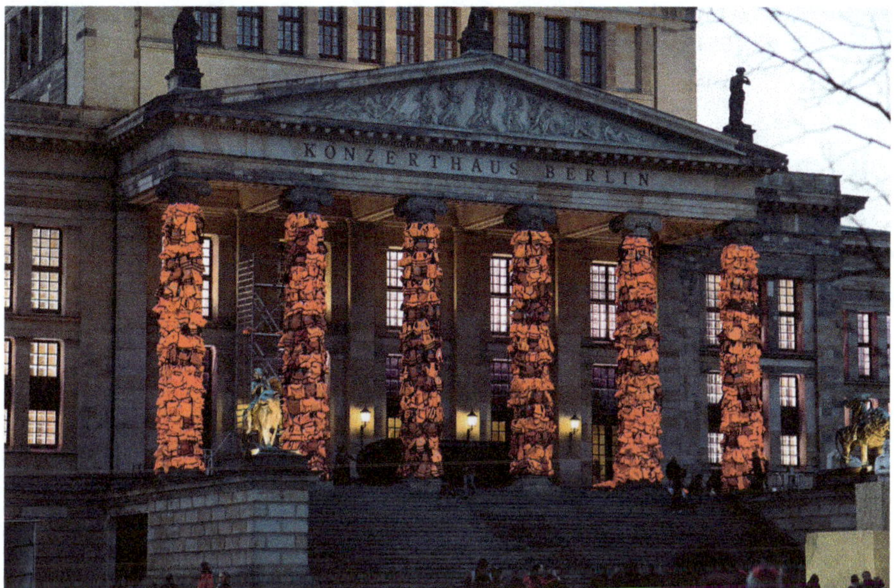

Abb. 7: Ai Weiwei (2016), „Rettungswesten am Konzerthaus“, Foto: M. Winninghoff.

kurzem noch ein Liberal-Progressivitätsmarker, ist sie seit einiger Zeit immer mehr ein Links-Progressivitätsmarker. Unter dieser neuen Prämisse erscheint auch der gesamte Kanon der Kunstgeschichte in einem neuen Licht und wird moralisch und somit auch ästhetisch neu evaluiert. Aus Sicht des vorliegenden Ansatzes moralischer Marker kann das nicht überraschen. Kunstwerke bleiben wertvolle Werke. Nur die Werte ändern sich.

Abbildungsverzeichnis

Abb. 6: Banksy (2014), „Flower Thrower“ in Beit Sahour, West Bank, Palestine. Foto: Ryan Rodrick Beiler / Alamy Stock Photo.
Abb. 7: Ai Weiwei (2016), „Rettungswesten am Konzerthaus“, Foto: M. Winninghoff.

Literaturverzeichnis

Abell, Catharine (2012): „Art: What It Is and Why It Matters“. In: *Philosophy and Phenomenological Research*, 85: 671–691.

Adajian, Thomas (2005): „On the Prototype Theory of Concepts and the Definition of Art“. In *Journal of Aesthetics and Art Criticism*, 63. S. 231–236.

Adajian, Thomas (2018): „The Definition of Art“. In: Zalta, Edward N. (Hrsg): *The Stanford Encyclopedia of Philosophy (Fall 2018 Edition).*

Adorno, Theodor et al. (1950): *Studien zum autoritären Charakter.* Frankfurt am Main: Suhrkamp.

Ásta (2018) *Categories We Live By. The Construction of Sex, Gender, Race, and Other Social Categories.* Oxford: Oxford University Press.

Bonus, Holger und Ronte, Dieter (1997): „Credibility and Economic Value in the Visual Arts“. In: *Journal of Cultural Economics* 21, S. 103–118.

Bourdieu, Pierre (1979): *Die feinen Unterschiede. Kritik der gesellschaftlichen Urteilskraft.* Frankfurt am Main: Suhrkamp.

Busche, Ernst A. (2015): „Der Mann mit dem Goldhelm. Neue Erkenntnisse zur Provenienz des Gemäldes“ In: *Jahrbuch der Berliner Museen* 75, S. 99–106.

Caparos, Serge et al. (2015): „The Tree to the Left, the Forest to the Right: Political Attitude and Perceptual Bias“. In: *Cognition* 134, S.155–164.

Carl, Noah et al. (2018): „Preference for Realistic Art Predicts Support for Brexit“. In: *The British Journal of Sociology* 70(4), S. 1128–1134.

Carney, Dana et al. (2008): „The Secret Lives of Liberals and Conservatives: Personality Profiles, Interpersonal Styles, and What They Leave Behind“. In: *Political Psychology* 29(6), S. 807–840.

Carraro, Luciana et al. (2016): „The Hand in Motion of Liberals and Conservatives Reveals the Differential Processing of Positive and Negative Information“. In: *Acta Psychologica* 68, S. 78–84.

Chamorro-Premuzic, Tomas et al. (2007): „Who Art Thou? Personality Predictors of Artistic Preferences in a Large UK Sample: The Importance of Openness“. In: *British Journal of Psychology* 100, S. 501–516.

Charney, Noah (2015): *The Art of Forgery. The Minds, Motives and Methods of Master Forgers.* London: Phaidon Press.

Cleridou, Kalia und Furnham, Adrian (2014): „Personality Correlates of Preferences for Art, Architecture and Music“. In: *Empirical Studies of the Arts* 32, S. 231–55.

Cottington, David (1998): *Cubism in the Shadow of War: The Avantgarde and Politics in Paris 1905–1914.* New Haven: Yale University Press.

Danto, Arthur C. (1964): „The Artworld“. In: *Journal of Philosophy* 61, S. 571–584.

Danto, Arthur C. (1981): *The Transfiguration of the Commonplace.* Cambridge (MA): Harvard University Press.

Danto, Arthur C. (1997): *After the End of Art. Contemporary Art and the Pale of History.* Princeton: Princeton University Press.
Danto, Arthur C. (2013): *What Art is.* New Haven and London: Yale University Press.
Davidson, Donald (1984): *Inquiries into Truth and Interpretation.* Oxford: Oxford University Press.
Davies, David (2004): *Art as Performance*, Oxford: Blackwell Publishing.
Dickie, George (1984): *The Art Circle.* New York: Haven.
Dickie, George (2001): *Art and Value.* Oxford: Blackwell Publishing.
Dipert, Randall R. (1993): *Artifacts, Art Works, and Agency.* Philadelphia: Temple University Press.
Dollinger, Stephen J. (2007): „Creativity and Conservatism". In: *Personality and Individual Differences* 43, S.1025 – 1035.
Eisenman, Russell (1992): „Creativity, Social and Political Attitudes, and Liking or Disliking David Duke" *Bulletin of the Psychonomic Society* 30(I), S. 19 – 22.
Fingerhut, Jörg et al. (2021): „The Aesthetic Self. The Importance of Aesthetic Taste in Music and Art for Our Perceived Identity". In: *Frontiers of Psychology* 11:577703.
Fiske, Alan Page (1991): *Structures of Social Life: The Four Elementary Forms of Human Relations.* New York: The Free Press
Fourest, Carolin (2020): *Generation Beleidigt. Von der Sprachpolizei zur Gedankenpolizei. Über den wachsenden Einfluss linker Identitärer.* Berlin: Edition Tiamat.
Fraiberger, Samuel P. et al. (2018): „Quantifying Reputation and Success in Art". In: *Science* 362 (6416), S. 825 – 829.
Furnham, Adrian und Walker, John (2001): „Personality and Judgements of Abstract, Pop Art, and Representational Paintings". In: *European Journal of Personality* 15(1), S. 57 – 72.
Galenson, David W. (2016): „The Most Important Works of Art of the Twentieth Century" In: *NBER Working Paper* No. w12058.
Gillath, Omri et al. (2012): „Shoes as a Source of First Impressions". In: *Journal of Research in Personality* 46, S. 423 – 430.
Graham, Jesse et al. (2013): „Moral Foundations Theory: The Pragmatic Validity of Moral Pluralism". In: Devine, Patricia und Plant, Ashby (Hrsg.): *Advances in Experimental Social Psychology Volume 47.* San Diego: Academic Press, S. 55 – 130.
Graham, Jesse und Haidt, Jonathan (2011): „Sacred Values and Evil Adversaries: A Moral Foundations Approach". In Shaver, Phillip R. und Mikulincer, Mario (Hrsg.): *The Social Psychology of Morality: Exploring the Causes of Good and Evil.* New York: APA Books.
Haidt, Jonathan (2012): *The Righteous Mind. Why Good People are Divided by Politics and Religion.* New York: Penguin.
Haidt, Jonathan und Lukianoff, Greg (2018): *The Coddling of the American Mind: How Good Intentions and Bad Ideas are Setting up a Generation for Failure.* New York: Penguin Press.
Harlan, Volker (2001): *Was ist Kunst? Werkstattgespräch mit Joseph Beuys* (6. Auflage). Stuttgart: Urachhaus.
Hibbing, John R. et al. (2014): „Differences in Negativity Bias Underlie Variations in Political Ideology". In: *Behavioral Brain Sciences* 37, S. 297 – 307.
Hilpinen, Risto (2011): „Artifact". In: Zalta, Edward N. (Hrsg): *The Stanford Encyclopedia of Philosophy* (Winter 2011 Edition).

Hirsh, Jacob B. et al. (2009): „Metatraits of the Big Five Differentially Predict Engagement and Restraint of Behavior“. In: *Journal of Personality* 77(4), S. 1085–1101.

Hübl, Philipp (2019): *Die aufgeregte Gesellschaft. Wie Emotionen unsere Moral prägen und die Polarisierung verstärken.* München: C. Bertelsmann.

Inglehart, Ronald und Welzel, Christian (2005): *Modernization, Cultural Change and Democracy.* New York and Cambridge: Cambridge University Press.

Jost, John T. et al (2009): „Political Ideology: Its Structure, Functions, and Elective Affinities“. In: *Annual Review of Psychology* 60, S. 307–337.

Jost, John T. et al. (2003): „Political Conservatism as Motivated Social Cognition“ *Psychological Bulletin* 129, 3, S. 339–375.

Kant, Immanuel (1785): *Grundlegung zur Metaphysik der Sitten* (zitiert nach der Akademieausgabe).

Kant, Immanuel (1790): *Kritik der Urteilskraft*

Knutson, Kristine M. et al. (2007): „Neural Correlates of Automatic Beliefs About Gender and Race“. In: *Human Brain Mapping* 28(10), S. 915–930.

Kosinski, Michael et al. (2013) „Private Traits and Attributes Are Predictable from Digital Records of Human Behavior“. In: *PNAS* 15, S. 5802–5805.

Lazarus, Richard S. (1991): *Emotion and Adaptation.* New York: Oxford University Press.

Lehrer, Keith (2012): *Art, Self and Knowledge.* Oxford: Oxford University Press.

Levinson, Jerrold (2006): *Contemplating Art. Essays in Aesthetics.* Oxford: Oxford University Press.

Lilla, Mark (2018): *The Once and Future Liberal. After Identity Politics.* London: Hurst & Company.

Lyssenko, Natalie et al. (2016): „Evaluating Abstract Art: Relation between Term Usage, Subjective Ratings, Image Properties and Personality Traits“. In: *Frontiers of Psychology* 7:973.

Margolis, Eric und Laurence, Stephen (1999): „Concepts and Cognitive Science“. In Margolis, Eric und Laurence, Stephen (Hrsg.): *Concepts: Core Readings*, Cambridge (MA): MIT Press, S. 3–81.

Matthews, Gerald et al. (Hrsg.): (2003): *Personality Traits* (2. Auflage). Cambridge: Cambridge University Press.

Matz, Sandra et al. (2017): „Psychological Targeting as an Effective Approach to Digital Mass Persuasion“. In: *Journal of Personality and Social Psychology* 114(48), S. 12714–12719.

McCrae, Robert R. und Costa, Paul T. (1987): „Validation of the Five-factor Model of Personality Across Instruments and Observers“. In: *Journal of Personality and Social Psychology* 52(1), S. 81–90.

Mendez, Mario F. (2017) „A Neurology of the Conservative-Liberal Dimension of Political Ideology“. In: *The Journal of Neuropsychiatry and Clinical Neuroscience* 29:2, 86–94.

Mitali, Banerjee und Ingram, Paul L. (2018): „Fame as an Illusion of Creativity: Evidence from the Pioneers of Abstract Art“. In: *HEC Paris Research Paper* No. SPE-2018–1305, *Columbia Business School Research Paper* No. 18–74.

Nettle, Daniel (2006): „The Evolution of Personality Variation in Humans and other Animals“ In: *American Psychologist*, 61(6), S. 622–631.

Paunonen, Sampo V. et al. (2001): „Big Five Factors and Facets and the Prediction of Behavior“. In: *Journal of Personality and Social Psychology* 81(3), S. 524–539.

Peterson, Richard A. und Kern, Roger M. (1996): „Changing Highbrow Taste: From Snob to Omnivore". In: *American Sociological Review* 61(5), S. 900 – 907.
Polderman, Tinca J. C. et al. (2005): „Fifty Years of Twin Studies: A Meta-Analysis of the Heritability of Human Traits". In: *Nature Genetics* 47(7), S. 702 – 709.
Pörtner, Paul (1961): *Literarische Revolution 1910 – 1925* (Band 2). Berlin: Luchterhand.
Preston, Beth (2013): *A Philosophy of Material Culture: Action, Function, and Mind.* New York: Routledge.
Prinz, Jesse (2004): *Gut Reactions. A Perceptual Theory of Emotions.* Oxford: Oxford University Press.
Prinz, Jesse (2011): „Emotion and Aesthetic Value". In: Schellekens, Elisabeth und Goldie, Peter (Hrsg): *The Aesthetic Mind: Philosophy and Psychology.* Oxford: Oxford University Press, S. 71 – 88.
Prinz, Jesse J. (2007): *The Emotional Construction of Morals.* Oxford: Oxford University Press.
Rauterberg, Hanno (2018): *Wie Frei ist die Kunst? Der neue Kulturkampf und die Krise des Liberalismus.* Frankfurt am Main: Suhrkamp.
Rawlings, David und Brock, Bastian (2002): „Painting Preference and Personality, with Particular Reference to Gray's Behavioral Inhibition and Behavioral Approach Systems" In: *Empirical Studies of the Arts* 20, S. 177 – 194.
Schwitzgebel, Eric et al. (2020): „Do Ethics Classes Influence Student Behavior? Case Study: Teaching the Ethics of Eating Meat". In: *Cognition* 203: 104397.
Searle, John R. (1983): *Intentionality.* Cambridge: Cambridge University Press.
Searle, John R. (1995): *The Construction of Social Reality*, New York: The Free Press.
Sibley, Chris und Duckitt, John (2008): „Personality and Prejudice: A Meta-Analysis and Theoretical Review". In: *Personality and Social Psychology Review* 12(3), S. 248 – 279.
Sperber, Dan (2007): „Seedless Grapes: Nature and Culture", in Margolis, Eric und Stephen Laurence (Hrsg.): *Creations of the Mind: Theories of Artifacts and Their Representation*, Oxford: Oxford University Press, S. 124 – 137.
Stegemann, Bernd (2020): *Die Öffentlichkeit und ihre Feinde.* Stuttgart: Klett-Cotta
Steinbrenner, Jakob (2018) „Warum es heute schwerer *als früher* ist, aktuelle Kunst zu verstehen". In: *Zeitschrift für Ästhetik und allgemeine Kunstwissenschaft*,. 63(2): 286 – 300
Stimson, James (2004): *Tides of Consent. How Public Opinion Shapes American Politics.* Cambridge: Cambridge University Press.
Strohminger, Nina und Nichols, Shaun (2014): „The Essential Moral Self". In: *Cognition* 131: 159 – 171.
Talhelm, Thomas et al. (2015): „Liberals Think More Analytically (More „WEIRD"): Than Conservatives". In: *Personality and Socia lPsychology Bulletin* 41(2), S. 250 – 267.
Tosi, Justin und Warmke, Brandon (2020): *Grandstanding. The Use and Abuse of Moral Talk.* Oxford: Oxford University Press.
Tyagi, Vaibhav et al. (2018): „The ‚Right' Side of Creativity: Creative Personality and Social Risk-Taking Predict Political Party Affiliation". In: *Creativity Research Journal*, 30(4), S. 451 – 460.
Verhulst, Brad et al. (2012): „Correlation not Causation: The Relationship between Personality Traits and Political Ideologies" In: *American Journal of Political Science* 56(1): 34 – 51.
Walton, Kendall L. (2008): *Marvelous Images. On Values and the Arts.* Oxford: Oxford University Press.

Waytz, Adam et al. (2019): „Ideological Differences in the Expanse of the Moral Circle“ In: *Nature Communications* 10, 4389.

Wilson, Glenn D. (1973): „Conservativism and Art Preferences“. In: *Journal of Personality and Social Psychology* 25(2), S. 286 – 288.

Youyou, Wu et al. (2012): „Computer-based Personality Judgments are More Accurate than those Made by Humans“. In: *PNAS* 112(4), S. 1036 – 1040.

Jakob Steinbrenner

Mixed Moral Arts oder Kunst als Bestätigungsmaschine

Dass Kunst heutzutage politisch sein muss, scheint in den Augen vieler Kunstinteressierter eine unbezweifelbare Wahrheit zu sein. Mehr noch: Dass sie sich etwa für Flüchtlinge einsetzen, gegen den Neoliberalismus vorgehen, den Kolonialismus und dessen Spätfolgen bekämpfen oder sich der Gendergerechtigkeit zuwenden sollte, scheint kaum weniger selbstverständlich zu sein. Bei genauerem Hinsehen treffen solche Beobachtungen jedoch weniger auf die Kunst im Allgemeinen zu, im Bereich der bildenden Kunst hingegen ist eine solche Auffassung durchaus vorherrschend. Mir ist zumindest außer Axel Krause kein (prominenter) bekennender AFD-Anhänger in der Kunstwelt bekannt.[1] Warum eigentlich? Woher rührt dieses Ungleichgewicht? Sind die (wahren) Kunstqualitätsmaßstäbe Grund hierfür? Muss gute Kunst wirklich politisch linke Botschaften transportieren? Steckt in einem Avantgardeverständnis, wie es spätestens seit dem 19. Jahrhundert zu finden ist, der Ursprung dieser vermeintlichen Wahrheit? Oder steht dahinter vor allen Dingen eine linke Besitzstandsideologie? Da ich weder Soziologe noch Politologe bin, werde ich im Folgenden vermeiden, auf letztere Fragen explizite Antworten zu geben. Meine Überlegungen werden sich dagegen eher prinzipiellen Fragen zum Verhältnis von bildender Kunst, Politik und Moral zuwenden. Ich werde dabei weder definieren noch genauer charakterisieren, was ich unter den Ausdrücken „Kunst", „Moral", „Politik", „rechts" oder „links" verstehe, mit den kleinen Einschränkungen, dass für mich jede politische Position moralische Implikationen beinhaltet und dass ich unter „linken kunsttheoretischen Positionen" nur solche verstehe, die glauben, dass Kunst politisch-progressiv sein muss. Damit möchte ich aber nicht bestreiten, dass Linke auch mit guten Gründen eine l'art pour l'art Auffassung vertreten können.

Meine weiteren Überlegungen sind dabei durch folgende Fragen gegliedert: Im ersten Abschnitt gehe ich der Frage nach, ob Kunst immer politisch ist und prüfe die Annahme, ob gute Kunst immer für einen moralisch lobenswerten Standpunkt stehen muss. Dies führt zur weiteren Frage, ob gute Künstler dafür in irgendeinem Sinne moralisch ausgezeichnete Menschen sein müssen. Selbst

---

Anmerkung: Für Verbesserungsvorschläge danke ich Hauke Behrendt, Lennert Busse und Sebastian Ostritsch.

1 Dies schließt natürlich nicht aus, dass es „stille" AFD-Anhänger gibt.

https://doi.org/10.1515/9783110731354-009

wenn man dieser Frage zustimmen sollte, steht man vor der fundamentalen Frage, ob Werke der Bildenden Kunst überhaupt komplexere moralische Gedanken darstellen oder ausdrücken können. Geht man davon, dass Werke dies vermögen, stößt man auf das Problem, welche Rolle Emotionen dabei spielen, nicht zuletzt hinsichtlich ihrer motivationalen Rolle. Im vierten Absatz gehe ich der Frage nach, wie rechte Bildende Kunst in der heutigen Zeit aussehen könnte und ob sie wie auch links motivierte Kunst überhaupt ohne weitere Interpretationshilfe als solche erkennbar wäre. Dieser Gedanke führt mich zur Frage der Rolle der Kuratoren. Im letzten Abschnitt zeige ich anhand historischer Beispiele, wie es Werken der Bildenden Kunst tatsächlich möglich war, einen politischen Standpunkt zu vertreten.

1 Ist Kunst immer politisch?

In einem trivialen Sinn ist jedes Artefakt Ergebnis sozialer Umstände und dies gilt natürlich erst recht für Kunstwerke. Jedes Individuum ist Kind seiner Zeit und somit auch der jeweiligen politischen Umstände. Folgt aber daraus, dass jedes Kunstwerk „politisch" ist? Zweifelsohne können wir Artefakte und somit auch Kunstwerke politisch interpretieren, d. h. ihre Entstehungsgeschichte als Ergebnis der politischen Umstände ihrer Zeit deuten. Daraus folgt aber keinesfalls die stärkeren These Marx': „Die Produktionsweise des materiellen Lebens bedingt den sozialen, politischen und geistigen Lebensprozeß *überhaupt* [Hervorhebung J.St.]".[2] Ich meine, dass eben gerade keine Notwendigkeit zur Annahme besteht, wie sie uns Marxsche Auffassung zumindest nahelegen kann, dass nur eine ökonomische und somit letztendlich politische Interpretation sinnvoll ist und alle anderen Überlegungen obsolet oder derivativ sind, d. h. aus ökonomischen folgen. Wenn wir uns etwa technischen und wissenschaftlichen Disziplinen zuwenden, ist es offensichtlich, dass politische Interpretationen nicht allzu weit reichen. Weder Computerspezialisten noch Mathematiker werden im Allgemeinen oder notwendigerweise auf die politisch-historischen Ursprünge und Zusammenhänge ihrer Arbeit eingehen müssen. In den meisten Fällen sind diese Zusammenhänge schlichtweg für ihre tägliche Arbeit überflüssig. Analoges gilt für einen theoretischen Linguisten, der sich mit Wenn-dann-Konstruktionen der Alltagssprache befasst, oder einen Physiologen, der Bildwahrnehmung untersucht. Soll daraus aber folgen, dass Kunstinterpretation nicht notwendigerweise politisch sein muss? Meiner Auffassung nach ja, denn die Forderung, dass sie

2 Marx 1961, S. 8f.

immer (eventuell gar aus begrifflichen Gründen) politisch sein muss, lässt sich nur aus der Sicht bestimmter Ideologien rechtfertigen und leugnet oder verbietet weite Felder nicht nur der kunsthistorischen Praxis. Hierzu später ein wenig mehr.

Dessen ungeachtet will ich im Folgenden zum Zwecke ihrer Widerlegung das erste annehmen:

Annahme 1: Gute Kunst muss immer für einen moralisch lobenswerten Standpunkt stehen.[3]

Für das „muss" kann dabei auf zwei Weisen argumentiert werden: Man geht davon aus, dass Kunst aus begrifflichen kunstinternen Gründen moralisch sein muss oder aus kunstexternen Gründen wird normativ gefordert, dass Kunst dies leisten muss.[4]

Akzeptiert man A1, liegt die Schlussfolgerung nahe, dass gute Künstler moralisch überlegene Menschen sind. Damit meine ich nicht, dass sie sich im Alltag moralisch besonders auszeichnen, sondern nur, dass sie ein besonderes Vermögen haben, soziale und moralische Ungerechtigkeiten zu erkennen und sie in ihrem Werk kenntlich zu machen. In diesem Sinne stellt sich die Frage, ob (gute) Künstler in ihren moralischen und politischen Urteilen anderen Menschen gegenüber überlegen sind. Sollte sich erweisen, dass sie dies nicht sind – wie ich annehme[5] –, dann stellt sich die weitere Frage, mit welchem Recht wir die in ihren Werken ausgedrückten moralische Haltungen gutheißen. Die daran anschließende Frage lautet, wie politischer oder moralischere Inhalt in der Kunst vermittelt wird. Beginnen wir mit der ersten.

2 Sind (gute) Künstler moralisch überlegene Menschen?

In der Moralphilosophie wird zumindest seit der Aufklärung von den meisten Philosophen angenommen, dass jeder Mensch normalerweise geeignete moralische Empfindungen oder eine praktische Vernunft besitzt, die ihn zu qualifi-

---

3 Diese Position wird in der Literatur als *Ethizismus* bezeichnet, d. h. ein moralisches Defizit eines Werkes ist auch immer ein ästhetisches und vice versa (vgl. Schmalzried 2017, S. 683). Zu den unterschiedlichen Positionen, die man zum Verhältnis Kunst und Moral einnehmen kann, vgl. Schmalzried 2007 und Steinbrenner 2022.

4 Die schwächere Annahme 1* werde ich nicht diskutieren: Gute Kunst darf zumindest moralisch nicht verwerflich sein. Hinter dieser Auffassung steht der sogenannte moderater oder gemäßigter Moralismus (Schmalzried 2017).

5 Sollte sich zudem herausstellen, dass es großartige Kunstwerke gibt, die keinen moralischen Standpunkt ausdrücken, dann ist A1 so oder so obsolet.

zierten moralischen Urteilen und Entscheidungen befähigt. Für die Annahme der Aufklärer spricht die Beobachtung, dass Menschen im Allgemeinen kulturübergreifend in bestimmten moralischen Urteilen übereinstimmen, z.B. „du sollst keinen Unschuldigen töten", „du sollst dich um deine Kinder kümmern" etc.[6] Die Frage, die sich daher stellt, ist, warum den moralischen Urteilen von guten Künstlern (und hier sind Künstler aller Kunstsparten gemeint) ein besonderer Rang gegenüber Normalsterblichen zugeschrieben werden sollte. Eine Antwort kann lauten, dass Künstler sich mehr und intensiver mit moralischen Problemen befassen. Inwiefern diese Annahme empirisch verifizierbar ist, sei dahingestellt. Aber selbst, wenn dem so wäre, fällt mir kein überzeugendes Argument dafür ein, warum Künstler in ihren moralischen Urteilen kompetenter als Politiker, Pastoren oder Philosophen sein sollten, die sich ebenfalls intensiv mit dieser Materie auseinandersetzen. Die Annahme, dass sie in irgendeiner Form unabhängiger als die zuvor genannten sind und daher zu besseren Urteilen fähig sind, ist wenig überzeugend. Hier hilft auch Kants Gedanke der Zweckfreiheit der Kunst nicht weiter. Auch Künstler sind abhängig von Geld, Anerkennung etc. Ich sehe zumindest kein Argument dafür, dass gute Künstler Eigenbrötler mit einem besonders feinen moralischen Empfindungsvermögen sind. Aber vielleicht ist die Frage falsch gestellt und sie sollte lauten: Warum können Künstler besser moralische Auffassungen ausdrücken oder Eindrücke darstellen als andere Menschen? Die Antwort scheint banal: Weil es eben ihr Beruf ist, Dinge auszudrücken oder darzustellen. Nehmen wir also einmal für die weitere Untersuchung folgendes an:

Annahme 2: Gute Künstler können das moralisch Richtige auf eine gelungene Weise ausdrücken, wie es Menschen mit anderen Professionen nicht oder nur schwerer möglich ist.[7]

Eine Frage, die sich im Anschluss daran stellt, lautet: Wie wird politischer bzw. moralischer Inhalt in der bildenden Kunst vermittelt?

3 Wie wird politischer bzw. moralischer Inhalt in der bildenden Kunst vermittelt?

Antworten auf diese Frage werden offensichtlich davon abhängen, welche kunsttheoretischen und insbesondere kunstontologischen Auffassungen man

---

6 Diese Auffassung wird u. a. von David Hume in seinem wegweisenden Aufsatz „Über die Regeln des Geschmacks" (ders.1974) vertreten.

7 Oder: Gute Künstler sind Personen, bei denen das Publikum erkennt, dass sie besonders gut das Gute ausdrücken bzw. darstellen können.

vertritt.[8] Im Folgenden werde ich einige dieser Positionen sehr verkürzt und holzschnittartig vorstellen.

Die radikalste Auffassung besteht im Gedanken, dass der Künstler durch das Kunstwerk in reinster Form das Gute in der Seele des Rezipienten anspricht, wie es keine Worte vermögen. Daraus folgt, dass wir die moralische Botschaft auch nicht in Worte fassen können. Ein Idealismus dieser Art ist aber in unserem Zusammenhang wohl kaum gemeint und falls doch, kann er in seinem Irrationalismus kaum überzeugen.

Eng verwandt mit dieser Auffassung ist eine emotivistische Position, die im Kunstwerk nur den Ausdruck eines ästhetischen und moralischen Gefühls sieht, das bestenfalls zu einer moralischen Reaktion führt. Der Gedanke, dass Kunst emotional den Betrachter anspricht respektive ansprechen muss, ist wahrscheinlich so alt wie die Kunsttheorie selbst und ist spätestens seit Aristoteles fester Bestandteil zahlreicher Kunstauffassungen. Inwiefern eine solche Position der tatsächlichen Funktion der Kunst gerecht wird, wird von kognitivistischer Seite mit guten Gründen bestritten.[9] Dies gilt auch für die oben genannte Auffassung, nach der Künstler moralisch überlegenen Personen sind. Denn es erscheint äußerst fraglich, ob sich die moralische Exzellenz alleine im Ausdruck von Gefühlen zeigen kann.

Eine überzeugendere kognitivistische Position lautet, dass das Kunstwerk einen moralischen Standpunkt ausdrückt bzw. einen solchen darstellt.[10] Mit „moralischen Standpunkt", wie ich den Ausdruck verwende, sollen mehr oder minder alle Reflexionen über Moral fallen, die ein gewisses Reflexionsniveau besitzen. Eine Frage dabei ist, ob der Künstler selbst und innovativ zu dieser Einsicht gelangt ist oder sie bloß übernommen hat. Für die bildende Kunst scheint es zuerst einmal nahezuliegen, von letzterem auszugehen, wonach der Künstler sie nur übernommen hat. Auch dazu später noch ein wenig mehr.

Die interessante philosophische Frage lautet gleichwohl, ob und wie es dem bildenden Künstler gelingt, den „propositionalen Inhalt" des moralischen Standpunkts auszudrücken beziehungsweise darzustellen. Im einfachsten Fall gibt er die Aussagen als Text in Gänze oder Teilen wieder. Man denke beispielsweise an eine Performance, in der ein Akteur das „‚Kapital'" von Marx vorliest.

---

8 Gegen die Auffassung, dass Kunstwerke an sich moralisch bewertet werden können, argumentieren radikale Autonomisten, die die Ansicht vertreten, dass nur Menschen und ihre Handlungen moralisch bewertbar sind, nicht aber Gegenstände „an sich". Kritisch hierzu Schmalzried 2017.

9 Z. B. Goodman 1995, Carroll 2002, Elgin 2014.

10 Zur Frage des künstlerischen Ausdrucks im Allgemeinen vgl. Goodman 1995, auf dessen Überlegungen ich mich im Folgenden berufen werde.

Aber dies ist eine seltene Strategie. Im Fall der bildenden Kunst scheint der Standardfall eher der zu sein, dass nichtsprachliche Zeichen – also Bilder, Skulpturen etc. – etwas Sprachliches ausdrücken. Die hieran anschließende philosophische Frage lautet daher, inwiefern sich dasjenige, das durch ein Werk der bildenden Kunst ausgedrückt oder dargestellt wird, sich sprachlich reformulieren lässt.

Will man diese Fragen beantworten, stößt man auf zwei altbekannte philosophische Probleme. Erstens, inwiefern lässt sich der „Inhalt" des Bildes in Sprache übersetzen. Und zweitens, worauf nehmen Bilder Bezug? Für uns heißt dies danach zu fragen, inwiefern sich der moralische Inhalt eines Werks in Sprache reformulieren lässt und auf was genau das Bild Bezug nimmt. Das erste Problem zeigt sich in der Schwierigkeit, sprachliches Wissen, das in Bildern umgesetzt wird respektive Wissen, das sich in Bildern ausdrückt, in Sprache zurückübersetzen zu können. Ob dies möglich ist, ist äußerst fraglich, außer man legt einen sehr weiten Begriff des Übersetzens zugrunde, der auf Korrektheitsmaßstäbe weithin verzichtet. Geht man dagegen davon aus, dass Werke der bildenden Kunst einen „Inhalt" *sui generis* besitzen, dann stellt sich die Frage, wie dieser mit unserem gewöhnlichen Wissen verknüpft ist respektive wie wir ihn erfassen. Wenn man auf dieses Problem keine überzeugende Lösung findet, kann dies unter Umständen zu einem Irrationalismus wie oben angedeutet führen.

Das Problem der Übersetzung leuchtet zudem im zweiten Problem wieder auf. Bilder mögen uns sehr präzise Informationen darüber geben, wie ein Gegenstand oder eine Person aussieht, wie sich unsere Wahrnehmungen unterscheiden, aber ohne weitere sprachliche Zusatzinformationen werden sie keine, wenn überhaupt, komplexere logische oder modale Relationen darstellen oder ausdrücken können. Aber genau solche Informationen sind notwendig, wenn man minimal anspruchsvolle moralische Argumentationen beziehungsweise Standpunkte wiedergeben will.

Gegen eine kognitivistische Position sprechen somit die beiden oben erwähnten Probleme, nämlich erstens jenes der Übersetzbarkeit und zweitens das Problem der Bezugnahme. Ob sich diese Probleme lösen lassen, werde ich zum Ende nochmals thematisieren. Wenden wir uns aber zuvor einem weiteren Begründungsversuch zu, der den emotivistischen und kognitivistischen miteinander zu vereinen versucht:

Mixed-Version: Das Kunstwerk (a) drückt einen moralischen Standpunkt aus bzw. stellt einen solchen dar, oder (b) es drückt moralische Empfindungen aus, oder (c) es führt zu solchen bei seinen Rezipienten.

Betrachten wir nun neben dem moralischen Standpunkt erneut die beiden weiteren Elemente, die nach der Mixed-Version zu einem gelungenen Werk hinzukommen müssen, also sein emotionaler Ausdruck und seine emotionale Wirkung. Gestritten wird dabei um die Rolle und den Wert der Emotionen, die durch Kunstwerke verursacht werden. Grob gesagt lassen sich hier zwei Pole bestimmen. Nach Auffassung strikter Emotivisten geht es in der Kunst nur um Emotionen und ein möglicher kognitiver Beiklang ist ein vernachlässigbares Epiphänomen. Strikte Kognitivsten vertreten die entgegengesetzte Meinung. Der Moralist, der uns hier interessiert, vertritt offensichtlich eine Zwischenposition. Kunst soll einen moralischen Standpunkt vertreten und dabei den Rezipienten emotional ansprechen. Womit wir beim Aufforderungscharakter wären. Durch die emotionale Ansprache soll der Betrachter schließlich dazu motiviert werden, das moralisch Richtige zu tun. *Der zeitgenössische Moralist wird seine Position zwar nicht in dieser schlichten missionarischen Form der Mixed-Version vertreten und daher noch eine Prise Skepsis zumischen und das Ganze in schwer- bis -unverständliches Kauderwelsch verpacken*[11] *, aber in seinem Herzen bleibt er Missionar.*

Verkürzt ausgedrückt, ist dieser Auffassung zufolge die Kunst eine Form des Moral-Marketings. Wie es für das Marketing üblich ist, sollte sie sich an ihrer Wirkung messen lassen. Das würde bedeuten, Kunst im Allgemeinen daran zu messen, wie gut es ihr gelingt, Menschen für das moralisch Gute zu motivieren. Ich bin hier skeptisch und meines Wissens fehlen dazu aussagekräftige empirische Untersuchungen, die belegen, dass (gute) Kunstwerke ihre Rezipienten zum Guten bewegen.[12] Dies gilt bekanntermaßen ebenso für das Gegenteil, denn ob alleine Gewaltdarstellungen, Pornographie, Computerspiele etc. tatsächlich die Moral des Publikums verändern respektive es zu schlechten Taten animieren, ist alles andere als geklärt.[13] Der Gedanke liegt also nicht ganz fern, der motivationalen Kraft der Kunst mit einer gewissen Skepsis zu begegnen.[14] Dies ist nicht zuletzt deshalb gerechtfertigt, weil sich prinzipiell die Frage stellt, inwiefern Bilder ganz allgemein ohne sprachliche Einbettung Inhalt oder Bezug besitzen.[15] Das gilt offensichtlich auch für Kunstwerke und die mit ihnen ausgedrückten moralisch oder politischen Ansprüchen. Im Allgemeinen wird irgendeine Form von Vermittlung oder Interpretation nötig sein. Bilder und Skulpturen mögen mit

11 Vgl. Steinbrenner 2019.

12 Erinnert sei an die Präsidentschaft Donald Trumps, in der zahlreiche prominente Künstler versucht haben, durch Kunstwerke gegen Trump Position zu beziehen, aber ihr Erfolg war bestenfalls mäßig.

13 Vgl. Ostritsch 2017.

14 Tatsächliche politische Sprengkraft besitzt Kunst wohl am ehesten in Diktaturen und allgemein bei ihren unversöhnlichen politischen Gegnern – erinnert sei an Satire. Eine andere Form von negativer Wirkung der Kunst ist der Fall von politisch unkorrekter Kunst, d. h. Kunstwerken wird vorgeworfen, dass sie traumatische Wirkung besitzen, vgl. Reichert 2019.

15 Vgl. Kjörup 2013.

tradierten Mitteln der Malerei die Großartigkeit Hitlers oder Stalins darstellen, aber ohne zusätzliche Informationen ist die Ideologie der beiden „Heroen" bestenfalls, wenn überhaupt, nur schemenhaft zu erkennen.[16]

Künstler bedürfen jedenfalls einer gründlichen Kenntnis der in Frage stehenden Ideologie und eines sehr spezifizierten Kontextes, der sicherstellt, dass es zu keinem Missverständnis zwischen ihnen und ihrem Publikum kommt. Kurz um, zwischen dem Künstler und den Rezipienten muss ein großes geteiltes Wissen bestehen oder eine (professionelle) Kunstvermittlung, die das nötige Wissen dem Publikum bereitstellt. Diese Gedanken führen zu folgender naheliegender Antwort auf unsere Frage, wie politischer bzw. moralischer Inhalt in der bildenden Kunst vermittelt wird:

Mixed-Mix-Version: Damit ein Kunstwerk (a) einen moralischen Standpunkt ausdrückt bzw. einen solchen darstellt, (b) zudem moralische Empfindungen ausdrückt und (c) zu solchen bei seinen Rezipienten führt, bedarf es (d) in der Regel kundige Interpreten oder Vermittler.[17]

Festzuhalten ist gleichwohl, dass eine Kunstwissenschaft, die aufzuzeigen versucht, wie der Wissenstransfer zwischen den verschiedenen Akteuren im Einzelnen geschieht, nicht in irgendeiner Form politisch sein muss, d. h. einen moralischen Standpunkt vertreten muss. Ebenso wenig muss sich eine Kunstwissenschaft notwendigerweise auf die politische Dimension der Bilder beschränken. Deutlich sollte auf jeden Fall sein, dass selbst wenn es alleinige Funktion der Kunst wäre, ungeachtet ob dies überhaupt möglich ist, moralische Standpunkte auszudrücken oder darzustellen, es sich um ein ziemlich trauriges Unternehmen handeln würde und daher für den lesekundigen Betrachter nur bedingt unterhaltsam wäre. (Anders liegt der Fall, wenn man die Aufgabe der Kunst darin sieht, dem Analphabeten moralische Kenntnisse zu vermitteln – man denke an die frühe Kirchenmalerei.)[18]

Ohne sich einer linken Mission wie dargestellt verpflichtet zu fühlen und meine zuvor geäußerten kritischen Töne beiseitegelassen, lässt sich gleichwohl die Auffassung vertreten, dass Kunst und Moral durch ein mehr oder minder enges Band miteinander verknüpft sind.[19] Akzeptiert man diese Auffassung – und

16 Vgl. den Aufsatz von Bohde in diesem Band.

17 Wenn man Fragen zur Moral beiseitestellt, vertritt Arthur Danto eine Position dieser Art. Für ihn ist das Werk ein Gegenstand, das erst durch seine korrekten Interpretationen zum Leben erweckst wird (ders. 1984).

18 Es kann natürlich auch der Fall sein, dass der lesekundige Rezipient gerade in der moralischen Unschärfe des Werks der bildenden Kunst seinen Reiz sieht, nicht zuletzt deshalb, weil er sich dabei nicht auf kompliziertere Argumentationen beziehen muss.

19 Vgl. Schellekens 2008.

hierfür sprechen gute Gründe – sieht man sich heutzutage gleichwohl mit der Tatsache konfrontiert, dass in der Bildenden Kunst so gut wie keine explizit politisch rechten Positionen vertreten werden. Eine Frage, die sich daher stellt, ist: Wie sieht rechte Kunst heutzutage aus bzw. wie könnte sie aussehen?

4 Wie sieht rechte Kunst heutzutage aus bzw. wie könnte sie aussehen?

Eine Antwort, die häufig von Befürwortern der These A1 geäußert wird, lautet, dass sie in einer bloßen Verneinung eines politischen Auftrags der Kunst besteht. Man denke hierzu nur an alle künstlerischen Positionen, die sich einem *l'art pour l 'art* verpflichtet fühlen. Sind solche Positionen tatsächlich politisch zu nennen oder nicht eher bloß unpolitisch oder bestenfalls konservativ? Vom Standpunkt des politisch korrekten Künstlers sicherlich nicht letzteres, da eine Verneinung der ideologiekritischen Aufgabe der Kunst für ihn revisionistisch und damit rechts ist. Ob aber solch eine linkshegelianisch motivierte Auffassung korrekt ist, sollte zumindest bezweifelt werden dürfen, nicht zuletzt deshalb, weil ihre stillschweigenden Annahmen selbst fragwürdig sind und dies mindestens aus den folgenden Gründen.

Erstens, ist es fraglich, ob es überhaupt so etwas wie einen gesellschaftlichen Fortschritt gibt, zweitens, ob dieser in irgendeiner Weise sozialistisch sein muss. Selbst wenn man die letzten beiden Annahmen akzeptiert, folgt daraus drittens nicht, dass Kunst an diesem Fortschritt beteiligt sein muss.

Für Linke der geschilderten Couleur ist letzterer Schluss gleichwohl zwingend, weil ihrer Auffassung nach viertens gesellschaftlicher Fortschritt und künstlerische Avantgarde auf das engste miteinander verzahnt sind. Wie mehrfach erwähnt, bin ich nicht der Auffassung, dass man eine dieser Annahmen teilen muss (auch wenn für jede gute Argumente sprechen mögen). Eine Schwierigkeit für den Linken besteht schließlich in Strategien, wie sie insbesondere die neue Rechte verwenden. Gemeint sind Strategien, die darauf beruhen, alle Annahmen der Linken bis auf die zweite zu teilen, nämlich dass nur linke Kunst keinem revisionistischen Geschichtsbild anhängt. Kurzum, nichts spricht dagegen, dass auch Rechte an einen gesellschaftlichen Fortschritt glauben, an dem die Kunst beteiligt sein soll und hierzu künstlerische Strategien, wie sie auch von Linken verwendet werden, eingesetzt werden sollten. In gewisser Hinsicht ist dies bei den Identitären zu beobachten, aber auch neueren Performance-Künstlern in den USA.

In diesem Fall bleibt dem Linken nur das politische Argument beziehungsweise das Beharren auf der zweiten Annahme. Für die zweite Annahme kann angeführt werden, dass spätestens seit Kant der Gedanke der Neuerung in der Kunst und für die Kunst eine entscheidende Rolle spielt.[20] [21] Das Genie setzt neue Regeln (respektive setzt die alten außer Kraft). Kunst muss in dieser Hinsicht, wenn man es dann so nennen will, avantgardistisch sein und die Avantgarde zeigt sich in der permanenten Revolution gegenüber dem Bestehenden. Auf diesem Gedanken, wenn von mir auch grob verkürzt dargestellt, beruht eine linke Kunstauffassung, wie sie heutzutage in weiten Bereichen in Theorien zur bildenden Kunst zu finden ist. Warum dieser Gedanke nicht ebenso von Rechten Avantgardisten okkupiert werden kann, harrt – erinnert sei an den italienischen Futurismus – einer Antwort, die ich hier nicht zu geben vermag. (Die Antwort, dass Fortschritt immer links sein muss, kann offensichtlich nur Linke überzeugen). Ungeachtet dessen spricht meines Erachtens erst einmal nichts dagegen, dass es in naher Zukunft ebenso wie bereits heute rechte Rockbands, Hip Hopper, Literaten etc. rechte bildende Künstler geben wird.

Eine interessante Frage dabei ist, ob eine dezidiert rechte bildende Kunst ohne rechte Kuratoren denkbar ist. In Anbetracht des Zuwachses bei den Rechten, kann wohl davon ausgegangen werden, dass diese Karrierechance zum rechten Kurator spätestens dann ergriffen wird, wenn von staatlicher Seite die entsprechenden Möglichkeiten geschaffen sind. Dies wird sicherlich nicht von heute auf morgen geschehen in Anbetracht von bekanntermaßen nur zögerlichen Veränderungen staatlicher Institutionen. Eine weitere Frage wird sein, ob sich die Rolle der Kuratoren ändern wird. Will man diese Fragen klären, muss zuvorderst die Rolle der Kuratoren heutzutage näher beschrieben werden. Bevor ich dieser Aufgabe nachzukommen versuche, seien die bisherigen Überlegungen kurz zusammengefasst.

Ausgangspunkt meiner Überlegungen ist die Beobachtung, dass nach Auffassung vieler Kunstwissenschaftler und Künstler gute Kunst immer politisch sein muss und in der bildenden Gegenwartskunst politisch rechte Positionen annähernd nicht vertreten sind. Ein Grund dafür ist vermutlich, dass seit Kant der Gedanke für die Kunst wesentlich ist, dass sie in einem näher zu bestimmenden Sinne innovativ, sprich: fortschrittlich sein muss. Dabei kommt der Kunst wie der

20 Vgl. Steinbrenner 2021.

21 Der Fortschrittsgedanke in der Kunst ist aber mit dem Nachteil behaftet, dass man Kunstwerken fremder Kulturen, die diesem nicht anhängen, nicht oder zumindest nur schwerlich gerecht werden kann. Anders gefragt, wie kann eine Position, der zufolge Kunst per se politisch sein muss, Kunst in klassenlosen Urgesellschaften gerecht werden? Wohl nur, wenn sie Artefakten solcher Gesellschaften oder Kulturen den Kunststatus abspricht (ebd.)!

Moral eine aufklärerische Funktion zu. Spätestens im Linkshegelianismus wird die Funktion der „guten" Kunst an ihrem Beitrag zum gesellschaftlichen Fortschritt gemessen.[22] Ob Kunst dies von sich aus zu leisten vermag, ist jedoch äußerst fraglich. Ungeklärt blieb bisher, warum in der bildenden Kunst im Gegensatz zu anderen Kunstgattungen kaum rechte Positionen vertreten werden. Um diese Frage zu beantworten, scheint es mir geraten, die Rolle der Kunstinterpreten und damit der Kuratoren genauer zu betrachten, einer Spezies, ohne die aktuelle bildende Kunst heutzutage kaum denkbar ist.[23]

5 Sind für das moralische Potential von Kunstwerken Kuratoren notwendig?

Zeitgenössische Kuratoren gehen von der idealistischen Auffassung aus, dass gute Kunst eine wichtige Funktion bei der Entwicklung des gesellschaftlichen Fortschritts besitzt. Zuweilen jedoch führten garstige Umstände dazu, dass sie ihrer Funktion nicht gerecht werden kann. Erinnert sei an die Mixed-Mix-Version. Kuratoren sehen daher ihre dienende Aufgabe darin, der „guten" Kunst unter die Arme zu greifen. Dass es dabei häufig zu einer Entmündigung der Kunst kommt, wird stillschweigend unter den Tisch gekehrt. Wie dargelegt, bin ich – ebenso wie die oben charakterisierten Kuratoren— sehr skeptisch gegenüber der Auffassung, dass Kunstwerke ohne Vermittlung tatsächlich Menschen in signifikanter Anzahl zu guten moralischen Handlungen führen können. Erinnert sei nur an den KZ-Kommandanten Franz Hössler, einem Musikkenner, der bei Aufführungen des Lagerinsassenorchesters durch klassische Musik zu Tränen gerührt wurde. Mir scheint es aber im Gegensatz zu idealistisch geprägten Kuratoren (oder Kunstpädagogen) äußert fraglich, ob Hr. Hössler mit Hilfe einer geeigneten Interpretation zum besseren Menschen geworden wäre.

Wozu aber dann der ganze Aufwand einer politisch-moralisch aufgeblähten Kunst? Meine Antwort darauf lautet, dass Kunst zumeist eine Bestätigungsmaschine ist. Das heißt, sie soll die Anschauungen der kunstinteressierten Klientel

---

22 Warum aber nicht sagen, dass es sich hier nur um eine linkshegelianische revisionistische Auffassung alter weißer Männer ist handelt? Vgl. Steinbrenner 2021.

23 Drei andere Möglichkeiten dieses Phänomen zu erklären, bestehen erstens darin, in der Kunstausbildung (linke „Kaderschulen") den Grund dafür zu sehen, zweitens im Kunstmarkt Erklärungen dafür zu finden oder drittens die Auffassung zu vertreten, dass die Persönlichkeitsstruktur, die zur Berufswahl des bildenden Künstlers führt, eine ist, die auch zu linken Positionen führt (vgl. Haidt 2012).

bestätigen und hier insbesondere deren moralische Auffassungen. Da die Werke häufig relativ beliebige Interpretationen zulassen, wird der bestallte Fachmann, der Kurator, verpflichtet, die Werke in einen Rahmen zu stellen, der den Erwartungen des Publikums genügt. Der Künstler, wenn dann erfolgreich, wird genau die Ware produzieren, die verlangt wird. Dabei gehört das Sperrige zum Programm. Passt er nicht mehr zur Mode der herrschenden Moral, wird er aussortiert. Bei Klassikern wird die verlangte Interpretation nachgeliefert bzw. es kann zu Neuinterpretationen kommen. So wird die politisch-kritische Seite gesucht oder konstruiert. Dies erlaubt es, den Kanon einigermaßen stabil zu halten. Ideologisch unpassende Seiten werden ausgeblendet, dies ist umso einfacher, je sicherer die Verankerung des Künstlers gewährleistet ist. Ein passendes Beispiel hierfür ist Joseph Beuys. Seine antibürgerliche Seite stand schon früh im Vordergrund der Interpretation (auch dank seiner eigenen selbsterfundenen Mystifizierung). Ausgeblendet werden dagegen größtenteils bis heute ideologisch störende Seiten, wie beispielsweise, dass er stark vom Nationalsozialismus, dem zuweilen rassistisch eingefärbten Gedankengut Rudolf Steiners und dem Katholizismus geprägt wurde.[24] Ebenso selten wird thematisiert, dass seine Frau Nichte des Deutschen Bank Gründers und „Oberkapitalisten" Josef Abs war und Beuys daher engste Kontakte zum Großkapital pflegte. Zu diesen Seiten Beuys' gibt es meines Wissens keine Einzel- oder Gruppenausstellungen (z. B. würden sich Titel wie „Deutsche Landser und die Avantgarde" oder „Joseph Beuys und das Großkapital" anbieten). Stattdessen finden wir zu seinem hundertsten Geburtstag Ausstellungstitel wie „Joseph Beuys und die Schamanen" (Museum Schloss Moyland), „Beuys & Girls" (Ruhr Galerie Mühlheim), „Beuys for Future" (Galerie für nachhaltige Kunst, Berlin) oder „Joseph Beuys: Der Raumkurator" (Staatsgalerie Stuttgart). Auffallend jedenfalls ist, dass die Kuratierung von Ausstellungen zeitgenössischer Kunst fest in linker Hand ist und die dunklen rechten Seiten von Künstlern im Zweifelsfall totgeschwiegen werden. Warum ist dem so? An der politischen Gesamtsituation kann dies zumindest in Deutschland nicht liegen. Eine Erklärung mag sein, dass das konservative Publikum, ob Groß- oder Kleinbürger, jedes Interesse an der zeitgenössischen bildenden Kunst verloren hat. Hiergegen sprechen auch nicht steigende Besucherzahlrekorde von Massenausstellungen wie beispielsweise der *Documenta*. Selbst das erzkonservative Bayern fördert Institutionen wie das Haus der Kunst, dessen Programm sicherlich nicht politisch konservativ ist. Ohne hier ins Detail zu gehen, kann festgehalten werden, dass konservative Regierungen Institutionen und Kuratoren unterstützen und fördern, die explizit nicht auf ihrer politischen Linie liegen. Ein Grund hierfür ist m. E. der, dass die

---

24 Vgl. Maak 2021.

realpolitische Irrelevanz der Kunstprojekte erkannt wird. Was zählt, ist die Unterhaltung und das liberale Feigenblatt. Künstler und Kuratoren mögen sich zwar über ihre künstlerisch wertvollen Provokationen gegen das System erfreuen, aber dabei verschließen sie bestenfalls nur ihre Augen vor ihrer eigenen Ohnmacht. Ob die Akteure jedoch tatsächlich so naiv sind, darf bezweifelt werden. Wahrscheinlicher erscheint, dass sie sich an ihrer staatlichen und großkapitalistischen Alimentation für ihre „Systemunterhöhlung" erfreuen – und dies ist ja zutiefst menschlich.

Nicht weniger menschlich ist, dass man sein Überzeugungssystem kohärent halten will. Das heißt, kein Mensch ist zufrieden, wenn er den Eindruck hat, dass seine Überzeugungen stark widersprüchlich sind. Daher sind wir allen Experten dankbar, die unsere Überzeugungen stützen oder wer liest schon die Zeitung oder den Blog seines politischen Gegners? Und gleiches gilt für die Kunst. Der Konservative besucht die Vermeerausstellung und meidet die *documenta* und Umgekehrtes gilt für den Progressiven. Für beide gilt: Wir wollen nur sehen, was wir sehen wollen. Damit will ich natürlich nicht leugnen, dass es noch eine dritte wichtige Klientel in der Kunstwelt gibt, dessen größtes Interesse es ist, gesehen zu werden.

Selbst wenn man zugibt, dass Menschen im Allgemeinen dazu neigen, Bestätigung zu suchen, kann der Moralist darauf bestehen, dass Rezipienten durch überzeugende Werke zu richtigen moralischen Einstellungen geführt werden, wenn sie dies im Vorhinein auch gar nicht wollten. Selbst wenn man diese Ansicht teilt, folgt daraus noch nicht, dass die Rezipienten trotz emotionaler und kognitiver Einsicht tatsächlich ihr praktisches Handeln ändern (erinnert sei an Impfgegner). Meines Erachtens spricht viel dafür, von einer starken Zählebigkeit hinsichtlich unserer Einstellung auszugehen und den moralisch erzieherischen Erfolg der Kunst eher als gering einzuschätzen. Nebenbei gilt eine ähnliche Beobachtung (Moral-)Philosophen, die trotz ihrer Beschäftigung mit der Moral meiner Erfahrung nach signifikant keine besseren Menschen sind (ewig grüßt aus der braunen Hölle Martin H.).

Der Gedanke, dass Kunst gerade durch die Arbeit der Kuratoren in moralischer Hinsicht im Wesentlichen eher als Bestätigungsmaschine funktioniert denn Anlass zur kritischen Reflexion bietet, ist analog zum Verhältnis zur Vorrangigkeit von Natur und Kunst bei der ästhetischen Erfahrung. Nach traditioneller Auffassung führt ästhetischer Naturgenuss den Künstler dazu, seine Erfahrung in einem Kunstwerk ästhetisch umzusetzen. Meiner Auffassung nach wird eher umgekehrt ein Schuh daraus. Aufgrund unserer ästhetischen Erfahrungen mit Kunstwerken erleben wir die Natur und die Welt ästhetisch. Das heißt, die Kunst erlaubt uns eine Kategorisierung der Welt, die wir als richtig und angenehm empfinden. Ob dieser Kategorisierung ein nihilistisches, sozialistisches, rassistisches oder was auch immer für ein Weltbild zugrunde liegt, ist erst einmal zweitrangig.

Aber widerspreche ich mir nicht gerade selbst, wenn ich behaupte, dass wir das Schöne, das wir in der Kunst erfahren haben, in die Welt projizieren? Warum soll ich dann nicht auch meine moralischen Erkenntnisse, die ich vermittels der Kunst erlernt habe, in die Welt projizieren? Wie ich zuvor geschildert habe, ist es sehr fraglich, ob beziehungsweise wie Kunst und insbesondere bildende Kunst moralische Erkenntnis vermittelt. Bevor ich einen erneuten Anlauf unternehme, mich dieser Schwierigkeit zuzuwenden, sei gleichwohl festgehalten, dass Gegenwartskunst zumeist als moralische Bestätigungsmaschine wie geschildert eingesetzt wird. Es ist daher auch nicht verwunderlich, dass ernsthafte philosophische Versuche, die sich mit dem Verhältnis Kunst und Moral auseinandersetzen, sich im Wesentlichen mit der Literatur, den darstellenden Künsten, wie dem Film und Theater, oder Computerspielen auseinandersetzen und die gegenwärtige bildende Kunst außer Acht lassen.

6 Erneut: Kann bildende Kunst ein moralisches Potential besitzen?

Wenn man sich kognitivistischen Ansätzen in der Kunsttheorie zuwendet, die sich insbesondere mit der Frage auseinandersetzen, inwieweit Kunst moralische Einsichten vermitteln kann, wird zumeist davon ausgegangen, dass dies nur narrativer Kunst möglich ist – Kunstwerken also, die bestimmte Ereignisse in der Zeit darstellen, die einen Anfang und Ende haben.[25] Inwiefern dies bildender Kunst (lassen wir einmal Video-Kunst außer Acht) möglich ist, dazu später mehr. Kognitivisten vertreten dabei die Auffassung, dass literarische Texte wie Gedankenexperimente funktionieren können, in denen wir bestimmte moralische Konstellationen durchspielen. So mögen wir uns fragen, ob Ödipus schuldig war, seinen Vater umgebracht und seine Mutter geschändet zu haben. Nach kognitivistischer Auffassung testen wir in solchen Gedankenexperimenten unsere Begriffsverwendung und können dabei zu neuen Einsichten über ihren Gebrauch geführt werden .[26] Wenn man so will, erfahren wir dabei nichts Neues über die Welt, aber sehr wohl über Sprache, mit der wir die Welt beschreiben (Konstruktivisten mögen hier eine weitergehende Auffassung vertreten, die uns hier aber nicht bekümmern muss). Die Frage ist nun, inwiefern wir diesen Gedanken der

25 Vgl. Nussbaum 1990, S. 5.
26 Vgl. Carroll 2002.

Kognitivsten auf die bildende Kunst übertragen können. Da Bilder keine Texte sind, ist eine solche Übertragung bestenfalls metaphorisch möglich. Das heißt, Einzelbilder können im Gegensatz zu narrativen Kunstwerken keine Geschichten erzählen und damit komplexere moralische Argumentationen entfalten. Grund hierfür ist, dass Bilder (oder Skulpturen) immer nur einen einzelnen Augenblick darstellen können, aber keine Zeitspanne.[27] Ungeachtet dessen, können auch Bilder, die nur einen Augenblick darstellen, vermittels der Exemplifikation eine bestimmte moralische Position ausdrücken. Ich möchte dies kurz am Beispiel Rodins *Bürger von Calais* (siehe Abb. 1) aufzeigen.

Rodins Denkmal gilt bekanntermaßen aus vielen Gründen als epochal. Entscheidend für meine Überlegungen ist, dass es als erstes demokratisches Denkmal zählt. Die Gründe hierfür sind vielfältig (keine klassische Heldendarstellung, dargestellt wurden Bürger von Calais in ihrem ganzen Elend etc.). Gehen wir einmal davon aus, dass es für seine Zeitgenossen zumindest einsichtig war, dass es sich um ein ungewöhnliches Denkmal handelte, respektive für Kenner der Materie, dass es sich um das erste demokratische handelte.[28] Die Gründe hierfür sind darstellende und formale Eigenschaften, die das Denkmal exemplifiziert. Um zu dem Schluss zu gelangen, dass es sich bei dem Denkmal um das erste demokratische handelte, bedarf es einer Interpretation, die Kenntnisse zur Denkmalkunst beinhaltet. Banal ausgedrückt: ohne vorherige höfische Denkmalkunst kein erstes demokratisches Denkmal. Das heißt, die politische Sprengkraft, die Rodins Denkmal besitzt, kann es nur besitzen, weil es innovativ gegenüber seinen Vorgängern ist (also ganz im Sinne des zuvor erwähnten Fortschrittsgedanken). Für informierte Laien, die über die Geschichte der Bürger von Calais Kenntnis

27 Gegensätzlich Auffassung, zu der von mir vertretenen traditionellen Position (vgl. Lessing 2003, III), sind Speidel 2020; Veits 2020; und Weixler 2020. Alle drei versuchen auf unterschiedliche Weise zu zeigen, dass literaturwissenschaftliche Charakterisierungen der Narrativität auf Bilder übertragen werden können. Der Fehler von Weixler besteht dabei m. E. darin, dass er — vereinfacht dargestellt – aus der logischen Notwenigkeit, dass die Rede von einem Zeitpunkt oder Augenblick, die Annahme eines vorhergehenden und nachfolgenden impliziert, folgt, dass ein Bild keinen Augenblick darstellt oder darstellen kann, sondern immer auch den vorhergehenden und nachfolgenden. Diese Folgerung ist jedoch nicht zwingend. Ähnliches trifft für Veits Überlegungen zu, der versucht Wahrnehmungsstrukturen von Ereignissen im gewöhnlichen Leben auf Bildbetrachtung zu übertragen. All diese Naturalisierungsversuche sind jedoch anfällig gegenüber einer Kritik im Stile Goodmans gegen Ähnlichkeitstheorien (ders. 1995). Wenn wir in einem Bild neben dem dargestellten Augenblick auch den davor und danach „sehen“, dann deshalb, weil wir mit Bildern auf eine bestimmte Art und Weise sozialisiert sind und nicht alleine aufgrund von Wahrnehmung.

28 Man vergleiche dazu beispielsweise das in jüngster Zeit scharf kritisierte Reiterdenkmal von General Lee in Charlottesville, vgl. Roos 2020.

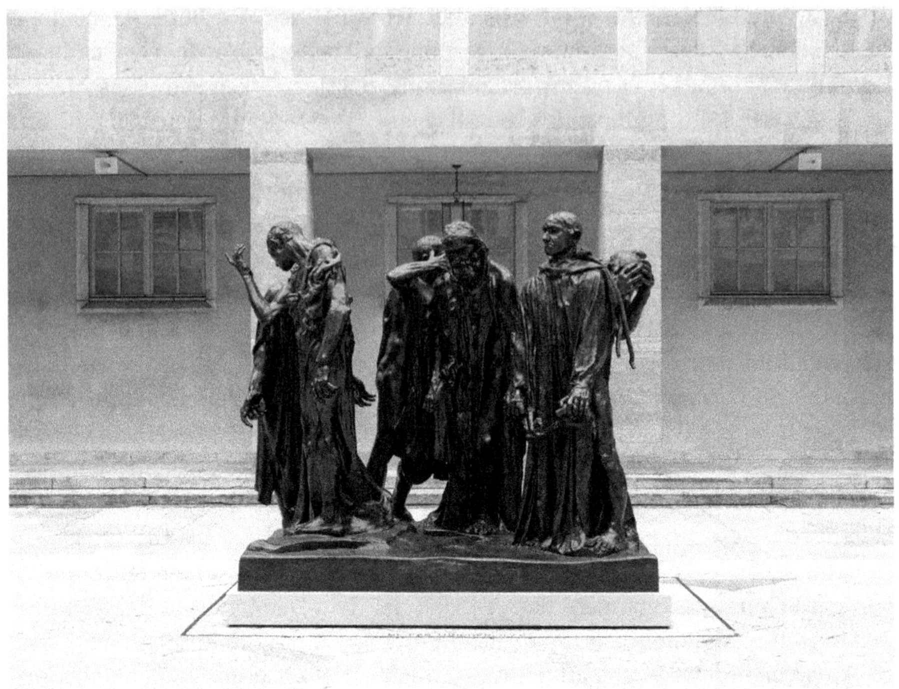

Abb. 1: Rodin (1884–1889), „Die Bürger von Calais"; Quelle: Kunstmuseum Basel, Sammlung Online, http://80.74.155.18/eMuseumPlus, Zugriff vom 12.01.2021, Bilddaten gemeinfrei – Kunstmuseum Basel.

besitzen, mag das Denkmal bestenfalls zu einem Gedankenexperiment über die moralische Verwicklung dieser Bürger anregen, sie wollten sich für ihre Stadt opfern etc., aber der politische Standpunkt, den Rodin damit ausdrückte, war für sie unsichtbar.

Mein Beispiel soll Folgendes verdeutlichen: Bilder können einen politischen oder moralischen Standpunkt dadurch exemplifizieren, dass sie (a) einen bestimmten Blick auf eine bekannte Geschichte geben oder (b) indem sie gegenüber einer bestimmten künstlerischen Praxis eine bestimmte politische Position einnehmen (dies verdeutlichen insbesondere und ohne großen künstlerischen Anspruch Karikaturen). Wie jedoch Rodins Beispiel zeigt, können Bildwerke unter Umständen beides gleichzeitig und zuweilen sind beide Strategien auch nicht strikt zu unterscheiden. Künstlerisch wertvoll sind Werke aber nur, wenn der Blick, den sie einnehmen, neuartig ist, dies gilt für politische wie unpolitische Kunst. Festzustellen, ob dieser Blick neuartig ist, ist bekanntermaßen ein heikles und schwieriges Unterfangen.[29] Voraussetzung hierfür ist, eine richtige Interpretation des Kunstwerks anzubieten. Hierzu gehört im Fall von politischer Kunst nachzuweisen, dass eben genau dieser und kein anderer politischer Standpunkt durch das Werk ausgedrückt wird.[30] Inwiefern dies möglich ist, scheint – erinnert sei an meine vorhergehenden Überlegungen – äußerst schwierig. Grundlage hierfür wäre u. a., dass Kuratoren ihre eigene Arbeit kritisch beleuchten und sich nicht als unreflektierte selbstverliebte Verkünder politischer Botschaften gerieren.

Betrachten wir jedoch noch einmal ein wenig genauer die beiden Strategien, die Künstler offenstehen, um mit ihrem Werk einen moralischen respektive politischen Standpunkt auszudrücken und damit metaphorisch zu exemplifizieren:

Die *erste Strategie* besteht darin, zu einer allseits bekannten Geschichte einen bestimmten moralischen Standpunkt einzunehmen, der durch die Art der Darstellung bestimmt wird. Diese Strategie setzt voraus, dass Künstler und Publikum die Geschichte bestens kennen und der Künstler eine bestimmte Szene der Geschichte mit bestimmten Details darstellt. Die Details können in der Geschichte beschrieben worden sein oder sie sind vom Künstler frei dazu erfunden. Jedoch selbst wenn sie in der Geschichte beschrieben wurden, liegt es erst einmal in der Hand des Künstlers, wie er die Sache darstellt (z. B. welche Augenfarben Jesus hat). Gleiches gilt für Details seiner Kreuzigung. Wie das Kreuz aussah, wird im neuen Testament nicht näher beschrieben. Die verschiedenen Kreuzformen haben aber unterschiedliche Bedeutungen und der Künstler kann durch seine Wahl für eine bestimmte Kreuzform einen bestimmten Standpunkt einnehmen. Ohne hier in weitere Details zu gehen, sollte deutlich geworden sein, dass ein Künstler des 16. Jahrhunderts bei einer Kreuzigungsdarstellung sehr explizite politisch moralische Standpunkte einnehmen konnte. Voraussetzung hierfür war, dass alle im Publikum die zugrundliegende Geschichte sehr gut kannten und die gebildeteren unter ihnen zudem verstanden, was für eine Position der Maler ausdrücken wollte. In der globalisierten Welt heutzutage gibt es aber nicht mehr die eine Geschichte mit ihren überschaubaren Auslegungen. Sicherlich, auch heute kann man sein Basecap so oder so aufsetzen und der Insider weiß dann, ob man eher West oder East Coast, Old School oder New School ist, aber das hat mit Kunst erst einmal nichts zu tun.

Eine für uns interessante Frage lautet vielmehr: kann die Kunst nur bereits etabliert moralische oder politische Positionen darstellen oder ausdrücken, oder

29 Vgl. Steinbrenner 2019.

30 Dies zeigt Wolfgang Ulrich sehr überzeugend anhand der inflationär verwendeten Schlauchboote und Schwimmwesten, die in zeitgenössischen Kunstwerken eine politisch korrekte Haltung gegenüber der Flüchtlingskrise ausdrücken sollen, die aber dies nur dann vermögen, wenn sie schon genau in diesem Kontext und mit diesem Blick rezipiert werden (ders. 2018).

auch eigenständig Neues entwickeln? Dass dies zumindest möglich ist, mag ein idealistischer Blick auf Caravaggio zeigen. Wenn man seinen Zeitgenossen glauben darf, stellte Caravaggio in seinen Heiligenbildern die heiligen Personen teilweise mit Zügen stadtbekannter Verbrecher und Prostituierten dar. Wenn man nun idealerweise annimmt, dass Caravaggio damit ausdrücken wollte, und dies von seinem Publikum auch verstanden wurde, dass die gesellschaftlich Geächteten in bestimmter Hinsicht Heilige sind, die ihre Marter durch die sozialen Umstände zugefügt bekommen, dann konnte dieser Gedanke Caravaggios unter Umständen revolutionär und neu gewesen sein. Das heißt, Caravaggio drückte damit einen neuen christlichen Standpunkt aus und lieferte nicht nur eine Bebilderung bereits vorhandener. Ob sich unter den gegenwärtigen Künstlern Caravaggisten dieser Prägung finden lassen, weiß ich nicht.

Kommen wir zur *zweiten Strategie*, nennen wir sie die *kunstinterne*. Wie bei Rodin gesehen, besteht sie darin, dass eine bestimmte Kunstpraxis, wie die des Denkmals neu interpretiert bzw. ad absurdum geführt wird. Klar ist aber, dass ein Angriff der Art Rodins nur begrenzt geführt werden kann beziehungsweise, wenn die Schneise erst einmal geschlagen ist, ein weiterer Beschuss seinen Sinn verliert.[31] Für die Avantgarde bedeutet dies, dass dort wo keine Traditionen mehr bestehen, sie nicht mehr funktionieren kann. Und in dieser Situation befinden wir uns zuweilen heute. Das heißt in einer Kunstpraxis, die sich einem unreflektierten *anything goes* verschreibt, alle Grenzen und Gattungen für obsolet erklärt, kann die zweite Strategie einer politischen Kunst nur bedingt aufgehen. Es ist daher meines Erachtens auch nicht verwunderlich, dass die meiste politische Kunst heute im Grenzbereich Kunst und Fiktion einerseits und Echtheit respektive Realität andererseits zu finden ist. Erinnert sei nur an die echten Flüchtlinge auf der Bühne, den echten Raub der Christkind Skulptur durch Femen, an Meses Hitlergruß und die damit verbundene Frage, ob es sich um einen echten Hitlergruß handelt, an die Aktionen des Zentrums für politische Schönheit und vielleicht in Zukunft vermehrte Aktionen der Identitären und politischer Verwandter. Das heißt, wenn die Taktik der politischen künstlerischen Avantgarde aufgeht, nämlich der Angleichung von Kunst und Realität, verschwindet die Kunst. Was übrigbleibt, sind dadaesque spontihafte Politaktionen. Hier wird versucht, eine der letzten Mauern, nämlich eine normative Verwendung des Kunstbegriffs, einzureißen. Rodins *Bürger* waren noch Angriff auf eine Kunstform, das Denkmal. Was heute vielmals noch übrig bleibt, ist Fundamentalkritik an Begriffen und ihren „bürgerlichen Wurzeln". Das Ergebnis ist ein Politikspektakel (s. o.), das als

31 Vgl. hierzu den äußerst lesenswerten Aufsatz von Wolfgang Ulrich (2003).

Kunst zählen mag, aber penetrant wird, wenn es als einzige „wahre" Kunstform gefordert wird.

Fassen wir zusammen: Wie deutlich geworden ist, will ich nicht ausschließen, dass Werke der bildenden Kunst sehr wohl moralische und oder auch politische Standpunkte ausdrücken können. In wenigen Fällen ist es zudem auch möglich, dass Künstler in ihren Werken neue und eigenständige Perspektiven entwickeln können. Für den Bereich der Moral und des Politischen gilt dabei dasselbe wie allgemein für die Kunst. Zwischen dem Leben und der Kunst besteht eine wechselseitige Befruchtung. Das heißt, die Kunst kann Hypothesen entwickeln, die wir in das Alltägliche projizieren und auf ihre Richtigkeit prüfen können.[32] Welche Rolle hierbei Künstlerintentionen spielen, ist eine schwierige Frage, der ich hier nicht nachgehen kann. Künstler werden bei ihrer Arbeit selbstverständlich von ihrem Alltag beeinflusst. Ein grundlegender Fehler besteht jedoch darin, die Funktion der Kunst dogmatisch einzugrenzen. Das gleiche gilt für idealistische Überhöhungen, die der Kunst Leistungen zuspricht, denen sie nicht genügen kann. Wofür ich daher werben möchte, ist eine Vielfalt nicht nur in der Kunst, sondern im Denken überhaupt. Hierzu gehört nicht alleine, sein Gegenüber ernst zu nehmen, sondern auch die historischen Vorläufer. Dazu gehört ebenso, was ich in diesem Text habe vermissen lassen, linke kunsttheoretische und -historische Positionen ernst zu nehmen, die nicht zuletzt berechtigte Reaktion auf erzkonservative Positionen waren, wie sie noch Anfang der achtziger Jahre nicht nur in der universitären Landschaft vorherrschend waren. Jenseits solcher ideologischer Grabenkämpfe möchte ich für die Auffassung werben, Kunst als eine Praxis aufzufassen, die im besten Fall erlaubt, Dinge und Zusammenhänge in der Welt zu erkennen, wie es nur bedingt andere Praktiken vermögen. Dass die Kunst dabei vom Essen und Trinken und anderen Tätigkeiten nicht immer unterschieden werden kann, in denen wir genussvolle Wahrnehmungen machen, bestreite ich nicht. Ebenso wenig möchte ich leugnen, dass es nicht immer leichtfällt, Romane von philosophischen Texten und Kunstwerke von wissenschaftlichen Experimenten unterscheiden zu können. Ich persönlich liebe über alles deftige neodadaesque Aktionen, bei denen häufig nicht klar ist, ob es sich um Kunst oder bloßen Klamauk handelt. Dies alles aber ändert nichts daran, dass es einen Kern der künstlerischen Praxis gibt, bei dem es sich unstrittig um Kunst handelt und den wir schützen sollten vor einseitiger Vereinnahmung. Auch wenn dieser Text als meta-moralischer Zeigefinger daherkommt, möchte ich doch auf das schärfste vor solchen warnen!

32 Vgl. Elgin 2014.

Abbildungsverzeichnis

Literaturverzeichnis

Carroll, Noel (2002): „The Wheel of Virtue: Art, Literature, and the Moral Knowledge“, in: *Journal of Aesthetics and Art Criticism* 60, S. 3–26.

Danto, Arthur (1984): *Die Verklärung des Gewöhnlichen*, Frankfurt a. M.: Suhrkamp (englisch 1980).

Elgin, Catherine (2014): „Fiction as Thought Experiment“, in: *Perspectives on Science* 22, S. 221–241.

Goodman, Nelson (1995): *Sprachen der Kunst*, Frankfurt a. M.: Suhrkamp (englisch 1976).

Haidt, Jonathan (2012): *The Righteous Mind: Why Good People are Divided by Politics and Religion*, New York: Pinguin.

Hume, David (1974): „Über die Regeln des Geschmacks“, in: Jens Kulenkampff (Hrsg.), *Materialien zu Kants „Kritik der Urteilskraft“*, Frankfurt a. M.: Suhrkamp (englisch 1757), S. 43–63.

Kjörup, Sören (2013): „Schnüffeln nach Spionen. Verrat, Vertrauen und fotografische Beweise“, in: M. Harth / J. Steinbrenner (Hrsg.), *Bilder als Gründe*, Köln: Herbert von Halem, S. 11–34.

Lessing, Gotthold E. (2003): *Lakoon oder über die Grenzen der Malerei und Poesie*, Stuttgart: Reclam (Original 1766).

Maak, Niklas (2021): „Der deutscheste Künstler der Deutschen“, https://www.faz.net/aktuell/feuilleton/kunst/das-joseph-beuys-jahr-hat-begonnen-17194301-p4.html (14. 4. 2021).

Marx, Karl (1961): *Zur Kritik der politischen Ökonomie* [1859], in: Karl Marx/Friedrich Engels *Werke*, Bd. 13, Berlin: Dietz.

Nussbaum, Martha (1990): *Love‘s Knowledge: Essays on Philosophy and Literature*, Oxford: Oxford University Press.

Ostritsch, Sebastian (2017): „The Amoralist Challenge to Gaming and the Gamer’s Moral Obligation“, in: *Ethics and Information Technology* 19, S. 117–128.

Reichert, Kolja (2019): „Weg mit den fremden Gestalten“, in: *Frankfurter Allgemeine Sonntagszeitung*, 18. August, Nr. 38, S. 36.

Ross, Andreas (2020): „Plötzlich sind die Tage der Konföderation gezählt“, https://www.faz.net/aktuell/politik/von-trump-zu-biden/richmond-entfernt-denkmal-fuer-robert-e-lee-16800546-p2.html, (25.4.21).

Schellekens, Elsabeth (2008): *Aestethics and Morality*, Cambridge: Bloomsbury.

Schmalzried, Lisa (2017): „Verantwortung in der Kunst“, in: Ludger Heidbring et al. (Hrsg.), *Handbuch Verantwortung*, Berlin: Springer, S. 682–696.

Speidel, Klaus (2020): „Empirische Rezeptionsforschung zum erzählenden Einzelbild. Von der Theorie zum Experiment und zurück", in: Andreas Veits/ Lucas R.A. Wilde/ E. u. Klaus Sachs-Hombach (Hrsg.), *Einzelbild & Narrativität.* Köln: Herbert von Halem, S. 161–203.
Steinbrenner, Jakob (2019): „Warum es heute schwerer als früher ist, aktuelle Kunst zu verstehen" in: *Zeitschrift für Ästhetik und allgemeine Kunstwissenschaft* 63, S. 286–300.
Steinbrenner, Jakob (2021): „‘Kunst‘, Design und die Sehnsucht nach einem globalen Kunstbegriff", in: Schwerpunktheft *Zeitschrift für Ästhetik und allgemeine Kunstwissenschaft: Ästhetik des Designs* 65, S. 95–108.
Steinbrenner, Jakob (2022): „Kunst und Moral" in: J. Siegmund (Hrsg.), *Handbuch Kunstphilosophie*, Bielefeld: UTB (im Erscheinen).
Ulrich, Wolfgang (2003): „Vor dem Fürsten: Kunstbetrachtung als Frage der Moral", in: ders., *Tiefer hängen: Über den Umgang mit der Kunst.* Berlin: Wagenbach, S. 13–32.
Ulrich, Wolfgang (2018): „Nachkunst: Metamorphosen des Werkbegriffs in kuratierter und politischer Kunst der Gegenwart", in: *Kunstforum* 254, S. 62–77.
Veits, Andreas (2020): „Narratives (Bild-) Verstehen: Zum narrativen Potenzial von Einzelbildern", in: Andreas Veits/ Lucas R.A. Wilde/ E. u. Klaus Sachs-Hombach (Hrsg.), *Einzelbild & Narrativität*, Köln: Herbert von Halem, S. 124–160.
Weixler, Antonius (2020): „Story at First Sight? Bildliches Erzählen zwischen „diachroner Zustandsfolge" und „synchroner Zustandshaftigkeit"", in: Andreas Veits/ Lucas R.A. Wilde/ E. u. Klaus Sachs-Hombach (Hrsg.), *Einzelbild & Narrativität*, Köln: Herbert von Halem, S. 56–87.

Kerstin Thomas

Moderne Kunst zwischen Autonomieforderung und Handlungsmacht

Die Frage nach der Beziehung zwischen Kunst und Moral hat im Rahmen der Debatten um die Darstellung anderer Identitäten in der Kunst erneut an Aktualität gewonnen. In meinem Beitrag möchte ich über dieses harmonische oder gegenläufige Paar von Seiten des ersten Teils nachdenken, indem ich die Frage nach der Beziehung von Kunst und Moral aus der Sicht der Kunst der Moderne formuliere und in ihrer historischen Perspektive reflektiere. Dabei werde ich insbesondere das Ringen um den für sie so zentralen Autonomiegedanken anhand ausgewählter theoretischer und praktischer Positionen näher betrachten und diskutieren, welche Auswirkungen diese für das Verständnis der moralischen Position der Kunst hat.

1 Kunst als moralische Institution

Die Kunst der Moderne ist angetreten mit dem Anspruch auf Autonomie: funktionelle, ökonomische, inhaltliche und formale Autonomie. Sie grenzte sich damit ab von der klassischen Kunst, in der all diese Aspekten eng miteinander verknüpft waren. Dies bedeutet jedoch nicht, dass es in der klassischen Kunst kein Bestreben zur Autonomie gab. Ganz im Gegenteil, ist die intrinsische Verbindung zwischen Kunst und Moral, die die moderne Autonomiebestrebung aufkündigen wollte, ein Resultat der Bemühung um Unabhängigkeit gegenüber den handwerklichen Zünften. Die Berufung auf Moral war ein zentrales Distinktionsmittel. Schon Leon Battista Alberti betonte in seinem Malereitraktat von 1435/1436, dass der Maler sich insbesondere deshalb vom Handwerker abhebe, weil seine Kunst Höheres anstrebe, nämlich die seelische Wirkung auf den Betrachter und damit dessen sittliche Bildung (Alberti 2002, II/41 und III/52, S. 131–133 und S. 149–151; Bätschmann und Gianfreda 2000). Auch die Künstler der 1648 in Paris gegründeten *Académie royale de peinture et de sculpture* orientierten sich am italienischen Beispiel, die Unabhängigkeit von den Handwerkszünften durch eine Nobilitierung der künstlerischen Aufgaben zu erreichen (Pevsner 1986, S. 77–139; Crow 1985; Heinich 1993; Germer 1997, S. 120–131). Sie beriefen sich hierbei ebenfalls auf die Moral. So wird in der ersten bedeutenden Abhandlung, die den hohen Anspruch der Akademie zementierte, André Félibiens 1660 erschienene Schrift *De l'Origine de la Peinture*, insbesondere die Darstellung von Historie –

https://doi.org/10.1515/9783110731354-010

also von Sujets mit moralischer Stoßrichtung zur Erziehung des Menschen – als hoheitsvolle Aufgabe der Malerei beschrieben (Félibien 1660, S. 4; Germer 1997, S. 336–347). Die Mitglieder der *Académie* hatten zunächst in ungeregelter Weise über die Aufgaben der Kunst beraten und schließlich 1667, auf Anordnung des zuständigen Ministers Colbert, ihre Diskurse systematisiert, indem sie einmal monatlich eine vorbereitete Debatte über ein spezifisches Thema der Kunst führten. Die Betonung der moralischen Aufgabe der Kunst nahm in den Diskursen eine zentrale Rolle ein, wie aus den Protokollen der *Conférences* hervorgeht (*Conférences de l'Académie royale* 2006; Lichtenstein und Michel 2006; Mérot 2003; Held 2001). Den ausgezeichneten Rang des Historienmalers hob der Historiograph des Hofes, André Félibien, der auf Anweisung des Protektorats die Protokolle führte, in der Einleitung der 1668 publizierten *Conférences* hervor, indem er betonte, dass die Historienmaler durch die Beschäftigung mit den höchsten moralischen Fragen „von dem Niedrigeren und Allgemeineren aufsteigen und sich durch eine erlauchtere Arbeit adeln." (Félibien 1668/2001, S. 249). Neben der Abgrenzung zum Handwerk diente die Hervorhebung der Moral auch der Gewinnung des funktionellen, wirtschaftlichen und ästhetischen Interesses der politischen Elite und damit der Sicherung der ökonomischen Grundlage der Akademiekünstler. Aus dem „Adelsstand" heraus konnte die Kunst ihre Bedeutung gegenüber dem Hof steigern und sich seiner Protektion versichern, die ihr eine gewisse Unabhängigkeit bescherte (Michel 2012, S. 9; Gaehtgens 2006). Die Kehrseite der Protektion bestand jedoch in einer expliziten und impliziten Abhängigkeit von der Macht, wie dies bereits die Autoren des Sammelbandes *Autonomie der Kunst. Zur Genese und Kritik einer bürgerlichen Kategorie* 1972 beschrieben hatten (Müller/Bredekamp/Hinz/Verspohl/Fredel/Apitzsch 1972). Stefan Germer hat die Situation der Académie Française in eben diesem Sinne als „relative Autonomie" bezeichnet (Germer 1997, S. 356).

2 Autonomie der Kunst

Die Bewegung der Kunst der Moderne aus den vielfältigen Abhängigkeiten heraus musste also gleichzeitig den Knoten lösen, der diese miteinander verknüpfte – doch das hatte zugleich Auswirkungen auf den Anspruch der Kunst auf gesellschaftliche Geltung und damit verbunden, ihre Rolle als moralischer Referenzpunkt. Aus diesem Grund wurde die Forderung nach Autonomie der Kunst von den radikalen Apologeten der Moderne zugleich als Bewegung gegen Moral und Ethik verstanden: demnach ginge die künstlerische Freiheit mit der Freiheit der Kunst einher, nicht gesellschaftlich handeln zu müssen und nicht auf die Normbildung Einfluss nehmen zu müssen, das heißt mit der Freiheit, weder eine politische noch eine moralische Funktion erfüllen zu müssen. Diese Befreiung wurde nun allerdings gleichgesetzt mit der Befreiung von Inhalt und der Bewegung hin zur Form, als strikte Abgrenzung von Politik und Betonung der Eigengesetzlichkeit der Kunst. Aus heutiger Perspektive stellt sich eine solch manichäistische Sicht von Kunst als modernistische Selbstbespiegelung einerseits und als konkreter politischer Aktivismus andererseits selbst als historisch relativ dar, gehen zeitgenössische künstlerische Praktiken doch über eine solche Gegenüberstellung hinaus. Es zeigt sich, dass das antagonistische Modell (also: erst diente die Kunst der Politik, dann befreite sie sich von ihr, bis sie in den 70ern wieder als Mittel des Kulturkampfes genutzt wurde) bereits für das 20. Jahrhundert ein zu vereinfachtes Schema darstellt, welches die Interdependenz zwischen künstlerischer Form, Produktionsbedingungen, Wirkweisen und deren sozialer Geltung ausblendet. Es erscheint deshalb sinnvoll, zurück ins 20. Jahrhundert zu gehen, in dem sich dieses kunsttheoretische Modell ausbildete und noch einmal einige Stationen des Verhältnisses zwischen Kunst und Moral abzuschreiten, um die Positionen schärfer bestimmen zu können.

Im Sinne einer Autonomisierungsbewegung der Kunst in der Moderne gegen ihre politische Vereinnahmung und hin zu einer Beschäftigung mit ihren formalen Mitteln argumentierte der 1909 geborene, einflussreichste amerikanische Kunstkritiker des 20. Jahrhunderts, Clement Greenberg. Seit den späten 30er Jahren verfasste Greenberg regelmäßig Kunstkritiken und literarische Texte in der marxistischen Kulturzeitschrift *Partisan Review*. Sein erster programmatischer Artikel, „Avant-Garde and Kitsch" von 1939, führt ins Zentrum der Debatte um Kunst und Politik in der Moderne, welche wiederum zentral ist für die Ausbildung einer Autonomieforderung, die sich gegen jegliche moralische Funktion von Kunst wendet (Greenberg 1939). Greenberg reagierte in seinem Artikel offenkundig auf einen Brief von Leo Trotski, der im August/September 1938 im *Partisan Review* publiziert wurde, und in dem Trotski die Ausweglosigkeit der amerikanischen Künstler angesichts des Zusammenbruchs der Bourgeoisie beschrieb und die Diagnose stellte, die Kunst könne sich allein durch ihre kritische Wendung gegen die Gesellschaft behaupten, indem sie selbst zur Revolution schreite. Trotski schrieb:

> Art, which is the most complex part of culture, the most sensitive and at the same time the least protected, suffers most from the decline and decay of bourgeois society. To find a solution to this impasse through art itself is impossible. It is a crisis which concerns all culture, beginning at its economic base and ending in the highest spheres of ideology. Art can neither escape the crisis nor partition itself off. Art cannot save itself. It will rot away inevitably – as Grecian art rotted beneath the ruins of a culture founded on slavery – unless present-day society is able to rebuild itself. This task is essentially revolutionary in character. For these

reasons the function of art in our epoch is determined by its relation to the revolution. (Trotsky 1938, S. 4)

Während Trotski zwar gegen die mit der Sowjetmacht kooperierenden Künstler eine Unabhängigkeit der Kunst gegenüber politischer Weisung einforderte, verstand er diese Unabhängigkeit jedoch als eine revolutionäre Tat im Dienst der Gesellschaft. Eine solche freie, revolutionäre Kunst forderten auch Diego Rivera und André Breton direkt im Anschluss an Trotskis Artikel in der Folgenummer des *Partisan Review*, indem sie ein Manifest gegen faschistischen und sowjetischen Totalitarismus aufsetzten, jedoch zugleich konstatierten: „[...] true art is unable *not* to be revolutionary, *not* to aspire to a complete and radical reconstruction of society." (Breton/Rivera 1938, S. 50). Die Künstler verfassten das Manifest vermutlich bei ihrem Besuch des nach Mexiko exilierten Trotski gemeinsam mit diesem (Werckmeister 1992; Greely 2003). Ihre Haltung wurde daraufhin von Trotski zu Jahresbeginn 1939 als lobendes Beispiel gegen die der sich der Sowjetmacht unterwerfenden Künstler, wie Louis Aragon und André Malraux gestellt. So gratulierte Trotski in dem im *Partisan Review* abgedruckten Brief an André Breton den Künstlern zur Gründung der *International Federation of Independent Revolutionary Art* (FIARI/IFIRA), die im Gegensatz zu den sich der Sowjetmacht andienenden Künstlern eine „international federation of truly revolutionary and truly independent artists" böte (Trotsky 1939). Diese wechselseitigen Bezugnahmen und das damit verbundene Modell dürfte Greenberg vor Augen gestanden haben, als er ein Dreivierteljahr später ebenfalls im *Partisan Review* seine Auffassung von der Autonomie der Kunst darlegte. In seinem Artikel bezieht sich Greenberg nicht explizit auf Trotski, dennoch positioniert er sich eindeutig im intellektuellen trotskistischen Umfeld des *Partisan Review*, wie Serge Guilbaut dargelegt hat, indem er einerseits die Unabhängigkeit der Kunst hervorhebt, andererseits jedoch eine deutliche Distanz zu Trotskis Forderung der revolutionären Aufgabe von Kunst einnimmt (Guilbaut 1980). Greenbergs Sympathien für Trotski gehen deutlich aus der in seinen Papieren befindlichen, anlässlich der Ermordung Trotskis 1940 entstandenen „Ode to Trotsky" hervor (Greenberg o.D. [1940]). In seinem Essay wendet er sich jedoch gegen die gesellschaftliche Inanspruchnahme der Kunst: Kunst, die unmittelbar mit Gesellschaft verbunden ist, bezeichnet er als Kitsch. Als Beispiel hierfür dient ihm die sozialistisch-realistische Kunst von Ilja Repin (vgl. Abb. 1).

In den Gemälden, die in Detailtreue Szenen aus dem Leben der russischen Bevölkerung zeigen und diese zu Historienbildern erheben, sehe der russische Bauer dieselben Werte, die er auch in seinem alltäglichen Leben erkenne: Vaterlandsliebe, die Moral harter Arbeit und jede Menge bedeutungsvoller Details, die eine Geschichte schildern. Kunst schließe auf diese Weise nahtlos an das Leben an,

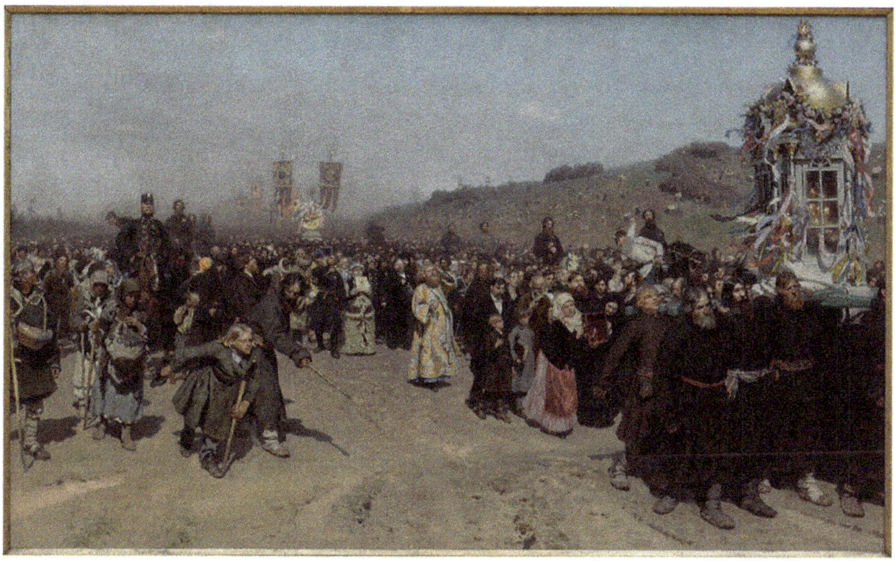

Abb. 1: Ilja Repin (1883), „Kreuzprozession im Gouvernement Kursk"; Quelle: Tretjakowgalerie, Moskau.

bediene die festen Meinungen und bereite dem Betrachter somit einen „abgekürzten Weg zum Kunstgenuß" (Greenberg 1997a, S. 47). Demgegenüber vertritt Greenberg die Auffassung, dass man zwischen Kunst und Leben unterscheiden müsse und dass man sich auf das zu konzentrieren habe, was „einzigartig und irreduzibel" sei in der Kunst, nämlich ihre formalen Qualitäten. Die sozialrealistische Kunst hingegen sei deshalb als Kitsch zu bezeichnen, weil sie sich einen gesellschaftlichen Auftrag zu Eigen mache und deshalb die ihr eigenen Formprinzipien aus dem Blick verlöre. Die Avant-Garde hingegen, also Künstler wie „Picasso, Braque, Mondrian, Miró, Kandinsky, Brancusi, auch Klee, Matisse und Cézanne" bezögen „ihre hauptsächliche Inspiration aus dem Medium, in dem sie arbeiten. Das Aufregende ihrer Kunst liegt vor allem in ihrer ausschließlichen Beschäftigung mit dem Finden und Ordnen von Räumen, Flächen, Formen, Farben, etc., wobei alles ausgeschlossen bleibt, was nicht notwendig in diesen Elementen enthalten ist." (Greenberg 1997a, S. 35). Auf diese Weise entwindet Greenberg Trotski die Forderung nach Autonomie der Kunst und wendet sie schließlich gegen diesen, indem er die Unabhängigkeit der Künstler nicht nur von politischer Funktionalisierung durch die Diktatur, sondern auch von Gesellschaft allgemein (und damit von jeglicher moralischer Inanspruchnahme) fordert. Greenberg entwickelt in „Avant-Garde and Kitsch" ein Modell für das Verständnis von moderner Kunst als eigenständiger Instanz, die eine notwendige Distanz zur Politik bildet.

In seinem 1940 im *Partisan Review* erschienenen Aufsatz „Towards a Newer Laocoon" präzisiert Greenberg, was er mit der Bezüglichkeit der Kunst auf die ihr eigene Sphäre meint, indem er diese durch das jeweils spezifische Medium bestimmt sieht (Greenberg 1940). Die Aufgabe der Moderne bestehe nun darin, die der jeweiligen Kunstform gegebenen formalen Mittel als die ihr eigene Bestimmung anzunehmen. Mit dieser Festlegung richtet Greenberg das Autonomiekonzept ganz wesentlich neu aus, indem er es an jene Frage der medialen Spezifität bindet. Denn nach Greenberg erfülle sich die Autonomie der Kunst in der Moderne nicht allein durch die Freisetzung von äußeren Abhängigkeiten, vielmehr sieht er die Autonomie der Kunst erst in ihrer vollständigen funktionalen Freiheit gegeben, die eben auch in der Befreiung von Anforderungen besteht, welche aus anderen gesellschaftlichen oder künstlerischen Bereichen an sie herangetragen wird. Jedes künstlerische Medium, also etwa Malerei, Theater, Literatur habe eigene Möglichkeitsbedingungen und die Kunst kann nach Greenberg nur dann autonom sein, wenn sie rein ist, d. h. wenn sie die dem eigenen Medium gegebenen Eigenheiten nicht zu überwinden versuche, sondern sie bewusst annehme: „Reinheit bedeutet in der Kunst die Akzeptanz, die bereitwillige Akzeptanz der Beschränkung des Mediums der jeweiligen Kunst." (Greenberg 1997b, S. 71). In Bezug auf die Malerei wird die mediale Spezifität vor allem durch die Zweidimensionalität bestimmt. Deshalb ist nach Greenberg die Malerei dort wirklich autonom und damit modern, wo sie aus der Gegebenheit des Mediums, ihrer Flächigkeit, die ihr eigene Identität schöpft. Indem sie die Flächigkeit als Stilmittel einsetze, und indem sie antiillusionistisch sei, bekenne sie sich zu ihren eigenen Mitteln. Auch wenn Greenberg mit dieser Bestimmung zunächst viel grundsätzlicher ansetzt und eine ästhetische Definition der Verpflichtung der Moderne auf Selbstreflexion vornimmt, sind seine Ausführungen nicht zuletzt durch seine eigenen, späteren Artikel als Parteinahme für eine Malerei verstanden worden, die sich ausschließlich der Zuwendung zu den formalen Möglichkeiten des Mediums verpflichtet. Durch dieses engere Verständnis von Formbewusstsein als Formalismus hat die Forderung nach Autonomie der Kunst, die noch Trotski als Bedingung der Möglichkeit zur Erfüllung des moralischen Auftrags von Kunst gedient hat, nun zur Forderung nach der Lossagung von eben diesem Auftrag geführt. Demnach ist es ein Ausdruck der Freiheit der modernen Kunst, unabhängig zu sein von Gesellschaft, unabhängig von Politik und damit auch unabhängig von moralischen Aufgaben. Greenberg hatte mit seinem Essay wohl eine breitere intellektuelle Leserschaft im Blick als den Herausgeberkreis des *Partisan Review*, wie Fred Orton und Griselda Pollock vermuten – ein Kalkül, das aufging, erwies sich doch Greenbergs Ansatz als wegweisend für die modernistische Ästhetik, die sich vom Marxismus abzugrenzen versuchte (Orton/Pollock 1981). Im Rückblick bezeichnete Greenberg die künstlerische Bewegung dieser Zeit und damit auch seine Position als eine notwendige schrittweise Distanzierung vom Marxismus, die letztlich zu einem Bruch mit der Idee führte, dass Kunst einen moralischen Auftrag habe, also eine Aufgabe, welche nicht durch die Kunst selbst hervorgebracht wurde. Diese Haltung sei einem starken Anti-Stalinismus verpflichtet, „[...] which started out more or less as ‚Trotskyism', turned into art for art's sake, and thereby cleared the way, heroically, for what was to come." (Greenberg 1965, S. 230).

3 Gegen eine Kunst jenseits der Moral

Anfang der sechziger Jahre, als der Siegeszug einer im Greenberg'schen Sinne verstandenen formal-abstrakten Avantgarde durch politischere Formen der Kunst wieder in Frage gestellt wurde, hat der marxistische Kunsthistoriker T. J. Clark Greenbergs Modell einer kritischen Revision unterzogen. Clark bemängelt Greenbergs Entwurf zweier voneinander geschiedener Welten – der gesellschaftlich-politischen und der Welt der Kunst – ganz grundsätzlich, werde doch nicht recht deutlich, auf welcher Basis dann die Werte der Avant-Garde, also etwa die der kritischen Selbstbezüglichkeit, beruhten (Clark 1982; Clark 1983/2004). Anders gefragt: Kann es einen Bereich menschlicher Tätigkeit jenseits des Menschlichen geben? Und wenn ja, worauf gründen sich dann deren Handlungsmaximen? Auch in einem anderen Sinne erweist sich Greenbergs Theorie der getrennten Welten als wenig praktikabel und damit seine Autonomiebestimmung, dernach die Kunst rein bleiben solle, also strikt von der Frage nach Moral ferngehalten werden solle. Denn die von Greenberg als „rein" angesehene, moderne Kunst ist ja keineswegs gefeit vor moralischer, oder sogar politischer Inanspruchnahme. Auch diese Kunst kann unmittelbar politische Botschaften transportieren.

So kann auch ein zunächst nicht dezidiert politisch gemeintes Werk machtpolitisch genutzt werden. Holger Kube Ventura führt in seinem Buch *Politische Kunst-Begriffe*, in welchem er eine Kartierung des Verhältnisses zwischen Kunst und Politik vornimmt, das interessante Beispiel der *Knienden* von Wilhelm Lehmbruck (vgl. Abb. 2) an, das ich für besonders geeignet halte, um diesen Punkt zu verdeutlichen (Kube Ventura 2002, S. 16).

Die Kniende ist ein Werk von moderner Schlichtheit, welches jedes inhaltliche Pathos vermeidet und das in seiner Sachlichkeit dennoch einen klaren Ausdruck hat (Schubert 2001, Nr. 58). Die Skulptur ist im Greenberg'schen Sinne modern, da sie sich auf die medialen Eigenschaften von Skulptur, nämlich Räumlichkeit und

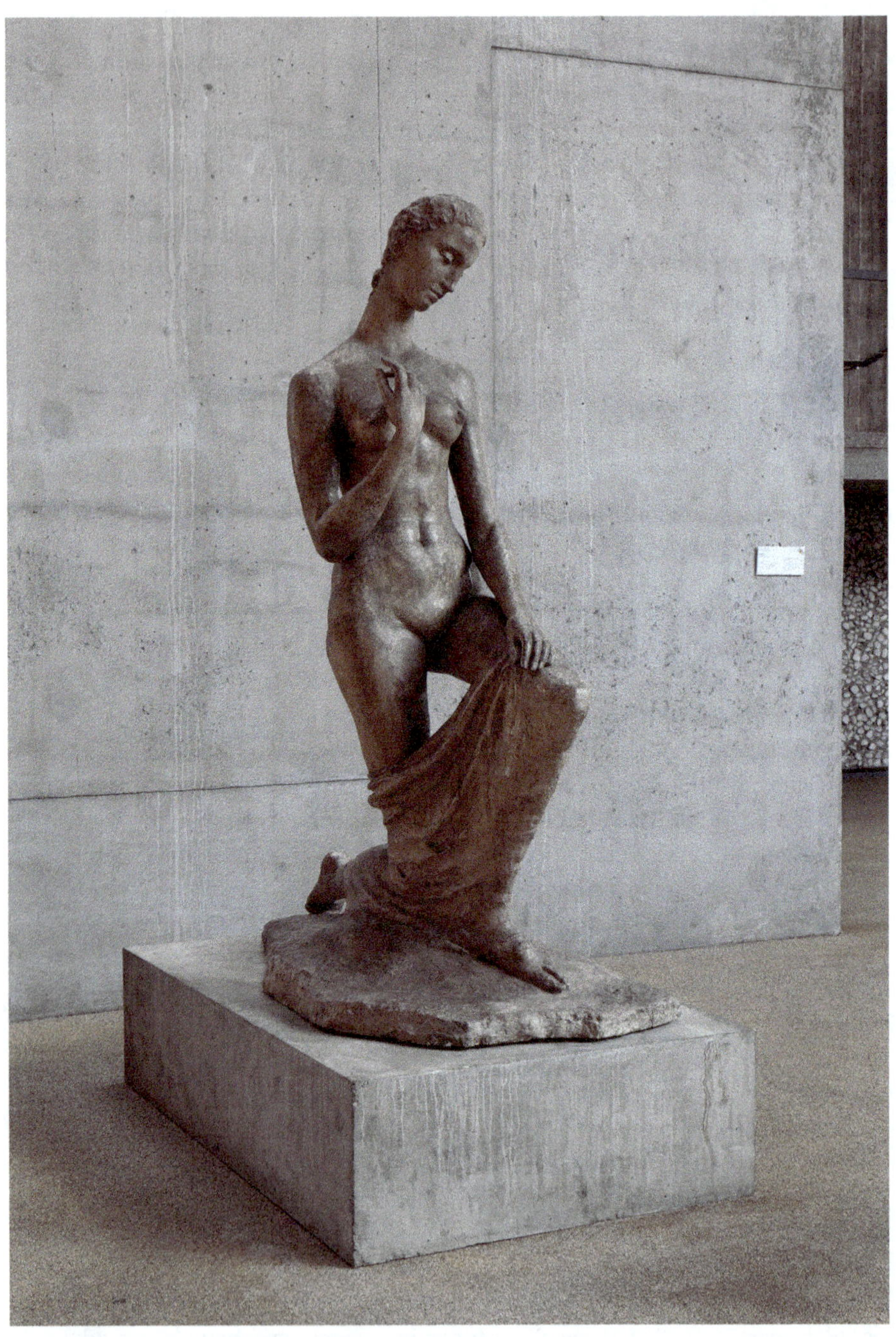

Abb. 2: Wilhelm Lehmbruck (1911), „Kniende"; Quelle: Lehmbruck Museum, Duisburg, Foto: Jürgen Diemer.

körperliche Präsenz konzentriert. Die *Kniende* galt als essentieller Beitrag zur modernen Kunst, sie war 1911 auf dem *Salon d'Automne* in Paris ausgestellt, eine der bedeutendsten Veranstaltungen der westlichen Moderne, auf der jeweils die neuesten künstlerischen Entwicklungen präsentiert wurden. Im Jahr 1911, in dem die *Kniende* zu sehen war, wurden dort etwa Arbeiten der kubistischen Künstler Albert Gleizes und Jean Metzinger sowie von Fernand Léger, Marcel Duchamp, František Kupka, Alexander Archipenko und Francis Picabia gezeigt (Stecker/Bornscheuer 2011). Lehmbrucks Skulptur war auch auf den anderen zentralen Ausstellungen dieser Zeit zu sehen: auf der großen Moderne-Ausstellung des Sonderbund Köln im Jahr 1912 sowie ein Jahr später auf der Armory Show in New York (Schaefer 2012; Brown 1988). Der Moderne-Status schützte sie allerdings nicht in dem Sinne, dass sie als vornehmlich formal und damit apolitisch gelten konnte, vielmehr galt sie gerade deshalb den neuen Machthabern seit 1933 als moralisch anstößig, weshalb sie in das Kronprinzenpalais in Berlin verbracht wurde und von dort aus 1937 zur nationalsozialistischen Ausstellung „Entartete Kunst" nach München wanderte (Birmerle 1992). Zur ersten *documenta* in Kassel, 1955, eine Ausstellung, die nach Kriegsende die Wiedergeburt der Kunst aus dem Geiste des Humanismus feierte, wurde an derselben Skulptur die Wiedergutmachung moderner Kunst exemplifiziert. Sie wurde in der zentralen Rotunde des Ausstellungsbaus Fridericianum als sakrales Werk inszeniert und diente dem Schirmherrn der *documenta*, Bundespräsidenten Theodor Heuss, als Folie (Kimpel 1997, S. 8; Großpietsch/Hemken 2018, Abb. III). Ein Beweis freiheitlicher Gesellschaft war die freie Kunst – wie Arnold Bode und Werner Haftmann nicht müde wurden zu betonen (Wedekind 2006). Für diese Freiheit stand nun *Die Kniende* ein.

Man kann also festhalten, dass der politische Charakter von Kunst zwar dezidiert sichtbar sein kann, dass dies jedoch im Umkehrschluss nicht bedeutet, dass Kunst, die sich auf formale Probleme bezieht, deshalb „rein" im Sinne von autonom gegenüber „dem Leben", das heißt „der Gesellschaft" sei, wie dies Greenberg behauptete. Gegen eine solche manichäistische Sichtweise von politisch-aktivistischer und formal-apolitischer Kunst wandte sich bereits der amerikanische Kunsthistoriker Meyer Schapiro, der wie Greenberg aktiver Streiter für die Sache der Kunst im marxistischen Kreis des *Partisan Review* war. So muss man Schapiros 1937, also zwei Jahre vor Greenbergs „Avant-Garde and Kitsch" entstandenen Aufsatz „Nature of Abstract Art" als Gegenposition zu der Frage nach der Kunst der Moderne, dem Verhältnis von Kunst und Wirklichkeit und der Möglichkeit von Kunst, politisch wirksam zu sein, verstehen. Und in der Tat stammte wohl die einzige grundsätzliche Kritik an „Avant-Garde and Kitsch" im Kreis des *Partisan Review* von Meyer Schapiro, wie Greenberg im Dezember 1939 in einem Brief festhielt (Greenberg 1939/2000). In seinem Aufsatz wendet sich Meyer

Schapiro gegen die damals bereits verbreitete Vorstellung, dass abstrakte Kunst, eben weil sie nicht repräsentiere, apolitisch sei. Wichtig zu erwähnen ist, dass der Artikel in der allerersten Ausgabe des *Marxist Quarterly* erschien. Das heißt in der ersten Nummer eines Presseorgans, das dezidiert marxistisch ausgelegt war, das erste seiner Art, das versuchte, den Marxismus mit Fragen der Kunst und Literatur zusammenzubringen. Der Artikel hat also ganz grundlegende Bedeutung, er war nicht als innerdisziplinäre Reflexion über abstrakte Kunst gedacht, sondern als Appell in zwei Richtungen: Dass nämlich einerseits abstrakte Kunst keineswegs apolitisch sei und dass andererseits politische Kunst keineswegs bloß realistisch sein müsse, eine Auffassung, die in marxistischen Kreisen gerne vertreten wurde. Schapiros Aufsatz diskutiert die Wahrnehmung von abstrakter Kunst als pure, inhaltslose Form, den Glauben der Künstler an die uneingeschränkte Kraft reiner Gestaltung. Grundlage seines Artikels war der 1936 von dem Direktor des Museum of Modern Art in New York, Alfred H. Barr Jr., publizierte Katalog der dort stattfindenden Ausstellung *Cubism and Abstract Art* (Barr 1936). Als Umschlag ziert den Katalog ein Diagramm, das Barr entworfen hatte, um den Zusammenhang zwischen verschiedenen künstlerischen Bewegungen des 20. Jahrhunderts darzustellen. Dieses Schema war extrem einflussreich für die Kunstgeschichtsschreibung, markierte es doch Verbindungslinien und Entwicklungsverhältnisse zwischen den unterschiedlichen modernen Positionen und beförderte somit das Bild einer vollständig autonom verlaufenden Entwicklung von Kunst. Schapiro bemängelt, dass Barr einen unhistorischen Begriff der abstrakten Kunst habe: „Barr klammert das Wesen der Gesellschaft, dem diese Kunst doch entsprang, als irrelevant für deren Geschichte aus, billigt ihm höchstens die Rolle eines akzidentiellen, hindernden, oder beschleunigenden atmosphärischen Faktors zu. Die Geschichte der modernen Kunst ist hier ein interner, immanenter Prozeß unter Künstlern [...].“ (Schapiro 1982, S. 211). Barrs Schema zeigt innerkünstlerische Gesetzmäßigkeiten auf, gesellschaftliche Prozesse spielen hierbei keine Rolle. Wie aber kann man sich eine Kunst vorstellen, die nach einem intrinsischen Prinzip abläuft, nach Entwicklungsschritten, welche sich aufeinander beziehen, die eigenen Gesetzen folgen, nicht aber einem im Gesellschaftlichen verankerten Bedürfnis? Woher nimmt eine solche Entwicklung ihre Impulse? Barr unterscheidet ganz grundsätzlich zwischen zwei Arten der Kunst: einer repräsentationalen und einer nicht-repräsentationalen Kunst. Die eine beziehe sich auf Umwelt und Gesellschaft und sei deshalb realistisch zu nennen, die andere sei selbstbezüglich und abstrakt. Genau in diesem Sinne argumentiert drei Jahre später Clement Greenberg und fordert die Autonomie der Kunst gegenüber der Gesellschaft und damit verbunden die Unabhängigkeit vor jeglichem moralischen Auftrag (Frascina 2000). Bereits dieser grundsätzlichen Unterscheidung aber widerspricht Schapiro. Er schreibt:

> Die logische Opposition von realistischer und abstrakter Kunst, mittels derer Barr den neueren Wandel erklärt, basiert auf zwei Annahmen über das Wesen der Malerei, die Gemeingut der Schriften über abstrakte Kunst sind, nämlich dass die Wiedergabe eine passive Spiegelung der Dinge und daher unkünstlerisch, dass abstrakte Kunst hingegen eine rein ästhetische Aktivität sei, unabhängig von Gegenständen und auf ihren eigenen ewigen Gesetzen fußend. [...] Diese Auffassung ist völlig einseitig und beruht auf einem falschen Begriff von [Repräsentation]. Es gibt keine passive, ‚photographische' Darstellung im oben beschriebenen Sinn; die wissenschaftlichen Elemente der [Repräsentation] in der älteren Kunst – Perspektive, Anatomie, Licht und Schatten – sind sowohl Ordnungsprinzipien und Ausdrucksmittel als auch Kunstgriffe der Darstellung. Alle [Repräsentationen] von Gegenständen, wie genau sie auch scheinen, sogar Photographien gehen von Wertungen, Methoden und Standpunkten aus, die in irgendeiner Weise das Bild gestalten und oft seine Inhalte bestimmen. Andererseits gibt es keine nicht durch Erfahrung bedingte ‚reine Kunst', jedes Phantasiegebilde, jede formale Konstruktion, selbst ein wahlloses Kritzeln, sind auch von Kenntnissen und nichtkünstlerischen Belangen geprägt. (Schapiro 1982, S. 222)

Für Barr heißt Kunst der Repräsentation eine Kunst, in der die Welt der Fakten im Vordergrund steht. Abstrakte Kunst sei jedoch unabhängig. Diese Unterscheidung versteht die Moderne als eine autonome Bewegung mit eigenen Gesetzmäßigkeiten. Kunst soll nach dieser Vorstellung zweckfrei sein und auf einen uninteressierten Betrachter stoßen. Schapiro, der dieser Zweiteilung in repräsentionale und nicht-repräsentionale Kunst, also in Kunst, die von der Umgebung beeinflusst ist, von ihr abhängt und freier autonomer Kunst, nicht folgt, schreibt: „Natur und abstrakte Formen sind beide Material der Kunst, und die Entscheidung für die eine oder die andere rührt von historisch wechselnden Interessen her." (Schapiro 1982, S. 223)

Folgt man Schapiros Argumentation, so bedeutet dies, dass auch die künstlerische Entscheidung für die Abstraktion eine im Politischen wurzelnde Entscheidung ist. Kunst kann mithin niemals in dem emphatischen Sinne autonom sein. Aus der Tatsache, dass sie selbst eine menschliche Tätigkeit ist, folgt unweigerlich, dass sie damit im konkret Gesellschaftlichen verankert ist. Malerei ist also schon ganz grundsätzlich eine Praktik der Repräsentation. Die Künstler bedienen sich Systemen und Codes, sie sind Teile einer Gesellschaft und sie vertreten historisch bestimmbare Interessen. Bei Schapiro heißt es weiter: „Indem der abstrakte Maler auf natürliche Formen verzichtet oder sie krass verzerrt, gibt er ein Urteil über die Außenwelt ab." (Schapiro 1982, S. 224). Schapiro erteilt damit einem Autonomiemodell im Barr'schen Sinne, wie es auch Greenberg kurze Zeit später verficht, eine deutliche Absage. Auch wenn Kunst ihre eigenen Bedingungen hat, die sie von anderen Aktivitäten unterscheidet – wie Schapiro bereits 1936 feststellte – kann sie keinen Bereich jenseits des Gesellschaftlichen und damit Politischen einnehmen (Schapiro 1936/1973, S. 118). Doch was bedeutet diese Haltung in Bezug auf die Frage nach Kunst und Moral? Was bedeutet es, wenn der Kunst kein autonomer Raum eingestanden wird, in dem sie bloß ihren eigenen Gesetzmäßigkeiten unterworfen ist? Heißt dies, dass für die Kunst die gleichen moralischen Maßstäbe gelten wie für die Lebenswirklichkeit?

4 Kunst und Wirklichkeit

In gewisser Weise scheint dies die Konsequenz zu sein, die viele europäischen Künstler der Zwischenkriegszeit gezogen haben, die nicht den Weg der abstrakten Moderne eingeschlagen haben. Peter Bürger hat in seiner grundlegenden Untersuchung zur *Theorie der Avantgarde* gezeigt, dass die Avantgarden in dem Versprechen der Autonomie der Kunst – verstanden als ein Gegenentwurf zur Wirklichkeit – nur eine weitere Unterwerfung durch das Kapital gesehen haben (Bürger 1974, S. 49–75, S. 103–104). In diesem Sinne kam die ungegenständliche Kunst dem bürgerlichen Kunstgeschmack in dessen Bedürfnis nach Wirklichkeitsflucht entgegen. Insbesondere Dada Berlin war deshalb ein explizit politisiertes Avantgarde-Projekt, als die Gruppe zum Angriff auf den Status der Kunst in der bürgerlichen Gesellschaft blies. Die Berliner Dadaisten hatten große Sympathien für die politische Linke, John Heartfield und George Grosz wurden Mitglieder der kommunistischen Partei, als sie sich 1919 in Deutschland gründete. In zahlreichen Manifesten und Aktionen griffen die Dadaisten dezidiert die als bürgerlich verstandene Trennung zwischen Kunst und Leben an.

Deutlich äußerten George Grosz und John Heartfield diese Auffassung in ihrem Text „Der Kunstlump", der 1919 in der Zeitschrift *Der Gegner* erschien (Grosz/Heartfield 1919). Der Anlass ihres Artikels war ein öffentlicher Appell des Künstlers Oskar Kokoschka in zahlreichen Tageszeitungen, bei gewaltvollen politischen Auseinandersetzungen in Zukunft die Kunst zu verschonen (Fähnders/Rector 1971, S. 43–50). Im März 1920 traf in Dresden bei den Kämpfen zwischen streikenden Arbeitern und der Reichswehr im Anschluss an den Kapp-Lüttwitz-Putsch eine Kugel Rembrandts Gemälde der *Bathseba* im Dresdner Zwinger. Kokoschkas Appell, die Kunst vor politischen Kämpfen zu verschonen, entrüstete Grosz und Heartfield umso mehr, als die Auseinandersetzung zahlreiche Tote und Verletzte mit sich brachten – einer solchen Trennung von Kunst und Leben, die zu Lasten des letzteren gehe, erteilten sie daher in ihrem Text eine klare Absage. Dennoch führte der Angriff auf die Kunst im Zeichen der Moral nicht zu einer Einebnung der Differenz zwischen Kunst und Wirklichkeit, wie es schon Bürger als paradoxes Merkmal der Avantgarde festgehalten hat (Bürger 1974, S. 98). In einer überzeugenden Studie zeigte Brigid Doherty, dass Grosz und Heartfield ihre moralische Kritik an Kokoschka nicht allein in Form des Manifests vornahmen, sondern ihre Haltung auch mittels Kunst vertraten – dass also die Kunstwerke selbst zu Medien der moralischen Haltung zur Kunst avancierten (Doherty 2003). Als erstes Beispiel führt Doherty das Bild *Der Streichholzhändler* (vgl. Abb. 3) von Otto Dix an.

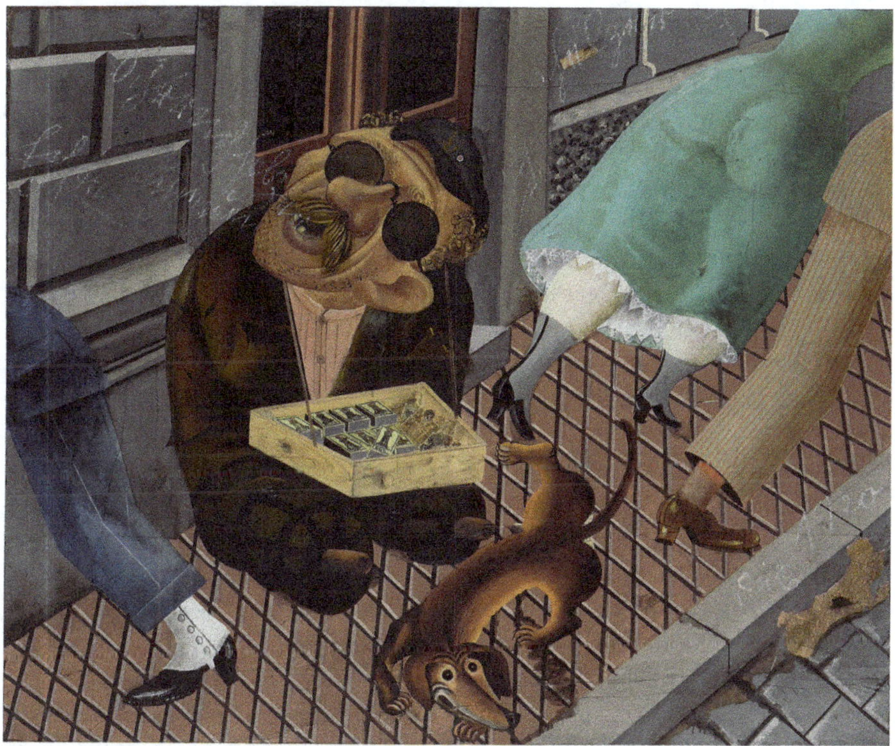

Abb. 3: Otto Dix (1920), „Streichholzhändler I"; Quelle: Staatsgalerie Stuttgart, Foto: Staatsgalerie Stuttgart.

Sie zeigt, dass der in Dresden arbeitende Künstler in seiner Montage Kokoschkas Appell im Gully neben einem blinden Krüppel aus dem Ersten Weltkrieg, der zwischen den geschäftigen Beinen unbeteiligter Mittelklasse-Passanten kauert, einfügt. Dix' moralische Botschaft, so Doherty, verwende die gleiche Form von Entgegensetzung, wie sie Grosz und Heartfield einsetzten: So verweisen die versehrte Zeitung und der versehrte Körper aufeinander. Der Krüppel wird angepisst von einem Dackel, das Zeitungspapier besudelt von Rinnsalen (Doherty 2003, S. 74). Kokoschkas Apell, Kunstwerke wie Personen zu behandeln, wird hier in eine traurige Realität umgesetzt, die als Sinnbild für die unmenschliche Behandlung der Dresdner Streikenden gelten kann.

Dix' Gemälde bezieht auf diese Weise eine klare Position. Kokoschkas Plädoyer für eine Rettung der Kunst vor vandalisierender Politisierung wird eine zugespitzte Wirklichkeit entgegengehalten, deren drastische Realität jede Möglichkeit des ästhetischen Kunstgenusses ad absurdum führt. Kunst hingegen, die sich auf die ihr eigenen Mittel besann, wurde verhöhnt, indem ihr eben dieser Rückzug auf ihre Autonomie als moralische Bankrotterklärung gegenüber den gesellschaftlichen Missständen vorgeworfen wurde. So warfen Grosz und Heartfield in ihrem Manifest „Kunstlump" dem Dichter Rainer Maria Rilke Ästhetizismus vor, der in dessen *Stundenbuch* durch die Zeile „Denn Armut ist ein großer Glanz aus Innen..." kulminiere. Eine solche Haltung führe bestenfalls zur Machtlosigkeit der Kunst, schlimmstenfalls zur Zementierung gesellschaftlicher Ungerechtigkeiten: „Deshalb dichtet so ein Schwächling wie Rainer Maria Rilke, den die parfümierten Nichtstuer aushalten, ‚Armut ist ein großer Glanz von innen' (Stundenbuch.)" (Grosz/Heartfield 1919, S. 51; Rilke, 1899–1903/1955, S. 356). Grosz und Heartfield werfen im „Kunstlump" der Bourgeoisie Wirklichkeitsflucht mittels Kunst vor, während dem Proletariat diese Möglichkeit fehle, weil es nicht über die zum Kunstgenuss notwendige Freizeit verfüge. Deshalb solle die bürgerliche Gesellschaft abgeschafft werden, indem die sozialen Bedingungen radikal verändert werden sollten, wobei notwendigerweise die Beziehungen zwischen Menschen und Kunstwerken verändert werden sollten. Kokoschkas Appel sei doch nur die Angst des Spießbürgers vor der Veränderung dieser Verhältnisse von Wirklichkeitsflucht. Grosz' und Heartfields Kritik der Funktion bürgerlicher Kunst mündete in ein Modell von Kunst als moralisches Werkzeug für die Veränderung von Gesellschaft. Heißt dies nun, dass Kunst nur ein Mittel darstellt zur Durchsetzung politischer Ziele? Bestünde dann die Erfüllung der Kunstwerke im politischen Akt und ginge somit Kunst in Leben auf? Es gibt Beispiele für solch moralisch-funktionalisierte Kunst in rauer Menge, auch für solche, die von Bildungsinstitutionen bevorzugt gefördert wird, aber es ist sicherlich kein Zufall, dass wir uns nicht lange daran erinnern. Die ungebrochene Wirksamkeit von Dada besteht hingegen genau darin, ihre kritisch-politische Haltung in Distanz zum unmittelbaren Lebensvollzug zu üben, das heißt, Kunst nicht als Mittel zur unmittelbaren Handlungsaktivierung einzusetzen.

Deutlich wird dies in der von Heartfield und Grosz entworfenen Plastik: *Der wildgewordene Spiesser Heartfield (Elektro-meachanische Tatlin-Plastik)*, die 1920 auf der Dada-Messe gezeigt wurde und die in einem späteren Nachbau von 1988 erhalten ist (vgl. Abb. 4). In ihrem Aufsatz bringt Brigid Doherty diese Plastik mit dem Manifest des „Kunstlump" und der dort angeführten Rilke-Kritik in Verbindung (Doherty 2003, S. 78 ff.).

Der Spießer ist hier ein mit Spieß bewaffneter Paramilitär. Sein „Großer Glanz aus Innen" entspringt keiner metaphysischen Kraft, sondern einer angeschraubten Glühbirne. Kreidemarkierung verweisen auf Militärdrill. Kordeln halten den Spießer fest, damit er nicht ausbricht: Der Spießer ist wildgeworden und wird wie

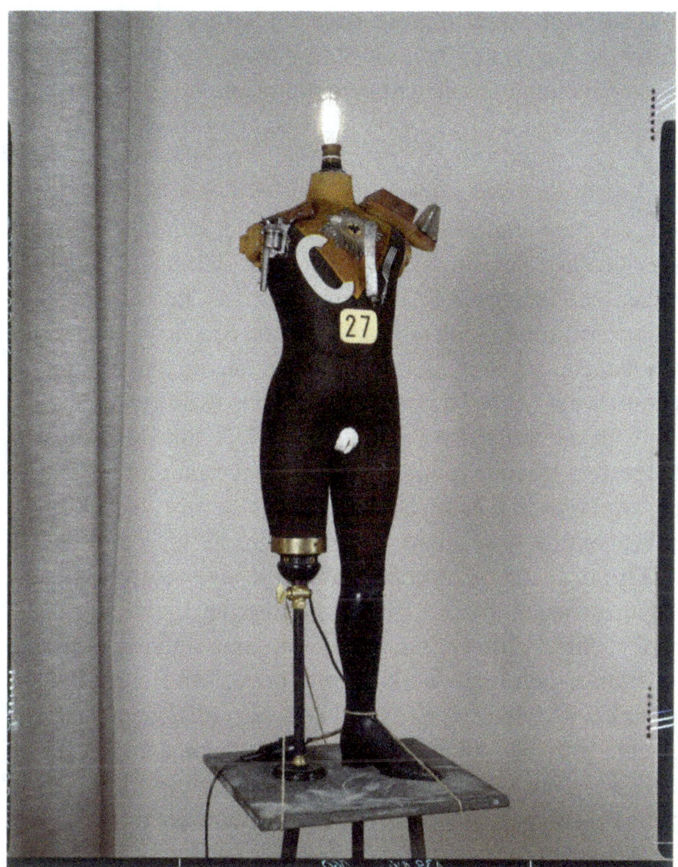

Abb. 4: George Grosz und John Heartfield (1988), „Der wildgewordene Spiesser Heartfield"; Quelle: Berlinische Galerie, Landesmuseum für moderne Kunst, Fotografie und Architektur, Berlin.

eine Bestie festgehalten. Sein Körper hat sich in der Stillstellung verwandelt. Sein Kopf ist eine Birne, sein Bein Metall – eine Metallprothese –, seine Arme Türklingel und Revolver, sein Penis der Gipsabguss eines menschlichen Mundes. Die Figur zeigt beides: den Ausbruchsversuch, das Wildwerden und das Gefangennehmen in den Mechanismen, die seinen Körper besetzen. Durch diese ist er in der Welt verankert, seine unterdrückte Wut kommt aus der Machtlosigkeit fruchtloser Revolte. Doherty schlägt vor, diesen Torso als eine weitere Rilke-Kritik zu verstehen, indem sie ihn auf Rilkes berühmtes Sonett *Archaïscher Torso Apollos* von 1908 bezieht (Doherty 2003, S. 84–88). In einer bezwingenden Gegenüberstellung des archaischen Torsos bei Rilke, der „glüht noch wie ein Kandelaber,//

in dem sein Schauen, nur zurückgeschraubt// sich hält und glänzt", mit dem *wildgewordenen Spiesser* mit angeschraubter Glühbirne sowie des sich „im leisen Drehen// der Lenden" ereignende Lächeln „zu jener Mitte, die die Zeugung trug" mit dem grinsenden Penis-Mund des *Spiessers* zeigt Doherty die künstlerische Travestie der Dadaisten (Rilke 1908/1955, S. 557). Das von Rilke beschworene antike weise-heitere Lächeln wird gekontert durch dadaistisches Gelächter. Die Dadapuppe ist unfähig zur Zeugung, verbleibt entstellt in der Montage. Dadurch erteilt sie dem Heilsversprechen der Kunst, wie sie noch in Rilkes Gedicht zu erkennen ist, eine Absage. Die Kunstkritik ist hier im Sinne des „Kunstlump" politisch verstanden, so bezieht Doherty den wildgewordenen Spießer auch auf die von Lenin 1920 in *Der Radikalismus, die Kinderkrankheit des Kommunismus* angeführten Figur des „durch die Schrecken des Kapitalismus ‚wild gewordene[n]' Kleinbürger[s]" (Doherty 2003, S. 82–83; Lenin 1920/1959, S. 16). Die politische Stoßrichtung der Skulptur tritt deutlich zutage, nicht zuletzt durch das Eiserne Kreuz, das im direkten Wortsinne am Arsch ist. So deutlich hier ein Zeichen gegen ein ästhetizistisches Verständnis von Kunst gesetzt wird und das Politische zu Tage tritt, so ist es doch für unseren Zusammenhang von ebensogroßer Bedeutung, dass trotz des dadaistischen Programms der politischen Handlungsmacht von Kunst die Skulptur nicht in dieser moralischen Funktion aufgeht. Vielmehr wird deutlich, dass sie gerade dadurch Wirkung entfaltet, dass sie die Distanz zwischen der Sphäre der Kunst und der der Wirklichkeit nicht überschreitet. Denn gerade die Machtlosigkeit der dysfunktionalen Puppe zeigt doch, dass der Aufruf am Ende des Rilke'schen Sonetts – „Du mußt dein Leben ändern" (Rilke 1908/1955) – ein vergeblicher und aufgegebener Wunsch ist. Die Kunst entzieht sich hier ganz bewusst ihrer moralischen Aufgabe, ethisch handeln zu müssen.

Der Unterschied der Haltung von Grosz und Heartfield zu der von ihnen kritisierten Haltung eines Rilke ist demnach nicht die durch sie vollzogene Einebnung der Grenze zwischen Kunst und Moral. Vielmehr kann die moralische Botschaft ihrer Kunst, das ihr eigene kritische Potential, erst deshalb wirksam werden, weil die Distanz gewahrt wird. Ebenso wie die mechanische Puppe erst funktionslos werden musste, um wirken zu können. Erst durch die künstlerische Distanz zur Wirklichkeit wird diese ins Mark getroffen. Künstlerische Autonomie und moralische Wirksamkeit gehen in diesem Sinne miteinander einher. Peter Bürger bezeichnet dies als das Paradoxon der Kunst der Avantgarde, dass erst durch die Distanz zur Wirklichkeit die Bedingungen der Möglichkeit zur kritischen Realitätserkenntnis gegeben seien (Bürger 1974, S. 68, 71). Es ist deshalb wichtig zu betonen, dass Dada eine explizit künstlerische Bewegung war. Anstelle einer direkten politischen Aktion sollte die Gesellschaft anders getroffen werden, eben durch die politische Waffe der Kunst. Auch wenn wir also der Auffassung von Dada folgen, dass Kunst keinen Raum jenseits von Gesellschaft einnimmt, dann müssen wir doch festhalten, dass Kunst hier als Kunst gesellschaftlich ist. Hubert van den Berg, der die eingehendste Untersuchung zu den politischen Grundlagen von Dada vorgelegt hat, spricht davon, dass Dada die „umgebende Wirklichkeit [...] in die Kunstwelt aufgenommen und verarbeitet" habe und „[d]aneben [...] gelegentlich in der Wirklichkeit, insbesondere in der politischen" interveniert habe – ohne dies dabei jedoch zur Kunst zu erklären (H. van den Berg 1999, S. 70). Demnach wäre das Manifest eine andere Form der Äußerung als die künstlerischen Manifestationen.

5 Die Moral der Kunst

Besteht also der Auftrag der Moderne darin, dass die Kunst als Kunst eine moralische Funktion erfüllt, das heißt aus ihrer Distanz zur Wirklichkeit eine moralisch-kritische Haltung einnimmt? Dann wären für diese Funktion zweifelsohne solche künstlerischen Medien und Praktiken am besten geeignet, welche den Bezug zur Sphäre des Gesellschaftlichen herstellen und gleichermaßen die kritische Distanz zu ihr wahren als andere. In der „Theorie der Avantgarde" führt Peter Bürger solche Formen und Praktiken an. So gefasst, muss das modernistische Programm von Clement Greenberg dem wahren Ziel der Moderne zuwiderlaufen, indem es künstlerische Techniken und Praktiken privilegiert, die den Abstand zur Gesellschaft betonen. Und genau das wird Greenberg auch von seinen Kritikern, etwa T.J. Clark, vorgeworfen, wie gezeigt wurde. Die Unabhängigkeit der Kunst sei nicht realisiert, weil sie das ihr eigene kritische Potential gegenüber der Gesellschaft nicht ergreife und somit zum Konsumartikel werde.

Das Problematische an Greenbergs Modell ist jedoch nicht die Bevorzugung der abstrakten Kunst, sondern die Festschreibung des Begriffs künstlerischer Autonomie, der ja zunächst eine gesellschaftliche, soziale und ökonomische Bedingung für die Kunst der Moderne benennt, sodann die Freiheit der Wahl künstlerischer Mittel, auf eine spezifische Form moderner Kunst. Und damit verbunden die Auffassung von einer Stellung der Kunst jenseits von Gesellschaft. Nicht die modernistische Kunst selbst ist also zwangsläufig das Problem, sondern ihre Bestimmung. Kehren wir noch einmal auf der Grundlage dieser Feststellung zu Meyer Schapiros Modell zurück, so lässt sich das Verhältnis von moderner Kunst zu Gesellschaft neu fassen. Nach Schapiros Argumentation wäre nämlich abstrakte Kunst nur ein spezifisches Idiom, das jedoch inhärent politisch ist, in dem Sinne, als auch diese Kunst ein gesellschaftliches Verhalten zum Ausdruck bringt (Schapiro 1937a). Die moralische Frage an die Kunst kann demnach nicht an die ihr eigene Form der Repräsentation von Gesellschaft geknüpft werden, also daran, ob Missstände deutlich dargestellt werden oder ein ungegenständliches bildliches Idiom gewählt wurde. Diese Frage kann letztlich nur im historischen Zusammenhang beantwortet werden und Dada hat dies für seinen spezifischen Ort ebenso getan wie etwa die ungegenständlichen Bilder sowjetischer Avantgarden dies für den ihren. Es bleibt jedoch die Frage, ob abgesehen von der Wahl der Mittel und der mit ihnen vermeintlich konnotierten Absichten ganz grundsätzlich das Modell von einer moralischen Funktion der Kunst tragfähig ist. Also: folgt aus der Stellung der Kunst, einerseits ein Produkt der Gesellschaft zu sein und andererseits eine Distanz ihr gegenüber einzunehmen, notwendigerweise ein moralischer Imperativ? Heißt es, wenn Kunst eine gesellschaftliche Handlung ist, dass sie zwangsläufig nach ethischen Gesichtspunkten bewertet werden muss? Und folgt daraus, dass Kunst eine moralische Funktion einnehmen sollte, indem sie auf eine Veränderung der Gesellschaft oder der Lebensformen zielt? Und was bedeutet eine solche Funktionsbestimmung, die zunächst aus einer historisch konkreten Situation, nämlich der der Moderne, vorgenommen ist – wie Peter Bürgers Theorie der Avantgarde eindeutig bekennt – für eine Theorie der Kunst im Allgemeinen? Kann sie auf ältere Kunst übertragen werden, oder ist damit zugleich eine Bewertungsskala angelegt, die eine Entwicklungsgeschichte der Kunst begründet, welche zwar der heroischen Erzählung der Modernisten entgegengesetzt ist, aber nicht weniger heuristisch ist als diese?

In einem weiteren Text von 1937 kritisierte Meyer Schapiro aus marxistischer Perspektive ähnliche marxistische Überlegungen zur Kunst von Delmore Schwartz (Schapiro 1937b). Schapiro führt an, dass in dem Moment, in dem wir Kunst allein danach bewerten, welchen gesellschaftskritischen Ertrag sie hat, wir das künstlerische Medium zu gering schätzen und Kunst in Ethik auflösen. Ein solcher Maßstab – so der Mediävist Schapiro – sei zudem auf ältere Kunst nicht übertragbar. Die Autonomie der Kunst bestehe aus der Freiheit gegenüber einer solchen Funktionsbestimmung von Kunst. Dennoch sei Kunst nicht frei von Moral. Jedoch leitet Schapiro die Moral der Kunst nicht aus ihrer gesellschaftlichen Funktion, ihrer Einflussnahme, ab, da dies ja nur auf eine bestimmte Form von Kunst in erhöhtem Maße zutrifft und ganze andere Bereiche der Kunst abschneiden würde. Moral ist hingegen für Schapiro in mehrfacher Weise die Grundlage jeder Kunst. Denn Kunst ist ein Produkt vielfältigen menschlichen Handelns und wird zum Produkt unserer Bewertung. Alle diese Vorgänge schließen gesellschaftliche Normen, Grundsätze und Werte mit ein. Auch Adornos Definition der Kunst als Modus des Gesellschaftlichen bei gleichzeitiger Autonomie kann man in diesem Sinne verstehen als Definition einer grundsätzlichen Eigenschaft von Kunst, ohne dass etwas über ihre konkrete künstlerische Haltung gegenüber gesellschaftlicher Wirklichkeit ausgesagt würde. So heißt es bei Adorno:

> Gesellschaftlich aber ist Kunst weder nur durch den Modus ihrer Hervorbringung [...], noch durch die gesellschaftliche Herkunft ihres Stoffgehalts. Vielmehr wird sie zum Gesellschaftlichen durch ihre Gegenposition zur Gesellschaft, und jene Position bezieht sie erst als autonome. Indem sie sich als Eigenes in sich kristallisiert, anstatt bestehenden gesellschaftlichen Normen zu willfahren und als ‚gesellschaftlich nützlich' sich zu qualifizieren, kritisiert sie die Gesellschaft, durch ihr bloßes Dasein, so wie es von Puritanern aller Bekenntnisse mißbilligt wird. (Adorno 1973, S. 335).

Gemeint ist bei Adorno, dass Kunst nicht gleichzusetzen ist mit Leben. Ihre Autonomie ist kategorial bestimmt, sprich: was ästhetisch ist, kann nicht gleichzeitig gesellschaftlich funktional sein, Ästhetik geht nicht in Ethik auf. Allerdings ist Kunst dadurch auch nicht per se apolitisch. Sie ist nur nicht auf Handlung gerichtet, sondern auf kritisches Erkennen.

Folgt man dieser Bestimmung, können selbst künstlerische Positionen, die einen starken moralischen Appell aussenden, indem sie dezidiert politischen Inhalts sind, dennoch in diesem Sinne als autonome Kunstäußerungen aufgefasst werden. Andererseits können auch vermeintlich apolitische Kunstwerke eine kritische Perspektive auf Gesellschaft befördern. Dieses Modell greift weitaus besser als die reine Unterscheidung zwischen politisch-repräsentationaler und modernistisch-autonomer Kunst, weil sie eben nicht die Kunst ausblendet, die modern und politisch ist und auf der anderen Seite auch die vermeintlich rein formale Kunst als eine politische, weil gesellschaftliche Haltung begreift. Vor dem Hintergrund dieses Verständnisses lassen sich auch die aktivistischen Bewegungen der Kunst der 1960er und 1970er Jahre anders beschreiben. Denn in vielen Darstellungen dieser Bewegungen heißt es, dass diese als Aufkündigung des apolitischen Programms der Moderne zu verstehen seien und die durch die Moderne geschaffene Kluft zwischen Kunst und Leben überbrücken wollten (Hieber/Moebius 2009, S. 15 – 16.). Anstatt nun aber diese Kunst als Re-politisierung zu verstehen, wie dies sicherlich einzelne Akteure auch selbst aufgefasst haben, könnte man es so beschreiben, dass diese Kunst ebenso wie dies für Dada gilt, „Material", aber auch „Verfahrensweisen" aus dem gesellschaftlichen, außerkünstlerischen Bereich für eine genuin künstlerische Haltung verwendet hat, die ihrerseits Wirkungen auf das Leben haben kann, aber nicht zwangsläufig in diesem Ziel aufgehen muss. (Adorno 1973, S. 222) Selbst die Forderung der an Dada anknüpfenden *Situationisten*, die Kunst zu überschreiten hin zum Leben – wie es in Guy Debords *Dépassement de l'art* von 1963 (vgl. Abb. 5) heißt – und somit unmittelbar wirksam zu werden, sollte vor dem Hintergrund des Ausgeführten demnach nicht als Preisgabe des Autonomieanspruchs zugunsten einer grundsätzlich moralischen Verpflichtung der Kunst gegenüber der Gesellschaft gewertet werden. Zunächst einmal, rein wörtlich genommen, sieht dies so aus.

Denn hier steht unmissverständlich die Aufforderung in schwarz auf weiß: „Überwindung der Kunst".

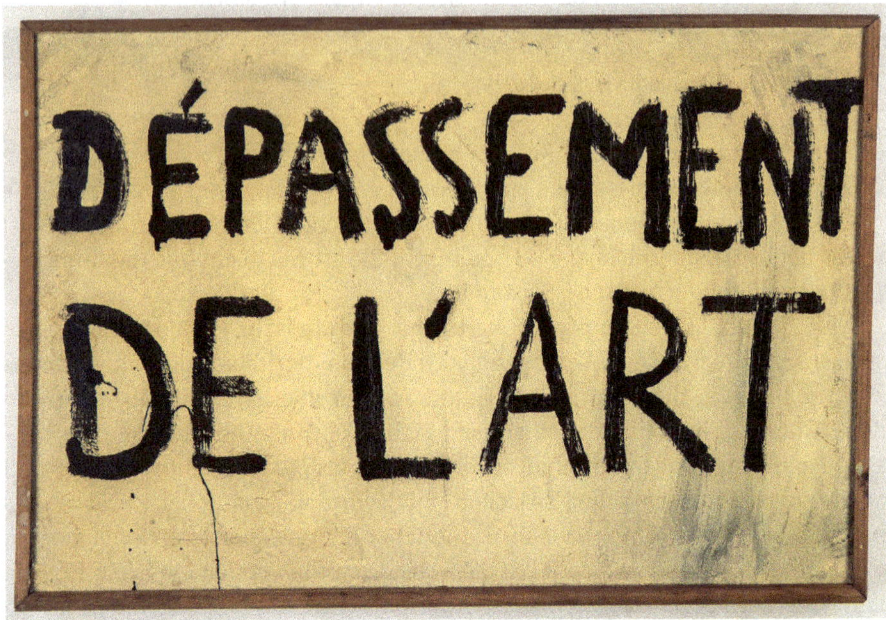

Abb. 5: Guy Debord (1963), „Dépassement de l'art"; Quelle: Sammlung Paul Destribats, Nationalbibliothek von Frankreich, Paris.

Und auch die Aktionen der Situationisten bestanden darin, konkrete Handlungsanweisungen im normalen Leben zu erstellen, also etwa sich an diese oder jene Stelle in Paris und dann woandershin zu bewegen (Ohrt 1990). Sie entwickelten ein Konzept der theoretischen und praktischen Herstellung von Situationen, in denen Leben und Kunstwerk sich verbinden. So besteht etwa der „GUIDE PSYCHOGÉOGRAPHIQUE DE PARIS" (vgl. Abb. 6) von Guy Debord aus dem Jahr 1957 aus einzelnen mit malerischen Strichbahnen verbundenen Sektionen von Paris, die hypothetische Spaziergänge anzeigen. In den Spaziergängen werden Fragen entwickelt, wie: Wieviel Meter ist es reizvoll zu gehen? welche Laster begünstigt es? An welchem Gebäude bricht sich die Stimmung eines Stadtteils? In den Plan werden die Barrikaden verzeichnet, die Viertel werden neu benannt, nach der Form ihrer ausgeschnittenen Außenkontur. In diesen Raum-Umordnungen, den konkreten Handlungen, sollen neue Verhaltensmuster erzeugt werden, Situationen. Dazu gehört auch das Verirren, etwa, wenn eine Anweisung lautet, man solle mit dem Londoner Stadtplan durch den Harz wandern.

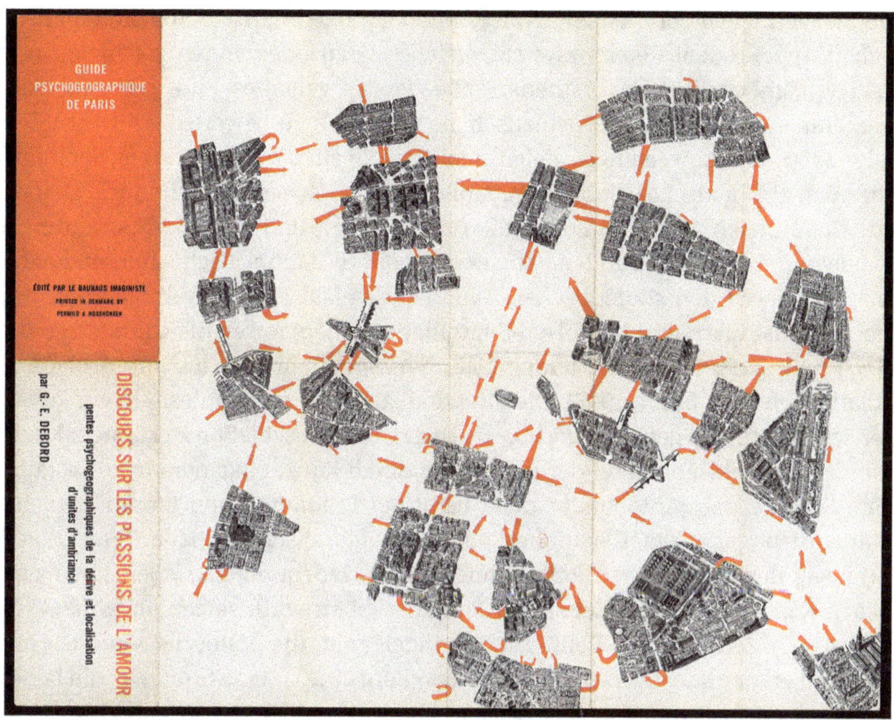

Abb. 6: Guy Debord (1957), „Guide psychogéographique de Paris“; Quelle: Nationalbibliothek von Frankreich, Paris.

Auch die politischen Aktionen waren ein bedeutender Bestandteil der Situationistischen Internationale, wie T.J. Clark und Donals Nicholson-Smith hervorgehoben haben, die gegen die Einordnung der Gruppe als pseudo-radikal opponierten (Clark/Nicholson-Smith 1997). Mikkel Bolt Rasmussen bezeichnete das Programm der Situationisten gar als Versuch, die Welt der Kunst zugunsten einer ultra-linken Politik hinter sich zu lassen (Bolt Rasmussen 2004).

Den Situationisten galt es, das System Kunst mittels gezielter Aktionen zu durchbrechen und tatsächliche Handlungen zu erzwingen – eine Zielrichtung, der sich in Folge zahlreiche Künstler verpflichtet fühlten, für welche Lucy Lippard später den Begriff der „Activist Art“ geprägt hat (Lippard 1984; Raunig 2017, S. 203 – 268). Der Aktivismus zielt dabei über Kunst auf eine Änderung der Gesellschaft. Dennoch ist gegen eine rein moralische Bewertung der Situationistischen Aktionen einzuwenden, dass das Referenzsystem selbst dieser Handlungen nicht ethisch bemessen werden kann, denn es lässt sich aus ihnen weder ein Handlungsimperativ ableiten, noch können die Handlungen vernünftig begründet werden. Vielmehr bleiben – wie Roberto Ohrt gezeigt hat – die situationistischen Appelle dem Referenzsystem, welche sie zu überwinden trachteten verhaftet: nämlich dem der Ästhetik: entweder als gemaltes Bild, oder aber als Handlung, deren Wert eher ästhetisch als moralisch zu bewerten ist (Ohrt 1990; Ohrt 2000). Die Anweisungen zielen somit sowohl auf die Überwindung der Kunst als auch auf faktisches Handeln im außenkünstlerischen Bereich, doch bleiben die Handlungen an das Material, die Gesetzlichkeit und auch den Bewertungsrahmen von Kunst gebunden. Auch wenn die Situationistische Internationale maßgeblich zu den studentischen Aktionen des Mai 1968 beigetragen hat, wie noch einmal Clark und Nicholson-Smith hervorheben, waren die Unruhen selbst doch politischer Natur und hatten nicht den Situationismus als ihre Grundlage (Clark/Nicholson-Smith 1997). Die Situationisten haben nicht deshalb ein künstlerisches Auftreten gewählt, um aus der Distanz besser schießen zu können, Kunst ist nicht das bessere Mittel der Politik, die durch Kunst eingenommene Distanz, ihre Stellung der „Autonomie" dient nicht der Erhöhung ihrer moralischen Instanz, dient nicht der Gewinnung einer metamoralischen Ebene. Eine solche Strategie der wirksameren Politik durch Kunst, indem ein Zwischenstatus zwischen Kunst und Moral, Kunst und Politik etabliert wird, setzen etwa die Aktivisten des „Zentrums für Politische Schönheit" ein, die politische Aktionen mit dem Etikett der Kunst versehen (K. van den Berg 2018) – eine Strategie, die leider mittlerweile auch vom entgegengesetzten politischen Spektrum genutzt wird.

Man macht Kunst nicht zwangsweise zahnlos, wenn man ihr keine unmittelbare politische Handlungsmacht zuspricht. In Deutschland zeigt dies etwa das prominente Beispiel von Joseph Beuys. Der Künstler hat seine Aktivitäten als relevante Verknüpfungen mit dem Leben verstanden, mit Gesellschaft, Moral und Politik, wie Barbara Lange in ihrer grundlegenden Publikation *Joseph Beuys. Richtkräfte einer neuen Gesellschaft* gezeigt hat (Lange 1999). Dabei unternahm er auch politisch-institutionelle Handlungen. Auf der *documenta* V, 1972, eröffnete Beuys das „Büro für direkte Demokratie". Hier sollte die Kunst menschliche Verhältnisse formen. Dabei ging es um konkrete Handlungen, die wiederum auf einen konkreten Wandel der Gesellschaft zielten. So sollten in der Aktion *7000 Eichen – Stadtverwaldung statt Stadtverwaltung* anlässlich der *documenta* 7, 1982 die Bürger Kassels 7000 Eichen innerhalb ihrer Stadt pflanzen, jeweils versehen mit einem Basaltblock. Beuys Ziel war eine Gestaltung gesellschaftlicher Kommunikationsprozesse. Haben wir es hier nun also mit einer Transgression der Kunst hin zum gesellschaftlichen Handeln zu tun? Dem steht entgegen, dass Beuys Aktionen Bestandteile des Systems der Kunst sind, weil sie schließlich innerhalb des institutionellen Rahmens Kunst (z. B. der *documenta*) stattfanden. Andere Handlungen, wie die Gründungen der Studentenpartei (1967), der Organisation der Nichtwähler (1970) sowie der Organisation für direkte Demokratie durch Volksabstimmung (1971) und der Free International University (F.I.U., 1973) sind eher indirekt künstlerischer Natur, indem sie auf die Transformation von gesellschaftlichen Institutionen zielen. Insbesondere aber Beuys späteres Engagement für die Grünen – so kandidierte Beuys 1979 für die Grünen fürs Europa-Parlament, 1980 für den Bundestag – fällt aus dem System der Kunst heraus. Diese Aktivitäten waren letztlich auch weit folgenloser als seine künstlerischen Aktionen. Kunst und Moral bilden bei Beuys in gewisser Weise eine Einheit. Gleichzeitig abstrahiert er vom konkret Politischen, von aktuellen gesellschaftlichen Zuständen. Sein Bild des Politischen entspricht eher einem Parallelsystem, das künstlerischen Prinzipien ebenso verhaftet ist, wie gesellschaftlichen. Es wirkt als Modell und wahrt damit seine Distanz gegenüber Handlungsmaximen, Verantwortungsfragen, auch eindeutigen Resultaten. Beuys setzt hier im ästhetischen Sinne das Material des Gesellschaftlichen in Kunst ein, er nimmt eine künstlerische Handlung vor, wie sie Judith Siegmund theoretisch gefasst hat (Siegmund 2015). Kunstwerke können auf diese Weise zu einer Verbesserung des Lebens und gesellschaftlicher Bedingungen beitragen, sie müssen es aber nicht und im besten Falle bleibt der Ertrag offen.

Die zeitgenössische Kunst sieht es zunehmend als ihre Aufgabe an, einen moralischen Standort einzunehmen, Handlungen anzustiften, oder zumindest politische Verhältnisse –auch innerhalb ihrer eigenen Praxis – zu reflektieren (Bishop 2006; Malzacher 2015). Die Autonomieforderung wirkt angesichts der Erkenntnis gesellschaftlicher Verflechtungen der Kunst weltfremd, andererseits droht durch die mit ihr verbundene Abtrennung vom wirklichen Leben in Zeiten attraktiver ästhetischer Alternativen der Bedeutungsverlust der Kunst. Gleichzeitig mehren sich jedoch auch die Stimmen, die gerade in der Unverfügbarkeit der Kunst ihr mögliches politisches Potential sehen, indem nur so eine Position kritischer Distanz gegenüber der Wirklichkeit zu wahren sei. Aktuelle Debatten entzünden sich an Theorien von Pierre Bourdieu, Niklas Luhmann, Christoph Menke, Jacques Rancière und Juliane Rebentisch und es erscheinen verstärkt Publikationen mit zentralen Positionen des Diskurses zur Frage nach Politik bzw. Autonomie der (Gegenwarts-)Kunst (Emmerling/Kleesattel 2016; Karstein/Zahner 2017; Siegmund 2019). Der Anspruch der Gegenwartskunst auf eine kritische Einwirkung auf Wirklichkeit oder sogar deren aktive Umgestaltung ist zunächst einmal als künstlerisches Selbstverständnis zu betrachten. Die von Meyer Schapiro grundsätzlich formulierte Feststellung, dass Kunst an ihre Medien, ihre Formen und deren Hervorbringung gebunden sei und deshalb nicht mit einer reinen Gesellschaftskritik gleichgesetzt werden kann, ist hilfreich für die Begründung, warum hingegen Kunst nicht nur nicht Politik, sondern auch, warum sie nicht Ethik ist (Schapiro 1937b). Denn auch die aus der Autonomieforderung häufig abgeleitete starke Betonung der Bedeutung der Kunst für die kritische Reflexion mündet ja letztlich in eine Funktionalisierung der Kunst für moralische Aufgaben. Denn sollte die vornehmliche Aufgabe der Kunst darin bestehen, die Wirklichkeit kritisch zu reflektieren, wäre damit eine metamoralische Position verbunden, die die gesellschaftliche Basis der künstlerischen Praxis in dem von Schapiro angeführten Sinne negiert. Und doch sind wir nicht frei von Moral in Bezug auf Kunst. Denn das Werk ist ein Resultat und ein Motor unzähliger Handlungen, die nicht abgetrennt werden können vom Bereich gesellschaftlicher Wirklichkeit, insofern, als wir moralische Wesen sind und deshalb unsere Lebenswirklichkeit in die Produktion und Rezeption der Kunst eingeht. Diese Wirklichkeit ist in die Form eines Werkes eingelassen, wie Schapiro betont, welches jedoch zugleich eine eigene Form ausbildet. Grundsätzlich ist vermutlich Kunst in dem Sinne autonom, dass sie nicht nach außerkünstlerischen, etwa ethischen Maßstäben beurteilt werden kann, nicht deshalb, weil sie frei von jeglichen moralischen Elementen ist. Kunst ist vielleicht wirksam, vielleicht nicht wirksam, vielleicht auch gut oder schlecht, nicht jedoch moralisch verwerflich. Relevant wird sie jedenfalls, wenn sie Wirkung hat und diese erhöht sich vermutlich, wenn sie etwas mit der Lebenswirklichkeit von Menschen zu tun hat. Das muss aber nicht die politische Wirklichkeit betreffen, das kann auch das Empfinden oder Denken von Menschen betreffen, oder auch ihren Schönheitssinn. Zur Lebenswirklichkeit des Menschen gehört allerdings auch seine Identität, die sich aus Handlungen, Werten und Normvorstellungen zusammensetzt und niemals außerhalb von gesellschaftlichen Zusammenhängen zu verstehen ist. Wenn Kunst eine menschliche Tätigkeit ist, wird sie sich diesem Charakter des Gesellschaftlichen nicht entziehen können. Und deshalb ende ich nun doch ganz unverhofft mit der Vermutung, dass trotz strikter Zuständigkeitsbereiche Kunst und Moral doch irgendwie immer aneinanderhängen und dass es das Streiten um die Abgrenzungen und Überlappungen ist, was den künstlerischen Diskurs am Leben hält.

Abbildungsverzeichnis

Abb. 5: Guy Debord (1963), „Dépassement de l'art"; Quelle: Sammlung Paul Destribats, Nationalbibliothek von Frankreich, Paris.
Abb. 6: Guy Debord (1957), „Guide psychogéographique de Paris"; Quelle: Nationalbibliothek von Frankreich, Paris.

Literaturverzeichnis

Adorno, Theodor W. (1973): *Ästhetische Theorie*. Hrsg. von Gretel Adorno und Rolf Tiedemann. Frankfurt am Main: Suhrkamp.

Alberti, Leon Battista (2002): *Della Pittura* (1435–36). In: *Della Pittura/ Über die Malkunst*, hrsg., eingeleitet, übersetzt und kommentiert von Oskar Bätschmann und Sandra Gianfreda, Darmstadt: Wissenschaftliche Buchgesellschaft.

Barr Jr., Alfred H. (1936): *Cubism and Abstract Art*. Ausst.-Kat. New York: Museum of Modern Art.

Bätschmann, Oskar/ Gianfreda, Sandra (2000): „Einleitung". In: Alberti, Leon Battista: *Della Pittura/ Über die Malkunst*, hrsg., eingeleitet, übersetzt und kommentiert von Oskar Bätschmann und Sandra Gianfreda, Darmstadt: Wissenschaftliche Buchgesellschaft, S. 1–60.

Birmerle, Julia (1992): *Entartete Kunst. Geschichte und Gegenwart einer Ausstellung*. Oldenburg: BIS-Verlag.

Bishop, Claire (2006): „The Social Turn: Collaboration and its Discontents. In: *Artforum* 44. Nr. 6, S. 178–183.

Bolt Rasmussen, Mikkel (2004): „The Situationist International, Surrealism, and the Difficult Fusion of Art and Politics". In: *Oxford Art Journal* 27. Nr. 3, S. 365–387.

Breton, André/ Rivera, Diego (1938): „Manifesto: Towards a Free Revolutionary Art". In: *Partisan Review* 6. Nr. 1, S. 49–53.

Brown, Milton W. (1988): *The story of the Armory Show*. New York: Abbeville Press.

Bürger, Peter (1974): *Theorie der Avantgarde*. Frankfurt a. M.: Suhrkamp.

Clark, T. J. (1982): „Clement Greenberg's Theory of Art". In: *Critical Inquiry* 9. Nr. 1, S. 139–156.

Clark, T. J. (1983/2004): „More on the Differences Between Comrade Greenberg and Ourselves" [1983]. In: *Modernism and Modernity. The Vancouver Conference Papers*, Hrsg. von Benjamin H.D. Buchloh, Serge Guilbaut und David Solkin. 2. Auflage. Halifax Nova Scotia: The Press of the Nova Scotia College of Art and Design, S. 169–187.

Clark, T. J./Nicholson-Smith, Donald (1997): „Why Art Can't Kill the Situationist International". In: *October* 79, S. 15–31.

Conférences de l'Académie royale de Peinture et de Sculpture (2006–): Jacqueline Lichtenstein/ Christian Michel (Hrsg.). Paris: École nationale supérieure des Beaux-Arts. online: *Die Onlineedition der Conférences de l'Académie royale de peinture et de sculpture*. https://dfk-paris.org/de/research-project/herausgabe-der-conférences-de-l'académie-royale-de-peinture-et-de-sculpture-963, besucht am 15. 09. 2021.

Crow, Thomas (1985): *Painters and Public Life in Eighteenth-Century Paris*. New Haven und London: Yale University Press.

Doherty, Brigid (2003): „The Work of Art and the Problem of Politics in Berlin Dada". In: *October* 105, S. 73 – 92.

Emmerling, Leonhard/Kleesattel Ines (Hrsg.) (2016): *Politik der Kunst. Über Möglichkeiten, das Ästhetische politisch zu denken*. Bielefeld: transcript.

Fähnders, Walter/Rector, Martin (Hrsg.) (1971): *Literatur im Klassenkampf. Zur proletarisch-revolutionären Literaturtheorie 1919 – 1923: Eine Dokumentation*. München: Hanser.

Félibien, André (1660): *De l'Origine de la Peinture et des plus excellens peintres de l'Antiquité*, Paris: Pierre Le Petit.

Félibien, André (1668/2001): „Préface/Vorwort". In: Jutta Held: *Französische Kunsttheorie des 17. Jahrhunderts und der absolutistische Staat. Le Brun und die ersten acht Vorlesungen an der königlichen Akademie*. Übersetzt von Hilde Schreiner. Berlin: Reimer, S. 237 – 269.

Frascina, Francis (Hrsg.) (2000): „Introduction". In: *Pollock and After. The Critical Debate*. 2. Ausgabe. London/New York: Routledge, S. 29 – 47.

Gaehtgens, Thomas W. (2006): „La doctrine académique. Histoire d'une fiction". in: *Conférences de l'Académie royale de Peinture et de Sculpture* (2006–): Jacqueline Lichtenstein/ Christian Michel (Hrsg.). Bd. 1. Paris: École nationale supérieure des Beaux-Arts, S. 13 – 23.

Germer, Stefan (1997): *Kunst – Macht – Diskurs. Die intellektuelle Karriere des André Félibien im Frankreich von Louis XIV*. München: Fink.

Greely, Robin Adèle (2003): „For an Independent Revolutionary Art: Breton, Trotsky and Cárdena's Mexico". In: Raymond Spiteri/Donald LaCoss (Hrsg.): *Surrealism, Politics and Culture*. Aldershot u. a.: Ashgate, S. 204 – 225.

Greenberg, Clement (1939): „Avant-Garde and Kitsch". In: *Partisan Review* 6. Nr. 5, S. 34 – 49.

Greenberg, Clement (1939/2000): Brief an Harold Lazarus. 12. Dezember 1939. In: Ders.: *The Harold Letters, 1928 – 1943. The Making of an American Intellectual*. Hrsg. von Janice van Horne. Washington D.C.: Counterpoint, S. 212.

Greenberg, Clement (o.D. [1940]): „Ode to Trotsky". In: *Clement Greenberg papers*. The Getty Research Institute, Special Collections, Box 23, Folder 8.

Greenberg, Clement (1940): „Towards a Newer Laocoon". In: *Partisan Review* 7. Nr. 4, S. 296 – 310.

Greenberg, Clement (1965): „The Late Thirties in New York" [1960]. In: Ders.: *Art and Culture. Critical Essays*. Boston: Beacon Press, S. 230 – 235.

Greenberg, Clement (1997a): „Avantgarde und Kitsch". In: Ders: *Die Essenz der Moderne. Ausgewählte Essays und Kritiken*. Hrsg. von Karlheinz Lüdeking. Dresden: Verlag der Kunst, S. 29 – 55.

Greenberg, Clement (1997b): „Zu einem neueren Laokoon". In: Ders: *Die Essenz der Moderne. Ausgewählte Essays und Kritiken*. Hrsg. von Karlheinz Lüdeking. Dresden: Verlag der Kunst, S. 56 – 81.

Grosz, George/Heartfield, John (1919): „Der Kunstlump". In: *Der Gegner* 1. Nr. 10 – 12, S. 48 – 56.

Großpietsch, Simon/Hemken, Kai-Uwe (Hrsg.): *documenta 1955. Ein wissenschaftliches Lesebuch*. Kassel: Kassel University Press.

Guilbaut, Serge (1980): „The New Adventures of the Avant-Garde in America. Greenberg, Pollock, or from Trotskyism to the New Liberalism of the ‚Vital Center'". In: *October* 15, S. 61 – 78.

Heinich, Nathalie (1993): *Du peintre à l'artiste. Artisans et académiciens à l'âge classique.* Paris: Ed. De Minuit.

Held, Jutta (2001): *Französische Kunsttheorie des 17. Jahrhunderts und der absolutistische Staat. Le Brun und die ersten acht Vorlesungen an der königlichen Akademie.* Berlin: Reimer.

Hieber, Lutz/Moebius, Stephan (2009): „Grundriss einer Theorie des künstlerischen Aktivismus von Dada bis zur Postmoderne". In: Dies.: *Avantgarden und Politik. Künstlerischer Aktivismus von Dada bis zur Postmoderne.* Bielefeld: transcript, S. 7 – 29.

Karstein, Uta/Zahner Nina Tessa (Hrsg.) (2017): *Autonomie der Kunst? Zur Aktualität eines gesellschaftlichen Leitbildes.* Wiesbaden: Springer.

Kimpel, Dieter (1997): *documenta. Mythos und Wirklichkeit.* Köln: DuMont.

Kube Ventura, Holger (2002): *Politische Kunst-Begriffe: in den 1990er Jahren im deutschsprachigen Raum.* Wien: Ed. Selene.

Lange, Barbara (1999): *Joseph Beuys. Richtkräfte einer neuen Gesellschaft.* Berlin: Reimer.

Lenin, Wladimir I. (1920/1959): *Der „Linke Radikalismus", die Kinderkrankheit im Kommunismus* [1920]. In: Ders.: *Werke.* Hrsg. vom Institut für Marxismus-Leninismus beim ZK der SED. Band. 31. Berlin: Dietz, S. 1 – 91.

Lichtenstein, Jacqueline/Michel, Christian (2006): „Préface". In: *Conférences de l'Académie royale de Peinture et de Sculpture.* Bd. 1. Jacqueline Lichtenstein/Christian Michel (Hrsg.). Paris: École nationale supérieure des Beaux-Arts, S.25 – 62.

Lippard, Lucy (1984): „Trojan Horses: Activist Art and Power". In: Brian Wallis (Hrsg.): *Art After Modernism.* New York: The New Museum, S. 341 – 358.

Malzacher, Florian (Hrsg.) (2015): *Truth is Concrete. A Handbook for Artistic Strategies in Real Politics.* Steirischer Herbst. Berlin: Sternberg Press.

Mérot, Alain (Hrsg.) (2003): *Les Conférences de l'Académie royale de peinture et de sculpture au XVIIe siècle.* 2. Auflage. Paris: École nationale supérieure des Beaux-Arts.

Michel, Christian (2012): *L'Académie Royale de Peinture et de Sculpture (1648 – 1793). La naissance de l'école française.* Genf: Librairie Droz.

Müller, Michael/Bredekamp, Horst/Hinz, Berthold/Verspohl, Franz-Joachim/ Fredel, Jürgen Ursula Apitzsch (1972): *Autonomie der Kunst. Zur Genese und Kritik einer bürgerlichen Kategorie*, Frankfurt am Main: Suhrkamp.

Ohrt, Roberto (1990): *Phantom Avantgarde. Eine Geschichte der Situationistischen Internationale und der modernen Kunst.* Hamburg: Ed. Nautilus.

Ohrt, Roberto (2000): „Einleitung: Die Kunst war abgeschafft". In: Ders. (Hrsg.): *Das grosse Spiel. Die Situationisten zwischen Politik und Kunst.* Hamburg: Nautilus, S. 5 – 26.

Orton, Fred/Pollock, Griselda (1981): „Avant-Gardes and Partisans Reviewed". In: *Art History* 4. Nr. 3, S. 305 – 327.

Pevsner, Nikolaus (1986): *Die Geschichte der Kunstakademien* [Original 1940, in engl.]. München: Mäander.

Raunig, Gerald (2017): *Kunst und Revolution: künstlerischer Aktivismus im langen 20. Jahrhundert.* Wien u. a.: transversal texts.

Rilke, Rainer Maria (1899 – 1903/1955): *Das Stundenbuch* [1899 – 1903]. In: Ders.: *Sämtliche Werke.* Hrsg. vom Rilke-Archiv, in Verbindung mit Ruth Sieber-Rilke, besorgt durch Ernst Zinn. Band. 1. Frankfurt a. M.: Insel, S. 249 – 366.

Rilke, Rainer Maria (1908/1955): *Archaïscher Torso Apollos*. In: Ders.: *Sämtliche Werke*. Hrsg. vom Rilke-Archiv, in Verbindung mit Ruth Sieber-Rilke, besorgt durch Ernst Zinn. Band. 1. Frankfurt a. M.: Insel, S. 557.

Schaefer, Barbara (2012): *1912. Mission Moderne. Die Jahrhundertschau des Sonderbundes*. Ausst. Kat. Wallraf-Richartz-Museum Köln. Köln: Wienand.

Schapiro, Meyer (1936/1973): „The Social Bases of Art" [1936]. In: David Shapiro (Hrsg.): *Social Realism. Art as a Weapon*. New York: Frederick Ungar, S. 118 – 127.

Schapiro, Meyer (1937a): „Nature of Abstract Art". In: *Marxist Quarterly* 1. Nr. 1, S. 77 – 98.

Schapiro, Meyer (1937b): Kommentar zu „A Note on the Nature of Art" von Delmore Schwartz. In: *Marxist Quarterly* 1. Nr. 2, S. 310 – 314.

Schapiro, Meyer (1982): „Das Wesen der abstrakten Malerei". In: Ders.: *Moderne Kunst – 19. und 20. Jahrhundert*. Köln: DuMont, S. 209 – 237.

Schubert, Dietrich (2001): *Wilhelm Lehmbruck. Catalogue raisonné der Skulpturen*; 1898 – 1919. Worms: Wernersche Verlagsgesellschaft.

Siegmund, Judith (2015): „Gedanken zu einer sozialen Handlungstheorie der Kunst". In: Daniel Martin Feige und Judith Siegmund (Hrsg.): *Kunst und Handlung. Ästhetische und handlungstheoretische Perspektiven*. Bielefeld: transcript, S. 119 – 142.

Siegmund, Judith (2019): *Zweck und Zweckfreiheit. Zum Funktionswandel der Künste im 21. Jahrhundert*. Stuttgart: J.B. Metzler.

Stecker, Raimund/Bornscheuer, Marion (Hrsg.) (2011): *100 Jahre Kniende. Lehmbruck in Paris 1911, mit Matisse, Brancusi, Debussy, Archipenko, Rodin, Nijinsky…*. Ausst.-Kat. Lehmbruck Museum, Duisburg. Köln: DuMont.

Trotsky, Leon (1938): „Art and Politics. A Letter to the Editors of Partisan Review". In: *Partisan Review* 5. Nr. 3, S. 3 – 10.

Trotsky, Leon (1939): „Leon Trotsky to André Breton". In: *Partisan Review* 6. Nr. 2, S. 126 – 127.

van den Berg, Hubert (1999): *Avantgarde und Anarchismus. Dada in Zürich und Berlin*. Heidelberg: Winter.

van den Berg, Karen (2018): „Riskante Manöver. Das Zentrum für Politische Schönheit (ZPS) und die politische Wahrheit der Illusion". In: Miriam Rummel/Raimar Stange/Florian Waldvogel (Hrsg.): *Haltung als Handlung – das Zentrum für politische Schönheit*. München: Edition Metzel, S. 304 – 320.

Wedekind, Gregor (2006): „Abstraktion und Abendland: Die Erfindung der documenta als Antwort auf ‚unsere deutsche Lage'". In: Nikola Doll, Ruth Heftrig, Olaf Peters und Ulrich Rehm (Hrsg.): *Kontinuität und Neubeginn. Kunstgeschichte im westlichen Nachkriegsdeutschland*, Köln: Böhlau, S. 165 – 181.

Werckmeister, Otto Karl (1992): „The summit meeting of revolutionary art. Trotsky, Rivera and Breton at Coyoacan, 1938". In: Klaus Herding (Hrsg.): *Changements et continuité dans la création artistique des révolutions politiques*. Kongressakten XXVII. Congrès International d'Histoire de l'Art 1989. Hrsg. von Robert Rosenblum. Band 2. Strasburg: Société alsacienne pour le développement de l'histoire de l'art, S. 157 – 170.

Nicola Mößner

Fotografie: Moralischer Blick oder ästhetische Distanz?

1 Einleitung

„Er hat Dir gezeigt, wie man Schmerz malt.“ Diesen Satz äußert der fiktive Charakter des Jens Ole Jepsen gegenüber seinem Sohn Siggi in der Verfilmung von Siegfried Lenz' bekanntem Roman „Die Deutschstunde“.[1] In der Szene, aus welcher dieses Dialogstück stammt, stellt Jepsen seinen Sohn zur Rede – seinen Sohn, der in seinen Augen etwas Verbotenes getan hat. Siggi hat nämlich den Maler Max Ludwig Nansen, dem von oberster Stelle des NS-Regimes ein Berufsverbot auferlegt worden war, besucht – und nicht nur das. Er hat darüber hinaus zusammen mit Nansen das besagte Verbot gebrochen und dadurch auch gegen seinen Vater gehandelt, der als Polizist vor Ort für die Einhaltung der Anweisungen Sorge zu tragen hat. Siggi hat sich in den Augen des Vaters also in mehrfacher Hinsicht schuldig gemacht: Schuldig gegenüber den staatlichen Autoritäten, schuldig gegenüber der väterlichen Autorität. Schuldig ist Siggi aber noch in einer weiteren Hinsicht geworden, denn er hatte verschwiegen, dass das gemalte Bild von ihm stammte, dessentwegen die NS-Schergen Nansen zum Verhör abführten und, so legen die Bilder des Films nahe, schließlich folterten. *Und das alles wegen eines Bildes*, ist man geneigt zu denken, wenn man diese Szene verfolgt.

Aus moralischer Perspektive betrachtet, scheint es so, dass die Verfehlungen Siggis gegenüber den staatlichen Autoritäten, also seine vermeintliche Verletzung auferlegter Pflichten, wegen der Illegitimität des die Pflichten aussprechenden NS-Regimes und dessen Handlangern tatsächlich keine Schuld begründen. Der zweite Fall dagegen legt anderes nahe: Hier erleidet ein unschuldiger Mensch – der Maler Nansen – einen Schaden, ihm werden Schmerzen zugefügt, weil Siggi die Wahrheit verschweigt. Die Handlungsweise des Jungen ist zwar psychologisch erklärbar, da seine Angst vor dem autoritären Vater und dessen Strafen deutlich und, wie der weitere Verlauf der genannten Szene zeigt, auch begründet ist. Doch liegt dem Ganzen dennoch eine moralische Dimension zu Grunde, die in ein Dilemma zu führen scheint: Der Aspekt des Selbstschutzes lässt einen für das

1 Vgl. Film „Deutschstunde“ (2019) unter der Regie von Christian Schwochow; Lenz (1989).

https://doi.org/10.1515/9783110731354-011

Verschweigen der Wahrheit votieren; der Aspekt der Sorge um das Wohlergehen des anderen spricht jedoch dagegen.

In der betrachteten Szene haben die Bilder eine moralische Dimension, allerdings nur als Teile komplexer Handlungsabläufe. Die Frage nach dem moralisch Guten oder Schlechten entzündet sich nicht unmittelbar an ihnen selbst, sondern an den auf sie bezogenen Handlungen und den mit diesen verbundenen Intentionen der beteiligten Akteure. Doch weist die Bemerkung des Vaters Jepsen in der genannten Szene noch auf eine weitere, möglicherweise tieferliegende Verbindung zwischen Bild und Moral hin. Dieser nachzuspüren und sie mit den Anforderungen, die aus einer ästhetischen Gestaltung und einer entsprechenden Beurteilung der Bilder resultieren, zu kontrastieren, steht im Fokus der nachfolgenden Untersuchung. Gegenstand der Analyse werden dabei primär fotografische Bilder sein. In diesem Zusammenhang hat Susan Sontag in einer Reihe von Beiträgen kritisch Stellung bezogen zur Frage nach der Leistungsfähigkeit fotografischer Bilder im moralischen Diskurs. Die von Sontag vorgebrachten Argumente sollen im Folgenden rekonstruiert und einer kritischen Analyse unterzogen werden. Die Untersuchung wird dabei auf die allgemeinere Frage führen, welche Arten von Informationen überhaupt von Fotografien in kommunikativen Akten vermittelt werden und welche Rolle sie somit in diesen Kontexten spielen können. Es wird sich zeigen, dass für ein genaues Verständnis des durch Fotografien vermittelten Gehalts der gesamte kommunikative Akt in den Blick genommen werden muss. In diesem Kontext soll dann gefragt werden, ob und, wenn ja, inwiefern, Fotografien die Rolle von Belegdaten übernehmen können, wie dies auch im Zusammenhang mit Argumenten in den Naturwissenschaften möglich zu sein scheint.

2 Die ethische Fragilität der Fotografie

„Er hat Dir gezeigt, wie man Schmerz malt." Kehren wir noch einmal zurück zu dieser Ausgangsthese. Diese im Film vom fiktiven Charakter Jepsen gegenüber seinem Sohn geäußerte Bemerkung ist aus philosophischer Perspektive in mehrfacher Hinsicht interessant, denn man kann fortfahren zu fragen: *Kann man Schmerz überhaupt abbilden?* Schmerz ist eine Empfindung, etwas subjektiv Wahrgenommenes, keine intersubjektiv zugängliche Tatsache wie beispielsweise materielle Gegenstände. Angenommen also, man könnte ein Bild des Schmerzes malen, wie es der Vater seinem Sohn Siggi in der genannten Szene vorhält, welche Art von Information würde oder könnte ein solches Bild einem Betrachter dann später vermitteln? An diese Frage schließt direkt eine weitere Überlegung an, insbesondere wenn man den gesellschaftspolitischen Kontext der Bildherstellung

im genannten Film bedenkt, dreht sich hier doch alles um das Unrechtsregime der Nazi-Diktatur: Wenn Bilder bestimmte Arten von Informationen transportierten können, könnten sie dann auch eine Rolle in einem moralischen Diskurs spielen? Könnte ein Bild des Schmerzes etwas im moralischen Sinne bewirken?
An dieser Stelle erscheint es sinnvoll, die genannten Fragen anhand eines konkreten Beispiels näher zu untersuchen. Das nachfolgende Beispiel stammt aus dem Bereich der fotografischen Bilder und hat es zu dem gebracht, was man gemeinhin als einen *ikonischen Status* bezeichnet. Mit dem nun in der Analyse vollzogenen Medienwechsel von der Malerei hin zur Fotografie ist schließlich eine letzte Frage verbunden, die im Folgenden erörtert werden soll: Gibt es einen Unterschied zwischen fotografischen und gemalten Bildern im Hinblick auf ihre mögliche Funktionalität im moralischen Diskurs?

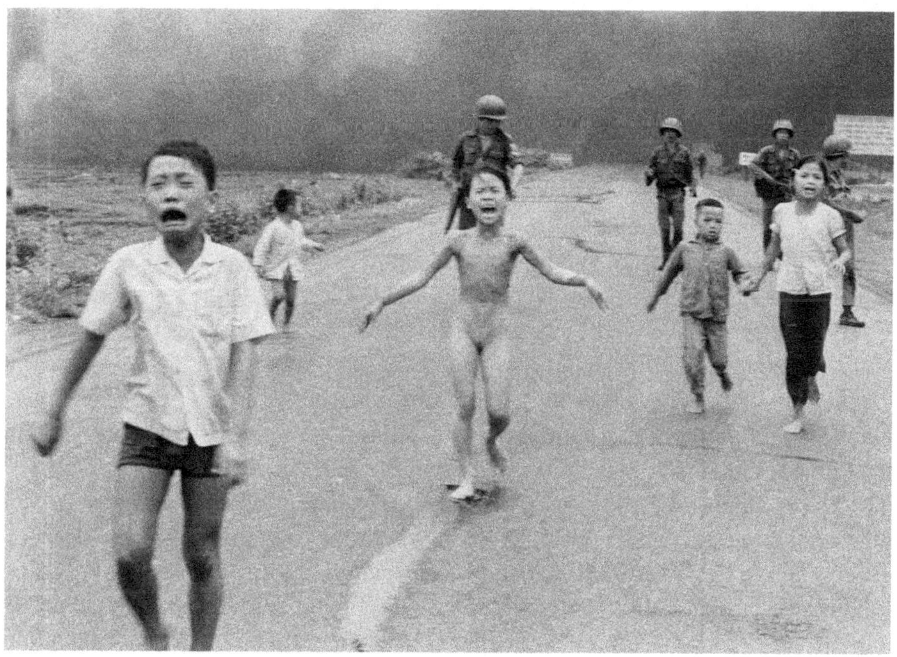

Abb. 1: Kinder im Krieg I; Quelle: „Napalm Girl“, 8. Juni 1972, picture alliance / AP Photo / Nick Ut.

Werfen wir zunächst einen Blick auf das angekündigte Beispiel (vgl. Abb. 1). Es handelt sich um ein Foto aus der Zeit des Vietnamkrieges, aus dem Jahr 1972, um genau zu sein. Aufgenommen wurde es von Nick Ut, der zu diesem Zeitpunkt für die Nachrichtenagentur „Associated Press (AP)“ arbeitete. Es gehört also in den

Bereich der Kriegsberichterstattung. Für das Bild wurde Ut 1973 mit dem Pulitzer Preis ausgezeichnet (vgl. Paul 2005, S. 224). Der Betrachter sieht auf dem besagten Foto das Mädchen Kim Phúc, wie es aus seinem von den Napalmbomben der südvietnamesischen Armee zerstörten Dorf flieht – vor Schmerzen schreiend. Der Historiker Gerhard Paul, welcher die Geschichte hinter diesem Bild ausführlich analysiert und dargelegt hat, bezeichnet es mit Verweis auf den Kunsthistoriker Martin Hellmold auch als „historisches Referenzbild" (Paul 2005, S. 229). Es sei ein Bild, das den Krieg scheinbar auf seinen wesentlichen Kern zu verdichten vermöge.

Könnte man demzufolge nicht sagen, dass mit diesem Beispielbild die anfängliche Frage nach der Abbildbarkeit des Schmerzes hinreichend beantwortet sei? Wäre nicht gerade dieses ikonische Foto aus dem Vietnamkrieg ein Bild des Schmerzes par excellence? Und zeigt die Rolle, welche es in der Anti-Kriegsbewegung seither gespielt hat, nicht hinlänglich, dass Bilder einen wichtigen Beitrag im moralischen Diskurs – hier, der moralischen Verurteilung des Krieges als Mittel der Politik – spielen können?

Diese Fragen, auch wenn sie einen eher rhetorischen Charakter zu haben scheinen, sollten nicht vorschnell abgetan werden. Denn für eine tragfähige Erwiderung muss in den Blick genommen werden, dass fotografische Bilder – wie Bilder allgemein – oftmals zeitgleich auch den Anforderungen der ästhetischen Gestaltung und Beurteilung unterliegen. Somit wird ein Spannungsfeld aufgezogen, kreiert durch die Anforderungen des ästhetischen Diskurses auf der einen Seite und des moralischen Diskurses auf der anderen, in welches Bilder wie das thematisierte Beispiel gestellt werden. Die beiden Pole dieses Feldes scheinen dabei einander sich wechselseitig ausschließende Bewertungs- und Interpretationskriterien an die Bilder heranzutragen, sodass diese nicht simultan in beiden Diskursen – im ästhetischen und im moralischen – funktional sein können.

Susan Sontag, die sich in verschiedenen Essays und Werken[2] intensiv mit der hier angedeuteten Thematik auseinandergesetzt hat, stellt diese These der sich wechselseitig ausschließenden Diskurszusammenhänge explizit für fotografische Bilder auf. Letztendlich plädiert sie dafür, dass die Rolle fotografischer Bilder im moralischen Diskurs immer hinter jener im ästhetischen Diskurs zurückfallen muss. Sontag spricht von der *ethischen Fragilität der Fotografie* (vgl. Sontag 2008b, S. 26).

Im folgenden Abschnitt soll diese These näher untersucht werden. So gilt es, zunächst genau herauszuarbeiten, was Sontag im Hinblick auf die Leistungsfä-

---

2 Gebündelt finden sich diese Texte in Sontags Büchern „Über Fotografie" (2008a) sowie „Das Leiden anderer betrachten" (2005).

higkeit fotografischer Bilder im moralischen Diskurs behauptet. Hierzu werden (1) ihre Thesen zum doppelten Voyeurismus, der durch die Fotografie evoziert werde, näher betrachtet und (2) die These der ethischen Fragilität fotografischer Bilder genauer erläutert. In einem letzten Schritt (3) werden Sontags Überlegungen dann einer kritischen Prüfung unterzogen.

2.1 Doppelter Voyeurismus

Sontag erörtert die Frage nach der Kapazität fotografischer Bilder im moralischen Diskurs in weiten Teilen im Zusammenhang mit ihrer Verwendung im Kontext journalistischer Berichterstattung und insbesondere der Kriegsberichterstattung. In ihrem Text „In Platos Höhle" (1977) stellt sie explizit die Frage nach der moralischen Funktion der zunehmenden Bild-, konkret, der wachsenden Fotoberichterstattung über Kriege und andere Katastrophen. In diesem Zusammenhang konstatiert sie, dass einige der in diesem Umfeld verwendeten Bilder einen geradezu ikonischen Status in der Anti-Kriegsbewegung erlangt hätten (vgl. Sontag 2008b, S. 23).

Sontag geht nun weiter in die Tiefe, indem sie kritisch nachfragt, ob denn fotografische Bilder die ihnen in diesem Kontext zugeschriebene Funktion, nämlich die Öffentlichkeit gegen den Krieg zu mobilisieren, überhaupt übernehmen können. In einem ersten Schritt ihrer kritischen Diskussion wendet die Autorin sich der Person des Fotoberichterstatters selbst zu. Welcher moralische Status kommt Bildberichterstattern wie Nick Ut im obigen Beispiel zu?

Durchaus kritisch hält Sontag in diesem Zusammenhang fest, dass die Fotografie eine voyeuristische Beziehung zur Welt schaffe (vgl. Sontag 2008b, S. 17f.), was dazu führe, dass auch der Bildberichterstatter eine solche Rolle einnehme. Sie betont dabei, dass die Figur des Voyeurs dabei mehr impliziere als ein bloß passives Rezipieren eines Geschehens. Sie schreibt:

> Ähnlich dem sexuellen Voyeurismus ist er [der Akt des Fotografierens, NM] eine Form der Zustimmung, des manchmal schweigenden, häufig aber deutlich geäußerten Einverständnisses damit, daß alles, was gerade geschieht, weiter geschehen soll (Sontag 2008b, S. 18).

Dass dies gerade in moralischer Hinsicht keine unproblematische Einstellung ist, wird deutlich, wenn sie, wie folgt, fortfährt: „Es bedeutet, im Komplott mit allem zu sein, was ein Objekt interessant, fotografierenswert macht, auch [...] mit dem Leid und Unglück eines anderen Menschen" (Sontag 2008b, S. 18). Was das bedeuten kann, kann wiederum sehr eindrücklich am gewählten Beispiel der Fotografie von Kim Phúc gezeigt werden.

Neben dem bereits beschriebenen, sehr bekannten Foto des kleinen Mädchens auf seiner Flucht vor den Napalmbomben gibt es nämlich noch eine ganze Reihe weiterer Aufnahmen dieser Szenerie. Allein deren Existenz wirft schon einen Schatten auf Uts Fotografie und ihre prominente Rolle im Diskurs der Anti-Kriegsbewegung. Was diese anderen Bilder zeigen, verfinstert den Status des Bildes noch weiter. Greifen wir an dieser Stelle eine weitere Fotografie heraus, die an diesem Ort nur wenige Augenblicke nach Uts Bild entstanden ist.

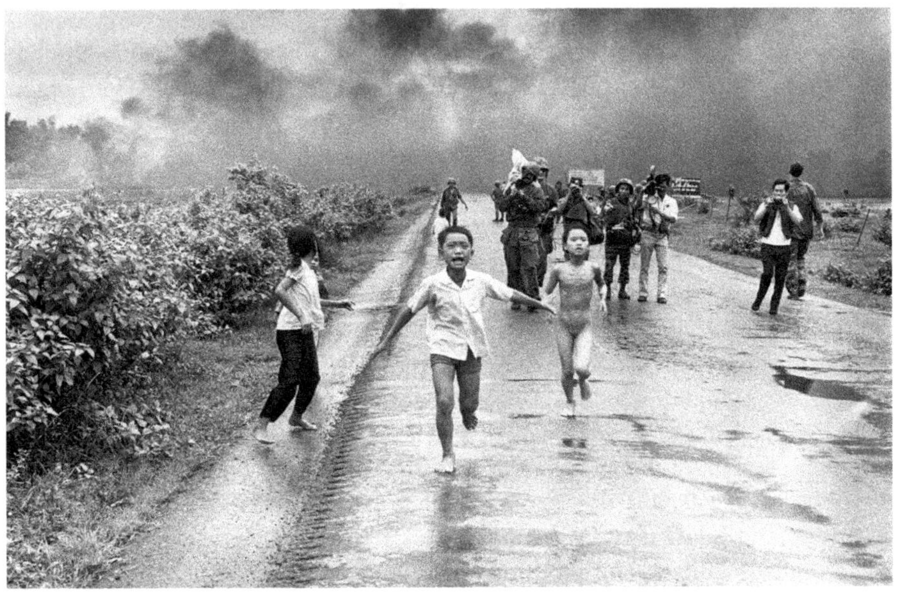

Abb. 2: Kinder im Krieg II; Quelle: „Children Flee From Their Homes", 8. Juni 1972, Bettmann/GettyImages

Auf diesem zweiten Bild (vgl. Abb. 2) finden sich zwar eine ganze Reihe der schon bekannten Bildelemente wieder, z. B. die fliehenden Dorfbewohner, die trostlose Landstraße, der aufsteigende Rauch der durch das Napalm ausgelösten Feuer im Hintergrund, doch treten einige neue Elemente hinzu. Das Bild, das wahrscheinlich der NBC-Kameramann Le Phuc Dinh aufgezeichnet hat und das Paul ebenfalls kritisch in seiner Analyse thematisiert (vgl. Paul 2005, S. 233), zeigt auf derselben Straße hinter den schreienden Kindern einen ganzen Pulk von Journalisten, die ihre Kameras auf die Fliehenden richten, sodass beim Zuschauer der Eindruck entsteht, die Dorfbewohner versuchten, sich vor den Journalisten in Sicherheit zu bringen. Paul schreibt dazu:

> Nicht zur Veröffentlichung geeignet erschienen diejenigen Bilder, die nur wenige Sekunden später entstanden waren und ein bezeichnendes Licht auf die Rolle der Medien im modernen Krieg werfen. Sie zeigen Kim Phúc [...] sowie zwei Fotografen und zwei weitere Kameramänner [...], von denen allerdings [...] niemand irgendwelche Anstalten machte, den Kindern zu Hilfe zu kommen. Diese erscheinen eher als Getriebene der Medien denn als Opfer des Kriegsschreckens im Bildhintergrund (Paul 2005, S. 234).

Der vermeintliche Schnappschuss Uts, der das Gewissen der Öffentlichkeit aufrütteln sollte, entpuppt sich so als sorgfältig ausgewähltes Produkt eben jenes voyeuristischen Medienapparats, den Sontag in ihrem Text angreift. Das Bild entstand durchaus nicht zufällig. Vielmehr hatten sich die Journalisten ganz bewusst an diesem Ort eingefunden, da sie über die geplante militärische Operation im Vorwege informiert worden waren (vgl. Paul 2005, S. 234). Nun standen sie bereit und warteten – warteten darauf, ein gutes Bild schießen zu können.[3] Dass dabei nun ausgerechnet eines *der* Bilder der Anti-Kriegsbewegung entstehen würde, ist eine Ironie der Geschichte.

Die moralische Fragwürdigkeit der Journalisten, die unseren Blick auf Uts Bild (vgl. Abb. 1) gerade zu verfinstern beginnt, wird von Sontag wiederum treffend in Worte gefasst, wenn sie schreibt, dass der „Horror" der modernen Bildberichterstattung gerade im Wissen des späteren Betrachters bestehe, „wie plausibel es geworden ist, wenn ein Fotograf, der sich vor die Alternative gestellt sieht, eine Aufnahme zu machen oder sich für das Leben eines anderen einzusetzen, die Aufnahme vorzieht" (Sontag 2008b, S. 17). Der Fotograf zieht die Aufnahme vor, er hilft den Kindern nicht, sondern *hält drauf* – das ist es, was den Betrachter an dem zweiten hier angeführten Beispielbild abstößt und auch Uts Foto in ein dubioses Licht rückt. Doch muss es dubios sein?

Nicht notwendigerweise, denn Sontag fährt in dem Zitat in ihren Überlegungen fort: „Wer sich einmischt, kann nicht berichten; und wer berichtet, kann nicht eingreifen" (Sontag 2008b, S. 17 f.). Sie bringt damit das schon beinahe klassische moralische Dilemma der Kriegsberichterstattung[4] auf den Punkt: Entweder (a) man versucht, den Leuten vor Ort zu helfen, dann kann man aber nicht mehr (live) berichten[5]. Eine solche Berichterstattung hatte ja aber unter Umständen zum Ziel, spätere Rezipienten gegen den Krieg zu mobilisieren und dadurch zu dessen Beendigung beizutragen. Oder (b) man führt die Berichter-

3 Sontag thematisiert die dem Akt des Fotografierens inhärente Aggressivität, indem sie die Analogie zwischen Kamera und Schusswaffe und deren jeweiliges „Zücken" kritisch erörtert (vgl. Sontag 2008b, S. 13; 20).

4 Hier im weiteren Sinne verstanden, also nicht auf die Bildberichterstattung beschränkt.

5 Vor allem können nicht Fotoaufnahmen von der unmittelbaren Szene des Geschehens gemacht werden, wie es in Uts Bild der Fall gewesen ist.

stattung durch, um dieses übergeordnete Ziel zu verfolgen, dann kann der Journalist vor Ort aber nicht dem Einzelnen (unmittelbar) zu Hilfe eilen.

An dieser Stelle wechseln wir mit Sontag nun die Perspektive, denn auch auf Seiten des Betrachters der Fotografien lassen sich moralische Fragen formulieren. Beginnen wir mit der Überlegung, welchen Effekt die oben beschriebene Fotoberichterstattung auf den intendierten Rezipienten der Bilder überhaupt haben soll.[6] Geht es darum, das Gewissen des Betrachters aufzurütteln? Sollen wir mit den abgebildeten Personen Mitleid empfinden, wenn wir die Bilder anschauen? Sollen wir empört sein über die Politik, in deren Namen so etwas Menschen – Kindern – angetan wird? Kontrastiert man diese Fragen damit, welchen tatsächlichen Effekt eine solche Berichterstattung auf den Rezipienten ausübt, können wir ebenfalls im Hinblick auf letzteren eine voyeuristische Tendenz ausmachen und somit von einer letztlich doppelten Voyeurismus-These in Sontags Erörterungen sprechen.[7] Nicht nur der Berichterstatter verhält sich wie jemand, von dem man umgangssprachlich sagen würde, dass ihm das Gaffen Freude bereite, auch wir Rezipienten sind da in vielen Fällen nicht besser.

Sontags Argumentation ist in diesem Zusammenhang recht differenziert, wenn sie erläutert, dass die tatsächlich erzielte Wirkung einer Fotografie von einer Reihe von Faktoren abhänge. Am stärksten sei die Wirkung, wenn für den Betrachter eine emotionale Nähe zum Abgebildeten bestünde. In solchen Fällen sei der Rezipient am ehesten moralisch engagiert im Sinne des Empfindens von Mitleid usw. Eine solche Nähe zum Geschehen sei allerdings eher selten der Fall, sodass andere Faktoren ausschlaggebend werden (vgl. Sontag 2008b, S. 22 f.).

Eine weitere wichtige Rolle spiele demnach die Deutung dessen, was der Betrachter meint auf dem Bild zu sehen (vgl. Sontag 2008b, S. 24). Was wird ihm über das Foto erzählt – darüber, wer im Bild gut und wer böse ist, was eigentlich genau passiert und geschehen ist? Auf diesen Punkt der Kontextualisierung der Bildinformation werden wir an späterer Stelle noch einmal genauer eingehen.

Doch bleiben wir zunächst beim Punkt des doppelten Voyeurismus. Sontag ergänzt nämlich die folgende, vielen nicht unbekannte Beobachtung: Es gibt immer mehr von diesen Greuelbildern. Sie schreibt: „Fotos schockieren, insofern sie etwas Neuartiges zeigen. Bedauerlicherweise wird der Einsatz immer weiter erhöht – zum Teil eben wegen der ständig zunehmenden Zahl solcher Schre-

6 Es muss angemerkt werden, dass Sontag dabei nicht klar herausstellt, welche Funktion den Fotografien genau zukommen soll. Eine psychologische Lesart, im Sinne des Evozierens bestimmter Gefühle beim Betrachter, steht bei ihr gleichberechtigt neben dem argumentationslogischen Geben von Gründen. Im Folgenden soll zunächst Sontags eigener Gedankengang nachgezeichnet werden.

7 „Wir anderen sind, ob wir wollen oder nicht, Voyeure“ (Sontag 2005, S. 51).

ckensbilder“ (Sontag 2008b, S. 25). Weil es immer mehr von dieser Art Bilder gibt, werden immer drastischere Bildmotive gewählt, um dem Betrachter überhaupt noch etwas Neues bieten zu können, seine Aufmerksamkeit zu gewinnen. Hieraus leiten sich für Sontag dann zwei Schwierigkeiten für die Verwendung von Fotografien im moralischen Diskurs ab.

Das erste Problem hängt unmittelbar mit der Bilderflut zusammen, die uns aus den Kriegs- und Katastrophenregionen der Welt in den verschiedenen Medien beinahe täglich erreicht und mittlerweile nahezu unüberschaubar groß geworden ist. Auch Sontag fragt sich, ob das eigentlich eine sinnvolle Entwicklung ist, ob es nicht vielmehr im Gegenteil dazu führe, dass wir als Betrachter immer mehr emotional abstumpfen, weil wir immer schrecklichere Bilder zu Gesicht bekämen.

> Der umfassende fotografische Katalog des Elends und der Ungerechtigkeit in aller Welt hat jedermann mehr oder weniger mit Grausamkeiten vertraut gemacht, indem er das Entsetzlich immer alltäglicher erscheinen ließ, es dicht heran- und zugleich weit wegrückte (‚nur ein Foto‘), es unvermeidlich machte. [...] In den letzten Jahrzehnten hat die ‚anteilnehmende‘ Fotografie mindestens ebensoviel dazu getan, unser Gewissen abzutöten, wie dazu, es aufzurütteln (Sontag 2008b, S. 26).

Müssen wir also festhalten, dass eine entsprechende Bildberichterstattung tatsächlich zum gegenteiligen Effekt dessen führt, was ursprünglich intendiert gewesen sein mag? Werden wir dem Leid der anderen gegenüber stumpf? Betrachten wir die Bilder gar mit einer gewissen Sensationslust wie die Gaffer am Straßenrand, die sich am Leid der Unfallopfer berauschen? Ist also auch der Adressat der Bildberichterstattung nichts anderes als ein Voyeur in diesem Bildspiel[8]?

Und was passiert, wenn sich dieser Rezipient dann solchen zeithistorischen Artefakten wie den Aufnahmen von Nick Ut zuwendet (vgl. Abb. 1)? Hier kommt nun die zweite Schwierigkeit ins Spiel, die Sontag für die Rolle fotografischer Bilder im moralischen Diskurs ausmacht. Sie argumentiert, dass das anfänglich erwähnte Spannungsfeld von Kunst und Moral – von ästhetischem und moralischem Diskurs – in beinahe jedem Fall zu Gunsten der Kunst aufgelöst werde, eine einmal vorhandene moralische Aussagekraft des Bildes damit stets verlorengehe. Diese These eines notwendigen Verblassens zur Kunst werden wir im folgenden Abschnitt sowohl rekonstruieren als auch kritisch diskutieren.

8 Zum Begriff des Bildspiels vgl. Scholz 2011.

2.2 Das Verblassen zur Kunst

Sontag entwickelt im Zusammenhang der genannten Argumentation ihre These der ethischen Fragilität der Fotografie. Sie schreibt:

> Die ethische Aussage von Fotografien ist fragil. Mit der möglichen Ausnahme von Fotos solch entsetzlicher Schrecken wie der Konzentrationslager der Nazis, Bildern, die den Rang von ethischen Bezugspunkten erreicht haben, verlieren die meisten Fotografien im Laufe der Zeit ihre Dynamik (Sontag 2008b, S. 26 f.).

Sontag gesteht damit zwar zu, dass es Bilder moralischer Ausnahmesituationen gäbe, die in ihrem Status folglich auch keine nennenswerte Veränderung erführen, doch gelte das für die allermeisten Fotografien, mit denen der Rezipient in seiner täglichen Medienlektüre konfrontiert werde, nicht. Die überwiegende Zahl dieser Bilder verblasst über die Zeit hin in ihrer moralischen Aussagekraft – natürlich immer vorausgesetzt, dass ihnen eine solche überhaupt einmal zugekommen sei. Und sie ergänzt:

> Es scheint, daß ästhetische Distanz ein Bestandteil der Erfahrung ist, die man beim Betrachten von Fotos macht, wenn nicht von Anfang an, so doch im Laufe der Zeit. Die Zeit erhebt die meisten Fotografien, auch die dilettantischsten, auf die Ebene der Kunst (Sontag 2008b, S. 27).

Ihre These scheint zu sein, dass, wenn Fotografien zu ästhetischen Objekten werden, sie ihre moralische Aussagekraft einbüßten. Will Sontag also tatsächlich sagen, dass es *die Kunst* ist, die zu keiner moralischen Aussage fähig ist? Diese Frage kann klarerweise verneint werden, denn sie gesteht anderen künstlerischen Ausdrucksmedien, insbesondere Gemälden, durchaus die Fähigkeit zu, eine aktive Rolle im moralischen Diskurs zu spielen (vgl. Sontag 2005, S. 52 ff.). Warum sollten aber Fotografien und Gemälde in dieser Hinsicht verschieden sein? Worin genau sieht sie den wesentlichen Unterschied zwischen beiden Bildtypen begründet?

Sontag vertritt explizit die These, dass Fotografien kein moralisches Wissen vermitteln könnten (vgl. Sontag 2008b, S. 28 f.). Einen Grund, warum dies nicht möglich sein sollte, haben wir schon von ihr gehört, nämlich dass Fotografien notwendig zu ästhetischen Objekten verblassten, und wir werden auf diesen Punkt im Folgenden noch einmal kritisch eingehen. Doch zunächst wollen wir Sontags Argumentation vervollständigen, denn sie nennt die folgende Überlegung als stützende Begründung für ihre obige These: Wissen impliziere Verstehen. Verstehen sei aber auf Funktionen und Zusammenhänge ausgerichtet. Fotos könnten nun jedoch ausschließlich als Momentaufnahmen betrachtet werden. Sie zeigten bloß konkrete Augenblicke und eben keine Zusammenhänge beispielsweise von Ereignisfolgen.

Eine präzise Rekonstruktion von Sontags Argument findet sich bei Stephanie Ross (1982). In ihrer Wiedergabe liest sich dieses, wie folgt:

> P1: Moralisches Wissen erfordert das Verstehen der Überzeugungen, Wünsche, Entscheidungen, Handlungen der beteiligten Akteure.
> P2: Das Verstehen dieser Aspekte ist nur möglich in einem Medium, das deren Herausbildung im Laufe der Zeit veranschaulicht.
> P3: Fotografien können nur zeigen, wie konkrete Personen zu einem konkreten Zeitpunkt an einem konkreten Ort erscheinen.
> P4: Fotografien können nicht erzählen.
> K: Fotografien können kein moralisches Wissen vermitteln (vgl. Ross 1982, S. 8).

Diese genaue Rekonstruktion der sontagschen Argumentation ermöglicht es uns, eine Reihe kritischer Fragen zu stellen. Als eine Auswahl daraus seien die folgenden genannt: Was ist moralisches Wissen, und gibt es dieses überhaupt? Können Bilder (moralisches) Wissen vermitteln? Gibt es diesbezüglich einen Unterschied zwischen Fotografien und Gemälden? Und ist man tatsächlich darauf verpflichtet zuzugestehen, dass Fotografien immer nur Konkretes abbilden können? Beginnen wir unsere kritische Diskussion mit den beiden letzten Fragen.

2.3 Kritische Analyse

Warum sollte der Punkt, dass Fotografien eventuell nur Konkretes abbilden können, eine Schwierigkeit darstellen im Kontext der Überlegung, ob und inwiefern Fotografien moralisches Wissen vermitteln können? Das damit zusammenhängende Problem wird deutlich, wenn man sich vor Augen führt, was übliche Charakteristika moralischer Urteile sind, wie sie von vielen Philosophen gegenwärtig akzeptiert werden. Dieter Birnbacher hält in diesem Zusammenhang die folgenden vier Merkmale moralischer Urteile fest: sie werden verwendet, um menschliche Handlungen positiv oder negativ zu beurteilen. Dabei gelten sie kategorisch, und sie sind allgemein- sowie universell gültig (vgl. Birnbacher 2013, S. 13 ff.).[9] Grob gesprochen, sollen moralische Urteile, wie ‚*Das Zufügen von*

---

9 Birnbacher weist in diesem Kontext darauf hin, dass lediglich hinsichtlich des Merkmals des Handlungsbezugs und der Kategorizität moralischer Urteile Einigkeit unter den Philosophen bestehe. Allgemeingültigkeit und Universalisierbarkeit würden dagegen nicht von allen als notwendige Charakteristika aufgefasst. „Beide Merkmale [Allgemeingültigkeit und Universalisierbarkeit, NM] lassen sich denn auch eher als *Forderungen* verstehen, die bestimmte Formen der

Schmerzen ist moralisch verwerflich', unabhängig von den Interessen, Zwecken usw. des handelnden Akteurs gelten (Kategorizität) und in ausnahmslos allen vergleichbaren Situationen (Universalität) für jeden Handelnden (Allgemeinheit) stets erneut anwendbar sein.

Findet man diese Charakterisierung moralischer Urteile plausibel und will insbesondere für die letzten beiden Punkte, also ihre Allgemeingültigkeit und Universalisierbarkeit einstehen, ergibt sich im Zusammenhang mit fotografischen Abbildungen die Schwierigkeit, dass für letztere argumentiert werden kann, dass sie auf Grund des kausalen Bildherstellungsprozesses nur konkrete und individuelle Entitäten abbilden können. Kurz: Es kann nur das abgelichtet werden, was sich gerade tatsächlich vor der Kameralinse befand. Sontag scheint, in ihrer Argumentation diese Auffassung von *Fotografien als Spuren konkreter Entitäten* vorauszusetzen. Das bedeutet aber auch, dass fotografische Abbildungen nur Informationen über konkrete Einzeldinge liefern. Sie zeigen soszusagen nur einen konkreten Fall, von dem man aber nicht einfach annehmen kann, dass er verallgemeinerbar sei. Die fotografische Aussage scheint damit nicht geeignet zu sein, allgemeingültige und universalisierbare Urteile zum Ausdruck zu bringen, wie es für moralische Aussagen nach dem oben Gesagten angenommen wird.

An dieser Stelle können wir kritisch einhaken, denn die eben vorgestellte Sicht auf fotografische Abbildungen, die besagt, dass jene lediglich dazu in der Lage seien, Konkretes so wiederzugeben, wie es vor der Linse in Erscheinung getreten ist, teilen durchaus nicht alle Philosophen, auch nicht Stephanie Ross, die wir bereits als kritische Stimme zu Sontags Argumentation vernommen haben. Ross findet den von Sontag formulierten strikten Unterschied zwischen Fotografien und Gemälden im Hinblick auf die Leistungsfähigkeit im moralischen Diskurs unplausibel (vgl. Ross 1982, S. 10). Demgegenüber verteidigt sie die These, dass der Unterschied zwischen Fotografie und Malerei nur gradueller Natur sei. Diese Überlegung stützt Ross mit den folgenden zwei Punkten: Zum einen gelte nicht für jedes Gemälde, dass es in jenem Sinne erzählend sei, wie Sontag es postuliert, also eine sich in der Zeit entfaltende Handlung darstelle. Auch in der Malerei, so erinnert Ross uns, gebe es sehr unterschiedliche Stilrichtungen, die längst nicht alle unter der von Sontag gewählten Charakterisierung subsumiert werden könnten.

Zum anderen möchte Ross dafür argumentieren, dass auch fotografische Abbildungen *erzählend* sein können (vgl. Ross 1982, S. 13f.). Nicht nur mittels Bilderfolgen sei dies leicht realisierbar, sondern auch weil viele Fotografien ge-

---

Ethik an die Moral stellen, denn als Kennzeichen, die aufgrund etablierter semantischer Beziehungen unablösbar mit dem Begriff der Moral verbunden sind" (Birnbacher 2013, S. 23).

radezu als Einladungen an den Rezipienten verstanden werden könnten, sich die Geschichte der abgebildeten Personen etc. auszumalen – und zwar sowohl im Hinblick auf die Vergangenheit als auch bezüglich zukünftiger Ereignisse. Ross meint, dass gerade weil eine Fotografie eine konkrete Person zeige, diese Art von Abbildung auf so besondere Weise auf den Betrachter wirke. Sie berühre diesen und rege dessen Phantasie an.

Für die folgende Argumentation wird Ross' Einwand, dass Sontags kategorischer Unterschied zwischen Fotografie und Malerei abzulehnen sei, übernommen. Diese These Sontags scheint in der Tat schlecht begründet, zumal sie diese in sehr allgemeiner Weise formuliert. Ross' Punkt, dass man hier genauer hinblicken müsse, da es sehr unterschiedliche Formen von Malerei und auch von Fotografien gebe, ist ein stichhaltiger Einwand.

Der zweite Aspekt, dass Fotografien erzählend sein können, weil sie den Betrachter emotional berührten und dessen Phantasie anregten, lässt sich wiederum mit einer von Patrick Maynard entwickelten These weiter ausarbeiten. Er fasst die Fotografie als eine Familie von Technologien auf, die unterschiedliche Funktionen übernehmen können (vgl. Maynard 1989, S. 273). Sein Ausgangspunkt ist nicht das fotografische Bild, sondern die Technologie mit ihrer Grundfunktion, nämlich der Markierung einer entsprechend sensitiven Oberfläche mit Hilfe einer bestimmten Art von Strahlung (vgl. Maynard 2000, S. 20). So aufgefasst, wird deutlich, dass die Fotografie sehr unterschiedlichen Zwecken dienen kann. Ihr Ergebnis *kann* dann ein fotografisches Bild sein und insbesondere auch ein *Foto von* einer bestimmten Entität, aber es muss nicht in einer darstellenden Repräsentation münden, wie sein Beispiel der Herstellung von Computerchips mit demselben technologischen Verfahren verdeutlicht (vgl. Maynard 2000, S. 6).

Ein *Foto von* zeichnet sich dadurch aus, dass es sowohl eine fotografische Spur als auch eine fotografische Abbildung derselben Entität darstellt. Ein Passbild wäre ein Beispiel dafür. Der Unterschied zu einem fotografischen Abbild, das keine Spur der abgebildeten Entität enthält, wird deutlich, wenn man an Fotografien von Schauspielern in ihren Rollen denkt.[10] In solchen Fällen reden und agieren wir oft so, als handele es sich um eine fotografische Abbildung der dargestellten Figur, z. B. Mr. Bean, während die fotografische Spur aber von dem darstellenden Schauspieler, z. B. Rowan Atkinson, stammt. Ross möchte mit ihrem oben genannten Punkt betonen, dass gerade weil wir in einer Fotografie eine konkrete Person abgebildet sähen, wir mit Maynard also ein *Foto von* dieser Person vorliegen haben, wir auf die genannte Art und Weise besonders berührt und daher animiert seien, uns eine Geschichte zu dieser Person auszudenken.

10 Ein ähnliches Beispiel bringt auch Kendall L. Walton in (Walton 2012, S. 12).

Zumindest die folgenden zwei Gründe scheinen jedoch gegen diese von Ross vorgeschlagene Deutung zu sprechen, weshalb sie im Folgenden auch nicht weiter verfolgt werden soll: Zum einen baut dieser Ansatz notwendig auf ein relevantes Hintergrundwissen auf Seiten des Rezipienten auf. Der Betrachter muss wissen, dass es sich nicht nur um eine fotografische Abbildung, sondern ebenso um eine fotografische Spur einer bestimmten Entität handelt. Aus dem fotografischen Bild selbst lässt sich dies nicht notwendig ablesen. Damit lässt sich aber auch nicht ausschließen, dass der Betrachter ein inszeniertes Foto betrachtet und dadurch zu den (moralischen) Überlegungen angeregt wird, auf welche Ross hinaus möchte.

Zum anderen wird in dem weiterentwickelten Argument von Ross eine spezielle Bildtheorie vorausgesetzt, welche unmittelbar an jene Kendall L. Waltons, also die Theorie des „Make-believe", anknüpft: Walton vertritt die These, dass eine bildhafte Darstellung vom Betrachter wie eine Requisite in einem Spiel des „So-tun-als-ob" verwendet werde, dass also ein Betrachter so tue, als würde er die abgebildete Entität direkt sehen und mit dieser interagieren (vgl. Walton 1990, S. 293 ff.).

Maynard macht sich diesen Bildbegriff für die Ausarbeitung seiner Thesen zum fotografischen Abbild zu eigen (vgl. Maynard 2000, S. 93 ff.). Die Tatsache, dass fotografische Abbilder diese Rolle als Requisiten in visuellen Spielen des „So-tun-als-ob" übernehmen können, verwendet er als Erklärung für den großen Erfolg fotografischer Abbildungen, mit welchem sie sich trotz der Konkurrenz zu Malerei und Zeichnung auf dem Markt visueller Darstellungen etablierten.[11]

Es spricht einiges dafür, dass der Erfolg, den die Fotografie seit ihrer Erfindung ungebrochen bis in die Gegenwart für sich verbuchen kann, nach einer anderen Erklärung verlangt als dem Hinweis auf eine simple Ähnlichkeitsbeziehung zwischen Objekt und Bild, welche im Falle schlechter Fotografien noch nicht einmal gegeben sein muss. Dennoch scheint Waltons Bildbegriff, den Maynard hier für seine Erklärungszwecke nutzt, in vielerlei Hinsicht problematisch, insbesondere werden mit diesem zu viele Phänomene ausgeschlossen, die üblicherweise unter dem Bildbegriff erfasst werden (z. B. abstrakte Gemälde usw.). Ross' Argument, dass Fotografien trotz bzw. gerade durch die Abbildung konkreter Personen erzählend wirkten, und welches auf Waltons Bildbegriff hinzudeuten scheint, soll daher an dieser Stelle nicht weiter verfolgt werden.

---

11 „[...] it would surely not be enough to say that such surfaces [fotografische Abbilder, NM] resembled, referred to, or carried information about their subjects. If they had only done those things without inspiring vivid imagining of direct seeing, with all that this evokes, there might have been many important uses but hardly a popular market for photography, then or now" (Maynard 2000, S. 114).

Diese eher skeptische Position gegenüber der vorgestellten Argumentation ist im Kontext der Diskussion zur Leistungsfähigkeit der Fotografie im moralischen Diskurs ebenfalls durch den bereits vorgebrachte Einwand begründet, dass Ross' Überlegung daran zu scheitern droht, dass unterschiedliche Betrachter mit divergierendem Hintergrundwissen auf eine entsprechende fotografische Abbildung blicken mögen. Während für den einen ein unmittelbarer Bezug zu einer konkreten Person hergestellt werden kann, weil dieser Rezipient um die Entstehungsgeschichte des Fotos weiß, muss dies für andere Betrachter, die nicht über dieses Wissen verfügen, durchaus nicht der Fall sein. Welche moralischen Gefühle und Intuitionen also durch ein fotografisches Abbild beim jeweiligen Betrachter angesprochen werden, kann nicht allein durch das Bild determiniert werden. Auf diesen Punkt, der verknüpft ist mit der Frage, welchen Beitrag fotografische Bilder dennoch im Kontext des moralischen Diskurses leisten können, werden wir im Folgenden genauer eingehen.

3 Epistemische Leistungsfähigkeit der Fotografie

Der moralische Diskurs, von dem bisher die Rede war, zählt – abstrakt betrachtet – zur Klasse der *kommunikativen Akte*. In einem solchen Diskurs werden Argumente ausgetauscht und mit Hilfe von Gründen bzw. Belegen gestützt oder auch kritisiert.[12] Teil eines solchen Austausches können auch Fotografien sein. Doch was genau können letztere im Zusammenhang eines kommunikativen Aktes leisten? Welche Arten von Informationen können sie enthalten und vermitteln? Welche Funktionen in der Kommunikationssituation übernehmen? Erst wenn wir darüber Klarheit erlangt haben, können wir die speziellere Frage zu beantworten suchen, welche Rolle Fotografien im moralischen Diskurs übernehmen können. Weiten wir also den Analysefokus zunächst auf diesen allgemeinen Kontext aus, bevor wir in einem zweiten Schritt auf die konkrete Rolle von Fotografien im moralischen Diskurs zurückkommen werden.

12 Holm Tetens analysiert ausführlich die Bedingungen und Möglichkeiten des philosophischen Argumentierens im Bereich der Ethik in (Tetens 2004, S. 139 ff.).

3.1 Informationsvermittlung mittels fotografischer Technologie

Zur Klärung der Frage, welche Funktionen die Fotografie, verstanden als eine Technologie, eigentlich erfüllen kann, werden wir den schon erwähnten Ansatz von Patrick Maynard weiter verfolgen.

In seinem Buch „The Engine of Visualization" (2000) geht er kritisch auf Analysen zur Fotografie aus dem Bereich der philosophischen Ästhetik ein, welche er in vielen Fällen für zu kurz gegriffen hält. Insbesondere weist Maynard darauf hin, dass durchaus nicht jedes Produkt, das mit Hilfe der fotografischen Technologie hergestellt werde, als Bild betrachtet werden könne, was in der Ästhetik jedoch der übliche Ausgangspunkt der Analyse sei (vgl. Maynard 2000, S. 14 f.). Trennt man sich jedoch von dieser üblichen, d. h. rein bildorientierten Zugangsweise zur Fotografie, fällt es sehr viel leichter zu sehen, wie vielfältig die Zwecke und Funktionen sein können, denen diese Form der Technologie dienlich sein kann.

Eine wichtige Rolle kann die Fotografie beispielsweise im Kontext der Wissenschaft übernehmen, da mit ihrer Hilfe bestimmte Strahlungsemissionen gemessen und aufgezeichnet werden können. Hierbei muss es sich tatsächlich nicht nur um Licht im für das menschliche Auge sichtbaren Wellenlängenbereich handeln. Gerade in der Astrophysik profitieren Wissenschaftler von der Fähigkeit fotografischer Technologie, auch Infrarot- und ultraviolette Strahlung aufzuzeichnen (vgl. Mößner 2018, S. 13 ff.). Darüber hinaus dient die Technologie der Fotografie auch zur Detektion anderer elektromagnetischer Strahlung[13] und findet insbesondere im Bereich der Messung radioaktiver Strahlung eine wichtige Verwendung. Dosimeter sind hier das klassische Beispiel: Ihre sensitive Oberfläche zeigt durch Verfärbung an, ob radioaktive Strahlung vorhanden und in welchem Ausmaß der Träger des Dosimeters dieser ausgesetzt war. In diesem Kontext fungieren Fotografien in der Tat als wissenschaftliche Daten oder Belege – ohne jedoch ein Bild von einer Entität darzustellen.

---

13 Kelley E. Wilder (2011) erläutert detailliert, wie mit Hilfe der Fotografie die Entdeckung radioaktiver Strahlung durch Henri Becquerel möglich war. Sie weist auf das Wechselverhältnis der Verwendung dieser Technologie im Kontext des wissenschaftlichen Experiments und der Weiterentwicklung der fotografischen Methode hin. Ein wichtiger Unterschied, auf den sie aufmerksam macht, der zwischen Becquerels Arbeiten und klassischen Fotografien oder auch Röntgenbildern besteht, ist, dass Becquerel in seinen Versuchen die radioaktive Strahlung selbst sichtbar machte, aber nicht mit Hilfe der Strahlung ein Objekt fotografisch erfasste (vgl. Wilder 2011, S. 357 f.).

Auf diese Funktion der Fotografie als Technologie der Detektion weist Maynard explizit hin (vgl. Maynard 2000, Kap. 5). Auch er diskutiert in diesem Zusammenhang die oben angeführten Beispiele für die Verwendung der fotografischen Methode im Rahmen wissenschaftlicher Experimente zum Aufspüren und zur Aufzeichnung unterschiedlichster Strahlungsarten (vgl. Maynard 2000, S. 123 ff.). Sein Punkt dabei ist, dass diese Art der Verwendung der Fotografie zu keinen darstellenden Ergebnissen führe. Die fotografischen Daten sind weit davon entfernt, als das angesehen zu werden, was wir üblicherweise als *Bilder* beschreiben würden (vgl. Maynard 2000, S. 123 ff.).[14]

Halten wir an dieser Stelle fest: Fotografien können als informativen Gehalt mehr enthalten und vermitteln als das, was bloß im üblichen Lichtspektrum darstellend in Form von fotografischen Bildern transportiert werden kann.

Dennoch fallen die abbildende und die detektierende Funktion der Fotografie oftmals zusammen, wie Maynard weiter betont. Sein dazugehörendes Konzept des *Fotos von* wurde bereits erläutert. In solchen Fällen können die visuell vermittelten Informationen mit dem besten uns zur Verfügung stehenden Sinnesorgan – dem menschlichen Auge – erfasst und ausgewertet werden (vgl. Maynard 2000, S. 131 ff.). Maynard bringt dies auf den Punkt, wenn er für diese Verwendungsweise der Fotografie den Begriff eines *nutzerfreundlichen Interfaces* anführt (vgl. Maynard 2000, S. 131).

Bereits an anderer Stelle (vgl. Mößner 2018, Kap. 4.2.2) wurde dafür argumentiert, dass diese Weise der kognitiven Erschließung des in visuellen Repräsentationen wie Fotografien vermittelten Gehalts den Vorzug aufweist, dass so die Fähigkeit des menschlichen Sehvermögens genutzt werden kann, auch Informationen zu erfassen, die noch nicht (oder noch nicht vollständig) in Begriffen erfasst wurden.[15] Ein Beispiel hierfür wäre die Fähigkeit des menschlichen Auges, sehr feine Farbnuancen zu erfassen und zu unterscheiden. Gerade in den Wissenschaften erweist sich dies von besonderem Vorteil, wenn es um die Erforschung neuer Phänomene geht. Informationen der genannten Art können mittels visueller Repräsentationen wie Fotografien kommuniziert werden und so innerhalb der wissenschaftlichen Gemeinschaft verbreitet werden, um eine kollaborative Analyse des neuen Phänomens – und damit letztlich auch die erforderliche Begriffsbildung – möglich zu machen.

---

14 Maynard verfügt im englischen Original über den Vorteil, zwischen „image" und „picture" differenzieren zu können, wenn er schreibt: „[...] we can note that many important photo-detective functions are by no means depictive. Even where the detection/recording output is a figured image of a surface, that image need not be accessed as a *picture*" (Maynard 2000, S. 123, Hervorhebung im Original).

15 Vgl. hierzu auch die Arbeit von Klaus Hentschel (2000).

Visuelle Repräsentationen wie Fotografien können folglich als Daten Verwendung finden, lange bevor die Konzeptualisierung des neuen Phänomens abgeschlossen wurde. Das oben angeführte Beispiel der Entdeckung der radioaktiven Strahlung durch Henri Becquerel illustriert diesen Fall sehr gut. In Wilders Analyse wird deutlich, dass Becquerel die fotografischen Spuren der Strahlung dazu nutzte, ein ihm völlig unbekanntes Phänomen zu erforschen, dessen Ausgangspunkt eher eine Zufallsentdeckung war, denn Becquerels Ursprungshypothese besagte fälschlicherweise, dass die auftretende Strahlung eine Folge einer vorherigen Exposition der Strahlungsquelle im Sonnenlicht sei (vgl. Wilder 2011, S. 355). Fotografien dienten in diesem Kontext somit sowohl der Erforschung des Phänomens als auch der Dokumentation und Kommunikation erster Ergebnisse, lange bevor das zugehörige Phänomen – die radioaktive Strahlung – vollständig konzeptualisert und damit schließlich auch sprachlich vermittelbar war.

Kehren wir mit diesen Überlegungen nun zur Rolle der Fotografie im moralischen Diskurs zurück und fragen uns, ob sie in diesem Kontext eine analoge Funktion übernehmen können wie im wissenschaftlichen Diskurs, den wir anhand des Beispiels von Becquerels Entdeckung skizziert haben.

3.2 Fotografien als Daten im moralischen Diskurs

Wenden wir uns dem Ausgangsbeispiel, der Fotografie des vietnamesischen Mädchens Kim Phúc des Bildberichterstatters Nick Ut erneut zu (vgl. Abb. 1). Es wurde darauf hingewiesen und von Sontag ausführlich diskutiert, dass diese Fotografie (und Bilder vergleichbarer Art) zu regelrechten Ikonen der Anti-Kriegsbewegung geworden seien. Das heißt letztlich auch, dass, um bei dem Beispiel zu bleiben, dieses Bild ebenfalls in einen kommunikativen Zusammenhang eingebunden wurde. Es scheint so, als solle die Fotografie in diesem Zusammenhang in analoger Weise als Beleg (oder Datum)[16] dienen wie Becquerels Fotografien radioaktiver Strahlung in dessen wissenschaftlicher Argumentation. Im Bereich des moralischen Diskurses der Anti-Kriegsbewegung scheint die dem Foto zugedachte Aussage so etwas zu sein wie: *Das Bild zeigt, dass dieses Kind durch die Aktivitäten der Kriegsparteien Schmerzen erleidet. Das ist moralisch verwerflich, daher sollen sie diese Aktivitäten einstellen.*

---

16 Sontag spricht in diesem Zusammenhang auch von der Beweisfunktion der Fotografie (vgl. Sontag 2008b, S. 15). Dieser Begriff erscheint aber in vielerlei Hinsicht zu stark, wie sie selbst mit nachfolgenden Hinweisen auf den Akt des Fotografierens und auf die Möglichkeit der Inszenierung einräumt und kritisch diskutiert.

Allerdings besteht ein wichtiger epistemologischer Unterschied zwischen den beiden Beispielfällen: Zwar scheint bei beiden der Gedanke zu sein, dass die verwendete Fotografie einerseits als Belegdatum in einem größeren kommunikativen Akt Verwendung findet und andererseits dabei eine Art von Information transportiert, die sprachlich nicht (oder zumindest nicht vollständig) zu fassen ist, doch liegt auch die wesentliche Differenz gerade in der Art des Inhalts der Fotografien und deren Kapazität, sich als Inhalt in die visuelle Repräsentation einzuschreiben. Im Unterschied zur Detektion von unterschiedlichen Strahlungsarten ist Schmerz kein Phänomen, das unmittelbare Spuren auf einer Fotografie hinterlassen könnte. Schmerzen sind etwas rein subjektiv Empfundenes. Empfindungen jedoch sind keine primär visuell erfassbaren Phänomene. Was uns Empfindungen und damit auch empfundene Schmerzen anderer Personen erst visuell zugänglich macht, ist ihre Phänomenologie, das heißt, ihre Erscheinungsweise, die wir als soziale Wesen zu entziffern gelernt haben.[17]

Ist es also das, was Uts Bild transportiert – eine Phänomenologie des Schmerzes? Können wir in diesem Sinne *indirekt* an seiner Fotografie ablesen bzw. aus dieser erschließen (weil wir die Deutung der Phänomenologie des Schmerzes beherrschen), dass das Mädchen Kim Phúc Schmerzen empfindet und daher dem in der Anti-Kriegsbewegung vorgebrachten Argument zustimmen?

Erneut müssen wir an dieser Stelle unseren Blick darauf richten, dass wir uns im Kontext einer bestimmten kommunikativen Situation befinden. Das Bild Phúcs wird uns im betrachteten Beispielfall ja nicht von dieser selbst gezeigt, um uns damit über ihre erlittenen Qualen zu informieren. Die Fotografie erreicht den Rezipienten im Zuge einer nur mittelbaren Kommunikation durch den Fotografen und die zugehörigen Berichterstatter der Medien. Von dieser Berufsgruppe ist aber bekannt, dass sie miteinander im Wettbewerb um die Aufmerksamkeit der Rezipienten stehen, sozusagen im Kampf um die beste Story, um ihre Leser/Zuschauer etc. zu halten. Es fällt daher nicht schwer, gewisse Interessen (z. B. ökonomischer Art) der Medienvertreter im Hintergrund solcher Aufnahmen wie Uts Fotografie zu vermuten. So schleicht sich schnell eine gewisse Skepsis gegenüber der Objektivität der Fotografie als Belegdatum ein. Hat der Fotograf nicht doch unzulässigerweise eingegriffen, indem er z. B. nur einen bestimmten Bildausschnitt wählte? Ist diese Fotografie ein Zeugnis für die von Kim Phúc erlittenen Schmerzen oder doch nur eine Inszenierung der Presse? Diese Fragen liegen nahe, insbesondere wenn wir die schon erwähnte zweite Fotografie der Szene hinzuziehen (vgl.

17 Es sei ergänzt, dass dies gleichermaßen für die Fotografie als auch für die Malerei gilt. Der subjektive Erlebnischarakter des Schmerzes betrifft Kommunikationsversuche mittels visueller Repräsentationen allgemein. Sontags These, dass Fotografien im Nachteil gegenüber der Malerei seien, trifft also in diesem Zusammenhang definitiv nicht zu.

Abb. 2). Dieses Foto scheint eine ganz andere Botschaft zu transportieren als Uts Aufnahme, nämlich jene der moralisch zumindest zweifelhaften Position der Berichterstatter vor Ort.

Kurz gesagt: Betrachtet man Fotografien im Kontext eben solcher Berichterstattung taucht sehr schnell (schneller noch als im wissenschaftlichen Diskurs, in welchem Becquerel seine fotografischen Daten verwendet hat) die Frage nach der Glaubwürdigkeit auf, deren Beantwortung für die korrekte Interpretation der Fotografie entscheidend zu sein scheint. Wie steht es also mit der Glaubwürdigkeit?

Allein anhand der Fotografie ist offenbar nicht zu entscheiden, ob es sich um eine bloße Inszenierung der Berichterstatter handelt oder nicht. Es müssen zusätzliche Anhaltspunkte und Hintergrundinformationen vom Rezipienten mit in Betracht gezogen werden, um eine Beurteilung durchführen zu können. Auf diesen Punkt weist Søren Kjørup hin (vgl. Kjørup 2013; 1989). Er vertritt die These, dass der Betrachter den gesamten kommunikativen Kontext berücksichtigen müsse, wenn Fragen der genannten Art geklärt werden sollen. Die „sprachliche Verankerung" des Bildes, wie Kjørup es nennt (Kjørup 1989, S. 310 f.), erfolgt dabei durch Verweise im Begleittext der Berichterstattung, durch Bildunterschriften oder -überschriften, durch hinweisende Pfeile im Bild usw. All dies helfe, die Eindeutigkeit der Bildaussage zu erhöhen. Im Folgenden soll Kjørups Vorgehensweise für die weitere Analyse übernommen werden. Wir schauen also nicht mehr allein auf eine isolierte Fotografie, sondern erweitern den Fokus um die zugehörige Berichterstattung, die in einem bestimmten Medium erfolgt.

Diese Zugangsweise hat den entscheidenden Vorteil, dass nicht mehr nach der Objektivität der visuellen Repräsentation gefragt wird, sondern nach der Glaubwürdigkeit der kommunizierenden Quelle. Was die Fotografie zeigt,[18] wird somit durch die Beachtung des kommunikativen Kontextes klar. Und ob sie zeigt, was sie zeigen soll, hängt von der Glaubwürdigkeit der kommunizierenden Quelle ab. Im Falle von Uts Aufnahme wäre also z. B. zu fragen, wer die Berichterstattung in Auftrag gegeben hat, welche Reputation das Veröffentlichungsmedium allgemein besitzt, ob spezielle Interessen (z. B. politischer oder ökonomischer Natur) auf die Berichterstattung einwirken usw.

Nehmen wir diese Überlegungen mit und kehren abschließend zu Sontags kritischen Thesen zur Rolle von Fotografien im moralischen Diskurs zurück.

18 Auch hier gilt der genannte Punkt wieder für visuelle Repräsentationen im Allgemeinen, also sowohl für Fotografien als auch für Gemälde oder Zeichnungen.

3.3 Kontextuelle Deutung der Belege im moralischen Diskurs

Auch Sontag hat, wie schon angedeutet, darauf hingewiesen, dass für die konkrete Wirkung von Fotografien auf den Rezipienten u. a. neben der emotionalen Nähe zum dargestellten Inhalt auch die Deutung des Bildgehalts entscheidend sei. Sie schreibt: „Es kann kein – fotografisches oder sonstiges – ‚Beweismaterial' für ein Ereignis geben, solange das Ereignis nicht als solches definiert und charakterisiert worden ist" (Sontag 2008b, S. 24). Letztlich sieht auch sie den kommunikativen Kontext, in welchem die Fotografien Verwendung finden, als ausschlaggebend dafür an, welche Botschaft genau mit deren Hilfe transportiert werden kann. Sontags Antwort auf die obige Frage, ob Fotografien als Belegdaten z. B. für ein moralisch zu verurteilendes Verhalten wie das Zufügen von Schmerzen betrachtet und im moralischen Diskurs entsprechend verwendet werden können, verweist folgerichtig auf in diesem Zusammenhang relevante kontextuelle Faktoren: „Die Voraussetzung für eine moralische Beeinflussung durch Fotos ist die Existenz eines relevanten politischen Bewußtseins" (Sontag 2008b, S. 24).

Es kann festgehalten werden, dass die moralische Relevanz der Fotografie kontextabhängig ist, eben weil solche Aufnahmen – wie andere visuelle Repräsentationen auch – in sehr unterschiedliche kommunikative Kontexte eingebunden werden können. Sie können in Bildspielen der Anti-Kriegsbewegung verwendet werden, um beispielsweise das Gewissen der Rezipienten aufzurütteln, aber ebenso gut von den beteiligten Kriegsparteien genutzt werden, um die Konfliktsituation zu verschärfen, indem man z. B. die Ungerechtigkeit eigener Opfer mit ihrer Hilfe beklagt.[19] Die Berücksichtigung von Kjørups Hinweis auf die sprachliche Verankerung des Bildes hilft, diesem auch von Sontag explizit benannten Problem der Deutungsoffenheit visueller Repräsentationen[20] sinnvoll zu begegnen.

Die kontextorientierte Betrachtung der Fotografie macht darüber hinaus einen weiteren Punkt in Sontags Analyse plausibel: Sie argumentiert, dass diese visuellen Repräsentationen eine wichtige Rolle als ethische Referenzpunkte in unserer Erinnerung spielen würden (vgl. Sontag 2005, S. 133 ff.). Diese Funktion übernehmen Fotografien, indem sie den Rezipienten vor Augen führen, dass

19 Sontag schreibt: „Die unzähligen Gelegenheiten, bei denen man heute das Leiden anderer Menschen – aus der Distanz, durch das Medium der Fotografie – betrachten kann, lassen sich auf vielerlei Weise nutzen. Fotos von einer Greueltat können gegensätzliche Reaktionen hervorrufen. Den Ruf nach Frieden. Den Schrei nach Rache" (Sontag 2005, S. 20).

20 Sie schreibt: „Normalerweise, wenn eine Distanz zum Motiv vorhanden ist, läßt sich das, was ein Foto ‚sagt', auf mehrere Weisen deuten. Und am Ende liest man in ein Foto das hinein, was es sagen *soll*" (Sontag 2005, S. 37).

Menschen dazu fähig sind, anderen etwas in moralischer Hinsicht überaus Verwerfliches anzutun. „Die Bilder sagen: Menschen sind imstande, dies hier anderen anzutun – vielleicht sogar freiwillig, begeistert, selbstgerecht. Vergeßt das nicht“ (Sontag 2005, S. 134). Fotografien wie die Aufnahme Uts sollen uns daran erinnern, dass sich solche Ereignisse nie wiederholen sollen. Und es ist im Kontext dieser ethischen Handlung der Erinnerung, wie Sontag es beschreibt (vgl. Sontag 2005, S. 134), in welchem sie die moralische Rolle der Fotografie letztlich verortet sieht.

4 Resümee

Hat uns der Fotograf nun zeigen können, wie man Schmerz darstellt? In diesem Beitrag wurde die Fotografie im Spannungsfeld von Kunst und Moral betrachtet. In diesem Zusammenhang wurde auf die Thesen Susan Sontags genauer eingegangen, dass Fotografien kein moralisches Wissen vermitteln könnten und stets zu ästhetischen Objekten verblassten. In der Analyse wurde deutlich, dass viele von Sontags Ausgangsüberlegungen hinterfragt werden können und müssen. Einige wichtige Kritikpunkte wurden dabei bereits von Stephanie Ross angemahnt.

Eine genauere Analyse der epistemischen Leistungsfähigkeit von Fotografien, also der Fragen, welche Informationen diese enthalten und vermitteln können, hat uns verdeutlicht, dass die Fotografie, verstanden als eine Technologie, zu sehr unterschiedlichen Zwecken verwendet werden kann und das Resultat dieser Anwendungen nicht notwendigerweise bildhaften Charakter aufweisen muss. Dies vorausgesetzt, konnten wir fragen, ob Fotografien als eine Form von Belegdatum im moralischen Diskurs genutzt werden könnten, wie wir es im Bereich der Erforschung und Kommunikation naturwissenschaftlicher Phänomene anhand des Beispiels der Entdeckung der radioaktiven Strahlung durch Becquerel festgestellt haben.

In diesem Zusammenhang wurde deutlich, dass für ein korrektes Verständnis von Fotografien (wie auch von anderen visuellen Repräsentationen) die Beachtung des gesamten kommunikativen Kontextes notwendig erscheint, wie Kjørup es vorgeschlagen hat. Ist der entsprechende kommunikative Akt moralischer Natur und die Zeugnisquelle entsprechend glaubwürdig, scheint es durchaus möglich zu sein, dass Fotografien hier die Rolle von Belegdaten (wohlgemerkt nicht von Beweisen) spielen können, um die vorgebrachte Argumentation des Zeugen zu stützen. Wir können also festhalten, dass Fotografien durchaus eine Rolle im moralischen Diskurs spielen können, ohne die starke These vertreten zu müssen, sie würden moralisches Wissen vermitteln.

Danksagung

Ich bedanke mich bei Hauke Behrendt und Jakob Steinbrenner für einige hilfreiche Kommentare zum vorliegenden Text sowie bei den TeilnehmerInnen der Ringvorlesung „Kunst und Moral“ an der Universität Stuttgart für interessante Diskussionsbeiträge im Zuge der Präsentation einer früheren Fassung dieses Beitrags.

Abbildungsverzeichnis

Literaturverzeichnis

Birnbacher, Dieter (2013): *Analytische Einführung in die Ethik*. 3. Aufl., Berlin und Boston: Walter de Gruyter.

Hentschel, Klaus (2000): „Drawing, Engraving, Photographing, Plotting, Printing: Historical Studies of Visual Representations, esp. in Astronomy“. In: Klaus Hentschel / Axel D. Wittmann (Hrsg.): *The Role of Visual Representations in Astronomy: History and Research Practice. Contributions to a Colloquium held at Göttingen in 1999*. Thun, Frankfurt/Main: Harri Deutsch, S. 11–43.

Kjørup, Søren (1989): „Die sprachliche Verankerung des Bildes“. In: *Zeitschrift für Semiotik* 11, S. 305–317.

Kjørup, Søren (2013): „Schnüffeln nach Spionen. Verrat, Vertrauen und fotografische Beweise.“ In: Manfred Harth / Jakob Steinbrenner (Hrsg.): *Bilder als Gründe*. Köln: Herbert von Halem, S. 11–34.

Lenz, Siegfried (1989): *Deutschstunde: Roman*. Hameln: Niemeyer.

Maynard, Patrick (1989): „Talbot's Technologies: Photographic Depiction, Detection, and Reproduction“. In: *The Journal of Aesthetics and Art Criticism* 47, S. 263–276.

Maynard, Patrick (2000): *The Engine of Visualization. Thinking through Photography*. Ithaca und London: Cornell University Press.

Mößner, Nicola (2018): *Visual Representations in Science – Concept and Epistemology*. London und New York: Routledge.

Paul, Gerhard (2005): „Die Geschichte hinter dem Foto. Authentizität, Ikonisierung und Überschreibung eines Bildes aus dem Vietnamkrieg“. In: *Zeithistorische Forschungen/Studies in Contemporary History*, 2(2), Online-Ausgabe, URL: https://zeithistorische-forschungen.de/2–2005/4632, Druckausgabe, S. 224–245.

Ross, Stephanie (1982): „What Photographs Can't Do". In: *The Journal of Aesthetics and Art Criticism* 41(1), S. 5–17.

Scholz, Oliver R. (2011): „Bildspiele". In: Richard Heinrich, Elisabeth Nemeth, Wolfram Pichler und David Wagner (Hrsg.): *Image and Imaging in Philosophy, Science, and the Arts: Proceedings of the 33rd International Wittgenstein-Symposium in Kirchberg, 2010*. Band 1. Frankfurt/Main u.a.: De Gruyter, S. 365–382.

Sontag, Susan (2005): *Das Leiden anderer betrachten*. Frankfurt/Main: Fischer Taschenbuch Verlag.

Sontag, Susan (2008a): *Über Fotografie*. 18. Aufl., Frankfurt/Main: Fischer Taschenbuch Verlag.

Sontag, Susan (2008b): „In Platos Höhle [1977]". In: Susan Sontag: *Über Fotografie*, 18. Aufl., Frankfurt/Main: Fischer Taschenbuch Verlag, S. 9–30.

Tetens, Holm (2004): *Philosophisches Argumentieren. Eine Einführung*. München: C.H. Beck.

Walton, Kendall L. (1990): *Mimesis as Make-believe. On the Foundations of Representational Arts*. Cambridge Mass. u.a.: Harvard University Press.

Walton, Kendall L. (2012): „Fotografische Bilder". In: Julian Nida-Rümelin und Jakob Steinbrenner (Hrsg.): *Fotografie zwischen Dokumentation und Inszenierung*. Ostfildern: Hatje Cantz, S. 11–28.

Wilder, Kelley E. (2011): „Visualizing Radiation: The Photographs of Henri Becquerel". In: Lorraine Daston und Elizabeth Lunbeck (Hrsg.): *Histories of Scientific Observations*. Chicago u.a.: University of Chicago Press, S. 349–368.

Daniela Bohde

Architektur als Moral in Weimarer Republik und NS-Staat

Der Neue Mensch – das Neue Bauen – der Neue Staat

„Architektur als Moral“ – so lautet der Titel eines Aufsatzes von 1935, der Aufmerksamkeit verlangt, wenn das Verhältnis von Kunst und Moral zur Debatte steht. Dieser Text thematisiert jedoch nicht, wie man erwarten könnte, soziale Probleme im Wohnungsbau oder die Verantwortung des Architekten, sondern den Stil, genauer gesagt, den wahren Stil. Wahrheit und Lüge im Stil ist das moralische Problem, das der Autor, Wilhelm Pinder, hier identifiziert (Pinder 1935)[1]. Diese Perspektive lässt sich nur verstehen, wenn man sich vor Augen führt, welch ein aufgeladener Terminus ‚Stil‘ in diesen Jahren war. Stil wurde mit Ausdruck gleichgesetzt, und gerade in den frühen 1930er Jahren war man auf der Suche nach dem wahren Ausdruck der neuen Zeit, was in Deutschland auch hieß, des neuen Staates.

Dies ist für Wilhelm Pinder (1878 – 1947) besonders relevant, der in den 1930er Jahren zum angesehensten deutschen Kunstgeschichtsprofessor avancierte. Als er den Aufsatz schrieb, hatte er den äußerst renommierten Münchner Lehrstuhl inne und stand kurz vor seiner vom Reichserziehungsministerium betriebenen Beförderung nach Berlin.[2] In diesem historischen Moment verknüpften sich für Pinder zwei moralische Probleme, einerseits der Baustil, von dem er forderte, ein wahr-

1 Pinders kurzer Beitrag nimmt viele Gedanken und Formulierungen aus seinen gleichzeitigen Reden auf (vgl. u. a. Pinder 1934a; 1934b).

2 Zu Pinders Biographie vgl. zuletzt Stöppel 2008. Pinders Verhältnis zum Nationalsozialismus ist lange und auch kontrovers diskutiert worden. Suckale (1986) versteht Pinders fortdauernde Unterstützung Hitlers als Verblendung und ist der Auffassung, dass er in Einzelfällen couragiert opponiert habe. Er sieht Pinder sogar als ernstlich bedroht an, weil es Attacken gegen ihn in der SS-Zeitschrift „Das Schwarze Korps“ gab (Bd. 50, 12. Dezember 1940, S. 12) sowie zuvor in der „Bücherkunde der Reichsstelle zur Förderung des deutschen Schrifttums“ (Bd. 2, 1935, S. 327–328). Ein ähnliches Bild entwirft auch Halbertsma (1992, S. 169 – 183). Diese Position lässt sich nach heutigem Wissensstand nicht aufrechterhalten. Fast alle prominenten NS-Forscher waren Angriffen von konkurrierenden nationalsozialistischen Fraktionen ausgesetzt. Dies liegt in der Struktur des NS-Staates begründet. Neben dem Führerprinzip existierte eine Polyphonie der rivalisierenden Fraktionen (vgl. Grüttner 2000, S. 559 – 561 und Knoblauch 2005, S. 27 – 28). Pinders Situation ist insofern ungewöhnlich, als er einer der wenigen exponierten NS-Forscher war, der solche Angriffe unbeschadet überstand (vgl. Grüttner 1999). Seine Vernetzung im NS-Staat war also vermutlich besonders gut (vgl. zu Pinder im Nationalsozialismus auch Arend 2005 und Pusbeck 2010).

https://doi.org/10.1515/9783110731354-012

hafter Ausdruck der Zeit zu sein, andererseits seinen eigenen Anschluss an den Nationalsozialismus, den er mit diesem Text rechtfertigen wollte. Beides war für ihn durch die Pflicht zu einem aufrichtigen Bekenntnis verbunden.

‚Moral' gebraucht Pinder in seinem Werk als einen polyvalenten Begriff, der nicht nur den Autor, sondern auch seine Disziplin und schließlich die Kunst im NS-Staat legitimieren soll. Was ‚Moral' bedeutet, um welche moralischen Tugenden, Werte oder Normen es geht, wird in diesem Text an keiner Stelle geklärt. Moral wird vielmehr mit Gesinnung gleichgesetzt, die man haben und zeigen muss. Nicht nur wegen dieser erheblichen begrifflichen Unschärfe könnte diese Gelegenheitsschrift als ein typischer Fall von Selbstrechtfertigung und moralischer Heuchelei zur Seite gelegt werden. Doch wird seine Brisanz deutlich, wenn man ihn im Kontext der damaligen Debatte um die moralische Verantwortung von Architektur sieht. Die im Folgenden analysierten Texte werden zeigen, dass Pinder bestimmte Argumentationsfiguren sowohl mit Verfechtern der nationalsozialistischen Rassenideologie, etwa Paul Schultze-Naumburg, als auch mit Vertretern des Neuen Bauens teilte, so Nikolaus Pevsner und Walter Gropius. Es stellt sich hier der Effekt ein, den Helmuth Lethen mit dem produktiven Begriff der *unheimlichen Nachbarschaft* auf den Punkt gebracht hat: Denker unterschiedlichster und sogar gegensätzlichster Provenienz kommen sich in bestimmten Denkfiguren und Haltungen ganz nahe. Denksysteme kreisen um „geheime Zentren [...] verschwiegene Zusammenhänge und gleiche Tiefenstrukturen." (Lethen 1995, S. 81)[3]

Ein solcher die unterschiedlichen Lager verbindender Schlüsselbegriff ist der des Neuen Menschen (vgl. dazu Lepp et al 1999; Buchholz 2001; Gerstner et al. 2006; Voigt et al. 2019). Unabhängig davon, ob man unter ihm den Nietzscheanischen Übermenschen verstand oder den im Kollektiv werkenden Arbeiter, den pazifistischen Vegetarier oder den durch Stahlgewitter gehärteten Krieger, das sich im Ausdruckstanz entfaltende Individuum oder den effizienten Fachmann – immer wurde mit ihm die Utopie eines Neuanfangs beschworen. Dieser Neue Mensch konnte einerseits durch eine umfassende Lebensreform hervorgebracht werden und er war andererseits der ursprüngliche Mensch, der befreit von äußeren Zwängen seine wahre Natur verwirklichte und seine Lebenswelt formte. Entsprechend wurde das Neue Bauen als adäquate Bauform des Neuen Menschen

---

3 Solche Leitmetaphern, die fachlich nicht eng definiert werden, aber sowohl in der innerfachlichen wie der exoterischen Kommunikation mit der Öffentlichkeit als auch im interdisziplinären Austausch wichtig sind, wurden in den letzten Jahren unter diskursanalytischer wie wissenschaftshistorischer Perspektive thematisiert. Vgl. Jürgen Links (1988) Begriff des *Interdiskurses* und der *Kollektivsymbolik* sowie Eckart Scheerers (1991) Begriff der *Verkörperung*. Zur politischen Funktion dieser Begriffe vgl. Knobloch (2005). Zu solchen unterschiedliche Denkschulen verknüpfenden Denkfiguren vgl. auch Bohde (2012).

aufgefasst. Dies öffnete zwei Denkwege. Die Architektur konnte als eine Möglichkeit verstanden werden, den Menschen zu formen und zu erziehen. Oder umgekehrt, durch die Schaffung eines Neuen Menschen konnte ein neuer architektonischer Ausdruck gefunden werden. Architektur wird hier von der Eugenik aus gedacht. Beiden Wegen wohnt ein nicht unbeträchtliches Gewaltpotential inne, auch das wird bei der Analyse der Texte von Pinder, Schultze-Naumburg, Pevsner und Gropius deutlich werden. Moral selbst gerät hier in eine unheimliche Nachbarschaft.

1 Pinders Moral der Architektur

Pinders kurzer Text erscheint in einer Festschrift anlässlich des siebzigsten Geburtstags von Heinrich Wölfflin, der mit seiner Methode der Form- und Stilanalyse eine prägende Gestalt der modernen Kunstgeschichte war. Neben der Würdigung Wölfflins ist Pinders Anliegen, sich selbst als legitimen Nachfolger Wölfflins auf dessen „letzten reichsdeutschen Lehrstuhl" (Pinder 1935, S. 145)[4] zu präsentieren. Dafür muss er ein recht ungewöhnliches Bild seines berühmten Vorgängers entwerfen. Wölfflin, der vor allem als Formalist bekannt ist, erscheint in Pinders Schrift als ein Mann, dessen Art der Kunstgeschichtsschreibung Ausdruck einer „große[n] Gesinnung" gewesen sei. Diese Aussage ermöglicht Pinder, sich zu seiner eigenen Gesinnung zu bekennen, die „ihn in die Reihen der neuen Bewegung treiben mußte." (Pinder 1935, S. 145) Dieses Bekenntnis zum Nationalsozialismus ist für Pinder mit der Legitimation der Kunstgeschichte verbunden. In seiner Einleitung fragt er: „was soll noch Kunstgeschichte heute, wo das Leben nach Taten ruft? Was darf und was soll noch Betrachten, wo Handeln das nötigste geworden ist?" (Pinder 1935, S. 145) Die Antwort liegt in der moralischen Dimension der Architektur und einer Kunstgeschichte, die mit Leidenschaft „formgewordene Gesinnungen" in der Kunst erkennt. So wird das „Betrachten [...] wieder zum Handeln" (Pinder 1935, 146). Damit ist nicht nur die Architektur, sondern auch die Tätigkeit des Architekturhistorikers moralisch legitimiert. Wichtig ist Pinder, sich nicht dem Vorwurf auszusetzen, bloßen Formalismus zu betreiben oder *l'art pour l'art*-Idealen anzuhängen, sondern als Handelnder zu erscheinen.[5] Denn darin liegt für ihn die Existenzberechtigung von Wissenschaft. Nachdem Pinder in seiner Einleitung auch einen Umgang damit gefunden hat,

---

4 Wölfflins Verhältnis zum Nationalsozialismus und zu einer rassistischen Kunstgeschichte ist nicht einfach zu bestimmen, vgl. dazu Bohde (2012, S. 73–75 u. 100–102).

5 Vgl. etwa die Invektiven gegen den Formalismus bei Alfred Stange (1939). Zur Methodik der Kunstgeschichte im NS vgl. Bohde (2008).

dass Wölfflin Schweizer ist und 1924 die Münchner Universität zugunsten der Züricher verlassen hat, kann er sich seinem Thema der Moral in der Architektur widmen (vgl. Pinder 1935, S. 146).

Ausgangspunkt von Pinders Argumentation ist das Verständnis von Architektur als Ausdruck. Für ihn gilt: „Bildende Kunst ist Weltanschauung. [...] Ihre Form drückt Gesinnung aus" (Pinder 1935, S. 145). Dies zeigt sich für ihn besonders im gesinnungslosen 19. Jahrhundert, einem beliebten Feindbild von Architekturtheoretikern dieser Jahre. Pinder schreibt:

> Die allgemeine Zerfetztheit, der Mangel eines bindenden Glaubens, einer bindenden Gesinnung, ohne die große Stile noch niemals möglich waren, offenbarte sich in der Kunst. (Pinder 1935, S. 146)

Vor allem die historistischen Baustile drückten dies aus. Architektur ist für ihn grundsätzlich

> das Gesicht eines überpersönlichen Gesamtcharakters, sie ist immer einer Allgemeinheit zugedacht und eben darum schon Moral, eben darum auch aussagend über Schmach oder Ehre. Da dieser Gesamtcharakter nicht mehr in sicheren Umrissen bestand, zerriß auch das Gesicht, und tausend Masken wurden vergeblich ihm vorgeklebt. (Pinder 1935, S. 147)

Aus dieser dramatischen Situation leitet sich für Pinder die moralische Pflicht ab, im Sinne des Nationalsozialismus zu handeln, so dass die Architektur wieder „Sprache und Volksgesicht" wird (Pinder 1935, S. 148). Wie so viele seiner Zeit suchte Pinder nach einer grundsätzlichen Lösung des Stilproblems. Wie findet man wieder zu einem einheitlichen Stil als Ausdruck der eigenen Epoche oder der eigenen Nation? In Pinders Metaphorik könnte man auch sagen, wie bekommt der Volkskörper wieder ein Gesicht?[6] „Moral in der Architektur" – schrieb er – „ist eben doch nur möglich durch die Moral der menschlichen Ganzheit, die dahintersteht" (Pinder 1935, S. 150). Es konnte für ihn deshalb nicht darum gehen, einen neuen Stil zu propagieren. Stile durften nicht wählbar sein, sondern sollten quasi physiognomisch mit der inneren Verfassung des Volkes korrespondieren. Deshalb plädierte Pinder in seiner berühmten Münchner Rede von 1933 „Die bildende Kunst im neuen deutschen Staat" dafür, dass der Staat keinen neuen Stil verordne, sondern einen neuen nationalsozialistischen Stil wachsen lasse, dessen Keim Pinder in diesen Jahren noch in der Bauhaus-Architektur erkannte (Pinder

6 Zur Gesichtsmetaphorik vgl. Bohde (2012, S. 23–33) mit weiterer Literatur.

1934b, S. 49–51).[7] Dies hat ihm in der kunstgeschichtlichen Forschung lange den Ruf beschert, mutig für die Moderne eingetreten zu sein.[8] Im nationalsozialistischen Staat prophezeite er

> wird es wieder einen Stil geben und kein Stilproblem. Es wird einen Stil geben, weil wir Stil haben werden. Der Mensch macht den Stil! Der Glaube macht den Stil. Stil ist nur nach außen Form; Stil ist Glaube und Gemeinschaft und gemeinschaftlicher Glaube. (Pinder 1934b, S. 51)[9]

Die Kopplung von Stil und Gemeinschaft ist typisch für die Zeit, auch Hitler äußerte sich fast wortgleich. Doch kann sie nicht als spezifisch nationalsozialistisch verstanden werden. Sie fußt vielmehr auf Traditionen des 18. und 19. Jahrhunderts und wurde im frühen 20. Jahrhundert gerade auch im Umfeld des Werkbundes wiederbelebt.[10] Tiefer lässt sich Pinder auf die NS-Ideologie ein, als er vorschlägt, wie der neue Stil der Gemeinschaft zu finden ist: durch die Schaffung eines neuen Menschen. Der Ausgangspunkt seiner Argumentation ist die Degeneration im 19. Jahrhundert:

> Architektur wurde zur Lüge. Warum? Der Mensch hatte, auch als einzelner, seine Ganzheitlichkeit verloren, also den Stil. Der Begriff des Vollmenschen lebte nicht mehr. Ein Mensch mit überzüchtetem Körper und stumpfen Sinnen gegenüber echt Architektonischem,

---

7 Pinder hielt die Rede auf der Tagung des Pädagogisch-psychologischen Instituts der Universität München am 3. August 1933. Vgl. auch seine auf der Werkbundtagung am 6. Juli 1928 gehaltene Rede: „Zur Möglichkeit eines kommenden großen Stiles" (Pinder 1934c).

8 Neben Suckale (1986, S. 8–9. u. S. 12) vertritt diese Position vor allem Halbertsma (1992, S. 133–161), sie stellt ihr Kapitel zu Pinder im Nationalsozialismus unter die Überschrift „Die Schlacht um die moderne Kunst". Held (2003, S. 20) betont dagegen, dass Pinder nur dann für die Moderne plädierte, als Hitler sie noch nicht in seiner Rede auf dem Reichsparteitag vom September 1934 verdammte. Auch aus architekturhistorischer Perspektive lässt sich Pinders Sympathie mit dem Bauhaus einordnen (vgl. Germer 1991; Nerdinger 1993). Dass Pinder sich mit dem Plädoyer für eine freie Stilentwicklung nicht außerhalb des nationalsozialistischen Meinungsspektrums positionierte, zeigt ein Vergleich mit Positionen, die im NSD-Studentenbund vertreten wurden, ihr Wortführer Otto Andreas Schreiber trat vehement für Kunstfreiheit ein, zit. in Hildegard Brenner (1962, S. 22).

9 Pinder bezieht sich hier auf den Ausspruch von Georges-Louis Leclerc, Comte de Buffon: „le style c'est l'homme".

10 Vgl. die Rede Hitlers vom 9. September 1936 auf der Kulturtagung des Parteitags der NSDAP in Nürnberg (Eikmeyer 2004, S. 47, S. 72–73, S. 76, S. 99–116). „Es ist unser Wille, aus der Zerfahrenheit unserer kulturellen Einzelleistungen wieder den Weg zu finden zu jenem großen Stil einer sich gegenseitig ergänzenden und steigernden Gemeinschaftsarbeit." (Ebenda, S. 115). Zu Stil, Kultur und Gemeinschaft als Gegenbegriffen zu Mode, Zivilisation und Gesellschaft vgl. Schwartz (1999, S. 31–49).

> auch echt Plastischem, galt als ‚gebildet' und war doch keineswegs gestaltet. Er galt als vollwertig, uns gilt er als minderwertig. Damit hängen alle, dem Auslande oft so unverständlichen, oft so gewaltsam erscheinenden neuen Bestrebungen in der Menschengestaltung bei uns zusammen. Wir wollen den Einzelnen zu einem vollwertigen Menschen machen, ohne überzüchtetes Gehirn, ohne Einseitigkeit, mit gesundem Körper, gesundem Geiste, gesunder Seele. Gelingt es, diesen Menschen wieder zu schaffen, gelingt es, ein Volk solcher Art in einem heißen und einheitlichen Glauben zu vereinigen, so heißt das alles andere als die Züchtung von Einheitsmenschen [...] wenn dies gelingt, dann wird man auch in einer neuen großen Architektur diese moralische Gesundung so selbstverständlich sich ausdrücken sehen, wie das Wesen jedes unverbogenen Vollmenschen in Gestalt und Gesicht zum Ausdruck kommt. (Pinder 1935, S. 150 – 151.)

Der Traum von der Schaffung eines neuen Menschen war bekanntlich im frühen 20. Jahrhundert weit verbreitet, doch dass eugenische Argumentationen Einzug in die akademische Kunstgeschichte hielten, war eine Ausnahme. Die Verknüpfung von eugenischen und ästhetischen Überlegungen war unter NS-Ideologen allerdings nicht ungewöhnlich: Rassekundler und Vertreter des *Nordstandpunkts*, die für eine ‚Aufnordung' der Deutschen eintraten, fällten nicht nur ästhetische Werturteile, sie übernahmen sogar kunsthistorische Kategorien. So Hans F. K. Günther, der berüchtigte ‚Rasse-Günther', welcher eine wichtige Brückenstellung zwischen einer kulturgeschichtlich angelegten Rassenkunde und der NS-Rassenpolitik innehatte.[11]

Günther publizierte 1926 eine Studie über „Rasse und Stil" (Günther 1926), in der er sich einerseits eines lebensweltlichen Stilbegriffs bediente und ihn mit dem Auftreten und der Haltung der Völker verknüpfte, andererseits handelte er Künstler und Kunststile nach rassischen Gesichtspunkten ab. Sein Kollege und Antipode Ludwig Ferdinand Clauß setzte sich noch intensiver mit der Kunstgeschichte auseinander. Die von ihm begründete *Rassenseelenforschung* sollte „eine Stilforschung sein genau in jenem Sinne, in welchem die Kunstwissenschaft eine Stilforschung ist" (Clauß 1926, S. 9 – 10.).[12] Diese Verbindung von Rassenbegriff

---

11 Günther war promovierter Germanist, er reüssierte jedoch als politischer Schriftsteller. 1922 publizierte er im Lehmann Verlag die „Rassenkunde des deutschen Volkes", die sich als wahrer Bestseller erweisen sollte. Günther gab sich darin mit vielen Schädeldiagrammen und Formeln für den Schädelindex einen naturwissenschaftlichen Anstrich, doch basierte die Interpretation seiner Daten auf volkskundlichen, soziologischen und historischen Einzelbeobachtungen und Allgemeinplätzen. Mit ihrer Hilfe gelangte er zum Konstrukt von invarianten, alles determinierenden Rassen. Trotz einer fehlenden fachaffinen Dissertation erhielt Günther 1930 in Jena den Lehrstuhl für Rassenanthropologie. 1935 wurde er ordentlicher Professor für Rassenkunde an der Universität Berlin. Als Mitglied verschiedener NS-Gremien war er direkt an der NS-Rassenpolitik beteiligt (vgl. Weingart et al. 1988, S. 452 – 455).

12 Zur kunsthistorischen Argumentation von Clauß und Günther vgl. Bohde (2012, S. 79 – 85).

und Stilbegriff war auch in der politischen Sphäre zuhause. Hitler proklamierte, dass nur aus einer „rassischen Klärung“ ein neuer „Lebens-, Kultur- und Kunststil“ gefunden werden könne (Eikmeyer 2004, S. 43–54).

2 Schultze-Naumburgs Vision einer ästhetischen Rassenhygiene

Eine wichtige Figur für die Verbindung von ästhetischem, rassistischem und politischem Diskurs war der Publizist und Architekt Paul Schultze-Naumburg (1869–1949), der zu Beginn seiner Karriere mit lebensreformerischen Schriften an die Öffentlichkeit getreten war und erster Vorsitzender vom Deutschen Bund Heimatschutz wurde. Im Laufe der 1920er Jahre radikalisierte er sich und rezipierte immer stärker die Rassentheorien seines Freundes Günther. 1929 wurde er aktives Mitglied im Kampfbund für deutsche Kultur, 1930 Mitglied der NSDAP (vgl. Borrmann 1989). Im Gegensatz zu Pinder war er ein entschiedener Gegner des *Neuen Bauens*, doch einte beide ihre Kritik an der Architektur des 19. Jahrhunderts.

Schultze-Naumburg argumentierte ähnlich wie Pinder architekturphysiognomisch. Er geißelte die zeitgenössische Architektur als „entsetzliche Entstellung der Physiognomie unseres Landes“, was nicht nur als ein ästhetisches, sondern gleichermaßen moralisches Verdikt verstanden wissen will, es geht ihm nicht alleine um „schön und hässlich“, sondern „gut und schlecht“ (Schultze-Naumburg 1902, o. P. S. I u. III). Die ästhetische und moralische Minderwertigkeit schlechter Architektur führte er meistens durch die Gegenüberstellung mit einem positiven Beispiel vor. Hierfür konnte Schultze-Naumburg auf die formvergleichende Methode von Heinrich Wölfflin zurückgreifen, bei der Stile durch den kontrastierenden Vergleich mit einem anderen definiert wurden. Sie beruhte einerseits auf der sprachlichen Charakterisierung der Stile, beispielsweise als *klassisch* und *barock*, *heiter* und *ruhig* oder *nordisch* und *italienisch*, andererseits auf einer bildlichen Argumentation, bei der paarweise angeordnete Fotografien diese Charaktere beweisen sollten (vgl. Wölfflin 1968[9]; Bushart 2006a). Durch den ungeheuren Erfolg von Wölfflins „Kunsthistorischen Grundbegriffen“ von 1915 verbreitete sich diese Form der visuellen Typologie nicht nur in der Kunstgeschichte und populären Kunstbänden, sondern auch in anderen Wissenschaften, nicht zuletzt in der Rassenkunde. Die Attraktivität von Wölfflins Typologie lag darin begründet, dass nun das Visuelle kategorisierbar und damit deutbar erschien.[13]

Im Unterschied zu Wölfflin verglich Schultze-Naumburg nicht klassische und barocke Lösungen, sondern gelungene und misslungene. Diese sichtbaren Formen waren für Schultze-Naumburg immer physiognomischer Ausdruck eines entsprechenden Inneren: Die „entstellte Physiognomie" des Landes ist für ihn Ausdruck seines Niedergangs, hässliche Kunst eine Folge der moralischen und rassischen Verkommenheit des Künstlers

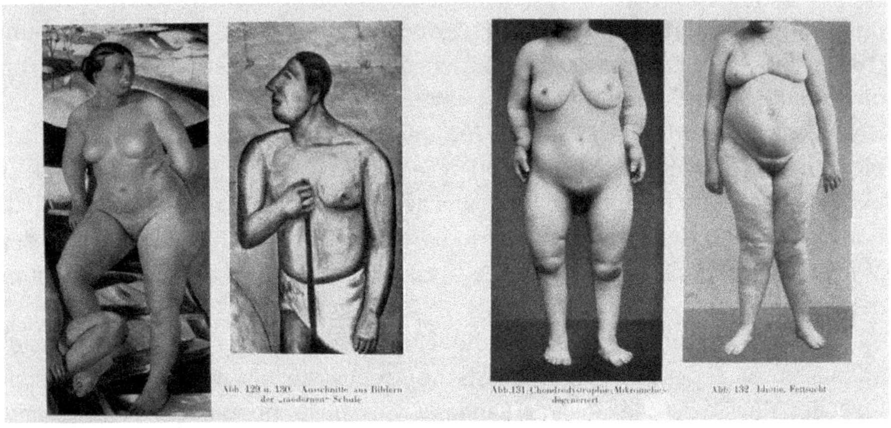

Abb. 1: Montage von Details aus Gemälden und medizinischen Fotografien; Quelle: Paul Schultze-Naumburg: *Kunst und Rasse*, München 1928, S. 96 – 97, Abb. 129 – 132.

In seinem berüchtigten Buch „Kunst und Rasse" von 1928 suggerierte Schultze-Naumburg diesen Konnex durch die Gegenüberstellung von Figuren aus Werken der modernen Kunst und klinischen Aufnahmen von Kranken (vgl. Abb. 1). Schultze-Naumburg beschränkte sich nicht auf die Verunglimpfung der modernen Kunst, sondern erging sich in Vernichtungsphantasien gegen alles, was in seinen Augen nicht schön und gesund war. Glücklicherweise war seine politische Karriere begrenzt. Er konnte als Direktor der Weimarer Bauhochschule, also am Ort des ersten Bauhauses, zwar die ihm verhasste Moderne im Keim ersticken und Schlemmers Treppenhausfresken vernichten, aber die Vernichtung von Menschen übernahmen andere. Wie in seinem Denken ästhetische Normvorstellungen in

13 Vgl. Bohde (2012, S. 84 – 85. und S. 97 – 99) mit weiterer Literatur zum *visual turn* im frühen 20. Jahrhundert.

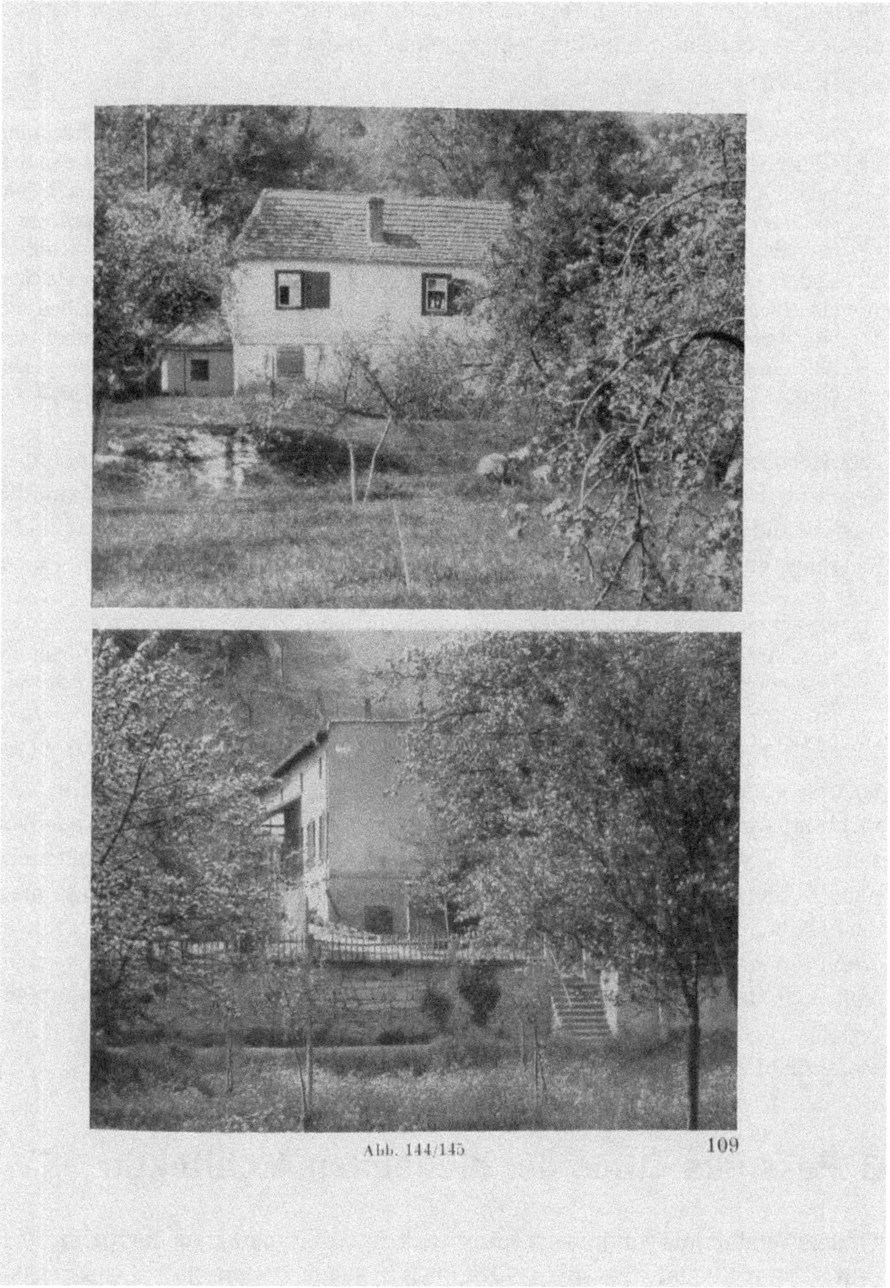

Abb. 2: Zwei Häuser; Quelle: Paul Schultze-Naumburg: *Kunst und Rasse*, München 1928, S. 109, Abb. 144/145.

Rassenhygiene übergehen, zeigt sich deutlich in einem Vergleich zweier Häuser, die er als architektonische Physiognomien behandelt (vgl. Abb. 2):

> Häuser haben Gesichter wie Menschen und sie tragen in ihnen einen ganz bestimmten Ausdruck zur Schau, an dem man sie erkennt und aus dem man auf ihre innere Verfassung schließen kann [...]. Es ist nicht schwer, aus dem Ausdruck zweier Häuser, wie sie in den beiden Abbildungen 144 und 145 gegenübergestellt sind, sich den Menschen vorzustellen, wie er etwa dem Bauwerk entspricht. Das obere Bild scheint ganz die Züge zu tragen, die in dem Antlitz eines klaren, treuherzigen und freundlichen Bauern aus guter Rasse zu erwarten sind. [...]. Das darunter abgebildete Haus, das unmittelbar daneben in ganz der gleichen lieblichen Umgebung steht, hat überhaupt keinen Ausdruck. Sein Gesicht ist verquollen und erinnert in seiner gänzlichen Stumpfheit lebhaft an den Menschenbrei, der heute die Lande füllt und weder klare Gesichter noch edle Körpertüchtigkeit zeigt. (Schultze-Naumburg 1928, S. 108)

Hier steigern sich die antimodernen Topoi vom Gesichtsverlust in der modernen Gesellschaft zu Ekel und Hass. Im Fortgang verherrlicht Schultze-Naumburg die Auslese, die es früher gegeben habe, als es keine ärztliche Hilfe für schwächliche Säuglinge gab, ebenso keine Unterstützung für

> die geistig und sozial Untüchtigen, die sich nicht halten konnten und rasch ausgemerzt wurden. Das war zwar grausam, aber für die Menschheit äußerst segensreich, denn die beständige Verminderung der Schlechten bedeutet eine relative Vermehrung der Besseren. (Schultze-Naumburg 1928, S. 128)

So weit ging Pinder nicht. Seine Züchtungsphantasien schlugen nicht in Vernichtungswahn um. Seine und Schultze-Naumburgs Voraussetzungen glichen sich jedoch weitgehend: Nicht nur verstanden sie Architektur als unmittelbaren, naturhaften Ausdruck des Volkes, sondern sie glaubten auch beide, dass man deshalb beim Volk ansetzen müsse und nicht beim architektonischen Ausdruck. Wenn Pinder und Schultze-Naumburg häufig als Antipoden verstanden werden, weil sie in der Bewertung der Moderne gegensätzliche Standpunkte einnahmen, (vgl. Suckale 1986, S. 12) so erweisen sie sich beim Verhältnis von Architektur und Moral nicht als unheimliche, sondern heimliche Nachbarn.

3 Pevsners Ethos der dienenden Architektur

Pinders Verständnis von Kunst als Ausdruck des Volkscharakters übernahm auch sein Schüler Nikolaus Pevsner (1902–1983) in seiner Dissertation „Leipziger Barock" von 1928 (Pevsner 1928, vgl. Aitchison 2015). Seine Rechtfertigung der modernen Architektur war ebenfalls diesem Modell verpflichtet: Das Neue Bauen ist für ihn der adäquate und einzig legitime Ausdruck der modernen Zeit. Zu einem Apologeten der Moderne wurde Pevsner durch seine Beschäftigung mit Künstlervereinigungen. Sein Aufsatz „Gemeinschaftsideale unter den bildenden Künstlern des 19. Jahrhunderts" von 1931 gipfelt in einer Würdigung des Bauhauses. Hier sieht er den Gemeinschaftsbegriff von Ferdinand Tönnies verwirklicht (vgl. Tönnies 1887). Nicht nur sei das Bauhaus selbst eine Gemeinschaft, sie baue auch für die Gemeinschaft. Pevsner schreibt, Gropius' Bauhaus sei ein „Versuch, aus dem Glauben an die schöpferischen Kräfte der Gemeinschaft heraus zu wirken" (Pevsner 1931, S.153).

Wo Pevsner politisch diese Gemeinschaft realisiert sieht, wird spätestens in seinem Artikel „Kunst und Staat" deutlich, den er 1934 in „Der Türmer" publiziert, einer Zeitschrift mit offenkundigen Sympathien für den Nationalsozialismus. Auch Pevsners Text lässt keine Missverständnisse zu. Die utopische neue Gemeinschaft ist nun der nationalsozialistische Staat, der „imstande sein [wird], einen echten, alle Kunstäußerungen umfassenden Stil zu formen, so wie ihn das Mittelalter und das Frankreich Ludwig XIV. besessen hat" (Pevsner 1934, S. 517). Ganz wie bei Pinder soll „ein einheitlicher, aus den Bedürfnissen der Bewohnerschaft gebildeter Baustil geschaffen werden", der die Dekadenz des 19. Jahrhunderts ablöst, das Pevsner mit Schlagworten wie „Individualismus" und „überzivilisiert" kennzeichnet (Pevsner 1934, S. 516). Deshalb müssten Kunst und Wissenschaft nun dem Staat dienen. In diesem Kontext bezieht sich Pevsner auf die Goebbels/Furtwängler-Kontroverse. Der Dirigent hatte gegenüber Goebbels die Diskriminierung jüdischer Musiker kritisiert. Goebbels wies ihn zurecht und verlangte eine Unterordnung der Kunst unter den Staat. Pevsner, selbst Jude, übernahm explizit die Position des Reichspropagandaministers. Das Ethos des Dienens ist bei Pevsner so stark, dass er die Freiheit der Wissenschaft aufgibt und außerdem Tendenzkunst und Kitsch rechtfertigt. Denn für die „soziale Gesundung der Kunst" sei Kitsch wertvoller als die Werke des „künstlerisch begabtesten der esoterischen Kubisten" (Pevsner 1934, S. 516). Die „zweckfreien Gattungen der Malerei" wie Landschaften und Stillleben würden im neuen Staat der zweckgebundenen Malerei weichen. Die Staatsmänner könnten dabei mit der „Sehnsucht nach Unterordnung" rechnen, die gerade die „wertvollsten Künstle[r]" erkennen ließen (Pevsner 1934, S. 516). Dies gilt genauso für die Wissenschaft, die zu einer politischen zu werden habe.

Pevsner, der gehofft haben mag, ein wertvoller Kunsthistoriker für den neuen Staat zu werden, verlor im September 1933 seine Lehrbefugnis durch das Gesetz zur Wiederherstellung des Berufsbeamtentums. Möglicherweise sollte die Publikation im „Türmer" ihr entgegenwirken und Pevsners heroische Bereitschaft zur Unterordnung demonstrieren. Doch er setzte umsonst auf einen Nationalsozialismus, der den Dienst für den Staat höher bewerten würde als die Rasse.[14] Das wirklich Erstaunliche ist aber, dass er auch in privaten Äußerungen dieser Zeit seine Sympathien für den NS-Staat bekannte. Nach einer Aussage erkannte er in der nationalsozialistischen Bewegung explizit „Moral“[15]. Selbst im englischen Exil hielt sich diese Einstellung noch lange. 1940 empfahl er in „Academies of Art, Past and Present“ – ein Pinder gewidmetes Buch – den Engländern einen „totalitären Staat“. Nur dieser könne eine sinnvolle Städteplanung und Architektur garantieren. Liberalismus und Individualismus seien dagegen zerstörerisch, *l'art pour l'art* schließlich eine „kriminelle Theorie“ (Pevsner 1986, S. 287–289).[16] Das Bauhaus ist für ihn weiterhin das Modell einer neuen Bauform, die der Gemeinschaft verpflichtet ist und so einen einheitlichen Stil schafft.

Pevsners Idealisierung des Neuen Bauens als der einzigen legitimen Bauform der Moderne hat ihm in England die heftigste Kritik eingebracht. David Watkin rechnet in seinem Buch „Morality and Architecture“ von 1977 mit seinem früheren Lehrer Pevsner, aber auch mit Sigfried Giedion und anderen Vertretern des Neuen Bauens ab (Watkin 1977). Watkin empört deren Anmaßung, dass das Neue Bauen eine moralisch gerechtfertigte, ja die einzige moralisch korrekte Antwort auf die Moderne sei. Für ihn ist der Kurzschluss von Moral und Architektur ein totalitäres

14 Vgl. seine beziehungsreiche Anmerkung zu Hans von Marées „deutsch von Geist, aber nicht von Rasse!“, Pevsner (1934, S. 515). Pevsner schien lange Zeit gehofft zu haben, dass der primitive Antisemitismus nur ein vorübergehendes Phänomen war und er nach dem Abklingen dieser Kinderkrankheit am neuen Staat mitarbeiten konnte. So reichte er anonym 1933/34 das Manuskript „Kunst der Gegenwart und Kunst der Zukunft“ im Diedrichs Verlag und in der Zeitschrift „Kunst der Nation“ ein, einer Zeitschrift aus dem „ästhetisch progressiven“ Lager des NS (vgl. Germer 1990; Scholz 1999). Pevsners Verhältnis zur Moderne entsprach recht gut der des NSD-Studentenbundes (vgl. Whyte 2013, § 8, 12–18).

15 Vgl. Games (2010, S. 187). Er zitiert eine englische Journalistin, die Pevsner 1933 bei einer Reise nach Göttingen kennenlernte und ihn ausführlich beschrieb, ohne seinen Namen zu nennen: „he said [...] I am a Nationalist, and in spite of the way I am treated, I want this movement to succeed. There is no alternative but chaos [...] And there is much idealism in the movement. There are many things in it which I greet with enthusiasm and which I myself have preached in my writings. [...] Then there is much that is puritan and moral in the movement“. Vgl. außerdem Engel (2004, S. 39) sowie Harries (2011, S. 165 u. 167). Pevsner war nicht der einzige Jude mit Sympathien für den Nationalsozialismus (vgl. Löwith 2007, S. 23–26). Zur Überanpassung von jüdischen Forschern vgl. Knobloch (2005, S. 28).

16 Pevsners Plädoyer für den totalitären Staat und eine ausdrücklich die bürgerlichen Freiheiten einschränkende Kunstpolitik stieß im Erscheinungsjahr der Originalausgabe von 1940 auf heftige Kritik von Horst W. Janson. Im Vorwort der Neuauflage von 1973 (S. V) erklärte Pevsner zwar explizit, dass er das Buch zwischen 1930 und 1933 in Deutschland geschrieben habe, doch dass es weiterhin aktuell sei (vgl. Engel 2004, S. 49, Anm. 107). Harries (2011, S. 780) dagegen versucht zu argumentieren, dass „totalitär“ 1940 eine andere Bedeutung hatte als heute.

Ansinnen, das die individuelle ästhetische Wahl des Architekten wie des Rezipienten negiert. Er versteht Architektur stattdessen als eine von persönlichen Geschmacksfragen bestimmte Kunst, nicht als ein soziales Handlungsfeld. Den sozialen Ausgangspunkt des Neuen Bauens, die Wohnungsnot, die Industrialisierung, die Veränderungen in Familie, Geschlechterrollen und Arbeitswelt ignoriert Watkin in seiner Polemik.[17]

4 Gropius‘ Sehnsucht nach einem neuen Stil

Diese sozialen Probleme waren jedoch für die Architekten des Neuen Bauens zentral. Gerade Walter Gropius (1883–1969) betonte die ethische Verantwortung des Architekten gegenüber der Gesellschaft.[18] Doch es gibt auch Berührungspunkte zu Pinders und Pevners Hoffnung auf einen neuen Stil, den anfänglich beide im Bauhaus erkannten. Für Pevsner sind es Gropius‘ Bauten, die der Moderne ihren architektonischen Ausdruck verleihen.[19] Der von Pinder vertretene Gedanke, dass die neue Zeit einen neuen Stil hervorbringt, findet sich bei Gropius in fast allen Schriften, die er in Deutschland publizierte, erst später distanzierte er sich, wie auch Giedion, von diesem Stilbegriff (vgl. Nerdinger 1985, S. 343, 373; Bushart 2006b). 1914 sprach er von einer Zeit, in der „die Sehnsucht nach einheitlicher Form, nach einem Stil“ erwache. „[A]us dem Chaos individualistischer Anschauungen“ schäle sich ein gemeinsamer Wille heraus, der der Kunst ermögliche „einen Stil zu entwickeln“. Dies war vorher nicht möglich:

> Auf allen Gebieten geistigen Lebens zersplitterten sich die Meinungen, und die Kunst – die immer die geistigen Erscheinungen ihrer Zeit darstellen will – war das getreue Spiegelbild dieser innerlichen Zerfahrenheit. (Gropius 1988a, S. 58–59)[20]

Für die historistischen Stile verwendet er die gleiche Metapher wie Pinder: „es sind Masken, die das wahre Gesicht verbergen“ (Gropius 1988b, S. 32, vgl. Giedion

---

17 Zu diesen Angriffen auf Pevsner vgl. Harries (2011, S. 764–791). Die Tragik von Pevsner lag auch darin, dass sein geistesgeschichtlicher Ansatz mit der kennerschaftlichen Orientierung der englischen Kunstgeschichte kollidierte. Auch wenn er einer der erfolgreichsten englischen Kunsthistoriker werden sollte, so holt ihn noch in den 1970er Jahren dieser Konflikt ein

18 Vgl. Gropius (1988a, S. 58), worin er die Lösung der Verkehrsfrage als den „ethischen Mittelpunkt der Gegenwart“ beschreibt. Vgl. den neuen Überblick über Gropius von Nerdinger (2019).

19 Zu Pevners nationalistischen Motiven, Gropius‘ Leistung aufzuwerten und die von Le Corbusier abzuwerten vgl. Games (2010, S. 166–173).

20 Vgl. ähnliche Formulierungen in Gropius (1988b, S. 31); Gropius (1988c).

1948, S. 394). Auch das Lösungsmodell ist vertraut: es wird die Gemeinschaft beschworen, die Ablösung vom Individualismus, eine moralische Orientierung.

Diese neue Gemeinschaftlichkeit soll sich dann vor allem in der Architektur ausdrücken. Die Architektur bekommt eine Führungsaufgabe zugeschrieben, nicht nur für die anderen Künste, die sich der Bauidee anschließen sollen, sondern auch innerhalb der Gesellschaft. Die neue Kathedrale wird zur leitenden Utopie der neuen Gemeinschaft, so Gropius 1919:

> „Was ist Baukunst? Doch der kristallene Ausdruck der edelsten Gedanken der Menschen, ihrer Inbrunst, ihrer Menschlichkeit, ihres Glaubens, ihrer Religion! Das war sie einmal!" Nach einer Phase beschämender Bautätigkeit entstehe nun wieder „Sehnsucht nach einer von Grund aus neu erbauten Welt der Schönheit, nach Wiedergeburt jener Geisteseinheit, die sich zur Wundertat der gotischen Kathedrale aufschwang" (Gropius 1988d, S. 63 – 64, vgl. Gropius 1988e).

Diese Begrifflichkeit von Glaube, Gemeinschaft und Stil ist es, die Pinder und der junge Pevsner aufgreifen, auch wenn ihre gesellschaftlichen Ideale entschieden andere sind. Ihren autoritären Idealen entsprach, was Gropius 1919 in revolutionärem Pathos formulierte:

> Architekt, das heißt: Führer der Kunst. Nur er selbst kann sich wieder zu diesem Führer der Kunst erheben, zu ihrem ersten Diener, dem übermenschlichen Wächter und Ordner ihres ungetrennten Gesamtlebens. (Gropius 1988 f, S. 65)

Trotz der autoritären Metaphorik war Gropius' Auffassung vom Verhältnis von Staat und Kunst eine andere als die von Pinder und Pevsner. Wenn Pevsner von der Kunst erwartete, dass sie sich dem Staat unterordnete, verlangte Gropius – der bauende Architekt – ganz im Gegenteil, dass der Staat der Kunst diene (vgl. Gropius 1988 f und Gropius 1988e).[21] Denkt Gropius jedoch in diesem Text über den neuen Menschen nach, der die Voraussetzung einer neuen Architektur sein soll, dann kommt er zu einer Formulierung, die vermutlich Pevsner wie Pinder unterschrieben hätten:

> Aber wie gelangt das Volk zu jener Gemeinsamkeit im Geistigen, die erst den natürlichen Rhythmus der Gesamtheit schafft? Eine große allumfassende Kunst setzt die geistige Einheit ihrer Zeit voraus, sie braucht die innigste Verbindung mit der Umwelt, mit dem lebendigen Menschen. Erst muß der Mensch wohlgestaltet sein, dann erst kann ihm der Künstler das schöne Kleid gestalten. Das heutige Geschlecht muß von Grund auf neu beginnen, sich selbst verjüngen, erst eine neue Menschlichkeit, eine allgemeine Lebensform des Volkes erschaf-

21 Allerdings sah auch Pinder die Architektur als die leitende Kunstform an, Malerei und Skulptur müssten sich ihr unterordnen (vgl. Pinder 1934b, S. 46 u. 67 f. und Whyte 2013, § 24/25).

> fen. Dann wird die Kunst kommen. Dann wird der Künstler das einheitliche Sprachmittel finden, mit dem er sich dem Volke verständlich machen kann. Dann wird das Volk wieder mitbauen an den großen Kunstwerken seiner Zeit. (Gropius 1988e, S. 65)

Doch auch hier gibt es wichtige Differenzen: Was bei Gropius eine Selbstverjüngung ist, ist bei Pinder und Schultze-Naumburg ein eugenisches Programm, das von außen in den ‚Volkskörper' eingreifen soll. Allerdings gab es auch bei den Vertretern des Neuen Bauens Vorstellungen, wie man den Neuen Menschen schaffen könne. Das Mittel hierzu war nicht die Rassenhygiene, sondern die Architektur selbst. Denn die neue Architektur war nicht allein Ausdruck des Neuen Menschen, sie sollte auch auf ihn zurückwirken und ihn erziehen.[22]

Georg Muche, der von Gropius als Meister an das Bauhaus berufen wurde, sagte etwa zum Versuchshaus des Bauhauses „Am Horn" von 1923: „Die Wohnung ist eine Einrichtung zur Pflege der körperlichen und geistigen Gesundheit des Menschen." (Muche 1925; vgl. Poppelreuter 2007). Auch der Architekt Bruno Taut sah einen geistigen Einfluss der neuen Wohnung auf die Bewohner.[23] Vor allem die strapazierten Nerven des modernen Menschen sollten durch die klaren, ornamentfreien Flächen beruhigt werden. Theo von Doesburg etwa erklärte, dass klare Oberflächen einen „moralischen Einfluß auf die Bewohner" ausüben (Doesburg 1927, zit. n. Poppelreuter 2007, S. 54). Der Form selbst wird also eine moralische Wirkung zugeschrieben. Genauso soll für den Kunsthistoriker Fritz Wichert, Leiter der Städelschule und Herausgeber von „Das Neue Frankfurt", die architektonische Form ihre Bewohner formen. In seinem Aufsatz „Die neue Baukunst als Erzieher" von 1928 formulierte er:

> Die Baukunst als Gehäuse, als Umgebung, als Milieu, vom Menschen geschaffen, strahlt bildende Kraft aus und gestaltet so wiederum von sich aus das Wesen der Menschen. Geformtes formt [...] Neuer Mensch fordert neues Gehäuse, aber neues Gehäuse fordert auch neue Menschen. (Wichert 1928, S. 233)

Und als moralisches Ziel der Architektur beschrieb er:

> Diese Häuser [...] erscheinen in der Tat als Erzieher zu neuer Geistigkeit. Während sie darauf angelegt sind, ihren Bewohnern die reinsten und gesündesten Lebensquellen zu erschlie-

---

22 Die Vertreter des Neuen Bauens bauten hierbei auf älteren Traditionen der Volkserziehung durch Architektur und Städtebau auf, wie sie etwa schon Camillo Sitte in *Der Städtebau nach seinen künstlerischen Grundsätzen* 1889 formulierte, vgl. zu ihm und seiner Rezeption im 20. Jahrhundert Fehl (1995, S. 57–98).

23 Taut formulierte beispielsweise: „Diese Wohnung ist ein wichtiger Schritt dazu, unsere geistige Haltung beweglicher, einfacher und freudiger zu machen" (Traut 1926, S. 90).

> ßen, fordern sie auf der anderen Seite eine gewisse Askese, Verzicht auf mancherlei ungeistige Behaglichkeit und Einfügung in die Gemeinschaft. Innerhalb der Grenzen, die die Gleichordnung verlangt, leiten sie hin zu einem Leben der Tat und der inneren Vertiefung. (Wichert 1928, S. 235)

In solchen volkserzieherischen Ansichten wusste er sich mit den Vertretern der Hygienebewegung einig, wenngleich diese andere ästhetische Vorstellungen haben konnten. So sehnte sich der Dresdner Hygieniker Rudolf Neubert zu einer biedermeierlichen Wohnkultur zurück, doch auch sein Ziel waren Wohnungen mit einem seelisch wie hygienisch gesunden Klima, das die Bewohner moralisch stärkte. Ein solches Heim solle dem Alkoholismus der Väter vorbeugen, die Kinder zu sittlich gefestigten Mitgliedern machen und schließlich sogar die innenpolitischen Folgen der Weltkriegsniederlage mildern. Mit einer Tabelle demonstrierte Neubert eine Korrelation von „Wohnungselend und sittliche[r] Verwahrlosung", die sich ihm auch an der Anzahl der „politischen Verbrecher" zeigte (Neubert 1926, Tab. 29).[24] Für den Nürnberger Stadtbaurat Ludwig Wagner war es vor allem der Grundriss, der das Potential hat, die Menschen zu erziehen. Sein Ziel war, „die Menschen zu maßvollem, stärkendem und wohnlichem Hausen [zu] erziehen und ihnen deshalb immer vollkommener [zu] bieten, was ihnen in Wahrheit frommt und auch wirtschaftlich angemessen ist" (Wagner-Speyer 1928, S. 155). Dieser Dirigismus, bei dem die Architektur einem höheren Ziel dient und nicht den direkten Bedürfnissen ihrer Nutzer, ist auch von Verteidigern des Neuen Bauens wie Adolf Behne kritisiert worden (vgl. Behne 1930; Bushart 2006).

5 Architektur und Moral

Was ergibt sich hieraus für das Verhältnis von Architektur und Moral? Das Leitbild einer moralischen Architektur, wie es sich nach dem Ersten Weltkrieg ausbildete, sollte eine Antwort auf die Wohnungsnot und die bedrückenden Lebensverhältnisse liefern. Trotz anfänglich revolutionärem Pathos fehlten ihm partizipative Elemente, Architektur wurde stattdessen zum Mittel der Volkserziehung: Architektur sollte formen, Architekten wollten führen. Diese autoritäre und dirigistische Komponente des moralischen Anspruchs wurde spätestens in den darauf aufbauenden Architekturkonzepten von Pinder und Pevsner deutlich. Sie ermöglichte die Integration in die nationalsozialistische Kulturpolitik und die Verschmelzung mit eugenischen Phantasmen, wenn Pinder nicht mehr nur das Volk

---

24 Neubert war Mediziner, wissenschaftlicher Mitarbeiter des Dresdner Hygienemuseums und ab 1933 NSDAP-Mitglied.

erziehen wollte, sondern ein neues Volk schaffen. Soziale Fragen traten hierbei zurück, die moralische Erneuerung sollte über den Stil erfolgen. Dass die Volks- und Stilgemeinschaft auf Ausgrenzung und Vernichtung basiert, formuliert Schultze-Naumburg unmissverständlich. Seine ästhetisch begründete Rassenhygiene setzt nicht nur auf Erziehung durch Architektur, sondern die Vernichtung der Nicht-Erziehbaren. Schmerzhaft verdichtet sich das Verhältnis von moralischem Architekturkonzept und Gewalt in der Person Pevsners: Obwohl er selbst als Jude von der Vernichtung bedroht war, blieb er nicht nur dem Modell von Architektur als Volkserziehung treu, sondern ausdrücklich all ihren Implikationen von Herrschaft und Unterordnung

Als nicht minder problematisch erweist sich die Forderung an die Architektur, dass sie den Geist von Zeit, Volk oder Staat wahrhaftig auszudrücken habe. Auffällig ist am analysierten Architekturdiskurs, wie stark er von der Dichotomie von Wahrheit und Lüge geprägt ist. Auch diese moralischen Kriterien bringen autoritäre Vorstellungen vom wahren Wesen des Volkes und seinem einzigen legitimen Ausdruck in einem einheitlichen Stil mit sich. Auch wenn vieles an dieser Diskussion zeitgebunden ist, wie etwa die Hypertrophierung des Stilbegriffs, macht nachdenklich, dass dem moralischen Anspruch so regelmäßig Gewalt inhärent ist. Heute ist es – angesichts von Ressourcenknappheit, komplexen demographischen Veränderungen und dem Klimawandel – erneut dringend geboten, die soziale und ethische Dimension von Bauen und Wohnen zu adressieren. Es könnte hilfreich sein, sich hierbei an die unheimlichen Nachbarn Gropius, Pinder, Pevsner und Schultze-Naumburg zu erinnern, die, als sie Moral proklamierten, mit Architektur erziehen und führen wollten, die, wenn sie eine neue Form suchten, Identität verordneten. Eine neue Diskussion, die dem Scheitern der älteren eingedenkt, ist notwendig.

Abbildungsverzeichnis

Literaturverzeichnis

Aitchison, Mathew (2015): Pevsner's 'Kunstgeographie'. From Leipzig's baroque to the Englishness of modern English architecture, in: Andrew Leach, John Macarthur und

Maarten Delbeke (Hrsg.): *The baroque in architectural culture, 1880–1980*, Farnham: Ashgate, S. 109–118.
Arend, Sabine (2005): ‚Einen neuen Geist einführen...?' Das Fach Kunstgeschichte unter den Ordinarien Albert Erich Brinckmann (1931–1935) und Wilhelm Pinder (1935–1945), in: Bruch, Rüdiger vom (unter Mitarbeit von Rebecca Schaarschmidt) (Hrsg.): *Die Berliner Universität in der NS-Zeit*, 2 Bde., Stuttgart: Steiner-Verlag, Bd. 2: Fachbereiche und Fakultäten, S. 179–197.
Behne, Adolf (1930): „Dammerstock", in: *Die Form – Zeitschrift für gestaltende Arbeit*, Bd. 5, H. 6, S. 163–166.
Bohde, Daniela (2008): Kulturhistorische und ikonographische Ansätze in der Kunstgeschichte im Nationalsozialismus, in: Heftrig, Ruth/Peters, Olaf/ Schellewald, Barbara (Hrsg.): *Kunstgeschichte im „Dritten Reich". Theorien, Methoden, Praktiken*, Berlin: Akademie-Verlag, S. 189–204.
Bohde, Daniela (2012): *Kunstgeschichte als physiognomische Wissenschaft – Kritik einer Denkfigur der 1920er bis 1940er Jahre.* Berlin: Akademie-Verlag.
Borrmann, Norbert (1989): *Paul Schultze-Naumburg, Maler – Publizist – Architekt 1869–1949. Vom Kulturreformer der Jahrhundertwende zum Kulturpolitiker im Dritten Reich. Ein Lebens- und Zeitdokument mit einem Geleitwort von Julius Posener*, Essen: Bacht.
Brenner, Hildegard (1962): Die Kunst im politischen Machtkampf der Jahre 1933/34, in: *Vierteljahrshefte für Zeitgeschichte*, Jg. 10, H. 1, S. 17–42.
Buchholz, Kai u. a. (Hrsg.) (2001): *Die Lebensreform – Entwürfe zur Neugestaltung von Leben und Kunst um 1900*, 2 Bde., Institut Mathildenhöhe Darmstadt, Darmstadt (Kat. Ausst.): Häusser.
Bushart, Magdalena (2006a): „Logische Schlüsse des Auges – Kunsthistorische Bildstrategien 1900–1930", in: Carqué, Bernd, Mondini, Daniela und Noell, Matthias (Hrsg.): *Visualisierung und Imagination – Materielle Relikte des Mittelalters in bildlichen Darstellungen der Neuzeit und Moderne*, Göttingen: Wallstein-Verlag, Bd. 2, S. 547–595.
Bushart, Magdalena (2006b): „Adolph Behne, Walter Gropius und die Stildebatte des Neuen Bauens", in: Purchla, Jacek und Tegethoff, Wolf (Hrsg.): *Nation, Style, Modernism* (proceedings of the international conference under the patronage of Comité International d'Histoire de l'Art (CIHA), organized by the Zentralinstitut für Kunstgeschichte, Munich, and the International Cultural Centre, Cracow 6–12 September, 2003), Krakau/München: ICC, S. 199–220.
Clauß, Ludwig Ferdinand (1926): *Rasse und Seele – Eine Einführung in die Gegenwart.* München: Lehmann.
Engel, Ute (2004): „The Formation of Pevsner's Art History – Nikolaus Pevsner in Germany 1902–1935", in: Draper, Peter (Hrsg.): *Reassessing Nikolaus Pevsner*, Aldershot: Ashgate, S. 29–51.
Games, Stephen (2010): *Pevsner – the Early Life, Germany and Art.* London u. a.: Continuum.
Fehl, Gerhard (1995): Camillo Sitte als Volkserzieher. Nachforschungen zur ‚praktischen Ästhetik des Städtebaus', in: Ders: *Kleinstadt, Steildach, Volksgemeinschaft. Zum ‚reaktionären Modernismus' in Bau und Stadtbaukunst*, Braunschweig/Wiesbaden: Vieweg, S. 57–98.
Germer, Stefan (1990): „Kunst der Nation", in: Bazon Brock und Achim Preiß (Hrsg.): Kunst auf Befehl? Dreiunddreißig bis Fünfundvierzig, München: Klinkhardt & Biermann S. 21–40.

Germer, Stefan (1991): „Die italienische Hoffnung – Rolle und Rezeption der rationalistischen Architektur in Deutschland“, in: Ders. und Preiß, Achim (Hrsg.): *Giuseppe Terragni 1904–43 – Moderne und Faschismus in Italien*, München: Klinkhardt & Biermann, S. 73–103.

Gestner, Alexandra/Könczöl, Barbara/Nentwig, Janina (Hrsg.) (2006): *Der Neue Mensch – Utopien, Leitbilder und Reformkonzepte zwischen den Weltkriegen*. Frankfurt a. M.: Lang.

Gropius, Walter (1988a): „Der stilbildende Wert industrieller Bauformen“ (1914), in: Probst, Hartmut und Schädlich, Christian: *Walter Gropius*, Bd. 3: *Ausgewählte Schriften*, Berlin: Ernst & Sohn, S. 58–59.

Gropius, Walter (1988b): „Monumentale Kunst und Industriebau“ (Vortrag im Folkwangen-Museum 1911 in Hagen; Manuskript Bauhaus-Archiv), in: Probst, Hartmut und Schädlich, Christian: *Walter Gropius*, Bd. 3: *Ausgewählte Schriften*, Berlin: Ernst & Sohn, S. 28–51.

Gropius, Walter (1988c): „Vorschläge zur Gründung einer Lehranstalt als künstlerische Beratungsstelle für Industrie, Gewerbe und Handwerk“, in: Probst, Hartmut und Schädlich, Walter: *Walter Gropius*, Bd. 3: *Ausgewählte Schriften*, Berlin: Ernst & Sohn, S. 60–62.

Gropius, Walter (1988d): „Was ist Baukunst“, in: Probst, Hartmut und Schädlich, Walter: *Walter Gropius*, Bd. 3: *Ausgewählte Schriften*, Berlin: Ernst & Sohn, S. 63–64.

Gropius, Walter (1988e): „Antworten auf eine Umfrage des Arbeitsrates für Kunst“, in: Probst, Hartmut und Schädlich, Walter: *Walter Gropius*, Bd. 3: *Ausgewählte Schriften*, Berlin: Ernst & Sohn, S. 66–70.

Gropius, Walter (1988 f): „Baukunst im freien Volksstaat“, in: Probst, Hartmut und Schädlich, Walter: *Walter Gropius*, Bd. 3: *Ausgewählte Schriften*, Berlin: Ernst & Sohn, S. 65.

Grüttner, Michael (1999): „Das Scheitern der Vordenker – Deutsche Hochschullehrer und der Nationalsozialismus“, in: Ders. u. a. (Hrsg.): *Geschichte und Emanzipation – Festschrift für Reinhard Rürup*, Frankfurt und New York: Campus, S. 458–481.

Grüttner, Michael (2000): „Wissenschaftspolitik im Nationalsozialismus“. In: *Geschichte der Kaiser-Wilhelm-Gesellschaft im Nationalsozialismus – Bestandsaufnahme und Perspektiven der Forschung*, Bd. 2. Doris Kaufmann (Hrsg.): Göttingen Wallstein-Verlag, S. 557–585.

Günther, Hans (1926): *Rasse und Stil – Gedanken über ihre Beziehungen im Leben und in der Geistesgeschichte der europäischen Völker, insbesondere des deutschen Volkes.* München: Lehmann.

Halbertsma, Marlite (1992): *Wilhelm Pinder und die deutsche Kunstgeschichte.* Worms: Werner.

Harries, Susie (2011): Nikolaus Pevsner. The life, London: Chatto & Windus.

Held, Jutta (2003): Kunstgeschichte im ‚Dritten Reich‘: Wilhelm Pinder und Hans Jantzen an der Münchner Universität, in: Jutta Held und Martin Papenbrock (Hrsg.): Kunstgeschichte an den Universitäten im Nationalsozialismus (= Kunst und Politik. Jahrbuch der Guernica-Gesellschaft, Bd. 5), Göttingen: V & R Unipress, S. 17–59.

Eikmeyer, Robert (Hrsg.) (2004): *Adolf Hitler: Reden zur Kunst- und Kulturpolitik 1933–1939*, mit einer Einführung von Boris Groys, Frankfurt a. M.: Revolver.

Knobloch, Clemens (2005): *„Volkhafte Sprachforschung“ – Studien zum Umbau der Sprachwissenschaft in Deutschland zwischen 1918 und 1945.* Tübingen: Niemeyer.

Lepp, Nicola, Roth und Vogel, Klaus (Hrsg.): *Der Neue Mensch – Obsessionen des 20. Jahrhunderts*, Deutsches Hygiene-Museum Dresden, Ostfildern-Ruit 1999 (Kat. Ausst.).

Lethen, Helmut (1995): „Unheimliche Nachbarschaften – Neues vom neusachlichen Jahrzehnt", in: *Jahrbuch zur Literatur der Weimarer Republik*, Bd. 1, St. Ingbert: Röhrig, S. 76–92.

Löwith, Karl (2007): *Mein Leben in Deutschland vor und nach 1933*. Stuttgart/Weimar: Metzler.

Muche, Georg (o. J. [1925]): „Das Versuchshaus des Bauhauses", in: Gropius, Walter und László Moholy-Nagy (Hrsg.): Ein Versuchshaus des Bauhauses in Weimar, München: Albert Langen Verlag.

Nerdinger, Winfried (1985): „Walter Gropius – totale Architektur für eine demokratische Gesellschaft", in: *Jahrbuch des Zentralinstituts für Kunstgeschichte*, Bd. 1, München: Beck, S. 343–373.

Nerdinger, Winfried in Zusammenarbeit mit dem Bauhaus-Archiv, Berlin (Hrsg.) (1993): *Bauhaus-Moderne im Nationalsozialismus – Zwischen Anbiederung und Verfolgung*, München: Prestel.

Nerdinger, Winfried (2019): *Walter Gropius. Architekt der Moderne*, München: C. H. Beck.

Neubert, Rudolf (1926): *Der Mensch und die Wohnung* (Leben und Gesundheit: Gemeinverständliche Schriftenreihe, Hrsg. v. Deutsch Hygiene-Museum, Bd. 10), Dresden: Dt. Verlag für Volkswohlfahrt.

Pevsner, Nikolaus (1928): *Leipziger Barock – Die Baukunst der Barockzeit in Leipzig*. Dresden: Jess.

Pevsner, Nikolaus (1931): „Gemeinschaftsideale unter den bildenden Künstlern des 19. Jahrhunderts", in: *Deutsche Vierteljahrsschrift für Literaturwissenschaft und Geistesgeschichte*, Bd. 9, S. 125–154.

Pevsner, Nikolaus (1934): „Kunst und Staat", in: *Der Türmer*, Bd. 36, S. 514–517.

Pevsner, Nikolaus (1936): Pioneers of the Modern Movement, London: Faber & Faber.

Pevsner, Nikolaus (1986): *Die Geschichte der Kunstakademien*. München: Mäander.

Pinder, Wilhelm (1934a): Zur Rettung der deutschen Altstadt, (Denkmalpflegetag, zugleich Tagung des Reichsbundes Volkstum und Heimat in Kassel am 7. Oktober 1933), in: Ders.: Reden aus der Zeit, Leipzig: Semann, S. 70–93.

Pinder, Wilhelm (1934b): Die bildende Kunst im neuen deutschen Staat, in: Ders.: Reden aus der Zeit, Leipzig: Semann, S. 26–69.

Pinder, Wilhelm (1934c): „Zur Möglichkeit eines kommenden großen Stiles", in: Ders.: *Reden aus der Zeit*, Leipzig: Semann, S. 5–25.

Pinder, Wilhelm (1935): „Architektur als Moral", in: *Festschrift Heinrich Wölfflin zum siebzigsten Geburtstage*, Dresden: Jess, S. 145–151.

Poppelreuter, Tanja (2007): *Das Neue Bauen für den Neuen Menschen – Zur Wandlung und Wirkung des Menschenbildes in der Architektur der 1920er Jahre in Deutschland*. Hildesheim u. a.: Olms.

Pusbeck, Birte (2010): „Denn Architektur ist Moral!". Wilhelm Pinder und der Nationalsozialismus in: Wojciech Balus und Joanna Wolańska (Hrsg.): Die Etablierung und Entwicklung des Faches Kunstgeschichte in Deutschland, Polen und Mitteleuropa, Warschau: Instytut Sztuki Polskiej Akademii Nauk, S. 467–490.

Scheerer, Eckart (1991): „Vom Nutzen der Geistesgeschichte für die Psychologiegeschichte". In: Helmut E. Lück/Rudolf Miller, (Hrsg.): *Theorien und Methoden psychologiegeschichtlicher Forschung*. Göttingen: Hogrefe, S. 20–32.

Scholz, Dieter (1999): Otto Andreas Schreiber, die *Kunst der Nation* und die Fabrikausstellungen, in: Eugen Blume und Ders.: Überbrückt. Ästhetische Moderne und Nationalsozialismus, Köln: König, S. 92–108.

Schultze-Naumburg, Paul (1902): *Kulturarbeiten*, Bd. 1: *Hausbau*, München: Callwey.

Schwartz, Frederic C. (1996): *Der Werkbund. Ware und Zeichen 1900–1914*, Amsterdam/Dresden: Verlag der Kunst, 1999 (deutsche Übers. Hrsg. v. Museum der Dinge, Werkbundarchiv Berlin u. d. Karl Ernst Osthaus-Museum, Hagen, amerikanische Originalausgabe Yale University Press).

Sigfried Giedion (1948): *Mechanization Takes Command, a Contribution to Anonymous History.* Oxford: Oxford University Press.

Stange, Alfred (1939): Stil, Geschichte und Persönlichkeit. Erkenntnisse und Voraussetzungen für eine zukünftige Kunstgeschichtsschreibung, in: *Rheinische Blätter. Deutsche kulturpolitische Zeitschrift im Westen*, Jg. 16, S. 179–182.

Stöppel, Daniela (2008): Wilhelm Pinder (1878–1947). In: Ulrich Pfisterer (Hrsg.): *Klassiker der Kunstgeschichte 2. Von Panofsky bis Greenberg.* Bd. 2. München: Beck, *S. 7–20.*

Suckale, Robert (1986): „Wilhelm Pinder und die deutsche Kunstwissenschaft nach 1945", in: *kritische berichte*, Bd. 14,4, S. 5–17.

Taut, Bruno (1926): *Die neue Wohnung – Die Frau als Schöpferin.* Leipzig: Klinkhardt.

Tönnies, Ferdinand (1887): *Gemeinschaft und Gesellschaft – Abhandlung des Communismus und des Socialismus als empirischer Culturformen.* Leipzig: Fues.

Voigt, Wolfgang/Derschermeier Dorothea/Schmal, Peter Cachola (Hrsg.) (2019): Neuer Mensch, Neue Wohnung. Die Bauten des Neuen Frankfurt 1925–1933, AK Deutsches Architekturmuseum Frankfurt 2019, Berlin 2019. DOM publishers.

Wagner-Speyer, Ludwig (1928): „Wohnung und Siedlung", in: *Technisches Gemeindeblatt – Zeitschrift für die technischen und hygienischen Aufgaben in Stadt und Land*, Bd. 31, Nr. 12, S. 153–155.

Watkin, David (1977): *Morality and Architecture – the Development of a Theme in Architectural History and Theory from the Gothic Revival to the Modern Movement.* Oxford: Clarendon Press.

Weingart, Peter/ Kroll, Jürgen/ Bayertz, Kurt (1988): Rasse, Blut und Gene – Geschichte der Eugenik und Rassenhygiene in Deutschland, Frankfurt a. M.: Suhrkamp.

Whyte, Iain Boyd (2013): Nikolaus Pevsner. Art history, nation, and exile, in: RIHA Journal 0075, (23 October 2013), URN: [https://journals.ub.uni-heidelberg.de/index.php/rihajournal/index/], URL: http://www.riha-journal.org/articles/2013/2013-oct- dec/whyte-pevsner (letzter Zugriff: 11. 3. 2021).

Wichert, Fritz (1928): „Die neue Baukunst als Erzieher", in: *Das Neue Frankfurt – Monatsschrift für die Probleme moderner Gestaltung*, Bd. 2, Nr. 12, S. 233–235.

Wölfflin, Heinrich (1968[9]) [1899]: *Die klassische Kunst – Eine Einführung in die italienische Renaissance*, Basel und Stuttgart: Schwabe.

Wölfflin, Heinrich (1984) [1915]: *Kunstgeschichtliche Grundbegriffe – Das Problem der Stilentwicklung in der neueren Kunst*, Basel und Stuttgart: Schwabe.

Die Autorinnen und Autoren

Hauke Behrendt ist Akademischer Rat (a.Z.) am Institut für Philosophie der Universität Stuttgart. Seine Forschungsschwerpunkte liegen in der Sozialphilosophie, Politischen Philosophie, Angewandten Ethik und Metaethik. Aktuell arbeitet er primär auf zwei (überlappenden) Forschungsfeldern: 1) Zu den normativen Implikationen der Digitalisierung mit Schwerpunkt Künstliche Intelligenz (KI) und Vernetzung der Gesellschaft sowie 2) zu Fragen der Teilhabegerechtigkeit und (Anti-)Diskriminierung. Eine enge Verbindung dieser Themenfelder findet sich schon seiner Dissertation „Das Ideal einer inklusiven Arbeitswelt. Teilhabegerechtigkeit im Zeitalter der Digitalisierung" (2018).

Daniela Bohde ist Professorin für Kunstgeschichte der Vormoderne an der Universität Stuttgart, an der sie das dortige Institut für Kunstgeschichte leitet. Schwerpunkte ihrer Forschung sind die Kunst des Spätmittelalters und der Frühen Neuzeit in Deutschland und Italien sowie die Methodengeschichte der Kunstgeschichte seit dem 18. Jahrhundert, insbesondere aber in der Zeit des Nationalsozialismus. Hierzu publizierte sie das Buch „Kunstgeschichte als physiognomische Wissenschaft. Kritik einer Denkfigur der 1920er bis 1940er Jahre" (2012) sowie die Aufsätze „Politische Ikonologie im Nationalsozialismus: Von Hubert Schrade zu Reinhart Koselleck" (2013), „The Physiognomics of Architecture. Heinrich Wölfflin, Hans Sedlmayr and Paul Schultze-Naumburg" (2012), „Kulturhistorische und ikonographische Ansätze in der Kunstgeschichte im Nationalsozialismus" (2008).

Daniel M. Feige ist Professor für Philosophie und Ästhetik an der Staatlichen Akademie der bildenden Künste Stuttgart. Außerdem ist er Vorsitzender der Studienkommission Design sowie Stellvertretender Leiter des Weißenhof-Instituts (kommissarisch). Seine Forschungsschwerpunkte liegen in der Ästhetik (Philosophie der Kunst und des Designs, Philosophie der Künste und Philosophie der Medien, Theorien des ästhetischen Urteils), der Theoretischen Philosophie (Philosophische Anthropologie, Philosophie der Sprache, Wissenschaftstheorie), und der Praktische Philosophie (Geschichtsphilosophie; Handlungstheorie; Theorien der Praxis; Theorien der Kritik). Zu seinen wichtigsten Büchern gehören „Die Natur des Menschen. Eine dialektische Anthropologie (i.E.), „Musik für Designer (2021), „Design. Eine philosophische Analyse (2018), „Computerspiele. Eine Ästhetik" (2015), „Philosophie des Jazz" (2014) sowie „Kunst als Selbstverständigung" (2012).

Tim Henning ist Professor für Praktische Philosophie an der Universität Mainz. Zuvor war er Professor für Praktische Philosophie und Geschichte der Philosophie an der Universität Stuttgart (2014 – 2020). Neben der normativen Ethik, speziell der Ethik Immanuel Kants, der Metaethik sowie der Theorie praktischer Rationalität geht es ihm insbesondere um Fragen der angewandten Philosophie. Des Weiteren gilt sein Forschungsinteresse der personalen Identität und Autonomie. Neben zahlreichen Beiträgen in Fachzeitschriften (u. a. Ethics, Synthese, Zeitschrift für Philosophische Forschung) zählen zu seinen wichtigsten Publikationen „From a Rational Point of View. How We Represent Subjective Perspectives in Practical Discourse" (2018), „Kants Ethik – Eine Einführung" (2016), „Person sein und Geschichten erzählen. Eine Studie über personale Autonomie und narrative Gründe" (2009).

Philipp Hübl ist Gastprofessor für Philosophie und Kulturwissenschaft an der Universität der Künste Berlin. Zuvor hat er Theoretische Philosophie an der RWTH Aachen, der Humboldt-Universität Berlin und als Juniorprofessor an der Universität Stuttgart gelehrt. Zuletzt erschienen von ihm die Bücher „Die Aufgeregte Gesellschaft. Wie Emotionen unsere Moral prägen und die Polarisierung verstärken" (2019), Bullshit-Resistenz (2018), „Der Untergrund des Denkens. Eine Philosophie des Unbewussten" (2017) sowie die Aufsätze „How Conspiracy Theories Get the Scientific Method Wrong" (2020) und „The Power of Political Emotions" (2018). Seine Forschungsinteressen umfassen Philosophie des Geistes, Moralpsychologie, Handlungstheorie und Rationalität.

Andreas Luckner ist Professor für Philosophie am Institut für Philosophie der Universität Stuttgart. Er ist derzeit kommissarischer Leiter des Instituts und Leiter der Koordinationsstelle für das Ethisch-Philosophische Grundlagenstudium. Sein Fachgebiet umfasst Praktische Philosophie/Ethik, Philosophie der Erziehung, Phänomenologie, Philosophie der Technik, Ästhetik (insbes. Philosophie der Musik); Antike Philosophie, Rationalismus des 17. Jahrhunderts, Deutscher Idealismus, Heidegger. Zu seinen wichtigsten Publikationen zählen „Genealogie der Zeit. Zu Herkunft und Umfang eines Rätsels. Dargestellt an Hegels Phänomenologie des Geistes" (1994), „Martin Heidegger >Sein und Zeit<. Ein einführender Kommentar" (1997), „Klugheit" (2005), „Freies Selbstsein. Authentizität und Regression" (2007 zusammen mit Julius Kuhl), „Heidegger und das Denken der Technik" (2008), „Existenz" (2017 zus. mit Sebastian Ostritsch).

Nicola Mößner ist Vertretungsprofessorin am Institut für Philosophie der Leibniz-Universität Hannover. Zuvor hatte sie eine Vertretungsprofessur am Philosophischen Seminar der Westfälischen Wilhelms-Universität Münster und zuletzt (2019 – 2020) ebenfalls eine Vertretungsprofessor für den Lehrstuhl „Wissenschaftstheorie und Technikphilosophie" am Institut für Philosophie der Universität Stuttgart inne. Ihre Forschungsschwerpunkte umfassen die Wissenschaftsphilosophie, die soziale Epistemologie sowie die analytische Bildtheorie. Insbesondere interessieren sie die soziale Dynamik in der Wissenschaft und ihr Einfluss auf epistemische Prozesse. Zu ihren wichtigsten Publikationen zählen „Wissen aus dem Zeugnis anderer – der Sonderfall medialer Berichterstattung" (2010), „Visualisierung und Erkenntnis. Bildverstehen und Bildverwenden in Natur- und Geisteswissenschaften" (2012, zus. mit Dimitri Liebsch), „Knowledge, Democracy, and the Internet" (2017, zus. mit Philip Kitcher), „Visual Representations in Science – Concept and Epistemology" (2018).

Lisa Schmalzried ist Wissenschaftliche Mitarbeiterin und Projektleiterin des Forschungsprojekts „Führungsethik als Ethik in den Wissenschaften" am Wittenberg-Zentrum für Globale Ethik e.V. sowie Privatdozentin und Lehrbeauftragte am Philosophischen Seminar der Universität Luzern. Zugleich vertritt sie aktuell die Professur für praktische Philosophie an der Martin-Luther-Universität Halle-Wittenberg. Ihre Forschungsschwerpunkte liegen in den Bereichen der Ästhetik, Ethik und angewandten Ethik. Zu ihren wichtigsten Publikationen gehören „Menschliche Schönheit (2021), „Kunst, Fiktion und Moral" (2014) sowie „Philosophie der Führung – Gute Führung lernen von Kant, Aristoteles, Popper & Co" (2013 mit Dieter Frey).

Judith Siegmund ist Professorin für philosophische Ästhetik an der Zürcher Hochschule der Künste, von 2018 – 2021 hatte sie die Professur für Gegenwartsästhetik an der Staatlichen Hochschule für Musik und Darstellende Kunst Stuttgart inne, wo sie mit anderen zusammen den „Campus Gegenwart" sowie den Masterstudiengang „Theorie und Praxis experimenteller Performance" aufgebaut hat. Ihre Forschungsschwerpunkte umfassen Klassische und rezente ästhetische Theorien und ihr Beitrag zur gegenwärtigen Theoriebildung der Kunst und des gestaltenden Handelns (Aristoteles, Kant, Hegel, Dewey, Arendt, Rancière), Begriffe und Themen produktionsästhetischer Theoriebildung, Grenzfiguren der Funktionalität und Autonomie im Rahmen der Untersuchung des Verhältnisses von Design und Kunst, die Verhältnisbestimmung von Kunst und Arbeit, Autonomie und Autonomieverlust der Kunst, Feministische Perspektiven in der Theorie künstlerischer und nichtkünstlerischer Tätigkeit, Modelle von Intervention und Partizipation, Musikästhetik. Ihre wichtigsten Publikationen umfassen „Zweck und Zweckfreiheit – zum Funktionswandel der Künste im 21. Jahrhundert" (2019) sowie „Die Evidenz der Kunst. Künstlerisches Handeln als ästhetische Kommunikation" (2007).

Jakob Steinbrenner ist Wissenschaftlicher Mitarbeiter am Institut für Philosophie der Universität Stuttgart und apl. Professor an der LMU München. Seine Forschungsinteressen umfassen Sprachphilosophie, Ontologie, Bild- und Kulturwissenschaft, Kunst- und Zeichentheorie. Zu seinen wichtigsten Publikationen gehören „Kognitivismus in der Ästhetik" (1996) „Zeichen über Zeichen. Grundlagen einer Theorie der Metabezugnahme" (2004), „Artefakte und kulturelle Identität" (2016), „Warum es heute schwerer als früher ist, aktuelle Kunst zu verstehen" (2019), „‚Kunst', Design und die Sehnsucht nach einem globalen Kunstbegriff" (2021)

Kerstin Thomas ist Professorin für Kunstgeschichte der Moderne am Institut für Kunstgeschichte an der Universität Stuttgart, Stellvertretende Institutsleiterin sowie Dekanin der Philosophisch-Historischen Fakultät. Ihr Forschungsgebiet ist die Kunstgeschichte der Moderne, insbesondere die französische Kunst und Kunsttheorie des 19. Jahrhunderts. Zudem beschäftigt sie sich mit Kunstkritik und kunstgeschichtlicher Emotionsforschung. Sie interessieren zudem die Form- und Ausdruckskonzepte der Moderne in Kunst, Wissenschaft und Ästhetik, und die Wissenschaftsgeschichte. Zu ihren wichtigsten Publikationen zählen „Das bestimmte Unbestimmte: Formen der Emotion im Bild" (2018), „Zwischen Bild und Musik: Farbe und Stimmung in den Bildern von Paul Cézanne" (2018), „Expressive Things: Art Theories of Henri Focillon and Meyer Schapiro Reconsidered" (2017), „Matters of Fact" (2015), „Welt und Stimmung bei Puvis de Chavannes, Seurat und Gauguin" (2010), „Körperinszenierungen. Choreographie und Maskerade" (1999 zus. mit Ursula Schöndeling).

Stephan Trüby ist Professor für Architekturtheorie und Direktor des Instituts für Grundlagen moderner Architektur und Entwerfen (IGmA) der Universität Stuttgart. Zuvor war er Professor für Temporäre Architektur an der HfG Karlsruhe (2007–2009), leitete das Postgraduiertenprogramm MAS Scenography/Spatial Design an der Zürcher Hochschule der Künste (2009–2014), lehrte Architekturtheorie an der Harvard University (2012–2014) und war Professor für Architektur und Kulturtheorie an der TU München (2014–2018). Zu seinen wichtigsten Büchern gehören „Exit-Architektur. Design zwischen Krieg und Frieden" (2008), „The World of Madelon Vriesendorp" (2008, mit Shumon Basar), „Germania, Venezia. Die deutschen Beitrage zur Architekturbiennale Venedig seit 1991 – Eine Oral History" (2016, mit Verena Hartbaum), „Absolute Architekturbeginner: Schriften 2004–2014" (2017), „Die Geschichte des Korridors" (2018) und „Rechte Räume. Politische Essays und Gespräche" (2020).

Namensregister

https://doi.org/10.1515/9783110731354-014

Sachregister

https://doi.org/10.1515/9783110731354-015

www.ingramcontent.com/pod-product-compliance
Lightning Source LLC
LaVergne TN
LVHW010548110826
845149LV00003B/599

* 9 7 8 3 1 1 1 3 5 6 7 9 2 *